Peter B. Kraft
NLP-Übungsbuch für Anwender
NLP aus der Praxis für die Praxis

Peter B. Kraft

NLP-Übungsbuch für Anwender

NLP aus der Praxis für die Praxis

Junfermann Verlag • Paderborn
1998

© Junfermannsche Verlagsbuchhandlung, Paderborn 1998
Covergestaltung: Petra Friedrich

Alle Rechte vorbehalten.
Das Werk einschließlich aller seiner Teile ist urheberrechtlich geschützt. Jede Verwendung außerhalb der engen Grenzen des Urheberrechtsgesetzes ist ohne Zustimmung des Verlages unzulässig und strafbar. Das gilt insbesondere für Vervielfältigung, Übersetzungen, Mikroverfilmungen und die Einspeicherung und Verarbeitung in elektronischen Systemen.

Satz: La Corde Noire – Peter Marwitz, Kiel

Die Deutsche Bibliothek – CIP-Einheitsaufnahme
Kraft, Peter B.:
NLP-Übungsbuch für Anwender: NLP aus der Praxis für die Praxis / Peter B. Kraft. – Paderborn: Junfermann, 1998.
   ISBN 3-87387-377-X

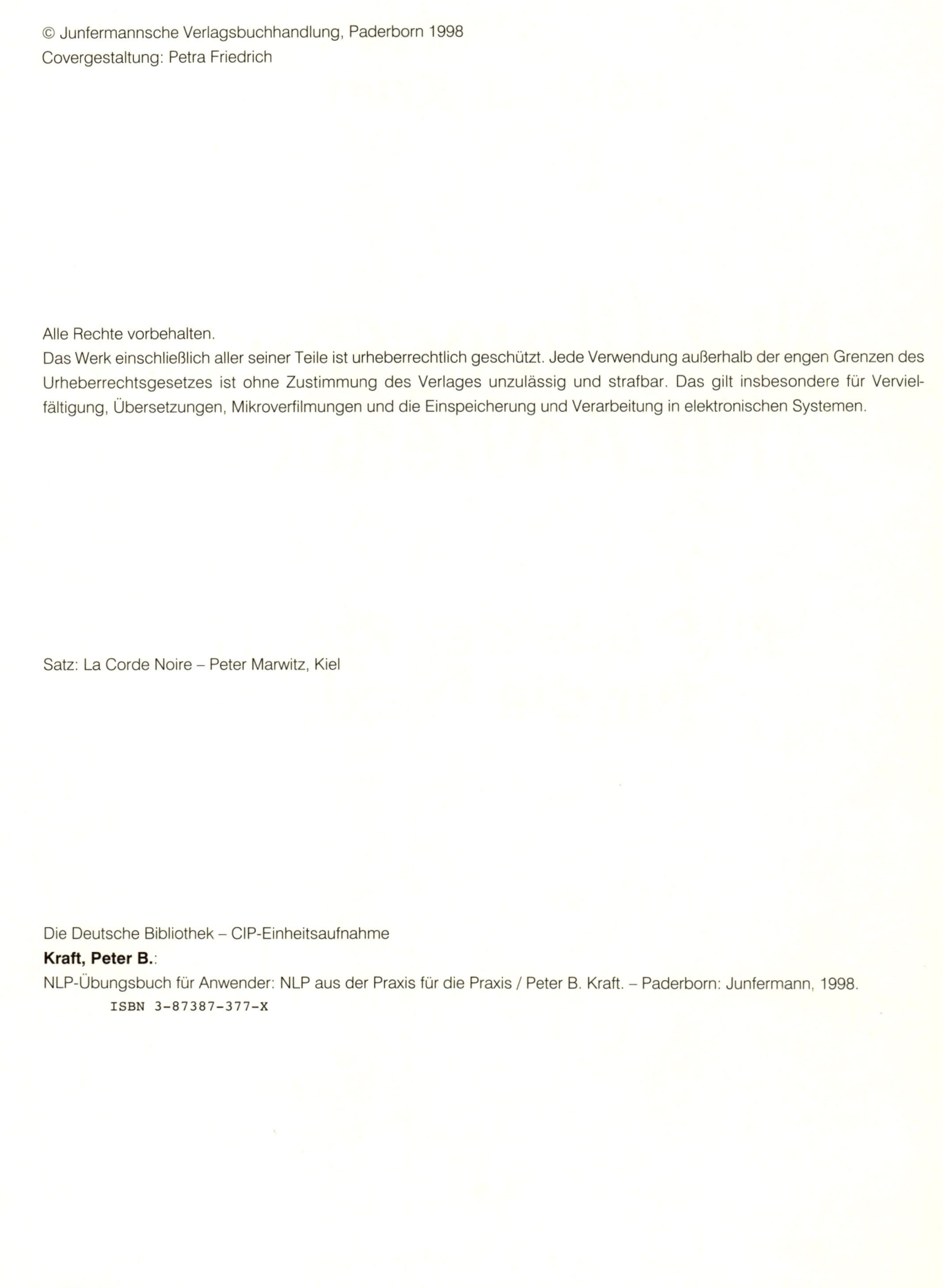

ISBN 3-87387-377-X

Inhalt

Einleitung ... 9
Vom Üben ... 11

Persönlichkeit und Entwicklung ... 21
Das Enneagramm ... 26
Die Dynamik des Enneagramms ... 30
Das Enneagramm in der NLP-Praxis ... 51

ÜBUNGSTEIL ... 53
Basisbausteine ... 53
Repräsentationssysteme ... 55
    Augenbewegungen ... 56
    Sprachmuster-Check ... 59
    Wahrnehmung oder Interpretation ... 62
    Wahrnehmungstypen erkennen ... 66
Physiologie ... 69
    Physiologie-Check ... 70
Kalibrieren ... 73
    Kalibrier-Check ... 74
Rapport ... 77
    Pacing und Leading ... 78
Wahrnehmungspositionen ... 81
    Assoziiertsein ... 82
    Dissoziiertsein ... 86
    Meta-Mirror oder das Selbst im Spiegel ... 89
Ankern ... 93
    Ressourcen ankern ... 94
    Anker verschmelzen ... 102

Veränderungsrahmen ... 107
Zielbestimmung ... 109
    Problemnetz ... 110
    Problemrapport ... 114
    Problemerfassung in Gruppen ... 117
    Zielentwicklung ... 119
    Geheimziele ... 124
Ressourcen ... 127

    Ressourcen aktivieren auf den Logischen Ebenen 128
    Ressourcen sammeln im Beziehungsnetz 131
    Anleitung zum Glücklichsein 134
    Ressourcenkompaß 137

Ökologie-Check 141

Future-Pace 145
    Lerntransfer 146

Modelle der Veränderung 149

Submodalitäten 151
    Submodalitätenraster 152
    Überbrücken von Zuständen 158
    Glaubensmuster verändern 161
    Persönliche Kränkung und Mißachtung 165
    Extended Swish 167
    Mental-Reiniger 170
    Tabula rasa 175
    Zeitverzerrung 178
    Schmerzen verändern 182
    Entmachten kritischer Stimmen 184

Meta-Modell (Kommunikationsstrategien) 187
    Meta-Modell-Fragen 188
    Umgang mit Kritik 191
    Kongruenz und Inkongruenz 193
    Satir-Kategorien 196
    Sleight of Mouth 199

Milton-Modell 203
    Trance-Sprache 204
    Feedback vom Unterbewußten 208
    Trancephänomene 211
    Traumarbeit 219
    Arbeit mit Metaphern 225

Reframing und Teilearbeit 233
    Bedeutungs- & Kontextreframing 234
    Integration von Teilpersönlichkeiten 239
    Design Mental Parts 243
    Teile loslassen und verabschieden 248
    Persönliche Exzellenz modellieren 251
    Spirituelle Heilung 254
    Emotionale Verstrickungen auflösen 257
    Gruppenverstrickungen lösen 260

Strategien 263
    Kriterienhierarchie 264
    Die L2-Lernstrategie 267
    Metaprogramm-Fragen 270
    Arbeiten mit dem Enneagramm 275

Time-Line 289
    Erforschen und Heilen des Zeit-Raums 290
    Die Wunschtreppe 294
    Steigerung des Selbstwertgefühls 297
    Karma-Reinigung 300

Glaubenssysteme und Logische Ebenen 303
    Energiereise durch die Logischen Ebenen 304
    Erforschung des Glaubensraumes 308
    Ressourcen sammeln und fokussieren 312
    Selbstzweifel transformieren 316
    Einschränkende Glaubenssätze 319
    Teams auf den Lernebenen 325

Glossar 328
Literatur – siehe *NLP-Handbuch für Anwender.* Paderborn 1998, S. 162ff.

Danksagung

Danken möchte ich an dieser Stelle zuerst meiner Frau Ursula für ihren unermüdlichen Einsatz bei der Durchsicht und Korrektur des Buches; auch spielte sie oft die mitunter wenig dankbare Rolle eines „Beta-Testers" für die neu entwickelten Formate.

Mein besonderer Dank gilt meiner Master-Practitioner-Gruppe in Königstein. Ohne das praktische Feedback von

Rosy Colin,
Gerd Frerker,
Henry Gerwien,
Ursula Huber,
Antje Jung,
Jutta Maletzki,
Monika Merz und
Christina Ternes

wären etliche der hier vorgestellten Übungen weniger transparent und nachvollziehbar.

Einleitung

Übung macht bekanntlich den Meister. Gerade im NLP zählt die eigene praktische Erfahrung mehr als Theorien und Glaubenssätze über NLP. Da ich selbst die Abwechslung liebe und in meinen Seminaren experimentierfreudig bin, entschloß ich mich, zu meinem *NLP-Handbuch für Anwender*[1] ein eigenständiges Übungsbuch zu entwickeln, das neben unbekannten Varianten bekannter Formate auch eine ganze Reihe völlig neuer Formate enthält. Ich habe mich bemüht, Überschneidungen mit meinem früher erschienenen Buch generell zu vermeiden. Im Gegensatz zu jenem setzt dieses Buch Leser voraus, die die grundlegenden Konzepte bzw. Modelle des NLP wie Reframing, Time-Line-Arbeit, Logische Ebenen etc. ungefähr kennen. Besonderer Wert wurde auf die Praxistauglichkeit gelegt. Jeder Übungskomplex ist systematisch erläutert:

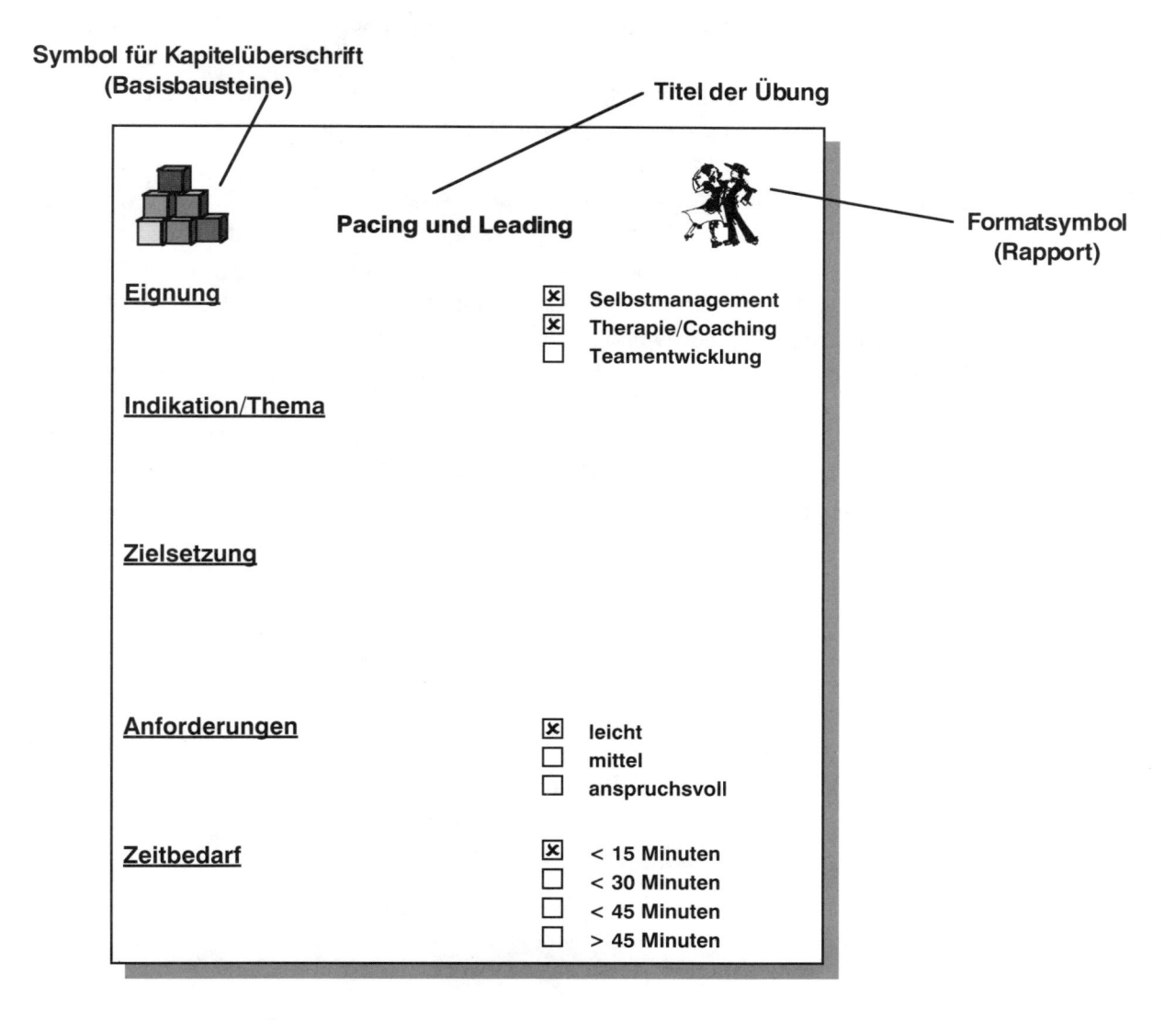

Symbol für Kapitelüberschrift (Basisbausteine)

Titel der Übung

Pacing und Leading

Formatsymbol (Rapport)

Eignung
- [x] Selbstmanagement
- [x] Therapie/Coaching
- [ ] Teamentwicklung

Indikation/Thema

Zielsetzung

Anforderungen
- [x] leicht
- [ ] mittel
- [ ] anspruchsvoll

Zeitbedarf
- [x] < 15 Minuten
- [ ] < 30 Minuten
- [ ] < 45 Minuten
- [ ] > 45 Minuten

Die Zuordnung einzelner Übungen zu den entsprechenden Formaten und Modellen wurde analog zum NLP-Handbuch vorgenommen. Dort wurden die geläufigen NLP-Techniken grob unterschieden in **Basisbausteine**

---

[1] Junfermann Verlag, Paderborn 1998 (im folgenden zit. als *Kraft, NLP-Handbuch*)

(z.B. Kalibrieren, Rapport u. Ankern), **Veränderungsrahmen** (z.B. Zielbestimmung u. Ressourcen) und **Modelle der Veränderung** (z.B. Meta-Modell, Milton-Modell, Time-Line). Diese Unterscheidung hat sich in der Ausbildungspraxis bewährt und wurde deshalb auch hier beibehalten. Wie im ersten Buch gibt es auch hier ein Verweisungskonzept. Im fortlaufenden Text wurde bei den zentralen Begriffen des NLP auf entsprechende Erläuterungen im ↗Glossar verwiesen; inhaltliche Verweise auf andere, hier dargestellte Übungen erfolgen in KAPITÄLCHEN.

Sofern es sinnvoll erschien, gibt es bei der einen oder anderen Übung einen Hinweis auf Anschlußübungen.

Aus unterschiedlichen Richtungen und unabhängig voneinander haben sich Richard Bandler und Robert Dilts verstärkt für einen generativen Ansatz im NLP (und gegen das Reparaturkonzept) ausgesprochen. NLP soll in erster Linie Lösungen und das Ausbilden neuer und kreativer Verhaltensweisen fördern. Neue Verhaltensweisen entstehen aber erst dann, wenn Personen gelernt haben, ihre „Roboterhaftigkeit", d.h. persongebundene Verhaltensmuster bzw. Ego-Fixierungen zielgerichtet zu transformieren. Dafür bietet NLP derzeit kein Konzept. Es gibt zwar den generativen Anspruch und die Absicht, prozeß- und zielorientiert zu arbeiten. Trotzdem ist ein wesentlicher Bestandteil von NLP-Interventionen das Aufheben individualspezifischer Einschränkungen, ohne daß deutlich würde, inwiefern diese Einschränkung zugleich auch Ausdruck einer typabhängigen Persönlichkeitsentwicklung bzw. -störung ist. Neben der Jungschen Typologie ist es hier insbesondere das Enneagramm, das ein prozeßorientiertes Modell für Selbsterfahrung und Selbstarbeit bietet – unabhängig von einer möglichen therapeutischen Bedürftigkeit der Person. Durch die Integration des Enneagramm-Ansatzes ist es für Übende jederzeit möglich, die hier angebotenen Modelle und Formate zielgerichtet für die eigene Weiterentwicklung zu nutzen, ohne sich ständig fragen zu müssen: Welche Übung taugt für welches Problem und umgekehrt.

Da es zum guten Ton gehört, sich über seinen idealen Leserkreis zu äußern: Den größten Nutzen aus diesem Buch werden, wie ich es auch in der Überschrift formuliert habe, NLP-Anwender ziehen, d.h. solche, die NLP anwenden, weil sie – zusammen mit anderen – ihr Leben interessanter, sinnvoller und spirituell reicher gestalten wollen.

Vom Üben

Im Epilog zu „Time for a Change" schrieb Richard Bandler: „Dieses Buch enthält schnelle Techniken zum Erzielen von guten Ergebnissen. Es gibt keine Entschuldigung dafür, diese Techniken zu verwenden, wenn ihr nicht über die Tonalität und das Tempo verfügt, die dazugehören, und wenn ihr sie nicht zuerst auf euch selbst anwendet. Regel Nummer eins lautet: »Sei der erste.« Wenn du nicht glücklich bist, werde es. Ganz egal, was dir fehlt, bring es in Ordnung, bevor du jemand anderen anfaßt."[1] Wichtiger als das technische Wissen um NLP-Modelle und -Formate ist die Einstellung, wie sie in den Grundannahmen oder Axiomen des NLP verankert ist:

1. **Die Karte ist nicht das Territorium.** Diese auf A. Korzybski zurückgehende und von Gregory Bateson unter kybernetischen und systemtheoretischen Aspekten entfaltete Argumentation besagt in ihrem Kern, daß jeder Mensch sein Leben nach Landkarten oder Modellen eines Territoriums organisiert, das *an sich* unbekannt bleibt. Kurz gesagt: die Wirklichkeit ist eine Fiktion; die geistige Welt besteht nur aus Karten von Karten von Karten usw.

2. **Keine Landkarte ist *an sich* besser oder schlechter als eine andere Karte.** Da es die Wirklichkeit nicht gibt, gibt es auch keine *objektiv* logischen oder universell verbindlichen ethischen Kriterien für eine gute oder schlechte, eine richtige oder falsche Karte. Jede Karte macht an sich Sinn, wie eingeschränkt diese Karte auch immer ist.

3. **Die Beziehung zwischen Karte und Territorium wird durch verbale und nonverbale Kommunikation hergestellt.** Was in die Karte kommt, sind Unterschiede, die einen Unterschied machen: zwischen Ich und äußerer Welt, zwischen Ich und Du, zwischen den Dingen usw. Sinnesspezifische, soziale und individuelle Filter oder Selektionskriterien beeinflussen das Modell, das sich ein Mensch von der Welt macht und auf Grund dessen er handelt; *Wirklichkeit* entsteht erst durch die Kommunikation von Unterschieden.

4. **Die Trennung von Körper und Geist, Physiologie und seelischem Zustand, Innen und Außen ist eine Fiktion.** Sie beruht auf dem Kontrast in der Codierung und Übertragung dieser Unterschiede innerhalb und außerhalb des Körpers.

5. **Bestimmte Modelle hindern Menschen** – im Unterschied zu anderen Menschen mit anderen Modellen – **daran, ihre Ressourcen und Wachstumspotentiale zu aktivieren**, wodurch sie nicht mehr die Wahl haben, sich so oder anders zu verhalten. Einschränkungen in der Modellbildung führen zu Einschränkungen im kommunikativen Handeln.

6. **Lernen ist die prinzipielle Fähigkeit eines Menschen, die Beziehung zwischen Karte und Territorium neu zu gestalten**, z.B. in Hinblick auf mehr Wahlmöglichkeiten oder um ein Leben gemäß den eigenen Wünschen und Vorstellungen führen zu können.

Wenn meine innere Haltung mein Handeln prägt, dann ist jede Übung nicht nur Übung, sondern zugleich auch Vervollkommnung. Wir machen in jedem Augenblick aus den uns zur Verfügung stehenden Zutaten das, was die Buddhisten „das Große Mahl" nennen. Jeder trägt auf seine Weise dazu bei – ob als Klient, als Coach, als Berater oder als Therapeut. Es kommt nicht darauf an, perfekt zu sein. Es kommt darauf an, daß wir in der Übung unseren Wunsch ausdrücken zu wachsen und dieses Wachstum als Selbstausdruck auch begreifen. Der Weg

---

[1] Richard Bandler: *Time for a Change*. Paderborn 1995, S. 196 (im folgenden zit. als *Bandler, Time*)

zur Meisterschaft fängt mit dem Üben an. Orte zum NLP-Üben gibt es überall – nicht nur im Seminar. Wer NLP als geistige Einstellung verinnerlicht hat, kann gar nicht anders, als sich in jedem Moment zu üben. Und wir erhalten immer ein Resultat. Ob uns das Resultat als *Fehler* oder als *Erfolg* begegnet, besagt wenig. Entscheidender ist, ob wir etwas und vor allem: was wir besser machen können.

Mit sich selbst üben

Wenn gerade kein Partner bzw. kein Vis-à-vis verfügbar ist, gibt es zwei grundsätzliche Möglichkeiten, die sich auch gut kombinieren lassen:
- Beobachtung und genaue Wahrnehmung, z.B. im Restaurant, in der U-Bahn, beim Einkaufen: Augenbewegungen, Sprachmuster, Mimik, Gestik, Interaktionsverhalten
- Introspektion, Selbstwahrnehmung: Wie fühle ich mich gerade? Wie mache ich es, daß es mir gut bzw. schlecht geht? Welche Trigger von außen bewirken, daß bei mir bestimmte Programme ablaufen? Welche Ressourcen benötige ich, um mich besser zu fühlen?

Auf den letzten Punkt spielt Bandler an, wenn er fordert, beim Praktizieren von NLP in einem guten Zustand zu sein. Wer seinen schlechten Zustand nur schlecht unter Kontrolle hat, wird bei anderen höchstens einen Glückstreffer landen können. Ein Mittel, das auch Anfänger gut einsetzen können, ist die tonality control (R. Bandler): das Richten der inneren Aufmerksamkeit auf die eigene Stimme und Stimmführung. Ein schlechter Zustand verrät sich meistens an der Tonalität: näselnd, gepreßt, schnell, hoch, schrill. Ändere ich etwas an meiner Tonalität, ändert sich unweigerlich mein innerer Zustand. Wer mit sich selbst übt, sollte zwei Dinge besonders im Auge behalten: Er sollte sich fragen, wofür er was lernt und was er danach können wird, was er jetzt nicht kann. Ansonsten bleibt das Üben mit sich selbst eine leere Pflichtübung.

Mit anderen üben

Hier kann grob nach der „Zielgruppe" unterschieden werden: Handelt es sich um Personen im NLP-Lernumfeld (Seminar bzw. verabredete NLP-Übungsgruppen) oder im Alltagskontext? Dieser Unterschied bestimmt letztlich die Spielregeln. Im ersten Fall herrscht eine Beziehung auf Gegenseitigkeit; im zweiten Fall hängt es davon ab, ob dem anderen klar ist, daß du mit ihm etwas ausprobieren möchtest. Für diesen zweiten Fall gilt insbesondere Bandlers Regel, bei sich selbst Ordnung zu schaffen, bevor man an seinen Mitmenschen ausprobiert, was man selbst vielleicht nur unzulänglich erfahren oder angewendet hat. Die Gefahr ist real, daß man sich dabei um seine Glaubwürdigkeit bringt und dem NLP einen Bärendienst erweist. Die oberste Maxime für Übungssituationen mit therapeutischem Charakter kann hier nur lauten: Sei dir darüber im klaren, was du tust und welche Möglichkeiten du heute schon hast, einen anderen aus einem schlechten Zustand, in den du ihn vielleicht gebracht hast, auch wieder herauszuholen.

Einfacher und nicht weniger anspruchsvoll ist das Üben während der Ausbildung, entweder in der Ausbildungsgruppe oder mit anderen in frei verabredeten, lokalen Kleingruppen (Peergroups). In Workshops, Seminaren und besagten Peergroups wird in einer bestimmten Konstellation gearbeitet:

- **A** ist der Klient, der ein Problem lösen oder einen Veränderungsprozeß initiieren möchte; seine „Aufgabe" besteht darin, dem Berater eine qualifizierte Rückmeldung zu geben, wie eine Intervention gewirkt hat oder wie **B** seinen Rapport vielleicht noch weiter verbessern kann, z.B. durch eine sanftere, dunklere Stimme bei Tranceinduktionen.
- **B** ist der Berater (Therapeut, Coach) und für das „Setting" verantwortlich; er bestimmt die Vorgehensweise, gibt Instruktionen und begleitet **A** auf seinem Weg zum Ziel. Wenn er zusätzliche Unterstützung benötigt, kann er **C** daraufhin ansprechen.
- **C** ist der neutrale Beobachter bzw. die Ressourceperson oder der Schutzengel für **B**. Seine Aufgabe ist es, aus angemessener Entfernung den Prozeß zu beobachten, seine Wahrnehmungsfähigkeit zu schärfen, um am Ende der Übung beiden ein qualifiziertes Feedback geben zu können.

Übungsregeln

- Es gibt keine Fehler, nur Feedback; es geht darum, gemeinsam zu verstehen, wie der Übungsprozeß gelaufen ist, nicht darum, wer welche „Fehler" gemacht hat.
- Am Ende einer Session gibt jeder jedem Feedback.
- Lernt, Wahrnehmung von Wertung und Interpretation zu unterscheiden.
- Stellt eine angenehme Lernatmosphäre her.
- Störungen haben Vorrang (und können während der Übung von C geklärt werden).
- Übt mit jedem (auch mit Personen, die ihr vielleicht weniger mögt), das erhöht die Verhaltensflexibilität.
- Fragt als **B**, was ihr hättet besser machen können.
- Macht die Übungen termingerecht (just in time) – das Gehirn lernt schnell.

Feedback – aber richtig

Feedback ist die Kunst, einem anderen zu sagen, was man an seinem verbalen wie nonverbalen Verhalten wahrgenommen und erlebt hat. Ein Feedback hat grundsätzlich immer das Ziel, Ungleichgewichte in einer Kommunikation auszugleichen. Es ist eine Form der kontrollierten Rückmeldung, die einem anderen hilft, die Wirkung des eigenes Verhaltens auf andere neutral, d.h. ohne Beurteilung (Tadel, Zurechtweisung, Klagen, Schuldzuweisung) zu erfahren. Wenn z.B. **C B** Feedback gibt, hat **B** die Chance, daraus etwas zu lernen. Für ein gelungenes, konstruktives Feedback gibt es ebenfalls eine Reihe von Spielregeln:

- Fragen, ob Feedback gewünscht wird
- Feedback in freundlichem Ton geben und auf guten Kontakt zum anderen achten
- Feedback immer in Form von „Ich-Botschaften": ich habe wahrgenommen, daß ...; ich habe den Eindruck daß, ...; ich frage mich, ob ...
- Im Feedback werden Wahrnehmungen, keine Wertungen zurückgemeldet.
- Emotionen erst im zweiten Schritt zurückmelden:
    1. Ich habe wahrgenommen, daß ...
    2. Das bewirkt bei mir ... ; das macht mich ...
- Als dritten Schritt Verbesserungsvorschlag oder Wunsch äußern: ich wünsche mir statt dessen, ... könnte mir vorstellen, daß ...
- Würdigung des positiven Gesamteindrucks

Ein- und Auspacken

Wenn keine Zeit mehr bleibt, den Prozeß abzuschließen:

- Unterbrecht als **B** bewußt die Sitzung (d.h., setzt einen Separator) und holt **A** aus seinem momentanen Zustand, fragt z.B. unvermittelt nach der Uhrzeit, laßt euch seine Telefonnummer rückwärts hersagen etc.
- Faßt mit **A** die bisher herausgearbeiteten Problem- und Lösungsansätze zusammen; bringt sie in eine logische Ordnung (z.B. 1. ...; 2. ...; 3. ...).
- Helft **A**, alles in Form von Symbolen, Metaphern etc. zusammenzupacken, als Paket, Filmsequenz, Bild eines Baums etc., so daß es hinterher wieder als Ganzes ausgepackt werden kann.
- Erinnert **A** daran, daß das Unterbewußte über wirksame Methoden verfügt, das Eingepackte neu zu ordnen, neu zu sortieren.
- Wenn ihr **A** helft, das „Paket" wieder auszupacken, fragt ihn, ob sich der Inhalt irgendwie verändert hat (manchmal reifen Lösungen quasi von selbst).

Feedbackbogen

Das folgende Formular dient dazu, das Beobachten von NLP-Prozessen aus der Metaposition (Position des C) zu strukturieren. Es stellt keine Beurteilung im klassischen Sinn dar, sondern ist eine Hilfestellung für den NLP-Anwender, um seine Fähigkeiten zielgerichtet weiterentwickeln zu können.

1. Rapport?
Frühzeitig hergestellt?   Ja ❑   nein ❑
Gehalten während der gesamten Sitzung?   Ja ❑   meistens ❑   eher nicht ❑

2. Problem elizitiert?
visuell ❑   auditiv ❑   kinästhetisch ❑

3. Zielbestimmung / Zielvereinbarung?
Sinnesspezifisch ❑   meßbar ❑   attraktiv ❑   realistisch ❑   terminiert ❑
Auf Zielphysiologie geachtet?   Ja ❑   nein ❑
Bewußte / unbewußte Einwände beachtet?   Ja ❑   nein ❑
Zielökologie herausgearbeitet im Laufe des Prozesses?   Ja ❑   nein ❑

4. Ressourcen?
Klient länger als nötig in ressourcearmen Zuständen gelassen?   Ja ❑   nein ❑
Ressourcen zielgerichtet entwickelt (mit Physiologie-Check)?   Ja ❑   nein ❑

5. Vorgehen?
Klares Vorgehen auf der Metaebene, z.B. nach S.C.O.R.E.?   Ja ❑   nein ❑
Strukturiertes Vorgehen nach bekannten Modellen (Formaten)?   Ja ❑   nein ❑
Generativer Prozeß, d.h. Wahlmöglichkeiten gezielt erweitert?   Ja ❑   nein ❑
Praxis- bzw. Alltagstransfer vorbereitet?   Ja ❑   nein ❑

6. Eingesetzte Modelle?
Ankern ❑   Wahrnehmungspositionen ❑   Meta-Modell ❑   Milton-Modell ❑
Reframing ❑   Strategien ❑   Time-Line ❑   Submodalitäten ❑
Glaubenssysteme und Logische Ebenen ❑

7. Abschluß
Eingepackt?   Ja ❑   nein ❑
Weiteres Vorgehen abgesprochen?   Ja ❑   nein ❑

Eine Geschichte des Lernens

Die *Zehn Ochsen* sind eine Bildmeditation des chinesischen Zen-Meisters Kakuan; sie repräsentieren die Geschichte eines spirituellen Lernprozesses: Jemand sucht den Ochsen, findet ihn, bringt ihn nach Hause, um am Ende festzustellen, daß *nichts* bleibt außer der Einsicht: „ ... ich brauche keine Magie, um mein Leben zu verlängern; jetzt, vor mir, werden die toten Bäume lebendig."[1]

1 Die Suche nach dem Ochsen

Auf der Weide dieser Welt
teile ich endlos das hohe Gras
auf der Suche
nach dem Ochsen.
Ich folge namenlosen Flüssen,
verliere mich auf verschlungenen
Pfaden ferner Berge;
meine Kräfte gehen zu Ende,
und meine Energie ist erschöpft,
ich kann den Ochsen
nicht finden.
Ich höre nur die Zikaden zirpen
im nächtlichen Wald.

2 Das Entdecken der Fußstapfen

Am Flußufer, unter den Bäumen,
entdecke ich die Fußstapfen!
Sogar unter dem duftenden Gras
sehe ich seine Spuren.
Tief in entlegenen Bergen
sind sie zu finden.
Diese Fährte kann nicht besser
versteckt sein
als die eigene Nase,
wenn man gen Himmel schaut.

---

1 Paul Reps: *Ohne Worte – ohne Schweigen. 101 Zen-Geschichten und andere Zen-Texte aus vier Jahrtausenden.* München 1987 (im folgenden zit. als Reps: *Ohne Worte*).

3 Das Wahrnehmen des Ochsen

Ich höre den Gesang
der Nachtigall.
Die Sonne ist warm,
der Wind ist mild,
die Weiden am Ufer
sind grün.
Hier kann sich kein
Ochse verstecken!
Welcher Künstler
vermag dieses schwere Haupt,
diese herrlichen Hörner
zu malen?

4 Das Einfangen des Ochsen

Ich bezwinge ihn
in einem schrecklichen
Kampf.
Sein großer Wille
und seine Kraft
sind unerschöpflich.
Er stürmt
auf das hohe Plateau
weit über den Wolkennebeln,
oder er steht
in einer unzugänglichen
Schlucht.

5 Das Zähmen des Ochsen

Peitsche und Strick sind nötig,
sonst läuft er weg,
eine staubige Straße hinab.
Ist er gut erzogen,
so wird er
auf ganz natürliche Weise
sanft.
Und dann gehorcht er
seinem Meister
uneingeschränkt.

6 Das Heimreiten auf dem Ochsen

Ich besteige den Ochsen
und reite
langsam nach Hause zurück.
Die Stimme meiner Flöte
klingt durch den Abend.
Ich dirigiere
den endlosen Rhythmus,
indem ich mit Schlägen der Hand
die pulsierende Harmonie
abmesse.
Braucht der noch Worte,
der diesen Sinn versteht?

7 Der Ochse verschwindet

Rittlings auf dem Ochsen
erreiche ich mein Heim.
Ich bin heiter.
Es gibt keinen Ochsen mehr.
Die Dämmerung
ist hereingebrochen.
In glückseliger Ruhe
habe ich in meiner
strohgedeckten Hütte
Peitsche und Seil
zurückgelassen.

8 Ochse und Selbst verschwinden

Peitsche, Seil, Mensch und Ochse –
alle verschmelzen zu nichts.
Dieser Himmel ist so unermeßlich,
daß keine Botschaft
ihn beflecken kann.
Wie könnte eine Schneeflocke
im wütenden Feuer bestehen?
Hier sind die Fußstapfen
der Patriarchen.

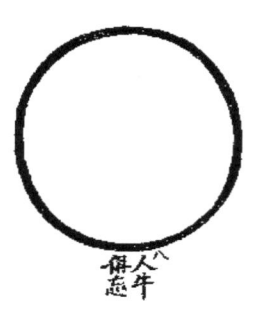

9 Das Erreichen der Quelle

Zur Quelle zurückgekehrt.
Aber die Schritte waren umsonst.
Besser wäre man
blind und taub gewesen
von Anfang an.
Im wahren Heim wohnen,
unbekümmert um das Draußen –
Der Fluß strömt geruhsam,
und die Blumen sind rot.

10 In der Welt

Barfuß und mit nackter Brust
mische ich mich
unter die Menschen der Welt.
Meine Kleider
sind zerfetzt und staubbedeckt,
und ich bin immer
glückselig.
Ich brauche keine Magie,
um mein Leben zu verlängern;
jetzt, vor mir,
werden die toten Bäume
lebendig.

Zen und NLP haben mehr gemeinsam, als es auf den ersten Blick scheint. Im Zen geht es darum, den Geist leer und offen zu machen für die ursprüngliche Erfahrung der Welt. Im NLP geht es um eine vergleichbare Erfahrung. Was es hier zu lernen gibt, sind drei wesentliche Muster: „Das erste ist, ihr müßt wissen, welches Ergebnis ihr erzielen wollt. Das zweite ist, ihr braucht eine große Flexibilität in eurem Verhalten; ihr müßt fähig sein, sehr viele unterschiedliche Verhaltensweisen hervorzubringen, um herauszufinden, welche Reaktionen ihr hervorrufen könnt. Und als drittes braucht ihr genug sensorische Erfahrung, um zu merken, wann die Reaktion kommt, die ihr erreichen wolltet."[1] Wichtig ist vor allem eines: Hier und jetzt da zu sein – mit einer totalen sinnlichen Erfahrung, bei der das reflexive Bewußtsein (im Zen würde man hier von dem dualistischen Bewußtsein sprechen) ausgeklammert ist. Bandler und Grinder sprechen von *uptime* (Jetzt-Zeit), um diesen Zustand zu charakterisieren. Wer uptime ist, lebt im Augenblick – ohne innere Bilder, Stimmen oder internale Gefühle: „Wir haben einfach direkten Zugang zum sinnlichen Erleben und reagieren unmittelbar."[2]

---

1 Richard Bandler, John Grinder: *Neue Wege der Kurzzeit-Therapie* (im folgenden zit. als Bandler: *Neue Wege*). Paderborn 1992, S. 74
2 Bandler: *Neue Wege*, S. 197

Wer NLP lernt, kann sich in der Rolle dessen sehen, der den Ochsen sucht. Eigentlich ist alles da, eigentlich hat jeder alle Ressourcen für seinen Entwicklungs- und Wachstumsprozeß. Aber der bewußte Einstieg in den Lernprozeß gestaltet sich schwierig: „Ich folge namenlosen Flüssen, verliere mich auf den verschlungenen Pfaden ferner Berge; meine Kräfte gehen zu Ende ..." Viele, die in NLP einsteigen, sehen oft den Wald vor lauter Bäumen nicht mehr. Im NLP wird ja insbesondere die Wahrnehmungsfähigkeit geschult: Hier tun sich am Anfang viele schwer, alle Kanäle offen zu halten: zu hören, was jemand sagt (Semantik), wie er es sagt (Tonalität), welche Sprachmuster verwendet werden, welche Repräsentationssysteme und Wahrnehmungspositionen der oder die Betreffende verwendet, auf welcher ↗Logischen Ebene er sich aufhält, wie seine Physiologie ist, seine Augenbewegungen usw. Mit der Zeit lernt der NLP-Anwender, bestimmte Formate und Modelle in sein Verhaltensrepertoire zu integrieren; verblüffende Erfolgserlebnisse können sich in kurzer Zeit einstellen – insbesondere im Seminar oder in der Arbeit mit Peergroups. Manches aber funktioniert im Alltag nicht, nicht in allen Kontexten und nicht bei jedem Problem.

An dieser Stelle geht es darum, den Ochsen einzufangen, sprich: mit Beharrlichkeit weiterzulernen und relative Mißerfolge in Lernerfahrungen zu transformieren. Hier leisten insbesondere die unterschiedlichen ↗Reframing-Modelle gute Dienste. Wenn der Ochse eingefangen und gezähmt ist, stellen sich bei manchen erste Größenphantasien ein. Man glaubt, für jedes Problem das richtige Powertool und vor allem „grenzenlose Energie" zu haben: the magic of power. Vielleicht ist das die größte Gefahr für NLP-Anwender: das eigene Erfolgsmodell für die Wirklichkeit zu nehmen und widersprechende Erfahrungen, d.h. Erfahrungen aus anderen Modellen der Welt, auszublenden oder umstandslos positiv zu reframen.

Die Wende kommt in dem Moment, wo der Glaube an die Instrumentalisierbarkeit des NLP einer heiteren Gelassenheit Platz macht und NLP als innere Haltung erlebt wird. Mit dieser inneren Haltung kann ich mich durch diese Welt wie ein Marsianer oder ein neugeborenes Kind bewegen: der Ochse verschwindet und mit ihm die Instrumente seiner Beherrschung: Peitsche und Seil. Der NLP-Anwender steht wieder am Anfang, ist zur Quelle zurückgekehrt – scheinbar mit leeren Händen. Warum hat er NLP gelernt, wenn es nichts zu beherrschen gibt, die Power nicht benötigt wird und Erfolge soviel wie Mißerfolge zählen?

Im Kommentar zum letzten Bild heißt es: „Wenn ich innerhalb meines Tores bin, wissen tausend Weise nichts von mir. Die Schönheit meines Gartens ist unsichtbar. Warum sollte man den Fußstapfen des Patriarchen suchen? Ich gehe auf den Marktplatz mit meiner Weinflasche und komme heim mit meinem Stock. Ich besuche die Weinschenke und den Markt, und jeder, den ich anschaue, wird erleuchtet."[1]

---

1 Reps: *Ohne Worte*. S. 186

Persönlichkeit und Entwicklung

Ein Frosch und ein Skorpion begegnen sich am Flußufer. Der Frosch hält vorsichtig Abstand, denn er weiß um die Gefährlichkeit des Skorpions. Bevor der Frosch sich anschicken kann, den Fluß zu durchschwimmen, bittet ihn der Skorpion, der nicht schwimmen kann, ihn mitzunehmen. Der Frosch ist erstaunt und fragt den Skorpion, ob er ihn denn nicht dabei stechen würde. „Ich bin doch nicht dumm – dann würden wir ja beide untergehen." Dem Frosch leuchtet das Argument ein; er heißt ihn aufsitzen, und gemeinsam durchqueren sie den Fluß. In der Mitte des Flusses sticht ihn der Skorpion. Mit sterbender Stimme fragt ihn der Frosch, warum er das tue, wo sie jetzt doch beide sterben müßten. „Ich weiß auch nicht – das ist eben mein Charakter."

„Charakter", „Temperament", „Naturell" und *„Typus"* sind in der Psychologie Modelle zur Beschreibung und Erklärung menschlichen Verhaltens, das durch situative und kognitive Überlegungen der Person kaum beeinflußt wird. Die „Natur" oder der Charakter des Skorpions ist es, zu stechen. Auch wenn er etwas anderes sagt und es auch so meint; selbst wenn es vernünftig wäre, in der konkreten Situation etwas anderes zu tun: er tut, was ihn sein Charakter heißt.

Im NLP gibt es keine explizite Persönlichkeitstheorie, da NLP, dem Selbstverständnis seiner Entwickler nach, keine Theorie und kein psychologisches Konzept ist. Gleichwohl gibt es Teilmodelle, die beschreiben und erklären, warum Menschen in bestimmten Situationen *typisch* und – in Grenzen vorhersagbar – reagieren.

NLP-Modelle	Definition	Beispiel
Wahrnehmungstypen	Die klassischen fünf ↗ Repräsentationssysteme (VAKOG) werden von den meisten Personen nur selektiv benutzt, wobei ihnen ihre Präferenzen meist nicht bekannt sind. Die Präferenzen drücken sich u.a. durch spezifische Sprachmuster aus.	Ein *visueller* Typus „benötigt einen klaren Durchblick", „sieht schwarz für seine Zukunft" oder „braucht klare Perspektiven". Der visuelle Kanal ist in diesem Fall dominant und bestimmt die Art der Informationsverarbeitung; Informationen auf anderen Kanälen (auditiv, kinästhetisch) werden nachrangig verarbeitet.
Strategien	Jeder Mensch hat für ihn charakteristische Vorgehensweisen, mit internalen und externalen Repräsentationen umzugehen, d.h., um sein Verhalten mit seinen Zielen zu synchronisieren.	Entscheidungsstrategie eines Richters: „Wenn ich mir Ihr Vorstrafenregister ansehe (visuell externe Repräsentation), dann frage ich mich (innerer Dialog), ob ich Ihnen noch eine Chance geben sollte ... Aber ich fühle (kinästhetische Repräsentation), daß es nicht gut wäre, deshalb ..."
Metaprogramme	Metaprogramme bestimmen die Handlungsorientierung eines Menschen und beschreiben, wie jemand zu seinen Zielen steht (weg von oder hin zu), wie er sich in Beziehungen orientiert (Selbst – andere – Kontext) und was seine zeitlichen Bezugspunkte sind (Vergangenheit – Gegenwart – Zukunft) usw.	Klient: „Damals war alles besser ..." Gegenwart und Zukunft sind als Handlungsperspektiven weitgehend ausgeblendet bzw. abgewertet.

NLP-Modelle	Definition	Beispiel
Logische Ebenen	Die Logischen Ebenen beschreiben, wie jemand sein Leben durch spezifische Glaubenssätze einschränkt oder bereichert.	Wenn ein Klient von sich sagt, daß er „nichts taugt", dann wirkt dieser Glaubenssatz wie ein Filter, der alternative Erfahrungen a priori zurückhält und Mißerfolgserlebnisse garantiert.

Die Strategie des NLP folgt hier weitgehend dem *idiographischen* Ansatz zur Erforschung der Persönlichkeit: die genannten Modelle erlauben es dabei, die einzigartigen Charakteristika einer Person zu strukturieren. Der entgegengesetzte Ansatz ist *nomothetisch* und geht davon aus, daß es Grundstrukturen der Persönlichkeit gibt, die sich über Typen, Typmerkmale und -eigenschaften ausdrücken, wobei die Typkategorien weitgehend überschneidungsfrei definiert sind und sich nicht aufeinander reduzieren oder von einander ableiten lassen. Die bekanntesten sind:

➤ *Modell der Temperamente von Hippokrates*

Typbezeichnung	Unterscheidungsmerkmal (Körperflüssigkeit)	Charakteristik
Sanguiniker	Blut	von heiterer und aktiver Wesensart
Phlegmatiker	Schleim	eher schwerfällig und teilnahmslos
Melancholiker	schwarze Gallenflüssigkeit	grübelt gerne, von trauriger und nachdenklicher Wesensart
Choleriker	gelbe Gallenflüssigkeit	leicht erregbar, aufbrausendes Temperament

➤ *Konstitutionsmodell von William Sheldon*

Typbezeichnung	Unterscheidungsmerkmal (Körperbau):	Charakteristik
Endomorpher Typus	weich, dicklich, rund	gesellige Bauchtypen, kinästhetisch orientiert: „leben und leben lassen"
Mesomorpher Typus	athletisch, stark, rechtwinklig	Energietypen, mutig, selbstsicher, aktiv, „Macher"
Ektomorpher Typus	dünn und schlank (bis hager)	introvertiert, Denktypus bzw. künstlerisch veranlagt

➤ *Typenlehre nach C.G. Jung*

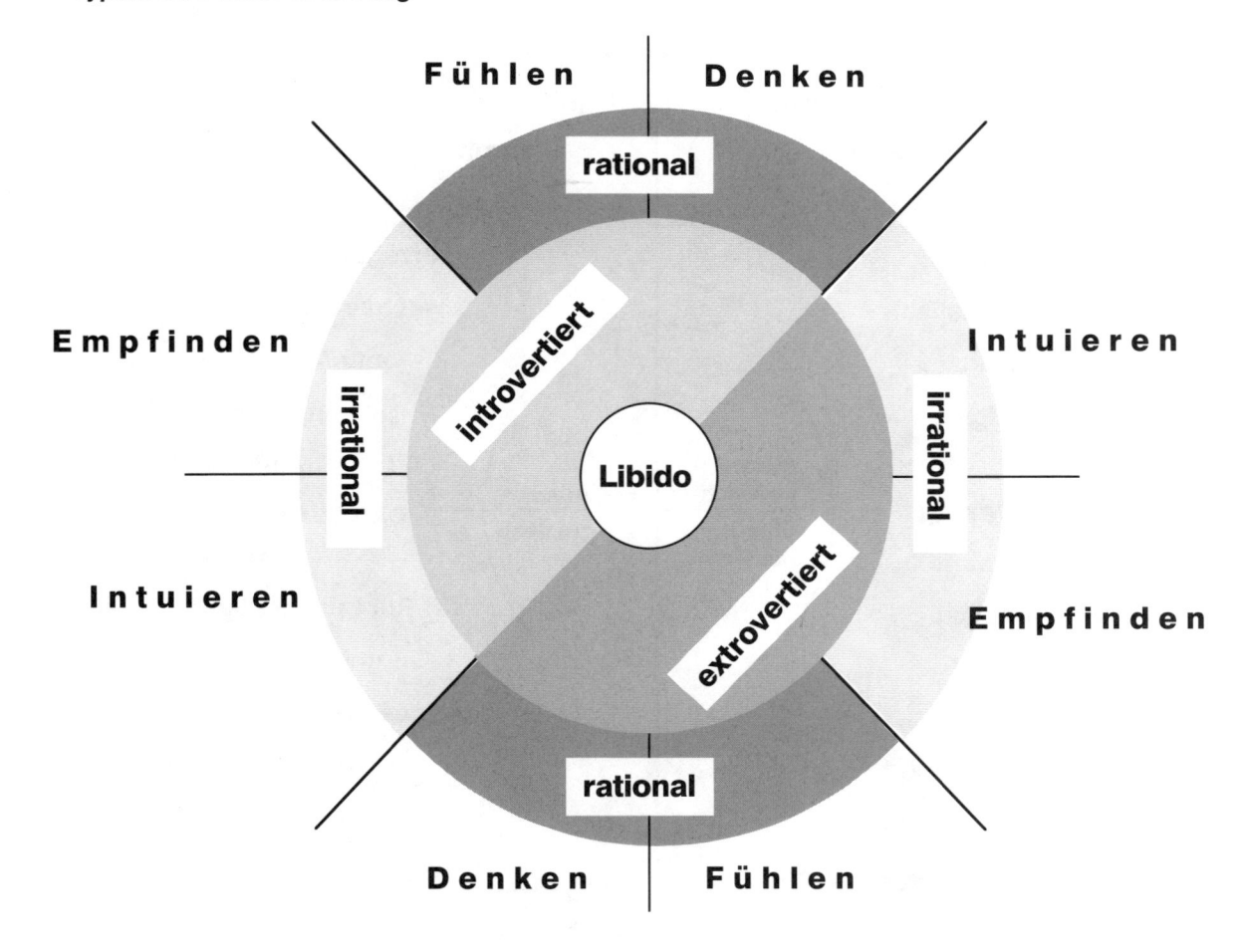

```
              Fühlen      Denken
                   rational
                introvertiert
  Empfinden                        Intuieren
     irrational    Libido    irrational
                extrovertiert
  Intuieren                        Empfinden
                   rational
              Denken       Fühlen
```

Jungs Typenlehre ist ein Beispiel für ein nach formalen Kriterien entwickeltes Persönlichkeitsmodell. Ein Typus ist für Jung ein Einstellungsmuster, das sich nach den vier psychologischen Grundfunktionen:

➤ Denken (bringt die Inhalte aus den Repräsentationssystemen in begriffliche Zusammenhänge)
➤ Fühlen (die Inhalte aus den Repräsentationssystemen, die unter den Aspekten Lust – Unlust wahrgenommen werden)
➤ Empfinden (reine Sinnesempfindung eines physischen Reizes)
➤ Intuieren (instinktives, unbewußtes Erfassen von Ganzheiten und äußeren bzw. inneren Tatbeständen)

überschneidungsfrei gliedern läßt. Wenn diese Grundfunktionen sich habitualisieren, spricht Jung von einem Typus. Diese Grundfunktionen lassen sich noch einmal im Hinblick auf die Richtung der psychischen Energie, der *Libido,* klassifizieren: nämlich im Sinne einer Einwärts- bzw. Auswärtsbewegung der Libido als *Introversion* bzw. *Extraversion*; sie bestimmen die generelle Ausrichtung eines Subjektes auf ein Objekt. Die Unterscheidung der Grundfunktionen in rationale (Denken + Fühlen) und irrationale (Empfinden + Intuieren) trägt der Erfahrung Rechnung, daß es keine wie auch immer geartete vollständig rationale Erklärung und Erfassung des Seienden gibt. Denken und Fühlen sind als „gerichtete" Funktionen rational, solange sie das Wahrgenommene unter logischen Kategorien betrachten. Empfinden und Intuieren sind irrational, nicht, weil sie unvernünftig wären, sondern weil sie am Objekt eine Ganzheit wahrnehmen, die nicht rational begründet werden kann.

➤ Persönlichkeitsmodell nach H.J. Eysenck

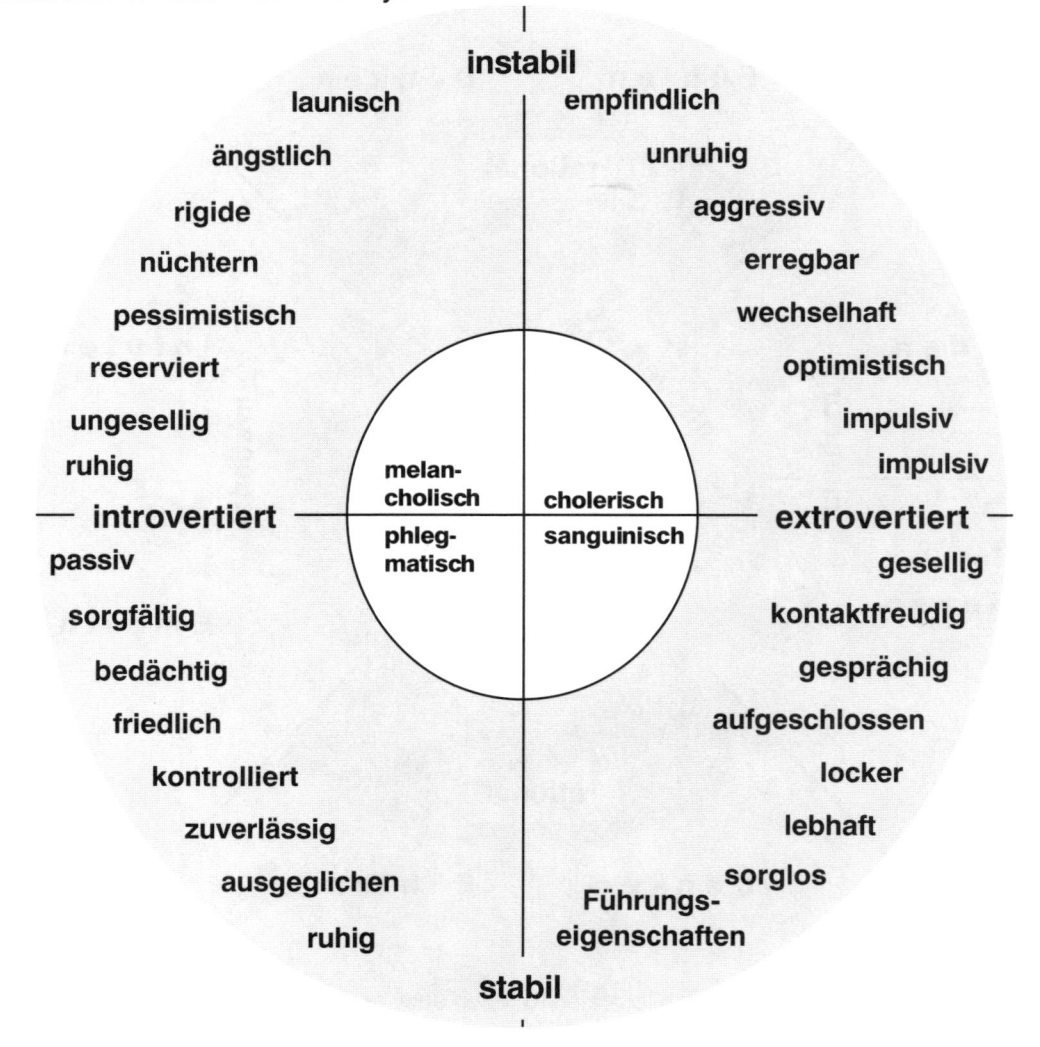

```
                           instabil
          launisch          empfindlich
        ängstlich            unruhig
       rigide                 aggressiv
      nüchtern                 erregbar
     pessimistisch             wechselhaft
     reserviert                optimistisch
     ungesellig                 impulsiv
       ruhig    melan-           impulsiv
               cholisch  cholerisch
── introvertiert ─────────────── extrovertiert ──
     passiv    phleg-   sanguinisch
               matisch             gesellig
       sorgfältig                kontaktfreudig
        bedächtig                  gesprächig
         friedlich                 aufgeschlossen
          kontrolliert              locker
           zuverlässig              lebhaft
            ausgeglichen           sorglos
                              Führungs-
              ruhig          eigenschaften
                           stabil
```

Die Hauptdimensionen dieses auf empirischen Untersuchungen beruhenden Persönlichkeitsmodells hat die Doppelachsen: Stabilität – Instabilität und Introversion – Extraversion.

Der Wert von Typologien für die NLP-Veränderungsarbeit kann danach eingeschätzt werden, inwieweit die Typisierung den Kommunikationsprozeß zwischen Klient und NLP-Anwender (Berater, Therapeut, Coach) einerseits und Klient und sozialem Umfeld andererseits erleichtert bzw. den Veränderungsprozeß beschleunigt. In diesem Sinn kann der Einsatz von Typologien sich ähnlich nützlich erweisen wie die Analyse von ➚Metaprogrammen. Anders formuliert: Ein Typus wird repräsentiert durch ein spezifisches Set von Metaprogrammen, das seine Orientierung in unterschiedlichen Handlungskontexten *stereotyp* bzw. vorhersagbar beeinflußt; man könnte hier auch von typbedingten Konditionierungsmustern sprechen.

Unabhängig davon, welche Typologie letztlich verwandt wird, liegen die Vor- und Nachteile für NLP-Anwender auf der Hand:

- ☑ Der Einstieg in die Welt des Klienten wird erleichtert, der Rapport verbessert.
- ☑ Menschenkenntnis und Selbsterkenntnis können nach demselben Modell organisiert werden.
- ☑ Veränderungen können vorab daraufhin eingeschätzt werden, ob sie typgerecht oder typverändernd wirken (unter der Maßgabe, daß sich Charakter oder Natur eines Menschen verändern lassen).

- 💣 Jeder betrachtet sich zuerst als Individuum, nicht als Typus (Akzeptanzprobleme seitens des Klienten).
- 💣 Typologien begünstigen schematisches Arbeiten.
- 💣 Typologien können inhaltliche Auseinandersetzungen provozieren und widersprechen dem Prozeßcharakter der NLP-Veränderungsarbeit.
- 💣 Statische Typologien widersprechen der Wachstumsphilosophie des NLP.

Ginge es lediglich um die Verhaltensdiagnostik, könnten MMPI, Gießen-Test oder FPI[1] sicherlich zuverlässigere, empirisch abgesicherte Resultate liefern. Für unsere Übungszwecke sind diese aus dem klinischen Bereich stammenden Testverfahren allerdings überdimensioniert; außerdem werden sie dem Anspruch des NLP kaum gerecht, nicht kurative, sondern generative Veränderungsarbeit zu leisten. Es geht nicht darum, ausfindig zu machen, was falsch oder verkehrt läuft (um es dann in Ordnung zu bringen), sondern darum, neue Erfahrungsstrukturen zu schaffen, die Person Möglichkeiten entdecken zu lassen, wie sie ihr Leben nach ihren eigenen Bedürfnissen gestalten kann. Aus demselben Grund sind Klassifikationsschemata wie der von der WHO empfohlene *Diagnoseschlüssel und Glossar psychiatrischer Krankheiten* ICD 10 oder das *Diagnostische und Statistische Manual Psychischer Störungen* DSM-III bzw. DSM-III-R[2] für den Kliniker zwar brauchbare Instrumente, um Grad und Ausmaß einer psychischen Störung beurteilen zu können, für NLP-Anwender jedoch nur bedingt als Leitlinie für die Veränderungsarbeit geeignet. Das Problem solcher Klassifikationsschemata besteht darin, daß die Unterscheidungskriterien weder hinreichend noch notwendig sind, um alle Formen von *psychischen Störungen* zuverlässig von allen Formen *normalen* Verhaltens unterscheiden zu können. Der *Störungsansatz* impliziert zudem, daß die therapeutische Arbeit hauptsächlich darin bestehe, *Störungen* zu beseitigen, wobei der Zusammenhang zwischen der Persönlichkeit des „Störungsbehebers" und der „gestörten" Persönlichkeit weitgehend ausgeblendet werden.

Seinem Selbstverständnis nach ist NLP keine dezidierte psychologische Theorie, sondern ein Kommunikationsmodell, das beschreibt, wie Menschen miteinander sinnvoll kommunizieren, sich weiterentwickeln und neue Wachstumsstrukturen erschließen können. Es finden sich allerdings wenig Aussagen darüber, wie diese Wachstumsstrukturen „prozessiert" werden können. Trotz aller Selbstbekundungen ist der Ausgangspunkt für NLP-Interventionen meistens das Problem, das Symptom oder die aktuelle Einschränkung (Konditionierung), die jemanden hindert, sich auf ein bestimmtes Ziel zu fokussieren. Die meisten Übungen in NLP-Trainings funktionieren nach diesem Schema: Der oder die Betreffende sucht, welches seiner Probleme für dieses Format oder Modell besonders geeignet ist. In der Therapie funktioniert dieser Schematismus in der umgekehrten Richtung: Der Klient kommt mit einem Thema (um den Ausdruck Problem oder Störung zu vermeiden), zu dem der Therapeut aus den vorhandenen NLP-Modellen ein Lösungsszenario mit dem Klienten entwickelt. Es macht wenig Unterschied, ob man sagt, NLP sei nicht problem-, sondern lösungsorientiert, wenn Problem oder Lösung isoliert von der personalen Struktur eines Menschen angegangen wird. Die ↗Metaprogramme sind hier ein unzulänglicher Versuch, diese Lücke zu schließen, da sich mit den analysierten patterns und sorting styles von Klienten personale Strukturen nur schwer modellieren lassen und sich nur aus dem isolierten Zielrahmen klären läßt, ob beispielsweise ein „Weg-von" besser oder schlechter, d.h. mehr oder weniger hinderlich oder zielführend ist als ein „Hin-zu".

---

1 Vgl. Übersicht in Zimbardo: *Psychologie*. Berlin – Heidelberg – New York ⁶1995, S. 541-546 (im folgenden zitiert als Zimbardo: *Psychologie*).
2 Vgl. Zimbardo: *Psychologie*, S. 607-654

Diese Lücke kann durch die Adaption eines Modells geschlossen werden, das eine reiche spirituelle Tradition aufweist und doch hinreichend formal ist, um Veränderungsprozesse im Sinne des NLP zu strukturieren und zu unterstützen.

Das Enneagramm

Wie andere Typologien auch ist das Enneagramm ein Klassifikationsschema. Es besteht aus drei Grundtypen, aus denen sich neun Persönlichkeitstypen ableiten lassen.

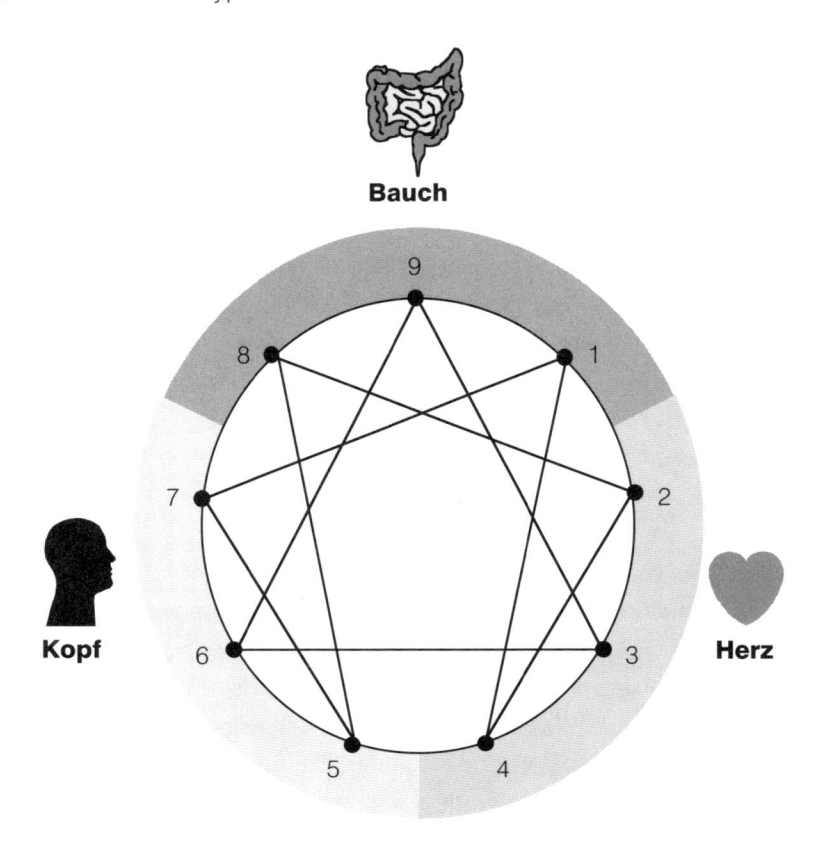

Orientierungsrahmen (Symbol)	Typus	Grundprogramm
Gefühl (Herz)	2: der Helfer 3: der Macher 4: der Künstler	will anderen helfen will Erfolg haben will etwas Besonderes sein
Intellekt (Kopf)	5: der Denker 6: der Loyale 7: der Vielseitige	will seine Umwelt beobachten und analysieren will seine Pflicht tun will ständig neue Dinge tun
Instinkt (Bauch)	8: der Führer 9: der Friedliebende 1: der Perfektionist	will Macht über andere ausüben will ausgleichen und sich mit anderen identifizieren will sich und andere verbessern

Jeder Typus lebt aus einem Energiezentrum: seiner Leidenschaft. Was bei anderen Typen als Emotion oder Verhalten durchaus auch vorkommt, wie Zorn, Angst oder Habsucht, entfaltet bei den Grundtypen eine eigene Dynamik. Die Leidenschaft beherrscht seine Existenz; aus ihr begreift er sein Tun, seine Werturteile sowie seinen Austausch mit der Umwelt. Wichtig für das Verständnis des Enneagramms an dieser Stelle ist die Einsicht, daß die Leidenschaften keine statischen Zuschreibungen sind, sondern vielmehr die Grunddynamik der Persönlichkeit oder des Charakters beschreiben. In Abhängigkeit davon, wie der einzelne diese Leidenschaften lebt, wird er sie entweder in Tugenden transformieren oder sich von ihnen beherrschen lassen und sie neurotisch ausagieren.

	Typus	Aus der Leidenschaft abgeleitete Eigenschaften	Kurzprofil
2	Helfer	**aus Stolz:** besitzergreifend, großmütig, fürsorglich, manipulativ	Der Helfer möchte geliebt und geschätzt werden, weshalb er sich gern unentbehrlich macht. Diese Unentbehrlichkeit begründet seinen Stolz. Seine Zuwendungen können manipulativ sein; dann nämlich, wenn er sich Zuneigung durch Zuwendung „erkaufen" will.
3	Macher	**aus Eitelkeit:** selbstsicher, ehrgeizig, erfolgsorientiert, narzißtisch	Der Macher möchte auf Grund seiner Leistungen und äußerer Erfolge geschätzt werden; häufig renommieren (Eitelkeit) Dreier mit oberflächlichen Erfolgen, auf die sie ihr Image aufbauen; ihr Gefühlsleben verrät einen Mangel an Authentizität.
4	Künstler	**aus Neid:** launisch, introvertiert, depressiv, schöpferisch, melancholisch	Der Künstler projiziert seine Gefühle, seinen Lebensschmerz gern ins Ferne und Unerreichbare. Alles dreht sich um den Ausdruck dieser romantischen Sehnsucht, mit der er sich von anderen, die er gleichwohl um ihre „Normalität" beneidet, unterscheiden will.
5	Denker	**aus Habsucht:** scharfsinnig, analytisch, handlungsgehemmt, exzentrisch, dissoziiert, paranoid	Der Denker läßt sich nicht ein; in Gefühle und andere Formen des Beteiligtseins möchte er nicht verstrickt sein. Er braucht einen klaren Blick und Sicherheit, die er durch das Anhäufen möglichst vieler Informationen über seine Umwelt gewinnt.
6	Loyaler	**aus Angst:** verbindlich, pflichtbewußt, masochistisch, abhängig, paranoid	Der Loyale fürchtet sich vor selbständigem Handeln, weil er sich dann exponieren und die Sicherheit der ihn schützenden Autoritäten (Personen, Institutionen) aufs Spiel setzen würde.
7	Optimist	**aus Maßlosigkeit:** vielseitig, impulsiv, exzessiv, manisch, oberflächlich, lustbetont	Der Optimist stürzt sich in hektische Betriebsamkeit, ist allem Neuen gegenüber aufgeschlossen, das ihn daran zu hindern vermag, die eigene Leere und Langeweile wahrzunehmen. Er drückt sich vor Entscheidungen, fürchtet Schmerz und vermeidet unangenehme Situationen. „Easy living" ist seine Lebensmaxime.
8	Führer	**aus Wollust:** selbstbewußt, expansiv, destruktiv, aggressiv, exzessiv	Der Führer liebt die Macht um der Macht willen: er geht keiner Auseinandersetzung und Herausforderung aus dem Weg, da er sie als Beweis für seine Lebendigkeit braucht. Andere zu beherrschen ist für ihn schon aus Gründen der eigenen Sicherheit unerläßlich.

Typus		Aus der Leidenschaft abgeleitete Eigenschaften	Kurzprofil
9	Friedliebender	**aus Trägheit:** friedfertig, anpassungsfähig, passiv, gleichmütig, phlegmatisch	Dem Friedliebenden ist an harmonischen Beziehungen – fast um jeden Preis – gelegen; seine eigenen Ziele verliert er gern aus den Augen, wenn sich die Gelegenheit bietet, die Wünsche anderer zu erfüllen.
1	Perfektionist	**aus Zorn:** rechthaberisch, prinzipientreu, streng	Für den Perfektionisten „sollte" und „muß" alles absolut in Ordnung sein. Nur dann ist seine angemaßte moralische Überlegenheit gerechtfertigt.

Die historischen Ursprünge des Enneagramms liegen im Dunkel der Geschichte. Als Typologie findet man das Enneagramm zum ersten Mal bei G.I. Gurdjieff (ca. 1872-1940), einem spirituellen Lehrer und Verkünder des Vierten Weges, eines esoterischen Christentums, der stark von der islamischen Mystik beeinflußt war. Gurdjieff will das Enneagramm bei einem geheimen Sufi-Orden kennengelernt haben.

Ob diese Typologie *wahr* oder wissenschaftlich belegbar ist, interessiert an dieser Stelle weniger. Entscheidend ist, welchen Nutzen dieses Modell für NLP-Anwender bietet – unabhängig von den Unterschieden im Detail, durch die sich die einzelnen Schulen des Enneagramms differenzieren. Der Persönlichkeitstypus nach dem Enneagramm beschreibt zunächst einmal eine psychische Grundstruktur, die „geronnenen Interaktionsmuster", die das Ergebnis von Interaktionsprozessen darstellen, die während der frühkindlichen Entwicklung durchlaufen wurden. Es sind verfestigte Programmstrukturen, die unsere Persönlichkeit auf einer Generalkarte fixieren, die wir mit anderen Menschen gemeinsam haben – jenseits aller individualtypischen Unterschiede. Kein Typus ist an sich, d.h. kontextunabhängig, besser oder schlechter als ein anderer Typus, und nicht alle Typeigenschaften werden von jedem Typus gleichermaßen realisiert. Aber jeder Typus oder Persönlichkeitsstil besitzt charakteristische Stärken und Schwächen, die ihn auszeichnen und ihm einen spezifischen Entwicklungsspielraum eröffnen.

Entscheidend ist also nicht, daß man so oder so ist, sondern daß man sein spezifisches Entwicklungspotential wie seine Fixierungen kennt und lernt, sie in der Kommunikation mit anderen zu transformieren. Um in diese Transformations- und Veränderungsprozesse gezielt eintreten zu können, ist es notwendig, zuerst seinem Grund- oder Basistyp zu begegnen. Die Begegnung mit dem Basistyp oder unserem Hauptcharakterzug kann uns Klarheit verschaffen über unsere „roboterhaft ablaufenden Konditionierungen"[1]. Dafür gibt es verschiedene Möglichkeiten, z.B. Enneagrammtests[2], Introspektion und Selbstentdeckung anhand der Typ-Charakteristiken.

Schon dieser Einstieg konfrontiert uns mit der dem Enneagramm eigenen Dynamik. Jeder Typus weist ein Kraftfeld oder Energiezentrum auf, das ein bestimmtes Entwicklungspotential kennzeichnet. Christliche Theologen haben dieses Feld auch als „Wurzelsünde" definiert: „Wir sind auf unsere Gaben *fixiert*. Wir sind zu sehr auf das fixiert, was uns *natürlich* zufällt. Wir haben ein *natürliches* Vorurteil und *natürliche* Verhaltensmuster, ..., eine *natürliche* Leidenschaft."[3] Diese Fixierungen resultieren direkt aus der Ich-Entwicklung, der Fokussierung persönlicher Energien auf unseren virtuellen inneren Mittelpunkt. Je nach Entwicklungsstufe und

---

1 Claudio Naranjo: *Erkenne dich selbst im Enneagramm.* München 1994, S. 240
2 Testbögen in: Andreas Ebert, Richard Rohr u.a.: *Erfahrungen mit dem Enneagramm.* München ⁴1994 (im folgenden zit. als Ebert: *Erfahrungen*) und in: Don Richard Riso: *Das Enneagramm-Handbuch.* München 1993.
3 Richard Rohr, Andreas Ebert: *Das Enneagramm.* München ²⁶1995, S. 29 (im folgenden zit. als Rohr: *Enneagramm*).

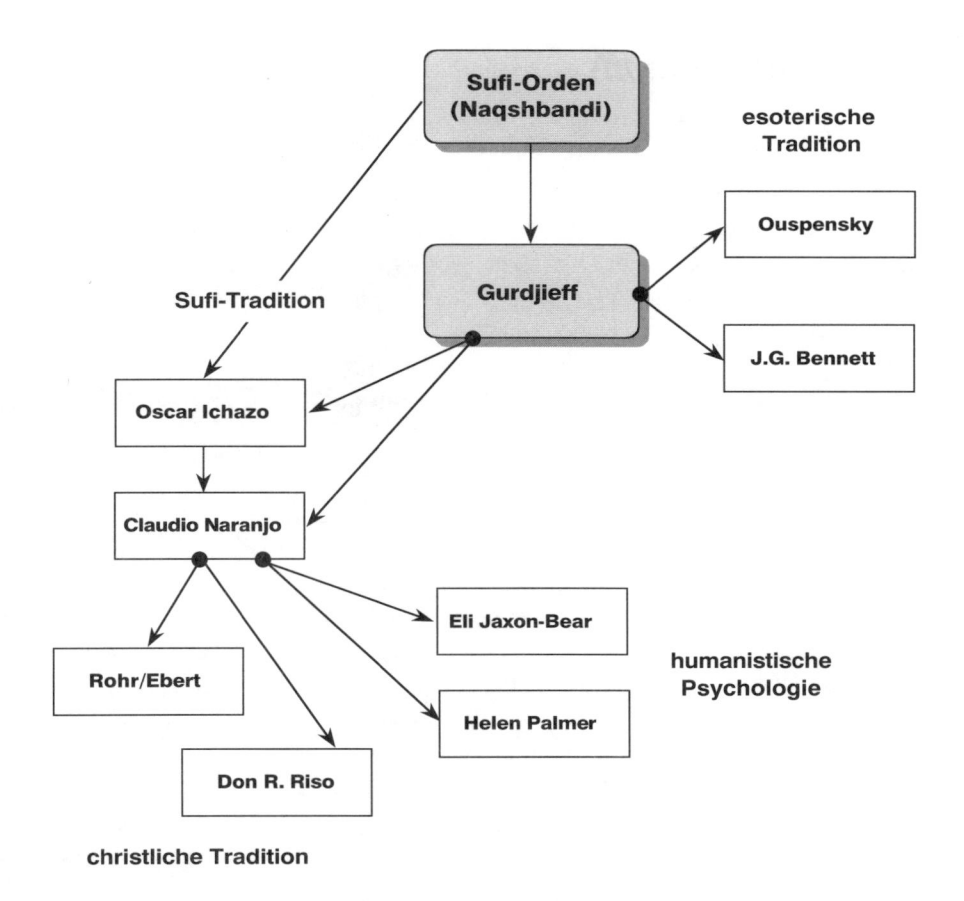

persönlicher Lebenssituation unterscheidet Riso den gesunden, den durchschnittlichen und den gestörten Typus. Diese Entwicklungsstufen ergeben sich aus der dem Enneagramm innewohnenden Dynamik, wie sie durch die Verbindungslinien zwischen den Grundtypen ausgedrückt ist. Beispielsweise ist für den Typus 2 der Typus 8 der Streßpunkt und die Verbindungslinie zwischen beiden Typen aus Sicht von T2 die Desintegrationslinie. Umgekehrt ist es der Weg von T2 zum Typus 4, der den Trostpunkt von T2 markiert: die Linie dazwischen ist die Richtung der Integration. Während der Weg in Richtung Desintegration häufig unbewußt beschritten wird, setzt die Bewegung in Richtung Trostpunkt aktive Selbstwahrnehmung (z.B. durch das Etablieren eines inneren Beobachters) voraus.

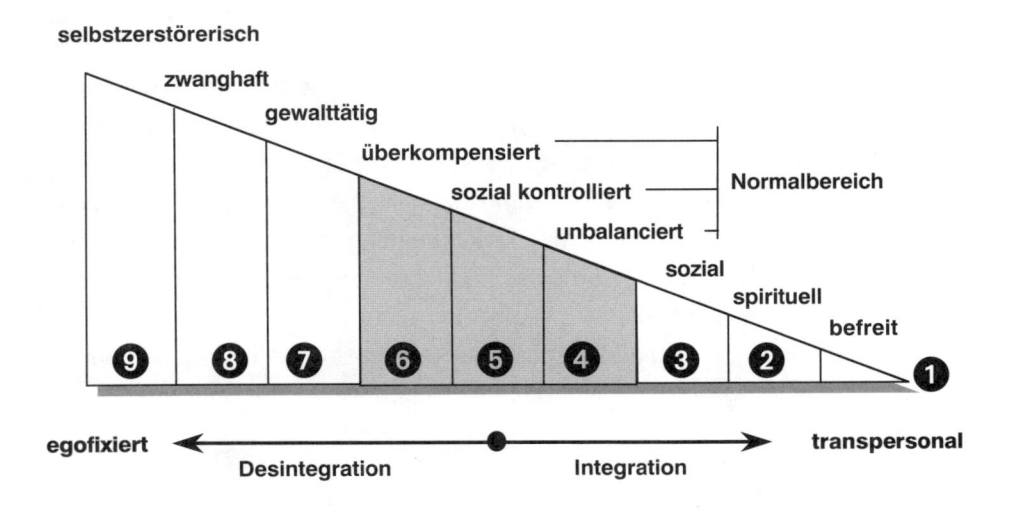

Die Dynamik des Enneagramms

Dem Enneagramm wird man nicht gerecht, wenn man es nur als Typologie verstehen würde. Die einzelnen Typbeschreibungen erscheinen auf den ersten Blick statisch, d.h., jeder Typ wird durch eine Reihe von Prädikaten und Handlungsstilen beschrieben. Da sich keine Regeln für die Zuordnung dieser oder jener Prädikate zu diesem oder jenem Typus angeben lassen, gibt es interpretatorischen Spielraum, den die unterschiedlichen Enneagrammschulen auch reichlich ausgeschöpft haben.

Rohr/Ebert Cl. Naranjo		Eli Jaxon-Bear	H. Palmer	Don R. Riso
Zwei	II	Die göttliche Mutter	Der Geber	Der Helfer
Drei	III	Der Magier	Der Dynamiker	Der Statusmensch
Vier	IV	Der Künstler	Der tragische Romantiker	Der Künstler
Fünf	V	Der mystische Philosoph	Der Beobachter	Der Denker
Sechs	VI	Der Held	Der Advokat des Teufels	Der Loyale
Sieben	VII	Das magische Kind	Der Epikureer	Der Vielseitige
Acht	VIII	Der Krieger	Der Boß	Der Führer
Neun	IX	Der Heilige	Der Vermittler	Der Friedliebende
Eins	I	Der Herrscher	Der Perfektionist	Der Reformer

Die Typen sind nicht einheitlich bezeichnet, und das, was die typspezifische Dynamik kennzeichnen soll, wird häufig verwässert durch allerlei esoterischen Ballast wie die Korrelationen eines Typus zu Bachblüten, Farben, Kabbala, Astrologie etc. Läßt man diese inhaltlichen Zuschreibungen und Assoziationen beiseite, werden allerdings klare Programmstrukturen erkennbar. Jeder Typus wurde im Verlaufe seiner lebensgeschichtlichen Entwicklung mit bestimmten Schlüsselerlebnissen oder Schlüsselreizen konfrontiert, auf die er mit der Ausbildung eines Verhaltensschemas reagierte. Die Reaktion ist allerdings so beschaffen, daß sie die Struktur des Schlüsselerlebnisses immer wieder aufs neue reproduziert. Beispielsweise hat die Eins (Der Perfektionist) die schmerzhafte Erfahrung eines Ungenügens gemacht. Sie empfand sich als nicht gut genug. Um dieser negativen Empfindung zu entgehen, sucht sie fortan, perfekt zu sein. Leider reproduziert dieser Perfektionismus zugleich das, was er vermeiden will: das Scheitern, denn Ideale können in dieser Welt nicht perfekt realisiert werden. Die Dynamik besteht jetzt darin, daß das Streben nach immer mehr Perfektion den Mechanismus noch rigider macht, bis es zum Systemkollaps kommt. Empirische Erfahrungen zeigen, daß diese zentrifugalen oder desintegrativen Tendenzen in dem Moment verstärkt werden, wo zusätzliche Energien über den Streßpunkt aktiviert werden. Der umgekehrte Effekt – das In-die-Mitte-Kommen – wird aber erst in dem Moment erreicht, wo der einzelne gelernt hat, seine Leidenschaft loszulassen. Das gelingt dem Betreffenden aber erst dann, wenn er gelernt hat, die Energien des typspezifischen Trostpunkts zu integrieren.

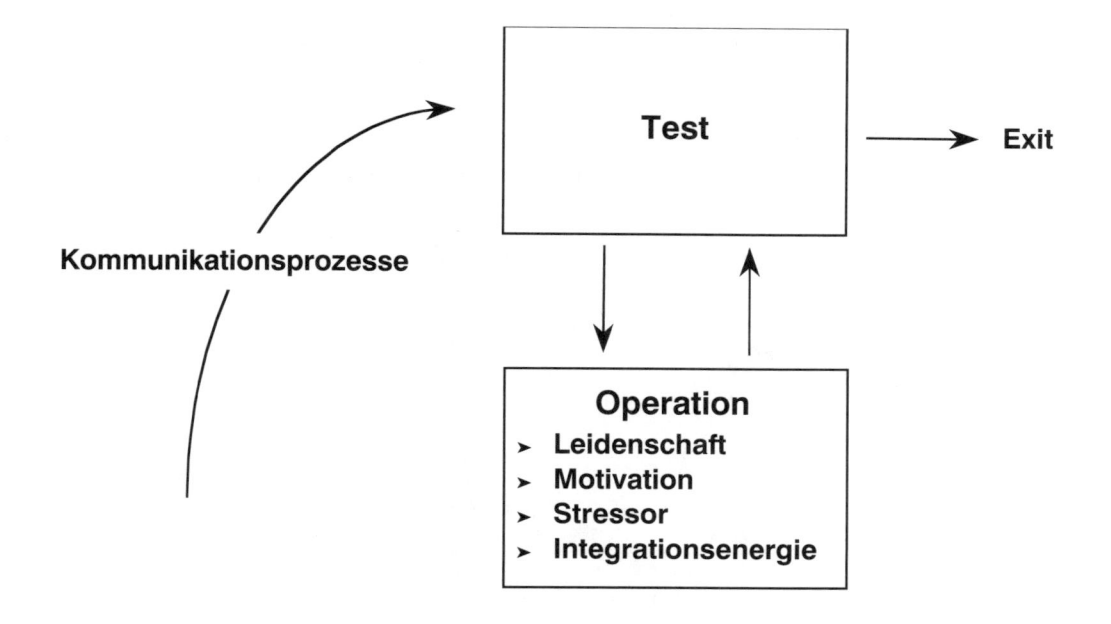

```
                          ┌─────────────┐
                       ┌─▶│    Test     │─────▶ Exit
                       │  └─────────────┘
                       │      │    ▲
Kommunikationsprozesse │      ▼    │
                       │  ┌─────────────┐
                          │ Operation   │
                          │ ➤ Leidenschaft │
                          │ ➤ Motivation │
                          │ ➤ Stressor  │
                          │ ➤ Integrationsenergie │
                          └─────────────┘
```

Jeder Mensch testet bzw. überprüft das Ergebnis seiner Kommunikationsprozesse anhand spezifischer Kriterien. Diese Kriterien differieren je nach Typkonstellation und Kontext, da kein Mensch einen Typus zu jeder Zeit an jedem Ort in Reinform verkörpert. Wenn das Ergebnis oder der Zustand mit seinen Vorstellungen übereinstimmt, tritt er in neue Prozesse ein, wenn nicht, wird er den Zustand so lange verändern, bis er mit dem Zielzustand übereinstimmt. Der Veränderungsprozeß wird bestimmt von seiner Leidenschaft, seiner Motivation sowie dem Aktivieren von Streß- oder Integrationsenergie. Die Lehre des Enneagramms geht jetzt davon aus, daß diese ↗T.O.T.E.-Schleife bei den meisten Menschen unbalanciert ist, d.h., ab einem bestimmten Punkt wird die Anzahl der Schleifendurchgänge das Ergebnis nicht weiter verbessern, sondern verschlechtern. Jemand, der sehr perfektionistisch ist (Typus Eins) kann – in Abhängigkeit von dem Störpotential seiner Umwelt und dem Potential seiner Leidenschaft – irgendwann an einen Punkt kommen, wo er resigniert oder verärgert aufgibt, weil er erkennt, daß weder er selbst noch die anderen dem Ideal genügen können. Wenn er noch stärker leidet, wird er seine Anstrengung weiter verdoppeln. Die Energie bezieht er jetzt aus seinem Streßpunkt (Typus Vier): Jeder Schleifendurchgang mit dieser Energie fördert die Desintegration seiner Persönlichkeit. Mit der *typfremden* Energie richtet er seinen Zorn gegen sich selbst: er erkennt seine Lebenslüge, die er nur dann vernichten kann, wenn er sich in eins damit selbst vernichtet. Andererseits hat jeder Mensch die prinzipielle Chance, diese Schleife zu verlassen. Das aber setzt voraus, daß er beginnt, seine typspezifische T.O.T.E. zu erforschen – wie man altvertraute Gewohnheiten erforscht, um sich auf die Schliche zu kommen. Die Lehrer unterschiedlichster spiritueller Schulen sprechen in dem Zusammenhang von dem „inneren Beobachter" oder dem aufkeimenden „Gewahrsein". Der Weg in diese Selbsterfahrung verläuft häufiger über die Erfahrung von Einschränkungen, Erfolgsblockaden, Kommunikationsstörungen oder psychosomatischen Symptomen beim Verlassen der Schleife. Diese Blockaden oder Störungen bieten eine Chance, die Schleife oder das eigene Basisprogramm zu erforschen. Erst wenn man genau weiß, wie es funktioniert, kann man anfangen, es zu verändern. Der erste Schritt wird meistens darin bestehen, die Anzahl der Schleifendurchgänge zu verringern, um nicht zuviel psychische Energie zu vergeuden. Für die nächsten Schritte gibt es kein festes Programm; manche gehen den Weg in Richtung Trostpunkt, andere integrieren ihre „unerlösten" Schattenanteile aus dem Streßpunkt, und wieder andere fangen an, die Energiemuster aus ihren Flügeln, d.h. den benachbarten Enneagrammpunkten, verstärkt zu nutzen. Ziel jedes Schrittes ist, die unbewußten Fixierungen allmählich aufzulösen und das zu verwirklichen, was als Möglichkeit in ihm angelegt ist. Als NLP-Anwender könnte man hier von einem Reframing der Leidenschaft sprechen: die in ihr gebundene Energie wird in Richtung „Tugend" transformiert. Der etwas altertümlich wirkende Begriff meint nichts anderes als das Ausbalancieren der Leidenschaften: die richtige Mitte zu halten zwischen dem Zuviel und dem Zuwenig.

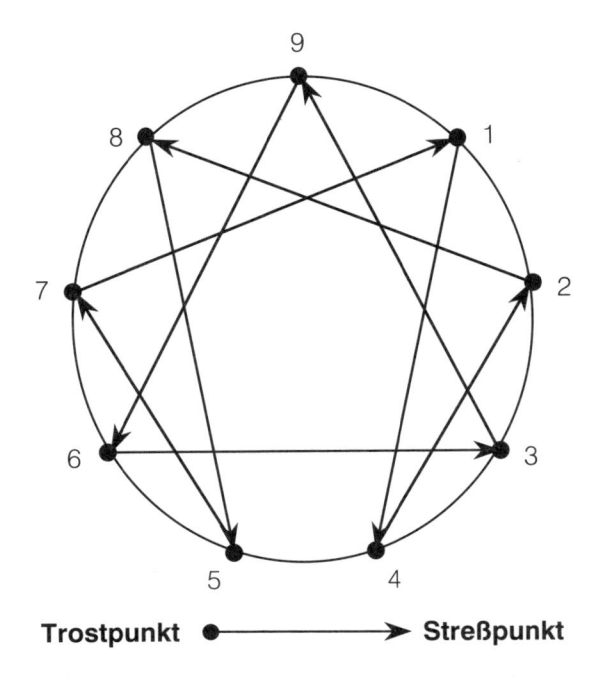

Trostpunkt •———▶ **Streßpunkt**

Zur Lesrichtung: Wenn man von einem beliebigen Punkt des Enneagramms in Pfeilrichtung wandert, bewegt man sich auf der Desintegrationslinie des betreffenden Typus in Richtung Streßpunkt. Umgekehrt gilt, daß man gegen die Pfeilrichtung den jeweiligen Trostpunkt auf der Integrationslinie erreicht.

Entwicklungsdynamik des Typus 2
Der Helfer

1. uneigennützig
2. einfühlsam
3. hochherzig
4. schmeichelnd
5. besitzergreifend
6. selbstaufopfernd
7. manipulativ
8. nötigend
9. Opferhaltung

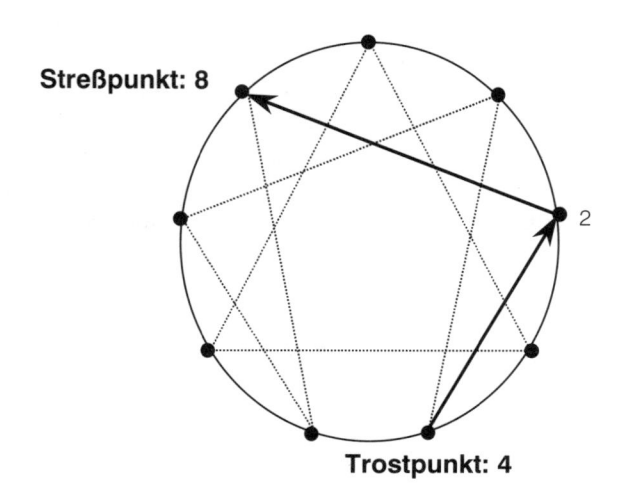

Streßpunkt: 8
Trostpunkt: 4

Testfragen: Bestätigt mich der andere in meinem Selbstbild? Fördert er meine Eigenliebe?
Leidenschaft: Stolz (als Kompensation für den wahrgenommenen Mangel an Wert)
Motivation: Verführen, helfen, fordern, Bedürfnisse anderer erfüllen
Streß: Besitzergreifendes Streben nach Dominanz
Tugend: Demut

Grunddynamik

Anderen helfen, um geliebt zu werden – das ist das Basisprogramm der Zwei. Das Spektrum dieser Zuwendung reicht vom uneigennützigen Helfer, der keine Gegenleistung verlangt, bis zum nötigenden, vorwurfsvollen und manipulativen Muttertypus: „Du bist undankbar. Erkennst du denn nicht, daß ich mich nur für dich geopfert habe?" Da sie stolz sind auf das, was sie an Liebe und Fürsorglichkeit geben, sind sie gezwungen, selbstbezogene und aggressive Motive vor sich zu verbergen.

Das *Basisprogramm* der Zwei bildet sich in dem Moment heraus, wo sie die Erfahrung des Ungeliebtseins macht. Das Ungeliebtsein wird als Mangel, als Stachel erfahren und umgedeutet: Sie wurde nicht geliebt, weil sie ihrerseits nicht geliebt hat. Also muß sie, um geliebt zu werden, zuerst Liebe geben. Daß sie Liebe geben kann, diese Erfahrung macht sie stolz; der Stolz kompensiert den Mangel. Gleichzeitig aber haben Zweier das (berechtigte) Gefühl, nie um ihrer selbst willen geliebt zu werden, weil sie zuallererst geben müssen, was sie erhalten wollen. Sie können verführerisch, gefühlsbetont, verantwortungsbewußt und gewinnend sein, um andere dazu zu bringen, sie zu lieben. Ihr Selbstwertgefühl, ihr Stolz und ihre Selbstachtung wächst in dem Maße, wie es ihnen gelingt, andere von ihrer Hilfsbereitschaft und ihrem Edelmut zu überzeugen. Aber tief in ihrem Inneren spüren sie den Stachel: Die Leere, die sie füllen wollen, macht die Leere als Leere zuallererst erfahrbar. Wenn sie sich nicht mehr an ihrem Bild als selbstlose Helfer und Liebende berauschen können, werden sie zu Furien, die über Leichen gehen. Sie projizieren auf andere ihre eigene Aggressivität und Negativität, die zuzugeben ihnen ihr Stolz verbietet.

Ihre Tugend ist die Demut: Sie entwickelt sich, wenn Zweier realisieren, daß sie etwas geben, dessen sie selbst in hohem Maße bedürftig sind, und wenn sie dann dieses Bedürfnis annehmen können, ohne daß ihnen der Stolz in die Quere kommt.

Desintegration: Wenn sich T2 auf T8 zubewegt, übernimmt er dessen Dominanzstreben und Aggressionsfähigkeit, um andere noch stärker von sich abhängig zu machen und Schuldgefühle in ihnen zu erzeugen. Dadurch zerstört er nachhaltig, was er so dringend braucht: Liebe und Zuneigung.

Integration: Wenn sich T2 auf T4 zubewegt, übernimmt er dessen Innerlichkeit und entdeckt in sich selbst den vollen Gefühlsreichtum, d.h., er wird fähig, sich bedingungslos in seinem Sosein anzunehmen und den ursprünglichen Mangel des Ungeliebtseins zu akzeptieren.

Glaubenssätze: Ich kann nur geliebt werden, wenn ich für andere da bin.
Die Bedürfnisse der anderen sind wichtiger als meine eigenen.
Ich bin nichts, wenn ich nicht für andere da bin.

Kommunikationsprinzip: Ich bin okay, wenn du mich begehrst; du bist okay, wenn du mich begehrst.

Orientierung: Assoziiert, kinästhetisch, Hin-zu (inneren Zuständen anderer), emotionaler „Denkstil", ↗ In Time, personenorientiert

Kindheit: Ambivalentes Verhalten dem Vater gegenüber

Entwicklungsdynamik von Typus 3
Der Macher

1. selbstbestimmt
2. adaptiv
3. ehrgeizig
4. konkurrierend
5. Image-orientiert
6. narzißtisch
7. opportunistisch
8. doppelzüngig
9. rachsüchtig

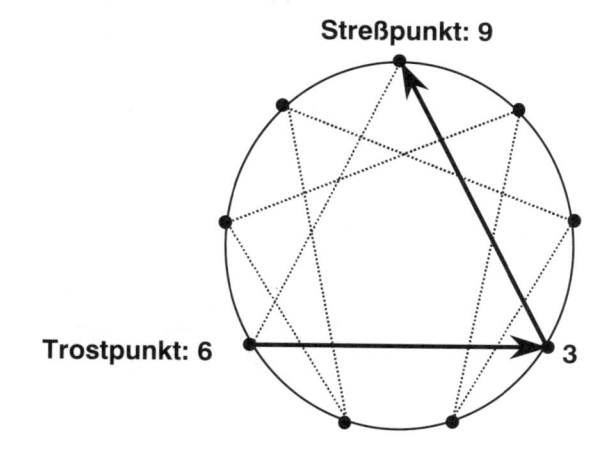

Streßpunkt: 9
Trostpunkt: 6

Testfragen: Stehe ich vor dem anderen gut da? Sieht er meinen Erfolg? Wirke ich überzeugend und überlegen? Werde ich gesehen? Schätzt man meine Leistung?
Leidenschaft: Eitelkeit (als Bedürfnis nach Aufmerksamkeit)
Motivation: Gesehen, gehört und anerkannt zu werden für die erbrachte Leistung; den Schein wahren.
Streß: Interesselosigkeit
Tugend: Wahrhaftigkeit

Grunddynamik

Karriere, Image und Erfolg spiegeln die Basisausrichtung des Typus 3: die Verpackung wird zur Botschaft. Die Drei sucht nach Selbstbestätigung im Außen, in das sie ihr Bild von Grandiosität projiziert. Im selben Maße, wie das Image zur einzigen Realität wird, also *map* und *territory* miteinander verschmelzen, verarmt das innere Selbst. Im Normalzustand konkurriert die Drei mit anderen, um das zu erhalten, was sie – in ihrer Eitelkeit – als Ergebnis ihrer natürlichen Überlegenheit ansieht. Ihr Selbstbild verfolgt nur den Zweck, auf andere zu wirken und Bewunderung auf sich zu ziehen. Durch ihren Mangel an Gewissen und ihr übersteigertes, eitles Selbstbild kann sich der Typus Drei zu einem schamlosen Ausbeuter anderer entwickeln: diese sind ausschließlich dazu da, seine narzißtischen Bedürfnisse zu befriedigen.

Das *Basisprogramm* des Typus Drei entstand mit der Erfahrung, daß er nur dann beachtet wird, wenn er etwas leistet und den in ihn gesetzten Anforderungen gerecht wird. Je stärker er aber etwas leistet, und je mehr er diese Leistung an äußeren Maßstäben festmacht und sich damit identifiziert, desto mehr nimmt die Projektion den Platz seines wahren Selbst ein. Er weiß immer weniger, wer er eigentlich ist. Er verfängt sich in einem Teufelskreis: Um beachtet zu werden, muß er auf sich aufmerksam machen. Er macht aber nicht auf sich selbst aufmerksam, sondern auf seine Leistung, die sich ausschließlich an gesellschaftlichen Maßstäben und Normen orientiert. Ständig betreibt der Typus Drei Marktforschung, um gesellschaftlich wünschenswerte Bilder von sich zu verkaufen und up to date zu sein. Wenn die vermeintliche Überlegenheit nicht mehr ausreicht, ihren illusionären Narzißmus zu nähren, kann die Drei aggressiv werden. Es reicht nicht mehr, Erfolg zu haben; der scheinbare eigene Erfolg muß durch den Mißerfolg der anderen weiter erhöht werden.

Die Tugend der Drei ist die Wahrhaftigkeit, in die sie eintritt, sobald sie anfängt, zwischen Lüge und Wahrheit, Projektion und innerer Leere zu unterscheiden.

Desintegration: Wenn sich T3 auf T9 zubewegt, übernimmt er dessen Hang zur Passivität und Resignation; er dissoziiert sich von dem einzigen ihm verbliebenen (negativen) Gefühl – seiner Feindseligkeit: Jetzt wird alles unwirklich, das künstlich aufgebaute Selbstbild der Drei platzt wie eine Seifenblase und macht einer existentiellen Leere Platz.

Integration: Wenn sich T3 auf T6 zubewegt, übernimmt er dessen Loyalität und Rechtschaffenheit; er lernt, sich anderen Menschen zu widmen, ohne sie durch Erfolg oder Status beeindrucken zu wollen. Im selben Maß gewinnt er seine Authentizität zurück, innere Realität und äußeres Bild gleichen sich an; die Gefühle der Drei kommen aus dem Innenraum und werden nicht im Kommunikationsprozeß simuliert.

Glaubenssätze: Ich bin nur etwas wert, wenn ich etwas leiste.
Es ist wichtig, einen guten Eindruck zu machen.
Ich kann nicht versagen.
Nur der Erfolg zählt.

Kommunikationsprinzip: Ich bin okay, wenn du glaubst, daß ich okay bin; du bist okay, wenn du glaubst, daß ich okay bin.

Orientierung: Dissoziiert, kontrolliert, visuell und kinästhetisch, Hin-zu, zukunftsorientiert, extrovertiert, aktiver Denkstil

Kindheit: Positive Identifikation mit der Mutter, die von der Drei bewundert wird

Entwicklungsdynamik von Typus 4
Der Künstler

1. kreativ
2. selbstbewußt
3. individuell
4. phantasievoll
5. selbstverliebt
6. ästhetizistisch
7. selbstentfremdet
8. selbstquälerisch
9. selbstzerstörerisch

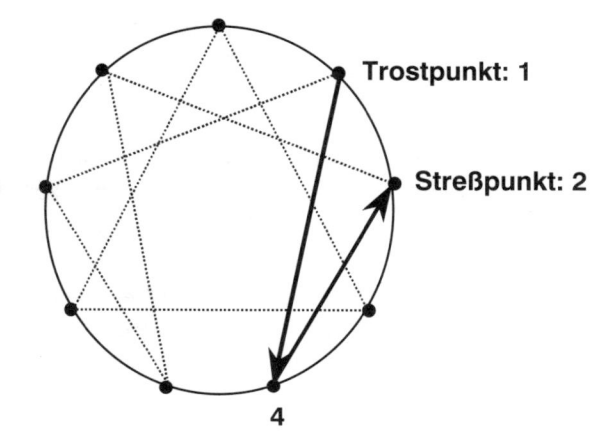

Trostpunkt: 1
Streßpunkt: 2

Testfragen: Ist es ästhetisch? Hebt es sich von anderem ab? Ist es echt? Ist es neu? Steigert es meine Sehnsucht?
Leidenschaft: Neid (als überkompensierte Ablehnung)
Motivation: Auffallen, etwas Besonderes tun, seine Andersartigkeit unter Beweis stellen, Leiden an der Welt.
Streß: Abhängigkeit
Tugend: Gleichmut

Grunddynamik

Thema des „Künstlers" ist es, persönliche Gefühle zu ästhetisieren. Weil er sich seines inneren Wertes unsicher ist (und andere ebendarum beneidet), unternimmt er es, diesen vermeintlichen Mangel durch seine Besonderheit wettzumachen. Als schöpferischer, kreativer Mensch zieht er Befriedigung aus seiner Kreativität, da sie ihm das Gefühl gibt, bei anderen Anerkennung für seine Innenwelt, seine inneren Gefühle zu finden. Gleichzeitig bewegt er sich aber auch weg von den Menschen, will sich nicht zu erkennen geben in ebendieser emotionalen Unsicherheit. Die nach innen gerichtete Persönlichkeit von T4 gerät im Normalzustand schnell in Gefahr, sich in Nabelschau und Selbstbespiegelung zu verlieren, wenn sie ständig ihre vermutete Andersheit im Blick hat und ihre Gefühle, eben weil sie sie nur bespiegelt, nur selten assoziiert äußern kann. Das Resultat ist der Rückzug aus dem Alltag. Wenn dieser Rückzug resignative Züge annimmt und sie nicht mehr an ihre Selbstverwirklichung glauben, fangen Vierer an, sich zu hassen für das, was sie sich selbst angetan haben; sie sind fixiert auf ihre dunklen Seiten; ihre morbiden Phantasien werden zu Obsessionen.

Das *Basisprogramm* der Vier gründet auf der frühen Erfahrung von Frustration, Ungenügen und Versagung. Sie haßt sich dafür, ein Mängelwesen, also nichts Besonderes zu sein. Aus dem Selbsthaß entspringt eine neidvolle Bedürftigkeit. Nur das Besondere kann sie erheben. Dem Glauben an ihre Besonderheit muß sie aber ständig Nahrung geben, denn nur wegen dieser Besonderheit hofft sie, anerkannt zu werden. Aber sie bleibt immer unerfüllt, denn wenn das Besondere sie erfüllen würde, wäre die Lücke geheilt und sie als Person nichts Besonderes mehr. Gleichzeitig entfernt natürlich diese Besonderheit sie aber immer stärker von den anderen, den „Normalen". Das Gefühl des Isoliertseins, Abgelehntseins wächst im selben Maße, wie sie versucht, gerade wegen ihrer Besonderheit angenommen zu werden. Nimmt sie jemand aber in ihrem Sosein an, stößt sie ihn häufig von sich, denn jemand, der sie, die nichts taugt, liebt, kann selbst nichts taugen.

Die Tugend der Vier ist Gleichmut oder Ausgeglichenheit, die Fähigkeit, sich selbst als Zentrum und Quelle des Besonderen zu erfahren, ohne die exzentrische Erwartung, daß Auszeichnung von außen erfolgen müsse.

Desintegration: Wenn sich T4 auf T2 zubewegt, sucht er jemanden, der ihn liebt und ihm hilft, seine Selbstentfremdung zu überwinden. Da ihn diese Abhängigkeit aber immer weiter daran erinnert, was ihm fehlt, oszilliert er beständig zwischen Selbsthaß und Aggressionen gegenüber dem anderen.

Integration: Wenn sich T4 auf T1 zubewegt, übernimmt er dessen Orientierung an Strukturen, Werten und Normen. Dadurch lernt er, seine Gefühlswelt zu objektivieren, z.B. in Form eines Kunstwerks oder einer intensiven phantasievollen Beziehung, an der er seinen eigenen Wert erfährt.

Glaubenssätze: Ich bin es nicht wert, geliebt zu werden.
Immer bekommen die anderen das, was ich will.
Ich bin einzigartig.
Nur die Liebe hilft mir, mich wertvoll zu fühlen.

Kommunikationsprinzip: Ich bin okay, wenn ich Schmerz empfinde; du bist okay, wenn du Schmerz empfindest.

Orientierung: Fokus nach innen, ↗ Downtime, starker Selbstbezug, Weg-von anderen, passiv, kinästhetisch, introvertiert, emotionaler Denkstil

Kindheit: Negativer Bezug auf Vater und Mutter; Gefühl der Zurückweisung

Entwicklungsdynamik von Typus 5
Der Denker

1. weise
2. engagiert
3. kundig
4. analytisch
5. versponnen
6. reduktionistisch
7. isoliert
8. verzerrt
9. leer/schizoid

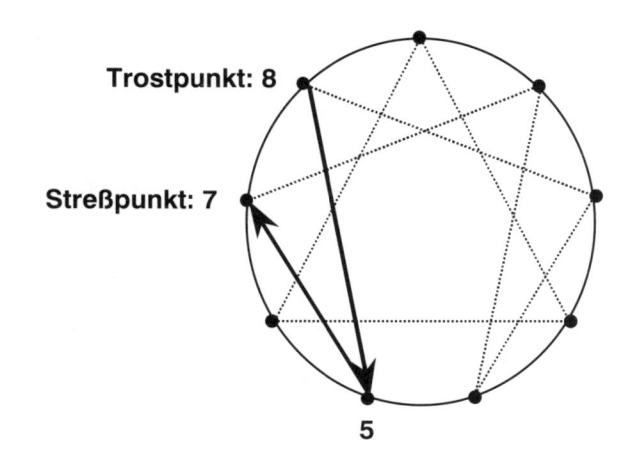

Trostpunkt: 8
Streßpunkt: 7

Testfragen:	Ist es objektiv richtig? Kann ich es kontrollieren? Ist es sicher? Kann ich meine Ruhe haben?
Leidenschaft:	Habsucht (als Kompensation für die innere Leere)
Motivation:	Beobachten, sammeln, analysieren, betrachten
Streß:	Aktivismus
Tugend:	Sich einlassen

Grunddynamik

Die Grunddynamik des Denkers resultiert aus dem Bestreben, seine Umgebung zu verstehen; das angesammelte Wissen (Habsucht) wird als Garant betrachtet, um gegen die Fährnisse des Alltags gewappnet zu sein. Je stärker seine Vorstellungskraft und seine Theorien, desto mehr verliert er den Boden unter den Füßen, d.h., der Unterschied zwischen *map* und *territory* droht verlorenzugehen. Gerade weil Fünfer glauben, daß die Welt da draußen so unberechenbar, vielleicht sogar bedrohlich ist, versuchen sie sie in Gedanken zu bannen – durch scharfsinnige Beobachtungen und Analysen. Damit wächst die Gefahr, daß sie ihre Konstruktionen und mentalen Modelle nicht mehr als Modelle sehen, sondern sie mit der Wirklichkeit verwechseln. Die Beobachtungen, die sie machen, werden immer nur als Beweisstücke für die eigene Wirklichkeitsauffassung genommen, ohne daß die Fähigkeit, sich auf andere Karten der Wirklichkeit einlassen zu können, ausgebildet wäre.

Das *Basisprogramm* der Fünf entspringt der Erfahrung existentieller Leere, der Erfahrung, vom wirklichen Leben abgeschnitten zu sein. Um diese Situation aushalten zu können, fängt sie an, sie zu analysieren. Aus der Analyse und den gesammelten Informationen resultiert ein trügerisches Gefühl der Geborgenheit. Diese Geborgenheit bedingt aber weiteren Rückzug und *Sammlung*, um nicht emotional in überflüssige Interaktionen verwickelt zu werden, bzw. um nicht beherrscht zu werden. Also sammeln Fünfer weiter, um ihre Autonomie aufrechterhalten zu können. Je weiter sie sich entfernen und je spärlicher sie leben, desto unwirklicher wird ihre Existenz – selbst in ihren Augen. Versuche, der Unwirklichkeit ihrer Existenz zu entfliehen, enden häufig im Eskapismus.

Die Tugend der Fünf ist das konkrete Sich-Einlassen auf das, was sie sonst nur aus der Beobachtung kennen.

Desintegration: Wenn sich T5 auf T7 zubewegt, übernimmt er dessen Hyperaktivismus und stürzt sich kopflos von einer Aktivität in die nächste, ohne sich mit irgend etwas ernsthaft oder dauerhaft identifizieren zu können. In diesem Zustand verhält er sich irrational, stößt seine Umwelt vor den Kopf und ist unfähig, einen klaren Gedanken zu fassen.

Integration: Wenn sich T5 auf T8 zubewegt, lernt er, daß er nicht unbedingt alles kognitiv erkannt haben muß, um überhaupt sinnvoll handeln und auf seine Umwelt einwirken zu können. Dadurch faßt er allmählich Mut, sich liebevoll auf andere Menschen einzulassen. Sobald er nicht mehr ausschließlich auf seine Gedanken fixiert ist, kann dieser Typus die Metastrukturen und innere Logik von Veränderungsprozessen früher als andere durchschauen.

Glaubenssätze: Ich kann mich nur auf mich selbst verlassen.
Wissen ist Macht.
Nur wenn ich etwas durchschaue, fühle ich mich sicher.
Gefühlen kann man nicht trauen.

Kommunikationsprinzip: Ich bin okay, wenn ich dich zurückstoße; du bist okay, wenn ich dich zurückstoße, bevor du mich zurückstößt.

Orientierung: Introvertiert, dissoziiert, auf sich selbst fokussiert, Sortieren nach Informationen, visuell und auditiv, logischer oder logisch-visionärer Denkstil

Kindheit: Ambivalenter Bezug zu Vater und Mutter

Entwicklungsdynamik von Typus 6
Der Loyale

1. selbstbejahend
2. liebenswürdig
3. engagiert
4. konventionell
5. ambivalent
6. defensiv
7. unsicher
8. hysterisch
9. masochistisch

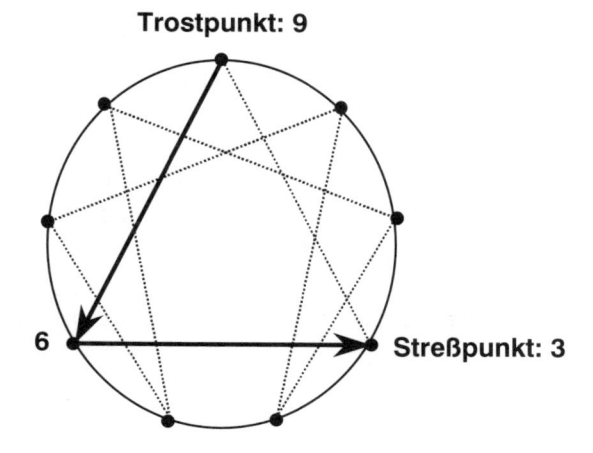

Testfragen: Ist alles in Ordnung? Kann ich vertrauen? Muß ich mich vorsehen?
Leidenschaft: Angst (vor der Angst)
Motivation: Sicherheit gewinnen, Autorität suchen (ablehnen), Mißtrauen, Fehler vermeiden
Streß: Rachsucht, Sadismus
Tugend: Mut

Grunddynamik

Die Grunddynamik des Loyalen wird durch die Auseinandersetzung mit Autoritäten bestimmt: Der Typus 6 identifiziert sich mit einer Autoritätsfigur, um Sicherheit im Alltag zu gewinnen und seine Angst zum Schweigen zu bringen. Er möchte an ihrer Stärke partizipieren, gleichzeitig aber ist er unsicher, ob er ihr vertrauen kann, und kann darüber im Zweifel auch passiv-aggressiv reagieren. In ihm wohnen zwei Seelen: wie bei Dr. Jekyll und Mister Hyde ist schwierig vorhersagbar, wie er im Augenblick reagieren wird. Abhängigkeit und Aggressivität können schnell wechseln. Seine Gefühlsambivalenz verhindert, daß er sich jemals sicher und geborgen fühlt. Ihren Mitmenschen gegenüber empfinden Sechser Mißtrauen: nie kann sich eine Sechs ihrer Sache oder eines Menschen sicher sein. Sie reagiert auf ihre Gefühle, vor allem die Angst, und kommuniziert ihre Reaktion darauf als primäres Gefühl. Deshalb haben viele Menschen Probleme, eine Sechs zu verstehen.

Das *Basisprogramm* der Sechs ist das Resultat einer chronischen Unsicherheit und der Vermeidung, nach innen zu gehen. Diese Unsicherheit wird nach außen projiziert. Die äußere Projektion verleiht ihrer Existenz Sinn: entweder indem sie sich diesen Werten unterordnet und klein beigibt, oder indem sie sie als Bedrohung bekämpft. So oder so wird die Angst zum permanenten Angststimulus. Wenn sie sich unterordnet, darf sie keine Fehler machen und muß ihren Verstand gebrauchen, um das richtige Verhalten zu lernen. Andererseits kann sie nie sicher sein, daß die übermächtige Autorität sie nicht aus undurchdringlichen Gründen für nichtswürdig erklärt, weswegen sie lieber selbst zum Verfolger seiner potentiellen Verfolger wird.

Die Tugend der Sechs ist der Mut, sich selbstbewußt durchzusetzen und daraus eine wirkliche Stärke zu erfahren, auf die sich die anderen verlassen können. Das aber setzt voraus, daß sie den Mut aufbringt, nach innen zu schauen.

Desintegration: Wenn sich T6 auf T3 zubewegt, übernimmt er dessen Narzißmus und sein äußeres Überlegenheitsstreben, was zu einem ungehemmten Ausbruch seiner sadistischen und aggressiven Gefühle führt. Er kann extrem gewalttätig werden, um seine Minderwertigkeitsgefühle ein für allemal zu überwinden.

Integration: Wenn sich T6 auf T9 zubewegt, lernt er den inneren Frieden der Neun kennen und kann dadurch seine Tendenz zur Abhängigkeit sinnvoll transformieren.

Glaubenssätze: Es ist gut, auf alles vorbereitet zu sein.
Das Leben ist unberechenbar und gefährlich.
Es ist gefährlich, seine Gefühle offen zu zeigen.
Nähe und Intimität machen verletzlich.

Kommunikationsprinzip: Ich bin okay, wenn du mir gehorchst; du bist okay, wenn du mir gehorchst. Ich bin okay, wenn ich mich auflehne; du bist okay, wenn du duldest, daß ich mich auflehne.

Orientierung: Introvertiert, passiv, dissoziiert, auditiv, Weg-von, Sort nach Informationen, emotionaler Denkstil, Denken vor Handeln

Kindheit: Positive Identifikation mit einer Vaterfigur

Entwicklungsdynamik von Typus 7
Der Vielseitige

1. dankbar
2. enthusiastisch
3. produktiv
4. welterfahren
5. hyperaktiv
6. materialistisch
7. eskapistisch
8. manisch-triebhaft
9. panisch

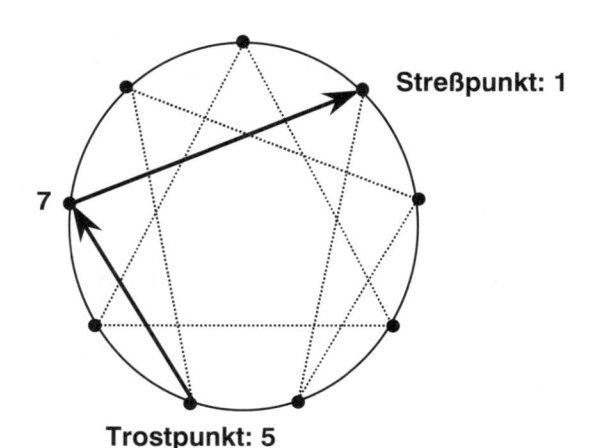

Streßpunkt: 1
Trostpunkt: 5

Testfragen: Ist es neu und aufregend? Gibt es angenehme Überraschungen? Ist es sinnlich erfahrbar?
Leidenschaft: Maßlosigkeit
Motivation: Schmerz vermeiden, das Angenehme mit dem Nützlichen verbinden, das Leben genießen, mehr ist besser
Streß: Selbstkontrolle
Tugend: Nüchternheit

Grunddynamik

Die Grundmotivation des Vielseitigen ist geprägt durch seinen Wunsch, der Langeweile zu entgehen und Spaß zu haben. Aus seiner Sicht ist er völlig okay und die Welt ist dazu da, ihm Vergnügen, Abwechslung und Genuß zu verschaffen; Leid und Schmerz flieht er wie der Teufel das Weihwasser. Seine Selbstachtung und Identität hängt von diesem unaufhörlichen Einströmen neuer Sinnesdaten aus der äußeren, materiellen Welt ab, auf die sein Genußstreben gerichtet ist. Was nicht sinnlich erfahrbar ist, interessiert ihn weniger; er ist extrovertiert, praktisch und materialistisch. Paradoxerweise entzieht sich ihm das Glück jedoch häufig im dem Moment des Habens, da er es dann nicht mehr zu schätzen weiß, weil er weiß, daß andere aufregende Dinge auf ihn warten; er ist unfähig, die Dinge, die er begehrt, zu internalisieren und in seine Selbstentwicklung zu integrieren. Die Erfordernisse des Alltags sind ihm häufig ein Greuel; er überläßt sie gerne anderen. Mehr interessiert ihn das Fernliegende, Ungewöhnliche, Esoterische, weil es ihm hilft, seine innere Leere zu füllen. Als neurotische Persönlichkeit geht er jeder Augenblickslaune nach, greift nach Stimulanzien, ist suchtgefährdet und verhält sich wie ein verwöhntes Kind: Wenn etwas nicht nach seinem Kopf geht, wird es zornig.

Das *Basisprogramm* der Sieben ist Selbstbetäubung aus der Erfahrung innerer Leere. Um diese Leere zu füllen, schmiedet sie unaufhörlich Pläne, in denen sie jetzt schon so sehr lebt, daß sie die Lust verliert, hart für die Realisierung zu arbeiten. Statt dessen investiert sie in ihre Größenphantasien. Aber ihr Selbst gleicht einem Faß ohne Boden. Jeder Versuch, es mit Vordergründigem und Lustvollen zu füllen, verbirgt nur schlecht die innere Leere, die als solche nicht reflektiert wird, weil es schmerzvoll wäre, sich ihr zu stellen.

Die Tugend der Sieben ist die Nüchternheit, d.h. die Fähigkeit, ihren Hang zum Rationalisieren und Flüchten in angenehme Phantasiegebilde selbstkritisch zu betrachten.

Desintegration: Wenn sich T7 auf T1 zubewegt, hofft er, wieder Kontrolle über sein Leben zu bekommen. Er übernimmt von T1 dessen Hang zum Rationalisieren und Kritisieren und „nutzt" diese Energien, um seinen aufgestauten Haß gegen die sich ihm versagende Realität zu entladen.

Integration: Wenn sich T7 auf T5 zubewegt, lernt er, ein genauer Beobachter seiner mentalen und emotionalen Zustände zu werden. Sein Fokus wendet sich nach innen; er lernt, seine Schattenseiten, insbesondere die Angst vor Schmerz, zu integrieren.

Glaubenssätze: Ich bin okay, du bist okay.
Das Leben ist ein Fest.
Ich habe ein Recht auf Genuß und Abwechslung.
Es ist gut, Wahlmöglichkeiten zu haben.

Kommunikationsprinzip: Ich bin okay, wenn ich mich amüsiere; du bist okay, wenn du mich amüsierst.

Orientierung: Extrovertiert, aktiv, dissoziiert, Hin-zu, Sort nach Erfahrungen, zukunftsorientiert, Fokus auf Empfindung, visuell, In Time

Kindheit: Negative, durch Versagung geprägte Beziehung zur Mutter

Entwicklungsdynamik von Typus 8
Der Führer

1. selbstbeherrscht
2. erfüllt
3. konstruktiv
4. unabhängig
5. dominierend
6. feindselig
7. skrupellos
8. rücksichtslos
9. gewalttätig

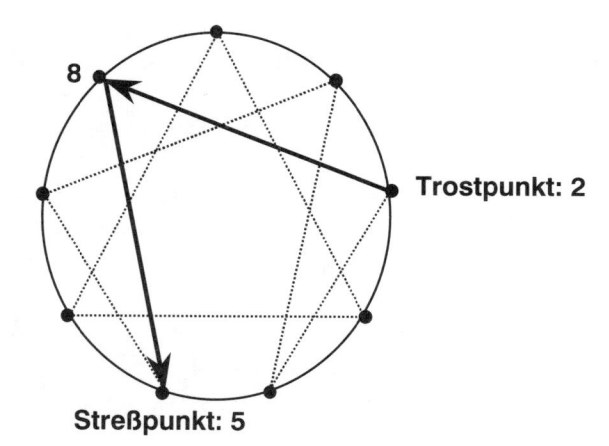

Trostpunkt: 2

Streßpunkt: 5

Testfragen: Wo ist die Schwäche des anderen? Was stimmt nicht? Ist es gerecht? Ist er/sie mir freundlich oder feindlich gesonnen? Kann ich ihn/sie/es beherrschen?

Leidenschaft: Wollust (Überkompensation von Trägheit und dem Gefühl des Ausgeschlossenseins)

Motivation: Die Oberhand gewinnen, bedingungsloses Engagement, Schwächen konsequent ausnutzen, „lebe gefährlich" (Nietzsche)

Streß: Sicherheit (durch Denken)

Tugend: Unschuld

Grunddynamik

Die Grundmotivation des „Führers" ist Macht; er will in seiner und über seine Umwelt dominieren, ihr seinen Willen aufprägen. In dem Moment, wo er seine Ziele, die er mit großer Unerschrockenheit und Härte gegenüber sich selbst verfolgen kann, seinem Ego unterordnet, wirkt er außerordentlich verletzend auf andere, verwickelt sie in Dominanz- und Machtkämpfe und benutzt sie *schamlos* als Steigbügelhalter für seine grandiosen Pläne und Phantasien. Das Gefühl für Grenzen ist bei Achtern stark unterentwickelt; sie wollen dominieren, um zu verhindern, daß sie sich anderen unterordnen müssen. Je stärker sie andere unterdrücken, desto mehr verlieren sie sich in der Furcht, in einem Moment persönlicher Schwäche rücksichtslos von diesen anderen dominiert zu werden. Um das zu verhindern, muß die Acht noch rücksichtsloser und härter vorgehen – ein circulus vitiosus. Neurotisch wird der Typus Acht in dem Moment, wo er andere nur noch beherrschen will und ihnen nichts mehr dafür gibt, also keine Sicherheit, Führung und Schutz. Jedes Zeichen von Freundlichkeit und Kooperationsbereitschaft münzt er um in ein Zeichen von Schwäche, die er hemmungslos ausbeutet. Jede Regung von Widerstand wird kompromißlos und ohne Regung irgendwelcher Schuldgefühle niedergekämpft. Dabei verliert er den Bezug zur Realität, die jetzt nur noch aus Egoprojektion besteht.

Das *Basisprogramm* der Acht entstand als Reaktion auf die gespürte eigene Ohnmacht, gegen die er rebellisch aufbegehrte. Im Zuge dieses Aufbegehrens gegen jedes Herkommen und jede Autorität, die ihm verbieten will, sich und seine Lust und sich in seiner Lust zu spüren, setzt er auf Macht: aus dem Entmächtigen und Überwältigen der anderen bezieht er seine Energie. Die Tragik des Typus Acht besteht darin, daß dieses exzessive Genuß- und Machtstreben ihn gleichzeitig unempfänglich macht für das, was er sich nur gewaltsam aneignen kann – so wie es existentiell befriedigender ist, etwas geschenkt zu bekommen, als es sich selbst zu besorgen.

Seine Tugend ist die Unschuld, die ihn davon befreit, seine Ohnmacht durch exzessiven Gebrauch von Macht zu kompensieren.

Desintegration: Wenn sich T8 auf T5 zubewegt, hofft er, seine Allmachtsphantasien mit der Sicherheit des Denkers zu vereinigen. Dadurch isoliert sich die Acht weiter von ihrer Umwelt; sie fühlt sich allseitig bedroht und verfällt ihren paranoiden Wahngebilden.

Integration: Wenn sich T8 auf T2 zubewegt, lernt er, vom Helfer die Energien des Mitgefühls und soziale Fähigkeiten zu nutzen; er gibt seine überlegene Distanziertheit auf und beginnt, sich für das Wohlergehen anderer zu interessieren: Die Liebe zur Macht wandelt sich zur Macht der Liebe.

Glaubenssätze: Ich weiß, worauf es ankommt.
Das Leben ist ein Kampf.
Wer nicht für mich ist, ist gegen mich.
Nur der Starke siegt.

Kommunikationsprinzip: Ich bin okay, wenn ich die Macht habe; du bist okay, wenn du mich die Macht haben läßt.

Orientierung: Extrovertiert, aktiv, assoziiert, Hin-zu, Sort nach Personen, zukunftsorientiert, Fokus auf Polaritäten

Kindheit: Ambivalente Einstellung zur Mutter oder zu einer Mutterfigur

Entwicklungsdynamik von Typus 9
Der Friedliebende

1. eigenständig
2. unbefangen
3. gutherzig
4. angepaßt
5. passiv
6. resigniert
7. nachlässig
8. gespalten
9. zur Selbstaufgabe neigend

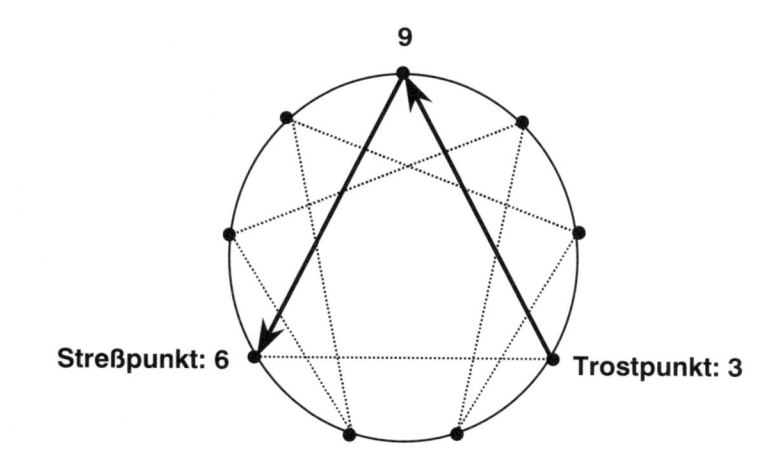

Streßpunkt: 6 **Trostpunkt: 3**

Testfragen: Kann ich mich damit identifizieren? Kann ich mitmachen? Bin ich lieb Kind, oder kann ich mich nützlich machen? Ist es zu kompliziert oder zu anstrengend?
Leidenschaft: Trägheit (als Überkompensation existentiellen Ärgers über das Vernachlässigtwerden)
Motivation: Sinn für Fairneß und Ausgleich
Streß: Angst, Überreaktion und Selbsterniedrigung
Tugend: Spontaneität

Grunddynamik

Typus 9 versucht, sich mit seiner Umwelt eins zu fühlen. Um dieses Einssein zu erreichen, paßt er sich stark den anderen an und ist ängstlich bemüht, den vermeintlichen oder tatsächlichen Rollenanforderungen zu genügen. Er ist nicht sehr aufmerksam, hat keinen Blick für Details, sondern genießt einfach die Übereinstimmung mit seinem Umfeld. Was nicht in das rosige Bild der Neuner vom Leben paßt, wird ausgeblendet; Typ 9 möchte einfach weiterhin ungestört und friedlich vor sich hin träumen. Leider läuft der Friedfertige dabei Gefahr, seine eigene Identität aus dem Blick zu verlieren. Je stärker er in anderen aufgeht, desto mehr verliert er seine eigene innere Stabilität, desto stärker sucht er Anlehnung, desto weniger ist er er selbst usw. Der gesuchte innere Friede erweist sich jetzt als Friedhof seiner eigenen Strebungen und Emotionen. Dadurch, daß er auf andere schlecht reagieren kann und sich statt dessen vorbehaltlos identifizieren möchte, schafft er oft eine kritische Distanz, die er eigentlich überbrücken will. Er geht wie ein Traumwandler durchs Leben. Als neurotische Persönlichkeit wird er zum resignierten Fatalisten: „Ist ja sowieso alles egal", und er beginnt sich einzuigeln und nichts und niemanden mehr an sich heranzulassen.

Das *Basisprogramm* der Neun entstand als Reaktion auf das Nichtbeachtetwerden: statt ihren Ärger in Dominanzstreben oder Zorn auszuleben wie die Acht oder die Eins, beschloß sie, das Nichtbeachtetwerden seinerseits nicht zu beachten, zu ignorieren. Dadurch, daß sie konsequent vermeidet, ihren Willen zum Selbstsein zu artikulieren (und ihre Umwelt detailliert wahrzunehmen), bestätigt er indirekt seine angenommene Nichtigkeit und mißachtet zugleich die anderen in ihrer Existenz. Wenn diese „innere Taubheit" zunimmt, versinkt die Neun in Resignation und Leere und nimmt zuletzt ihre Leere nicht mehr wahr.

Die Tugend der Neun ist die Spontaneität – das konsequente Verabschieden alter Gewohnheiten und Ingangbringen neuer Prozesse, was ihr dann um so leichter fällt, als sie ihrem Wesen nach ausgeglichen ist und nirgendwo mehr „anklebt".

Desintegration: Wenn sich T9 auf T6 zubewegt, übernimmt er dessen Hang, Schutz bei einer Autorität zu finden. Er sucht jetzt Hilfe um jeden Preis und begibt sich dafür in krankhafte Abhängigkeit; seine Lebensängste wachsen, und er flüchtet sich in masochistische Selbstzerstörung.

Integration: Wenn sich T9 auf T3 zubewegt, lernt er, wieviel Lust es bereiten kann, sich und seine Talente nach außen zu entwickeln; er lernt, sich als vollkommen eigenständige Persönlichkeit mit seiner Umwelt auseinanderzusetzen.

Glaubenssätze: Ich bin nicht wichtig.
Die Bedürfnisse der anderen sind wichtiger als meine eigenen.
Ich bin ständig um Ausgleich bemüht.
Ich muß alle Seiten in Betracht ziehen.

Kommunikationsprinzip: Ich bin okay, wenn ich das tue, was du tust; du bist okay, wenn du mich das tun läßt, was du tust.

Orientierung: Introvertiert, passiv, Weg-von (Konflikten), Sort nach Personen, kinästhetisch, gegenwartsorientiert, ↗ Downtime, Fokus nach innen

Kindheit: Positive Identifikation mit den Eltern

Entwicklungsdynamik von Typus 1
Der Perfektionist

1. tolerant
2. vernünftig
3. objektiv
4. idealistisch
5. ordnungssüchtig
6. besserwisserisch
7. intolerant
8. zwanghaft
9. gnadenlos

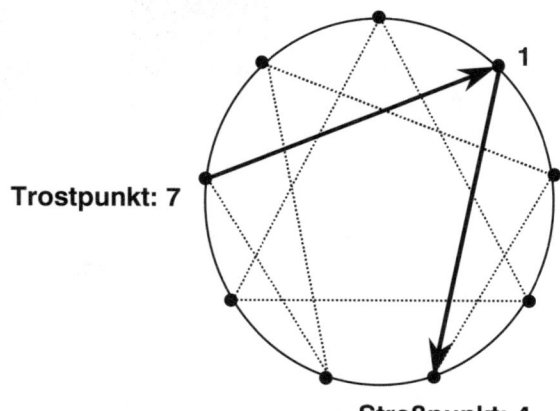

Trostpunkt: 7
Streßpunkt: 4

Testfragen: Ist es okay? Ist es richtig? Ist es perfekt? Kann man es besser machen?
Leidenschaft: Zorn als Resultat prinzipiell ungenügender Ergebnisse
Motivation: Verbessern, verurteilen, korrigieren, kritisieren, sich rächen
Streß: Selbsthaß und selbstzerstörerische Ent-Idealisierung
Tugend: Gelassenheit

Grunddynamik

Die Dynamik des Typus Eins resultiert aus dem Bestreben, seine Umwelt zu verbessern. Sein Selbstvertrauen bezieht er aus der moralischen Größe seiner Ideale, die größer als er und außerhalb seines Selbst angesiedelt sind. Durch ihr Streben nach Verwirklichung dieser Ideale suchen Einser von ihrer eigenen Unvollkommenheit abzulenken und verfolgen zornig jede Abweichung und jede Nachlässigkeit – bei sich wie bei anderen. Durch die Identifikation mit dem Ideal haben sie als die besseren Menschen das Recht, andere auf den rechten Weg zu führen. Da sie aber gleichzeitig wissen, daß sie unvollkommen sind, diese Unvollkommenheit aber nicht zugeben dürfen, um nicht ihr Ideal zu untergraben, leben sie in ständigem Konflikt zwischen Handeln und Gewissen, angemaßter Tugendhaftigkeit und verdrängter Triebhaftigkeit. Als Kämpfer für Gerechtigkeit und Wahrheit werden sie schnell zu öffentlichen Anklägern, Nörglern und Besserwissern, die nichts und niemanden gelten lassen können, der nicht ihrer Meinung ist. Erbarmungslos gießen sie ihre Moral in jeden Kontext und nerven andere durch ihre Selbstgerechtigkeit und ihre Unbelehrbarkeit. Je stärker sie sich in Richtung Intoleranz und Zwanghaftigkeit entwickeln, desto stärker spüren sie ihr eigenes Ungenügen und ihr persönliches Scheitern am Ideal.

Das *Basisprogramm* der Eins resultiert aus einem im Innern verspürten Ungenügen, das im Außen abgewendet werden soll. Die von ihr gespürte Ablehnung des eigenen „Unvollkommenseins" wird in ein unablässiges Streben nach Vollkommenheit umgedeutet. Das Tragische daran ist, daß der Typus 1 im Inneren keine Resonanz zu der angestrebten Vollkommenheit aufbauen kann. Die Welt bleibt auf ewig unvollkommen. Die Eins nimmt Rache an dieser Unvollkommenheit und richtet zuletzt ihr Augenmerk auf sich selbst: Wie sollte das Ideal, nach dem sie Vollkommenes anstrebt, von etwas Unvollkommenem, wie sie selbst es ist, je würdig vertreten werden können? Sie, die bisher alle Kritik an ihrer Person vehement ablehnte, richtet sich jetzt selbst mit der gnadenlosen Härte, mit der sie die anderen verfolgt hat.

Die Tugend der Eins ist die Gelassenheit, verstanden als Loslassenkönnen vom Ideal, das ihre Spontaneität und Lebenslust so lange kontrolliert (und unterdrückt) hat.

Desintegration: Wenn sich T1 auf T4 zubewegt, übernimmt er dessen Introspektion; er, der bislang kaum Kontakt zu seinem Unbewußten hatte, wird sich seines inneren Chaos und seiner „Untaten" bewußt. Die Ideale, die ihm vormals Halt gaben im Kampf gegen eine „verderbte" Welt, geraten endgültig ins Wanken, so unbarmherzig, wie er früher mit anderen verfuhr, so unbarmherzig geht er jetzt mit sich selbst ins Gericht – und kein Ideal schützt ihn mehr vor Selbstquälerei, Schuldgefühlen und Selbsthaß.

Integration: Wenn sich T1 auf T7 zubewegt, lernt er, Freude und Vergnügen an Menschen und Dingen zu empfinden und zu genießen, auch wenn er nicht perfekt ist. Durch die Hinwendung zur Sieben spürt er, daß eine Last von ihm genommen ist: die Last selbstauferlegter Verantwortung für Gott und die Welt.

Glaubenssätze: Nichts ist jemals vollkommen.
Ich verdiene es nicht, glücklich zu sein.
Wenn ich perfekt bin, kann mir nichts passieren.
Man muß für alles bezahlen.

Kommunikationsprinzip: Ich bin okay, wenn ich perfekt bin; du bist okay, wenn du perfekt bist.

Orientierung: Extrovertiert, dissoziiert, Sort nach Informationen, visuell, auditiv (innerer Kritiker), Fokus nach innen, logischer Denkstil, Entweder-Oder-Ausrichtung

Kindheit: Negative Identifikation mit einer Vaterfigur

Das Enneagramm ist ein zyklisches System: Man kann den Kreis in die eine oder andere Richtung durchlaufen und spüren, wie sich die psychischen Energien im Durchgang verändern. Es hat sich in der Praxis gezeigt, daß die Basistypen selten in Reinkultur vorkommen. Häufig verfügen sie über die Möglichkeit, auf benachbarte Typen, die Flügeltypen (z.B. für T2 die Typen T1 und T3) mit ihrem jeweiligen Spektrum zugreifen zu können.

Das Enneagramm in der NLP-Praxis[1]

Die NLP-Veränderungsarbeit ist häufig durch eine ganz bestimmte Prozeßfolge charakterisiert, wie sie z.B. durch das ↗S.C.O.R.E.-Vorgehensmodell beschrieben ist.

S	C	O	R	E
Symptom Worum es geht; die bewußten Problemaspekte, derentwillen der Klient kommt	**Cause** Die Ursachen, die zum Problem geführt haben; in der Regel sind sie dem Klienten weniger bewußt als die Symptome. Frage: „Kennst du das von früher?"	**Outcome** Was der Klient statt dessen will: das Ziel, die Umsetzung eines Wunsches	**Resources** Hilfsmittel, die gefehlt und damit das Problem verursacht haben; die Ressourcen wirken ergebnisstabilisierend	**Effects** Dazu führt es; das wird mit der Zielerreichung längerfristig bezweckt ↗ Öko-Check

Dieses Vorgehensmodell ist prinzipiell für jede Veränderungsarbeit wie auch für Übungszwecke brauchbar. Zu jedem Prozeßschritt können unterschiedliche NLP-Formate und -Modelle eingesetzt werden. Das Resultat ist aber sehr oft nicht *die generative Persönlichkeit*, die Bandler und Grinder im Blick hatten, sondern ein Klient, der situative Einschränkungen abgebaut und an Verhaltensflexibilität gewonnen hat. Durch das Enneagramm kann dieses Vorgehensmodell systemisch erweitert werden. Der Klient lernt, seine Probleme, Ziele, Ressourcen etc. aus dem Zusammenhang seines Lebensentwurfes und dessen Dynamik zu begreifen. Ein verkürzt dargestelltes Beispiel aus der Praxis soll dieses Vorgehen illustrieren:

> Eine Frau kommt zu uns die Praxis: sie klagt über Kontaktschwierigkeiten und Einsamkeit. Normalerweise würden wir jetzt fragen, was sie statt dessen möchte. Sie könnte antworten: Kontakte knüpfen mit ihren Nachbarn, ihren Kollegen, einen neuen Partner finden etc. Unsere zweite Frage beträfe die Hindernisse, die sie davon abhielten, genau dieses zu tun. Dann wäre Ressourcenarbeit angesagt: Was fehlt ihr, um das Ziel zu erreichen, bzw. in welchen

---

[1] Ein guter Überblick findet sich in: Anné Linden, Murray Spalding: *Enneagramm und NLP. Die Synthese in der Praxis.* Paderborn 1996.

anderen Kontexten hat sie schon einmal über diese oder ähnliche Ressourcen verfügt? Unter Umständen würde sich eine Glaubenssatzänderung anbieten; danach ↗ Ökologie-Check und ↗ Future-Pace. Nach einigen Sitzungen läge es (wieder) im Bereich der Handlungsmöglichkeiten unserer Klientin, befriedigende Formen des Miteinanders zu realisieren.

Im Vergleich dazu bietet die Arbeit mit dem Enneagramm die Möglichkeit, Veränderungen systemisch ins Werk zu setzen. Die Klientin kann nämlich ihre „Symptomatik" auch aus der Psychodynamik ihres Typus (Typ 5) begreifen lernen. Ihre beklagte Kontaktarmut ist kein Mangel, sondern Ausdruck des typeigenen Sicherheitsstrebens. Statt mit ihr pragmatische Kommunikations- und Kontaktstrategien einzuüben, die nicht immer der Gefahr unkontrollierter Hyperaktivität (Desintegration in Richtung Sieben) entgehen, würde ein auf dem Enneagramm basierender Veränderungsprozeß der Klientin eine geistige und emotionale Entwicklung ermöglichen, die der Psychodynamik ihres Typus angemessen wäre: Sie würde lernen, sich gefühlsmäßig auf andere Menschen einzulassen, um die für sie (als Fünf) typische Lücke zwischen Denken und Handeln perspektivisch zu schließen.

Das Enneagramm bietet damit ein Modell für persönliches Wachstum und Entwicklung, das weit über die sonst übliche Störungsbehebung und situative Erweiterung des Handlungsspektrums hinausreicht.

Auch für das Üben mit NLP-Formaten eröffnet das Enneagramm neue Perspektiven. Meistens wird ja ein bestimmtes Format eingeübt, indem man ein dazu passendes Alltagsproblem findet. Jetzt gibt es zusätzlich die Möglichkeit, anhand unterschiedlicher Formate seine typeigenen Begrenzungen zu suchen und zielgerichtet (Stufen 1 bis 9, vgl. S. 29) zu erweitern.

Übungsteil

- ◉ **Basisbausteine**
- ○ **Veränderungsrahmen**
- ○ **Modelle der Veränderung**

Basisbausteine sind Techniken, Verhaltens- und Vorgehensweisen, die teilweise isoliert angewendet werden können, in der Regel aber Strukturelemente von NLP-Veränderungsprozessen sind.

Basisbausteine

- ☒ **Repräsentationssysteme**
- ☐ **Physiologie-Check**
- ☐ **Kalibrieren**
- ☐ **Rapport**
- ☐ **Wahrnehmungspositionen**
- ☐ **Ankern**

Repräsentationssysteme (VAKOG) bezeichnen die Informationen aus unseren jeweiligen Wahrnehmungskanälen (**v**isuell, **a**uditiv, **k**inästhetisch, **o**lfaktorisch oder **g**ustatorisch) auf unserer inneren Landkarte.

Augenbewegungen

Eignung

☐ Selbstmanagement
☒ Therapie/Coaching
☐ Teamentwicklung

Indikation/Thema

- Einer der ersten Schritte, um zu erfahren, wie (nicht was) jemand über bestimmte Probleme, in bestimmten Situationen denkt, besteht darin, seine Augenbewegungen zu beobachten. Die Bewegungen der Augen sind nicht zufällig, sondern spiegeln die Art und Weise wieder, wie wir uns erinnern und unsere Erinnerungen bzw. Gedanken mehr im
    - ☞ visuellen
    - ☞ auditiven oder
    - ☞ kinästhetischen Bereich

  abrufen.

Zielsetzung

- Lernen, andere genau und präzis zu beobachten („Ich schau dir in die Augen, Kleines.")
- Anhaltspunkte gewinnen für das Erkennen interner Informationsverarbeitungsprozesse
- Sammeln von Informationen (Wie macht es jemand, sich gut oder schlecht zu fühlen?)

Anforderungen

☒ leicht
☐ mittel
☐ anspruchsvoll

Zeitbedarf

☒ < 15 Minuten
☐ < 30 Minuten
☐ < 45 Minuten
☐ > 45 Minuten

Augenbewegungen

1 Präzis fragen

Frage dein Gegenüber sinnesspezifisch und achte beim Fragen darauf, in welche Richtung sich die Augen bewegen; häufig „antwortet" das Unbewußte schneller, als der Sprecher die Antwort artikulieren kann. Es gibt bei dieser Übung kein Richtig oder Falsch. Es kann durchaus sein, daß die Augenbewegungen einer anderen Regel gehorchen (z.B. Vertauschen der Positionen bei Linkshändern) – finde heraus, welcher. Tausche dich vor allem mit deinem Gesprächspartner aus, z.B. wenn du mehrere Augenbewegungen schnell hintereinander wahrnimmst. (Die Fragen sind exemplarisch und können/sollen ergänzt werden.)

Augenzugangshinweise (Blick auf andere)	Beschreibung (eigene Sicht)	Bedeutung/Leitfrage
	Augen oben links visuell erinnert	• Welche Augenfarbe hat deine Mutter? • Wie sah deine Freundin vor einem Jahr aus? • Welche Dinge liegen auf deinem Schreibtisch? • Wie viele Fenster hat deine Wohnung?
	Augen oben rechts visuell konstruiert	• Stell dir vor, du räumst dein Arbeitszimmer auf! • Stell dir einen fünf Meter großen Mann vor! • Stell dir vor, du gehst auf der Venus spazieren! • Wie würde ein hellblaues Nilpferd aussehen?
	Augen Mitte links auditiv erinnert	• Wie klingelt bei euch das Telefon? • Welcher Freund hat die angenehmste Stimme? • Wie hört sich das Quietschen eines bremsenden Autos an?
	Augen Mitte rechts auditiv konstruiert	• Wie würde dein Auto klingen, wenn es dreihundert PS mehr hätte? • Wie würde es sich anhören, wenn deine Mutter wie Daisy Duck sprechen würde?
	Augen unten links auditiv digital	• Wie sprichst du dir selber Mut zu? • Wenn etwas schiefgelaufen ist, was sagst du da zu dir selber? • Welcher Buchstabe kommt im Alphabet vor dem „V" und welcher nach dem „F"?
	Augen unten rechts kinästhetisch	• Wie war das, als du dich zuletzt verliebt hast? • Wie ist es, unter einer schönen warmen Dusche zu stehen? • Erinnerst du dich an deinen ersten Kuß?

Augenbewegungen
Kleine Experimente

1 Augentraining

Setze dich so, daß dein Partner dir gegenübersitzt. Bitte ihn, nur mit den Augen den Bewegungen deines Zeigefingers zu folgen. Gehe jetzt in Kopfhöhe deines Gegenübers mit deinem Zeigefinger durch alle möglichen Augenpositionen – in beliebiger Reihenfolge: erst im Kreis, von links nach rechts, diagonal usw. Beobachte, ob seine Augen den Bewegungen deines Fingers flüssig und ruckfrei folgen können. Der andere registriert dabei, was ihm einfällt, wie er sich fühlt. Die Übung sollte nicht länger als drei Minuten dauern – dann wird gewechselt.

2 Was sich ändert

Übung in Zweiergruppen: **B** bittet **A**, über ein Problem zu berichten, wobei **A** in der Regel nach rechts unten schauen wird; nach kurzer Zeit leitet **B** ihn an, dabei nach links oben, dann nach rechts oben zu blicken. Was verändert sich im Erleben von **A**?

Spielt dieses Beispiel in anderen Kontexten durch:
- Brainstorming (Kreativitätstest)
- Schwierigkeiten beim Erinnern
- Schwierigkeiten, Gefühle abzurufen
- ... der Phantasie sind keine Grenzen gesetzt.

Sprachmuster-Check

Eignung

☐ Selbstmanagement
☒ Therapie/Coaching
☐ Teamentwicklung

Indikation/Thema

- Um zu erfahren, welche Wahrnehmungsmuster bzw. Repräsentationssysteme jemand in seiner Kommunikation bevorzugt, können die einzelnen Satzbestandteile (Substantive, Adjektive, Adverbien, Verben) seiner Rede daraufhin überprüft werden, ob sie mehr den:
    - ☞ visuellen
    - ☞ auditiven
    - ☞ kinästhetischen
    - ☞ olfaktorischen oder
    - ☞ gustatorischen

  Kanal adressieren.

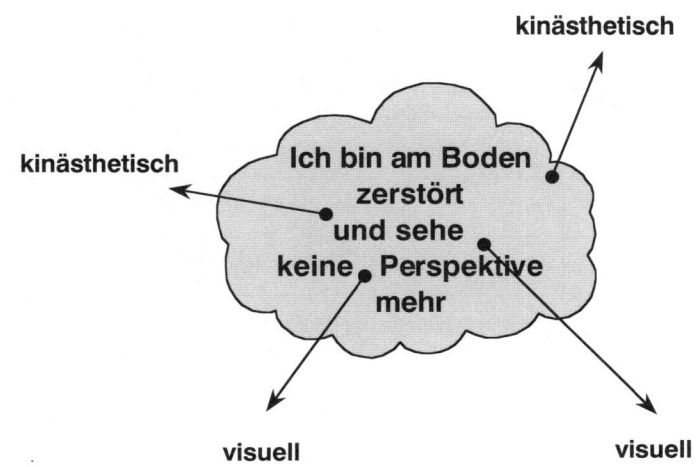

Beispielgrafik: Gedankenwolke mit Text "Ich bin am Boden zerstört und sehe keine Perspektive mehr" mit Pfeilen zu den Zuordnungen: kinästhetisch, kinästhetisch, visuell, visuell.

Zielsetzung

- Wahrnehmungstypus erkennen (meistens dominieren allerdings Mischtypen; es empfiehlt sich auch, auf den spezifischen Kontext – Beruf, Hobby, Privatleben etc. – zu achten)
- Finden von Inhaltspunkten zum Aufbau eines wirkungsvollen ↗Rapports (dieselbe Sprache sprechen)

Anforderungen

☒ leicht
☐ mittel
☐ anspruchsvoll

Zeitbedarf

☒ < 15 Minuten
☐ < 30 Minuten
☐ < 45 Minuten
☐ > 45 Minuten

Sprachmuster-Check

1 Welche Repräsentationssysteme sind angesprochen?

Nr.	Redewedungen & Sprachspiele	Repräsentationssysteme				
		V	A	K	O	G
1	Sie kann die Zusammenhänge nicht erkennen.					
2	Ihm läuft die Sache aus dem Ruder.					
3	So wie es hier läuft, stinkt es ihm.					
4	Sie ist sehr kontaktfreudig.					
5	Er hat einen engen Horizont, Müller, oder?					
6	Sie hat eine keifende Stimme.					
7	Es geht mir leicht von der Hand.					
8	Da mußte er eine bittere Pille schlucken.					
9	Was Sie sagen, Herr Müller, leuchtet mir ein.					
10	Ich kann den Braten riechen.					
11	Er macht immer so ätzende Kommentare.					
12	Bist du sauer?					
13	Sie läuft sehr beschwingt.					
14	Für Eva kann ich die Hand ins Feuer legen.					
15	Die funken auf der gleichen Wellenlänge.					
16	Wir lagen uns in den Armen.					
17	Sie kann ihre Zunge nicht im Zaum halten.					
18	Laß uns ins Blaue fahren.					
19	Das war laut und deutlich.					
20	Eine klare Argumentation, Schulze.					
21	Die Zukunft liegt im dunkeln.					
22	Ich kann die Lunte förmlich riechen.					
23	Ein brillanter Kopf – auf ihn ist Verlaß.					
24	Wie immer haben wir die gleiche Perspektive.					

Sprachmuster-Check

2 Sinnesspezifisch adressieren

Wenn du weißt, welche sinnesspezifischen Kanäle jemand in seiner Kommunikation bevorzugt, kannst du deine eigenen Aussagen bzw. Fragen entsprechend adressieren:

Aussage/Frage	Visuell	Auditiv	Kinästhetisch
Was ist dein Problem?	Wie sieht dein Problem aus?	Was stört dich am meisten?	Was bedrückt dich?
Was sind die Ursachen dafür?	Wenn du dir deine Vergangenheit anschaust, welche Ursachen kannst du da sehen?	Ich möchte gern hören, welche Ursachen in deiner Vergangenheit eine Rolle spielten.	Was empfindest du, wenn du deiner Vergangenheit nachspürst?
Was möchtest du statt dessen?	Siehst du einen Ausweg, eine neue Perspektive?	Sind dir mal neue Möglichkeiten zu Ohren gekommen? Welche Möglichkeiten hören sich besser an?	Welche Richtung möchtest du jetzt einschlagen?
Welche Ressourcen brauchst du?	Kannst du sehen, was dir fehlt?	Vielleicht sagt dir eine innere Stimme, was dir fehlt?	Was brauchst du zur Unterstützung? Was baut dich auf?
Wozu ist es gut?	Siehst du, wohin dieser neue Weg führt?	Wenn du dich auf das Ziel einstimmst, hört sich das gut an, oder gibt es einen Widerspruch?	Wenn du im Ziel stehst, wie fühlt sich das jetzt an?

3 Übertragung (Overlap)

Übung in Zweiergruppen: **A** macht eine Aussage und bittet **B**, diese auf ein von ihm gewünschtes Repräsentationssystem (V A K) zu übertragen. Wenn **B** nach Meinung von **A** erfolgreich war, werden die Positionen getauscht.

Wahrnehmung oder Interpretation

Eignung

- ☐ Selbstmanagement
- ☒ Therapie/Coaching
- ☐ Teamentwicklung

Indikation/Thema

- In der Kommunikation können viele Menschen nicht klar unterscheiden, ob sie selbst dem anderen eine Wahrnehmung zurückmelden oder ihm nur eine Interpretation von etwas anderem anbieten. Umgekehrt fühlen wir uns natürlich im selben Maße mißverstanden, wenn uns andere nicht wahrnehmen, sondern auf Basis ihrer eigenen Landkarte „einnorden".

Zielsetzung

- Trainieren sinnesspezifischer Wahrnehmung und Rückmeldung
- Erkennen, wann ein anderer in der Kommunikation mit uns anfängt zu „interpretieren"

Anforderungen

- ☒ leicht
- ☐ mittel
- ☐ anspruchsvoll

Zeitbedarf

- ☒ < 15 Minuten
- ☐ < 30 Minuten
- ☐ < 45 Minuten
- ☐ > 45 Minuten

Wahrnehmung oder Interpretation

1 Wahrnehmung oder Interpretation?

Welche Sätze entspringen der Wahrnehmung, und welche sind Interpretationen? Wenn du diese Übung mit einem anderen zusammen machst, tauscht euch aus und gebt euch Feedback, was ihr evtl. über eure eigenen Muster herausgefunden habt. (Ihr könnt auch in Form eines Spieles neue Redewendungen erfinden und abfragen.)

Nr.	Aussagen über andere	W	I
1	Als er sich vorstellte, wirkte er sehr nervös.		
2	Als sie seinen Nacken küßte, wurde er rot im Gesicht.		
3	Er entspannte sich und atmete ein paarmal tief durch.		
4	Man sah ihm den Ärger förmlich an.		
5	Müller sah sehr gebeutelt aus an dem Tag – vermutlich hat er Ärger mit seinem Chef gehabt.		
6	Als sie ihm widersprach, ließ er die Sau raus...		
7	Den Tod seines Vaters trug er gefaßt.		
8	Als er sie fragte, ob er sie zu einem Kaffee einladen dürfe, zeigte sie ihm die kalte Schulter.		
9	Sie nickte mit dem Kopf und lächelte ihn an.		
10	Er kann nichts ernst nehmen.		
11	Bei den Prüfungsfragen war er sehr aufgeregt.		
12	Als er spät nach Hause kam, reagierte sie ausgesprochen sauer.		
13	Sie läuft so beschwingt, anscheinend ist sie guter Dinge.		
14	Er platzte förmlich vor Ärger.		
15	Er wußte nicht mehr weiter – auf seiner Stirn standen die Schweißperlen.		
16	Der arme Kerl – er mußte vor Freude weinen.		
17	Sie war blond und hatte einen reizenden herzförmigen Schmollmund.		
18	Im Urlaub ließ sie die Seele baumeln.		
19	Der Meister atmete langsam und tief durch.		
20	Die Freude lachte aus seinen Augen.		
21	Er räkelte sich entspannt im Sessel.		

Wahrnehmung oder Interpretation

2 Feedback

„Die Bedeutung Ihrer Kommunikation ist die Reaktion, die Sie bekommen."[1] Die Reaktion wird kalkulierbar, wenn Wahrnehmungen zurückgemeldet werden. Die Formel für kommunikatives Feedback:

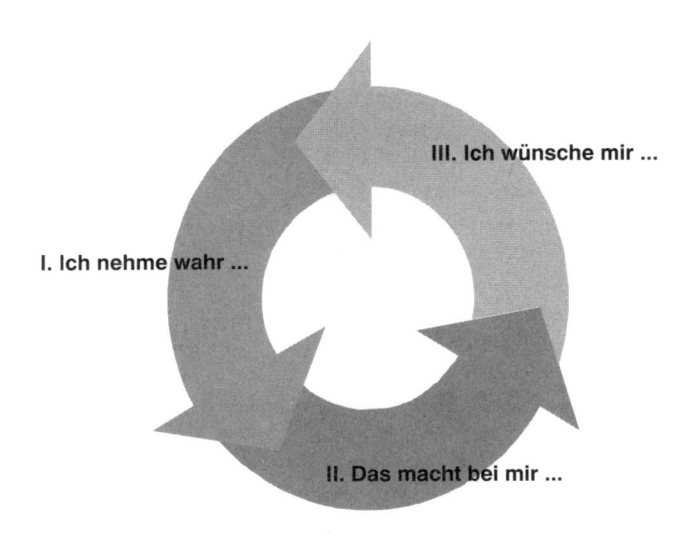

- I. Ich nehme wahr ...
- II. Das macht bei mir ...
- III. Ich wünsche mir ...

I. Ich nehme wahr ... (Wahrnehmung nach ↗B.A.G.E.L.) Dadurch, daß du dem anderen zu verstehen gibst, was du an ihm wahrgenommen hast (Gestik, Mimik, Tonlage, Sprachmuster etc.), etablierst du einen sinnesspezifischen Feedbackrahmen, der euch beiden erlaubt, Selbst- und Fremdwahrnehmung abzugleichen.

II. Das macht bei mir ... (Rückmelden deines inneren Zustands nach ↗VAKOG) Du meldest dem anderen – sinnesspezifisch – deine Reaktion auf seine Kommunikation zurück.

III. Ich wünsche mir ... Hilft dem anderen, sich auf dich und deine Befindlichkeit zu kalibrieren.

[Beispiel – die 18jährige Tochter kommt nach Mitternacht nach Hause]

Mutter: Du kommst schon wieder zu spät nach Hause.
(Wertung: schon wieder, zu spät; anklagender Ton)
Tochter: Was geht dich das an? Ich bin alt genug.
(die Anklage wird gekontert; rhetorische Frage, Präsupposition: mit 18 ist man alt genug, tun und lassen zu können, was man will)
Mutter: Solange du hier wohnst, hast du dich gefälligst anzupassen.
Tochter: Ganz recht – solange ich hier wohne; nächste Woche ziehe ich zu meinem Freund.

(Ein gutes Beispiel für Mismatching: Vorwürfe und Drohungen dominieren die Kommunikation. Es geht aber auch anders:)

Mutter: Du kommst schon wieder zu spät nach Hause.
Tochter: Ich höre deiner Stimme an, daß du verärgert bist. Das ist schade, es war ein so schöner Abend mit meinem Freund, und ich hätte mir gewünscht, in Ruhe mit dir darüber zu sprechen.

---

1 Bandler, Grinder: *Reframing*, S. 49

Wahrnehmung oder Interpretation

Mutter: Schön, aber gestern und vorgestern kamst du auch um diese Zeit nach Hause. Du weißt doch, wie dein Vater darüber denkt ... und mir macht er wieder Vorhaltungen.

Tochter: Ich kann mir vorstellen, daß dir diese Vorhaltungen unangenehm sind. Und ich finde es traurig, wenn du meinetwegen Ärger bekommst.

Mutter: Na ja, jedenfalls scheinst du ausnahmsweise zu verstehen, warum ich mich so aufrege.

3 Rollenspiel

Geübt wird in Dreiergruppen: **A** und **B** suchen gemeinsam ein Thema, zu dem sie unterschiedliche Standpunkte entwickeln (Politik, Kindererziehung, NLP, Sport, Verkehr etc.); alternativ können sie sich auch auf ein Rollenspiel (Mutter – Tochter, Vater – Sohn; Vorgesetzter – Mitarbeiter) verständigen. Während der ersten fünf Minuten soll die Interpretation mit Schuldzuweisungen und Vorwürfen dominieren; auf ein Signal von **C** soll das *kommunikative Feedback* trainiert werden. Nach jedem Durchgang geben sich alle Beteiligten Feedback.

Wahrnehmungstypen erkennen

Eignung

☐ Selbstmanagement
☒ Therapie/Coaching
☐ Teamentwicklung

Indikation/Thema

- Jede Person ist zwar auf ihre eigene Art einzigartig und unverwechselbar. Trotzdem gibt es typbedingte Ähnlichkeiten, gemeinsame Kommunikations- und Verhaltensmuster. Wer „auf den ersten Blick" die Präferenzen seines Gegenübers für einen bestimmten Sinneskanal erkennen kann, kann seine Kommunikation leichter darauf abstimmen.

Zielsetzung

- Rapport aufbauen
- Eigene und fremde Muster und Strategien schneller einschätzen können
- Wahrnehmungsfähigkeiten gezielt weiterentwickeln

Anforderungen

☒ leicht
☐ mittel
☐ anspruchsvoll

Zeitbedarf

☒ < 15 Minuten
☐ < 30 Minuten
☐ < 45 Minuten
☐ > 45 Minuten

Wahrnehmungstypen erkennen

1 Wohlfühl- und Unwohlfühl-Geschichten

Geübt wird in Dreiergruppen. **A** erzählt eine Szene, wo er sich ausgesprochen wohl (z.B. im Urlaub) und danach eine Begebenheit, wo er sich eher schlecht gefühlt hat. **B** kann **A** gezielt unterbrechen und zum besseren Verständnis nachfragen. **C** beobachtet beide Kommunikationspartner.

Um die Wahrnehmungstypen (visueller, auditiver, kinästhetischer Typus) genauer differenzieren zu können, kann mit dem Modell ↗B.A.G.E.L. gearbeitet werden.

Beobachtet werden können:
- Körperhaltung (Kopf und Schulterhaltung, Atmung, Muskeltonus)
- Zugangshinweise (Gesichtszüge, Stimmführung, Sprechrhythmus)
- Gesten (im Kopf-/Schulter-/Bauchbereich; Arm-/Fingerbewegungen)
- Bevorzugte Augenbewegungen
- Bevorzugte Sprachmuster

2 Nichts als Feedback

Am Ende eines jeden Durchgangs geben sich **A**, **B** und **C** gegenseitig Feedback: An welchen Stellen hat wer wahrgenommen, in welchem Repräsentationssystem der jeweils Beobachtete war, d.h., welchen Typus er gerade auslebte? Durch diese Form der Rückmeldung kann ein guter Abgleich zwischen Selbstbild und Fremdbild vorgenommen werden.

ⓘ Es gibt keine besseren oder schlechteren Wahrnehmungstypen; bestimmte Präferenzen signalisieren ein Wachstumspotential in den schwächer ausgeprägten Wahrnehmungsbereichen.

Basisbausteine

- ☐ Repräsentationssysteme
- ☒ **Physiologie-Check**
- ☐ Kalibrieren
- ☐ Rapport
- ☐ Wahrnehmungspositionen
- ☐ Ankern

Der **Physiologie-Check** dient der Überprüfung der psycho-physiologischen Verfassung von Klienten und ist das Mittel der Wahl, um den Erfolg von Interventionen beurteilen zu können.

Physiologie-Check

Eignung

☐ Selbstmanagement
☒ Therapie/Coaching
☐ Teamentwicklung

Indikation/Thema

- Der Erfolg einer NLP-Intervention läßt sich zwar auch anhand des bewußten positiven Feedbacks des Klienten erkennen. Ein wesentlich stärkeres Indiz für den Erfolg ist aber der unbewußte Physiologiewechsel. Das setzt eine genaue Beobachtung des Klienten voraus wie auch das Sicheinmessen (↗Kalibrieren) auf die individualtypischen Physiologiemuster. Wer den physiologischen Status seines Klienten nicht einschätzen kann, kann weder den Erfolg noch den Mißerfolg einer Intervention zuverlässig erkennen.

Zielsetzung

- Aufbau einer wirkungsvollen Feedback-Kontrolle
- Rapportaufbau
- Gesteigerte Wahrnehmungsfähigkeiten für den Status eines Klienten

Anforderungen

☒ leicht
☐ mittel
☐ anspruchsvoll

Zeitbedarf

☒ < 15 Minuten
☐ < 30 Minuten
☐ < 45 Minuten
☐ > 45 Minuten

Physiologie-Check

1 Querbeet

Geübt wird in Dreiergruppen. **B** führt seinen Klienten gezielt durch alle physiologischen Zustände, wobei er die Zugangsfragen benutzt. **C** beobachtet beide Kommunikationspartner (Wie ist der ↗Rapport? Wie ändern sich die Physiologien von **A** und **B**?). Am Ende eines kompletten Durchgangs geben sich alle Beteiligten Feedback und wechseln die Positionen.

Physiologie	Beschreibung	Zugangsfragen
Problemphysiologie:	Die Person wirkt niedergeschlagen; erlebt ihre Situation noch einmal in Gedanken; sie hat keine Vorstellung, wie es weitergehen könnte.	Erinnere dich an einen Zustand, wo es dir nicht gut ging, wo du Probleme hattest. Wie hast du dich da gefühlt; welche inneren Bilder hattest du? Geh zurück und mach dir diesen Zustand noch einmal bewußt. ❶ Die andere Person nach dieser Übung aus diesem Zustand wieder herausholen: ↗Separator setzen
Ressourcenphysiologie:	Die Person erinnert sich, daß sie eigentlich Mittel und Wege kennt, um ihr ursprüngliches Ziel doch noch zu erreichen.	Vielleicht kannst du dich an eine Zeit erinnern, wo du vor einem großen Problem standest ... Und heute weißt du, daß du auch dieses Problem gelöst und neue Wege gefunden hast. Was hat dir damals am meisten geholfen?
Versöhnungsphysiologie:	Die Person erkennt, daß eine schlechte Situation auch ihr Gutes hatte; sie nimmt gegenüber ihrem (bisher abgelehnten) Verhalten einen versöhnlichen Standpunkt ein; sie ist bereit, etwas zu lernen.	Manchmal haben schlechte Dinge auch ihre guten Seiten – wie du weißt. Man muß mitunter nur etwas länger suchen. Vielleicht fällt dir jetzt ein, wozu dein Problem gut sein könnte?
Zielphysiologie:	Die Person malt sich aus, wie sie ihr Ziel erreicht haben wird: offene, entspannte Gesichtszüge und Körperhaltung; klare Artikulationsfähigkeit.	Stell dir vor, du stehst kurz davor, alles zu erreichen, was du hast erreichen wollen. Wie fühlt sich das an?

❶ Die Physiologien können typbedingt Unterschiede aufweisen, d.h., die Zielphysiologie einer eher visuell ausgerichteten Person kann sich von der Zielphysiologie eines Kinästhetikers signifikant unterscheiden. Darüber hinaus gibt es natürlich auch individuelle Unterschiede, die es im Einzelfall immer angeraten sein lassen, sich genau zu ↗kalibrieren. Die einzelnen Unterschiede können nach dem Modell ↗B.A.G.E.L. klassifiziert werden.

Basisbausteine

- ☐ **Repräsentationssysteme**
- ☐ **Physiologie-Check**
- ☒ **Kalibrieren**
- ☐ **Rapport**
- ☐ **Wahrnehmungspositionen**
- ☐ **Ankern**

Kalibrieren ist das Sich-Einmessen auf die individuelle Physiologie des Gegenübers, um festzustelllen, welche äußere Reaktionen welches innere Erleben widerspiegeln.

Kalibrier-Check

Eignung

☐ Selbstmanagement
☒ Therapie/Coaching
☐ Teamentwicklung

Indikation/Thema

- Um die Körpersprache eines Klienten adäquat einschätzen zu können, ist es wichtig, sich auf seine individuellen physiologischen Reaktionen einzumessen. Wenn der Therapeut/Berater/Coach weiß, wie sein Klient aussieht (↗B.A.G.E.L.), wenn er sich über einen Erfolg freut, über eine Niederlage ärgert, vor einem Problem steht, sich seine Ressourcen vergegenwärtigt etc., kann er den relativen Erfolg oder Mißerfolg einer Intervention unabhängig vom bewußten Feedback seines Gegenübers erkennen.

Zielsetzung

- Schulung der eigenen Wahrnehmung
- Erkennen körpersprachlicher Signale
- Leichter Zugang zu Klienten gewinnen (↗Rapport)

Anforderungen

☒ leicht
☐ mittel
☐ anspruchsvoll

Zeitbedarf

☒ < 15 Minuten
☐ < 30 Minuten
☐ < 45 Minuten
☐ > 45 Minuten

Kalibrier-Check

1 Visuelles Kalibrieren

B bittet sein Gegenüber **A**, an eine erfreuliche Tätigkeit zu denken und sie sich in Gedanken plastisch (hören, sehen, fühlen) auszumalen, z.B. wie er einen Strandspaziergang erlebt, Kuscheln, Tanzen etc. **A** bleibt dabei stumm, und **B** beobachtet dessen Körperhaltung, Mimik, unwillkürliche Muskelbewegungen, Hautrötung, Augenbewegungen, Atmung etc. Sobald die Szene „abgedreht" ist, gibt **A** seinem Gegenüber ein Zeichen.

In der nächsten Phase bittet **B A**, sich an eine unerfreuliche Tätigkeit zu erinnern, z.B. an die letzte Einkommenssteuererklärung. Auch hier gibt **A B** ein Zeichen, wenn die Szene „im Kasten" ist.

B sollte am Ende dieser beiden Durchgänge ein Gespür für die visuell wahrnehmbaren Unterschiede zwischen beiden Erfahrungen gefunden haben. Er kann dieses Gespür mit folgenden Fragen testen, auf die **A** nicht verbal reagieren soll. Wenn **A** die Frage verstanden hat, beantwortet er sie „im Geiste".

- *Welche dieser beiden Tätigkeiten nahm mehr Zeit in Anspruch?*
- *Bei welchen bist du in der Regel besser angezogen?*
- *Welche Tätigkeit hast du zuletzt verrichtet?*
- *Bei welcher Tätigkeit brauchst du mehr Hilfsmittel, Werkzeuge etc.?*

B hat sich *richtig* auf **A** kalibriert, wenn er die *richtigen* Antworten aus der Physiologie von **A** herausgelesen hat. (Bei Unsicherheiten kann die Übung entsprechend wiederholt werden.)

2 Auditives Kalibrieren

B bittet sein Gegenüber **A**, an eine ihm angenehme Person zu denken. Wenn ihm das Erleben voll gegenwärtig ist, soll er dabei einen gefühlsmäßig neutralen Satz aussprechen, z.B.: *Am frühen Morgen geht der Bauer aufs Feld, um die Kühe zu melken.* (Der Satz ist völlig beliebig, er sollte aber bei **A** keine positiven oder negativen Assoziationen auslösen.) **B** kalibriert sich dabei auf Stimmlage, Sprachrhythmus, Tonhöhe und Schnelligkeit des Gesprochenen.

Danach vergegenwärtigt sich **A** das Treffen mit einer unangenehmen Person und wiederholt denselben Satz. Auch hier achtet **B** auf Stimmlage und Sprechweise von **A**.

B sollte am Ende dieser beiden Durchgänge ein Gespür für die auditiv wahrnehmbaren Unterschiede zwischen beiden Erfahrungen entwickelt haben.

Er kann dieses Gespür mit folgenden Fragen testen, auf die **A** mit dem Sprechen desselben neutralen Satzes wie vorhin „antwortet".

- *Welche Person ist älter?*
- *Welche Person hat längere (hellere) Haare?*
- *Welche Person hat die größere Wohnung / das größere Haus?*
- *Welche Person legt mehr Wert auf ihre Kleidung?*
- *Welche Person ist politsch konservativer?*

B hat sich *richtig* auf **A** kalibriert, wenn er die *richtigen* Antworten aus der Stimme von **A** heraushört.

Kalibrier-Check

3 Kinästhetisches Kalibrieren

B legt eine Hand auf die Schulter oder den Brustbereich von **A**, und seine andere Hand liegt auf einer Hand von **A**. **B** bittet nun sein Gegenüber **A**, an eine erfreuliche Tätigkeit zu denken und sie sich in seinen Gedanken plastisch (hören, sehen, fühlen) auszumalen – wie er einen Strandspaziergang, Kuscheln, Tanzen etc. erlebt. **A** bleibt dabei stumm, und **B** beobachtet dabei, was er dabei an Körperspannung, Atmung und Körpertemperatur bei **A** wahrnimmt.

In der nächsten Phase bittet **B A**, sich eine unerfreuliche Tätigkeit zu vergegenwärtigen, z.B. sich an die letzte Einkommenssteuererklärung zu erinnern. Auch hier gibt er **B** ein Zeichen, wenn die Szene gut erinnert ist.

B sollte am Ende dieser beiden Durchgänge ein Gespür für die kinästhetisch wahrnehmbaren Unterschiede (Körpertemperatur, Muskel- und Atemtonus) zwischen beiden Erfahrungen gefunden haben. Er kann dieses Gespür mit folgenden Fragen testen, auf die **A** nicht verbal reagieren soll. Wenn **A** die Frage verstanden hat, beantwortet er sie „im Geiste".

- *Welche dieser beiden Tätigkeiten nahm mehr Zeit in Anspruch?*
- *Bei welchen bist du in der Regel besser angezogen?*
- *Welche hast du zuletzt verrichtet?*
- *Bei welcher Tätigkeit brauchst du mehr Hilfsmittel, Werkzeuge etc.?*

B hat sich *richtig* auf **A** kalibriert, wenn er die *richtigen* Antworten aus der Veränderungen in der Kinästhetik von **A** herausgelesen hat. (Bei Unsicherheiten kann die Übung entsprechend wiederholt werden.)

4 Hellsehen

Diese Übung trainiert das Kalibrieren auf nonverbale positive (Ja-Signale) bzw. negative (Nein-Signale) Reaktionen von Klienten. **B** stellt **A** eine Reihe von Fragen, auf die **A** eindeutig mit ja oder nein antworten soll:

- *Gefällt dir das heutige Wetter?*
- *Kommst du mit deinem Chef gut klar?*
- *Liebst du Tiere?*
- *Gehst du gerne spazieren?*
- *Bist du ein Anhänger der Grünen?*

B beobachtet dabei die Physiologie von **A** und kalibriert sich auf die Ja-Nein-Unterschiede.

In der zweiten Phase bittet **B A**, sich an die Vergangenheit zu erinnern und an eine bestimmte Person, die ihm damals viel bedeutet hat. **B** geht in einen guten ↗Rapport zu **A** und fängt behutsam mit der Entdeckungsreise (dem „Hellsehen") an: „Ich bin nicht sicher, aber es könnte eine Frauengestalt sein ..." Er beobachtet dabei genau die nonverbalen Reaktionen von **A** und fährt dann entsprechend (z.B. bei einer Nein-Reaktion) fort: „... aber ich sehe es jetzt deutlicher: Es ist ein Mann..."

Diese Übung kann mit einer Kristallkugel, Kaffeesatz, Karten, Handlesen etc. „professionalisiert" werden. Am wirkungsvollsten arbeitet **B**, wenn er digital formuliert (groß/klein; hell/dunkel; alt/jung etc.).

Basisbausteine

- ☐ **Repräsentationssysteme**
- ☐ **Physiologie-Check**
- ☐ **Kalibrieren**
- ☒ **Rapport**
- ☐ **Wahrnehmungspositionen**
- ☐ **Ankern**

Rapport bedeutet den unmittelbaren, vertrauensvollen Kontakt zwischen zwei Personen; er ist Voraussetzung für jewede Art von Veränderungsarbeit mit NLP.

Pacing und Leading

Eignung

☒ Selbstmanagement
☒ Therapie/Coaching
☐ Teamentwicklung

Indikation/Thema

- Bei jeder Kommunikation, unabhängig davon, ob sie im therapeutischen Kontext oder im Alltagskontext stattfindet, ist der oft zitierte „gute Draht" zum anderen die entscheidende Voraussetzung zum Erfolg.

Zielsetzung

- Schaffen einer gemeinsamen Vertrauensbasis
- Effizient kommunizieren
- Zugang zu (schwierigen) Klienten gewinnen
- Lernen, die Welt mit anderen Augen, Ohren, Gefühlen wahrzunehmen

Anforderungen

☒ leicht
☐ mittel
☐ anspruchsvoll

Zeitbedarf

☒ < 15 Minuten
☐ < 30 Minuten
☐ < 45 Minuten
☐ > 45 Minuten

Pacing und Leading

1 Nonverbales Spiegeln (Pacing)

Geübt wird in Dreiergruppen. **B** bittet **A**, eine kleine Geschichte oder Alltagsbegebenheit zu erzählen. Während **A** erzählt, spiegelt **B** behutsam (ohne „nachzuäffen") die Körperhaltung von **A**: Wenn **A** eine Bewegung mit der linken Hand macht, wiederholt **B** zeitgleich diese Bewegung, vielleicht ein wenig abgeschwächt, eher nur angedeutet. **C** wiederum beobachtet, wie **B** es macht und wie **A** darauf reagiert. Gespiegelt (gepacet) werden können:
- Körperhaltung
- Gesichtsausdruck
- Gesten
- Atemrhythmus.

Besonders elegant (weil nicht auf den ersten Blick durchschaubar) ist das Crossover-Pacing (Überkreuz-Spiegeln), bei dem **B** zum Beispiel **A**'s Atemfrequenz durch eine rhythmische Bewegung oder Geste „nachahmt" oder durch die Art, wie er mit **A** spricht (Angleichen von Atemrhythmus und Sprechrhythmus).

2 Verbales Spiegeln (Pacing)

Geübt wird wieder in Dreiergruppen. **B** bittet **A**, eine kleine Geschichte, ein Alltagsproblem oder von einem geplanten Vorhaben zu erzählen. Im Gegensatz zu Übung 1 fragt **B** jetzt nach, so daß eine flüssige Unterhaltung zwischen **A** und **B** zustande kommt. Während **A** anfängt zu erzählen, achtet **B** auf:
- Sprechtempo
- Satzlänge
- Stimmlage (hoch, tief, nasal ...)
- Wortwahl

und versucht beim Rück- oder Nachfragen gezielt, das gleiche Tempo, die gleiche Stimmlage und die gleiche Wortwahl wie sein Gegenüber zu verwenden. **C** beobachtet dabei, wie **B** es macht und welche Reaktionen er dabei an **A** wahrnimmt.

Am Ende eines jeweiligen Durchgangs tauschen sich alle Beteiligten aus. Bei der Übung können gleichzeitig auch die Techniken des nonverbalen Spiegelns eingesetzt werden.

3 Verbales Angleichen (Matching)

Geübt wird in Zweiergruppen. **A** macht eine beliebige sinnesspezifische Aussage; **B** antwortet darauf im selben ↗Repräsentationssystem (exemplarisch):

A: Meine Frau macht mir ständig Vorhaltungen.
B: Das muß dir aber mit der Zeit auf die Nerven gehen, oder?

A: Wenn ich an meinen Chef denke, spüre ich einen richtigen Kloß im Bauch.
B: Wenn du ihn dann triffst, fühlst du dich dann auch so miserabel?

Pacing und Leading

A: Wie meine Schwiegermutter sich immer anzieht, grauenvoll.
B: Sie hat wahrscheinlich keinen Blick für schöne Kleidung?!

A: Im letzten Meeting ging's drunter und drüber.
B: Das heißt, ihr habt keine ordentlichen Ergebnisse erzielt?

Danach geben sich beide Partner Feedback und tauschen die Rollen.

4 Vom Spiegeln (Pacing) zum Führen (Leading)

Vorgehen mit einer neuen Geschichte grundsätzlich wie in Schritt 1 (Nonverbales Spiegeln), wobei **B** nach einigen Sequenzen des Spiegelns auf einmal anfängt, anders zu reagieren; ist ein guter Rapport etabliert, wird **A** wie selbstverständlich, d.h. unbewußt anfangen, seinerseits **B** zu folgen.

Ergänzend dazu:

Zwei Personen stehen sich gegenüber. Die eine fängt an, sich auf eine bestimmte Weise zu bewegen, die andere folgt. Nach einer Weile wechseln sie sich ab. Wird diese Übung länger durchgeführt, geht allmählich das Gefühl dafür verloren, wer spiegelt (pacet) und wer führt (leadet); es entsteht ein gemeinsamer Rhythmus.

Beim verbalen Leading geht es darum, allmählich die Repräsentationssysteme zu wechseln, um beim anderen gezielt die Wahrnehmungsfähigkeiten zu erweitern:

A: Also, bei meinem Chef verliere ich langsam den Durchblick ...
B: Du meinst, du kannst nicht erkennen, in welche Richtung es weitergehen soll?
A: Ja, und ich sehe auch für mich wenig Perspektiven ...
B: Kannst du dir vorstellen, wie es für dich trotzdem weitergehen könnte (kinästhetischer Kanal wird adressiert)?

Basisbausteine

- ☐ **Repräsentationssysteme**
- ☐ **Physiologie-Check**
- ☐ **Kalibrieren**
- ☐ **Rapport**
- ☒ **Wahrnehmungspositionen**
- ☐ **Ankern**

Wahrnehmungspositionen beschreiben die Perspektive, aus der wir Personen, Dinge oder Ereignisse wahrnehmen; man kann sich assoziiert (mit den eigenen Augen) oder dissoziiert (von außen – wie im Film oder mit den Augen der anderen) betrachten.

Assoziiertsein

Eignung

☒ Selbstmanagement
☒ Therapie/Coaching
☐ Teamentwicklung

Indikation/Thema

- Von den Brüdern Grimm gibt es eine hübsche Geschichte von einem, der auszog, das Fürchten zu lernen. Die Hauptperson ist ein Taugenichts, der dumm ist, nichts begreift und auch keine Gefühle kennt: die soll er aber zuerst lernen – nach dem Willen seines Vaters. Aber das Turmgespenst schreckt ihn nicht, unter dem Galgen macht er sich's des Nachts bequem, und das Spukschloß ängstigt ihn genausowenig: er legt sich sogar neben einen Toten ins Bett. Bei allen Versuchen behält er seinen Gleichmut, gewinnt sogar eine Prinzessin zur Frau. Diese wird es leid, neben einem zu liegen, den es nicht gruselt; so nimmt sie einen Eimer mit kaltem Wasser voller Gründlinge und schüttet ihn nachts über ihn. Er erwacht: „Ach, was gruselt mir, was gruselt mir, liebe Frau! Ja, nun weiß ich, was Gruseln ist." Gruseln ist hier eine extreme Art, mit seinen Gefühlen auf eine sehr intensive Weise in Kontakt zu kommen. Klienten, die mit ihrer Körperlichkeit und Emotionalität kaum in Kontakt kommen, sind in ihrem Assoziationsvermögen beschränkt: Sie sehen aus ihren Augen, hören mit ihren Ohren, aber das, was sie sehen, und das, was sie hören, löst keine Empfindung aus – das kinästhetische Vermögen ist gedämpft.

Zielsetzung

- Steigerung der Erlebnis- und Empfindungsfähigkeit

Anforderungen

☒ leicht
☐ mittel
☐ anspruchsvoll

Zeitbedarf

☒ < 15 Minuten
☐ < 30 Minuten
☐ < 45 Minuten
☐ > 45 Minuten

Assoziiertsein

1 Assoziationstest

Der folgende Test (in Zweier- oder Dreiergruppen) geht systematisch durch alle Repräsentationssysteme, um anhand der gezeigten Physiologie (und des Feedbacks des Gegenübers) einen geeigneten Einstiegspunkt zu finden. Die Tabelle kann ergänzt und modifiziert werden.

Leitfrage: Wieviel Freude, Lust, Schmerz, Trauer, Zorn ... empfindest du, wenn ...
↗ *Physiologie-Check.*

Kanal	Frage	Empfindung niedrig ← → hoch
V	du ein schönes Kunstwerk siehst?	☐0 ☐1 ☐2 ☐3 ☐4
V	dir eine hübsche Frau / ein attraktiver Mann begegnet?	☐0 ☐1 ☐2 ☐3 ☐4
V	du Kindern beim Spielen zuschaust?	☐0 ☐1 ☐2 ☐3 ☐4
V	du ein grandioses Naturschauspiel siehst?	☐0 ☐1 ☐2 ☐3 ☐4
V	du am Straßenrand eine junge Frau mit ihrem Kind betteln siehst?	☐0 ☐1 ☐2 ☐3 ☐4
V	du eine angefahrene Katze am Straßenrand wahrnimmst?	☐0 ☐1 ☐2 ☐3 ☐4
V	du dir eine Kriegsszene im Fernsehen anschaust?	☐0 ☐1 ☐2 ☐3 ☐4
V	dein Partner / deine Partnerin dir ein Kompliment macht?	☐0 ☐1 ☐2 ☐3 ☐4
A	du dein Lieblingslied, deine Lieblingsoper, deinen Lieblingsinterpreten, deine Lieblingsgruppe hörst?	☐0 ☐1 ☐2 ☐3 ☐4
A	du das Telefon klingeln hörst?	☐0 ☐1 ☐2 ☐3 ☐4
A	du frühmorgens den Hahn krähen / die Kirchenglocken läuten hörst?	☐0 ☐1 ☐2 ☐3 ☐4
A	du das Quietschen von Kreide auf einer Tafel hörst?	☐0 ☐1 ☐2 ☐3 ☐4
A	dein Partner / deine Partnerin dich anschreit?	☐0 ☐1 ☐2 ☐3 ☐4
K	dein Partner / deine Partnerin dich berührt?	☐0 ☐1 ☐2 ☐3 ☐4
K	dir dein schlimmster Feind die Hand gibt?	☐0 ☐1 ☐2 ☐3 ☐4
K	ein Hund dir übers Gesicht leckt?	☐0 ☐1 ☐2 ☐3 ☐4
K	eine Spinne dir über den Arm läuft?	☐0 ☐1 ☐2 ☐3 ☐4
K	du das warme Prickeln der Dusche auf der Haut spürst?	☐0 ☐1 ☐2 ☐3 ☐4
O	du deine Lieblingsspeise riechst?	☐0 ☐1 ☐2 ☐3 ☐4

Assoziiertsein

Kanal	Frage	Empfindung niedrig ← → hoch
O	du beim Spazierengehen den Dung auf den Feldern riechst?	☐ 0 ☐ 1 ☐ 2 ☐ 3 ☐ 4
G	du deine Lieblingsspeise schmeckst?	☐ 0 ☐ 1 ☐ 2 ☐ 3 ☐ 4
G	du aus Versehen etwas Angebranntes, Faules, Schimmliges ißt?	☐ 0 ☐ 1 ☐ 2 ☐ 3 ☐ 4

ℹ️ Wenn der Test entsprechend ausgeweitet wird und für jedes Repräsentationssystem die gleiche Anzahl Items (für positive und negative Empfindungen) aufweist, kann man ihn auch benutzen, um Prioritäten für ein bestimmtes Repräsentationssystem zu testen, denn in aller Regel wird das Repräsentationssystem präferiert, das die höchsten (positiven) Empfindungswerte auslöst.

„Testet" ein Klient bei allen Fragen zwischen Null und Eins, kann man ihn fragen, ob es ein bestimmtes, hier nicht angesprochenes Erlebnis gibt, wo er stärkere Sensationen/Gefühlsreaktionen hatte.

2 Assoziationsverstärker

B wählt ein Erlebnis aus, bei dem **A** den höchsten Punktwert erzielt hat, und versucht, durch Einsatz von Submodalitäten dieses Erlebnis weiter zu steigern. Sind keine Steigerungen mehr möglich, wechselt er das Repräsentationssystem in der Rangfolge der Wertigkeit, d.h., wenn z.B. auditive Erlebnisse an zweiter Stelle der Empfindungsskala standen, geht er damit in die Ausgangsszene. Ziel ist, die Erlebnisfähigkeit im Durchgang durch alle Submodalitäten systematisch zu stärken und zu verbessern.

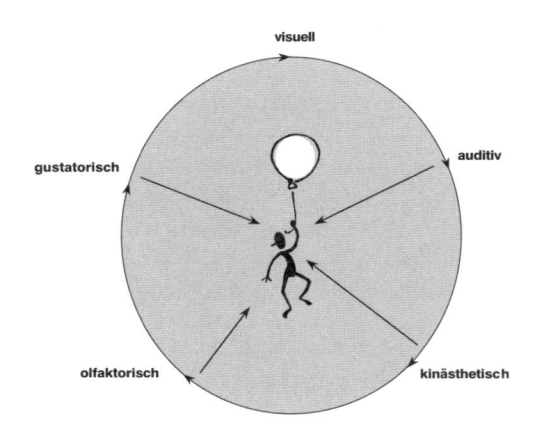

B: Du hast vorhin gesagt, daß dich damals an der Algarve der Sonnenuntergang am Meer unglaublich beeindruckte – welches Gefühl hattest du da genau, wie würdest du es nennen?
A: Tiefe Freude – würde ich sagen.
B: Okay, wo hast du diese Freude am stärksten gespürt – körperlich, meine ich?
A: Also in der Brust hatte ich so ein Gefühl.
B: Welches Gefühl? Ein Wärmegefühl? Strahlte es? Wie genau war das?
A: Hmm, wie genau? Also *(geht in die entsprechende Physiologie)*, ich konnte richtig tief durchatmen, und ein warmes Gefühl strömte durch meinen Brustraum.
B: Was gefiel dir am besten an diesem Sonnenuntergang?
A: Die Spiegelung der Sonne im lichtblauen Meer.
B: Könntest du es dir noch intensiver vorstellen, z.B. einen noch intensiveren Kontrast?
A: Ja, ich glaube schon.
B: Und hast du dieses lichtblaue Meer auch gehört? Oder waren sonstige Geräusche zu hören?
A: Ja, ein sanftes Schlagen der Meereswellen an die Kaimauer. Und das heisere Schreien der Möwen – das war sehr intensiv.
B: Du hast die Kaimauer erwähnt; ankerten da auch Fischerboote?

Assoziiertsein

A: Ja, und die Fischer flickten ihre Netze – es roch sehr intensiv nach Seetang und Teer.
B: Und – war das angenehm?
A: Sehr *(die Zielphysiologie zeigt sich jetzt viel stärker als am Anfang)*.

🛈 Wenn jemand nur bei negativen Empfindungen etwas spürt, können diese natürlich auch als Ausgangspunkt genommen werden; in diesem Fall werden die ↗Submodalitäten so verändert, daß sie das negative Erleben umkehren. Wenn alle *höheren* Gefühle (Emotionen) mit allen Wahrnehmungen, auch den Körperwahrnehmungen, im Bewußtsein der Person präsent sind, dann verfügt die Person über die volle sensorische Potenz und befindet sich vollständig im Hier und Jetzt; sie hört keine inneren Stimmen (innere Dialoge), erinnert sich nicht an andere Erlebnisse und fragt sich nicht, was später kommt.

3 Feedback

Am Ende dieser Übung teilen sich **A**, **B** und **C** mit, was sie erlebt haben und wie sie es erlebt haben.

Dissoziiertsein

Eignung

☒ Selbstmanagement
☒ Therapie/Coaching
☐ Teamentwicklung

Indikation/Thema

- Streßabbau
- Leichte Phobien
- Abblenden schmerzhafter Erlebnisse und Erinnerungen

Zielsetzung

- Ressourcevolle Interaktion in Streßsituationen

Anforderungen

☒ leicht
☐ mittel
☐ anspruchsvoll

Zeitbedarf

☒ < 15 Minuten
☐ < 30 Minuten
☐ < 45 Minuten
☐ > 45 Minuten

Dissoziiertsein

1 Dissoziation oder der Blick in den Spiegel

Geübt wird wieder in Dreiergruppen. **B** bittet **A**, eine kurze, unangenehme Erinnerung darzustellen. **B** prüft, ob **A** bei dieser Erinnerung assoziiert, d.h. voll im Erleben ist: ↗Physiologie-Check. Wenn nicht, kann er ihn behutsam wieder in dieses Erlebnis hineinführen (AssoziiertSein), oder er bittet **A** darum, sich an ein anderes Ereignis zu erinnern. Wenn eine brauchbare Dissoziationsstrategie herausgearbeitet wurde, ankert **B** diese Strategie (inneres Bild), damit **A** es fortan sicher in jeder Streßsituation gebrauchen kann.

A: Das letzte Gehaltsgespräch mit meinem Chef ist furchtbar gelaufen; ich hatte einen Kloß im Hals und brachte kaum einen Ton heraus ...

B: Weißt du, wie das ist, sich selbst im Spiegel zu sehen, während man sich rasiert, die Zähne putzt oder sich schminkt?

A: Ja – wie soll das sein?

B: Kannst du dir vorstellen, du bist der/diejenige im Spiegel und schaust dir zu, wie du dir die Zähne putzt, dich schminkst (oder rasierst)?

A: Ja, schon (zögert).

B: Und wenn du dich selbst siehst und dir dabei zuguckst, wie du dir die Zähne putzt etc., spürst du da etwas?

A: Also ... wenn ich der im Spiegel bin (grinst), da guck ich doch nur hin ... was soll ich denn dabei spüren?

B: Siehst du! Wenn du dich selbst beobachtest (wie im Spiegel), dann beobachtest du nur und sonst nichts.... du bist der, der beobachtet, und der andere spürt, was er tut ... Oder stell dir vor, dich würde jemand aufnehmen, während du dir die Zähne putzt, dich schminkst etc. Und sehr kurze Zeit später könntest du dich im Fernsehen sehen, wie du ... Hast du dann ein Gefühl, wenn du dich im TV Zähneputzen siehst etc.?

A: (Lacht:) Ich sitz dann bequem im Fernsehsessel ... ist komisch, wie der (ich?) sich die Zähne putzt ...

B: Gut so. Und nun stelle dir die Szene mit deinem Chef noch einmal vor – mit dem einzigen Unterschied, daß du hinter deinem Chef einen großen Spiegel siehst – du siehst darin deinen Chef von hinten und siehst dich selbst, wie du auf deinen Chef reagierst.

A: (überrascht) Ist ja komisch ... der Streß ist fast weg.

B: Mit welchen Augen siehst du die Szene?

A: Kann ich mir's aussuchen?

B: (Grinst:) Ja – es ist gut, Wahlmöglichkeiten zu haben. Vielleicht kannst du dir jetzt, wo du quasi aus den Augen deines Spiegelbildes blickst, ein Zeichen (z.B. typische Handbewegung) merken, das dich in künftigen Situationen daran erinnert, daß es immer einen Spiegel gibt?

A: Ich glaube, ich werde daran erinnert, wenn ich auf eine besondere Weise ausatme. Ist das okay?

B: Klar. Woran wirst du denn merken, wenn so ein „Beziehungsstreß" anfängt?

A: Hmm. Ich glaube, ich habe ein inneres Streßbild, das ich mit aktuellen kritischen Szenen vergleiche. Und immer wenn ich merke, daß ich auf den Streßtrip gerate, werde ich auf diese Art ausatmen und den Spiegel sehen.

B: Auch beim nächsten Mal?

A: Klar (lacht) – außer ich wollte mich kräftig ärgern und Dampf ablassen. (A macht hier selbst einen impliziten Öko-Check: Dissoziation ist dann gut, wenn er die „Streitressourcen" anderweitig besser gebrauchen kann.)

Dissoziiertsein

2 Streßerleben rückwärts

Geübt wird wieder in Dreiergruppen. **B** bittet **A**, eine kurze, unangenehme Erinnerung darzustellen.

B: So, jetzt wechsle den Stuhl und stell dir vor, du seist im Kino und siehst einen Film mit dir in der Hauptrolle. Wie fühlst du dich jetzt im Vergleich zu vorher?
A: Etwas besser, aber irgendwie steh ich nicht so auf Gruselfilme ...
B: (Grinst) ... ist auch nur was für Spezialisten ... am besten numerierst du jetzt die einzelnen Szenen.
A: Wie meinst du das?
B: Nun, Szene Nr 1: Du betrittst das Büro deines Chefs; Szene Nr. 2: Großaufnahme Chef.
A: Muß das sein?
B: Na gut, keine Großaufnahme, aber du verstehst, was du tun sollst?
A: Regisseur und Cutter in einem?
B: So ungefähr. Und wenn die Szenen abgedreht sind ... machen wir ein bißchen Kintopp: Wenn der Abspann vorbei ist, laß den Film etwas schneller als vorhin rückwärts laufen!
A: Mein Gott, ist das komisch.
B: Was fühlst du jetzt?
A: Es ist (grinst) schon ziemlich komisch.
B: Und was, wenn du den Film noch einmal rückwärtslaufen läßt – nur mit der doppelten Geschwindigkeit?
A: (Lacht laut)

ℹ Alternativ dazu kann auch der Originalton herausgenommen und mit Zirkusmusik unterlegt werden.

Meta-Mirror oder das Selbst im Spiegel

Eignung

☒ Selbstmanagement
☒ Therapie/Coaching
☐ Teamentwicklung

Indikation/Thema

- Beziehungsprobleme
- Kommunikationsstörungen
- Strittige Auseinandersetzungen in Teams

Zielsetzung

- Vergrößern der Verhaltensflexibilität
- Verbessern der Beziehungsfähigkeit
- Heilen von Beziehungsstörungen
- Wiedergewinnen der emotionalen Balance

Anforderungen

☐ leicht
☒ mittel
☐ anspruchsvoll

Zeitbedarf

☒ < 15 Minuten
☐ < 30 Minuten
☐ < 45 Minuten
☐ > 45 Minuten

Meta-Mirror oder das Selbst im Spiegel

1 Beziehungskonstellation identifizieren

Geübt wird in Dreiergruppen. **B** bittet **A**, sich an eine Beziehungskonstellation zu erinnern, die er als stressig empfindet. Anschließend läßt er **A** die vier Raumpositionen auslegen:

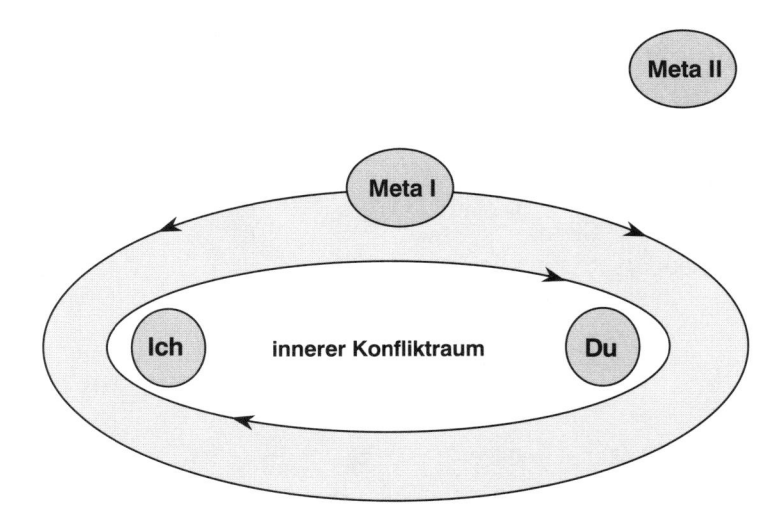

- **Ich**   assoziierte Position von **A**
- **Du**   der/die andere Person, mit der **A** ein Beziehungs-/Kommunikationsproblem hat
- **Meta I**   der neutrale Beobachter, der beide Kontrahenten im Blick hat, emotional aber nicht berührt ist und für beide gleich viel Sympathien empfindet, z.B. in der Rolle als Coach oder Schutzengel
- **Meta II**   der Supervisor, der 1., 2. und Metaposition I völlig unbeteiligt im Blick hat und insbesondere auf ein methodisches Vorgehen von Meta I achtet.

2 In der Ich-Position

A begibt sich in die Ich-Position und demonstriert, wie ein typischer Konflikt mit dem anderen (Du) abläuft. Es ist durchaus legitim, wenn **A** in diesem Rollenspiel etwas übertreibt.

3 In der Du-Position

A geht nun langsam in die Du-Position, wobei er, unterstützt von **B**, mit jedem Schritt mehr und mehr in die Schuhe seines Gegenübers schlüpft, bis er, in der Du-Position angekommen, zu diesem anderen geworden ist. **B** bittet **A** ausdrücklich, in Habitus, Gestik, Mimik und Sprechweise sich diesem Du anzunähern. In dieser Position verkörpert nun **A** die Rolle seines Streitpartners und agiert entsprechend.

4 In der Meta-Position I

A wechselt nun die Position und schlüpft in die Rolle eines neutralen Beobachters, wobei er sich beim Positionswechsel mehr und mehr entspannt. Er beobachtet nun, wie sich der Konflikt entwickelt hat und wie die Parteien ihn am Leben halten. **B** fragt **A**, was er von außen wahrnimmt und welche Ideen er für die beiden hat:

Meta-Mirror oder das Selbst im Spiegel

- Was könnten beide jetzt gebrauchen?
- Wie könnten sich beide diese Ressourcen zugänglich machen?
- Was ist die jeweils gute Absicht von beiden?

B achtet darauf, daß **A** tatsächlich in einem neutralen, ressourcevollen Zustand ist. Wenn nicht, bittet er **A**, sich zu erinnern, wie es ist, als neutraler Schlichter dissoziiert von außen zu beobachten und zu coachen. Vielleicht hilft es, die Position Meta I weiter weg auszulegen.

5 Zurück in die Ich-Position

A verläßt nun langsam mit den Ressourcen (z.B. in Form von Symbolen) die Position des neutralen Beobachters und begibt sich wieder in die Ich-Position. **B** beobachtet, ob sich die Physiologie von **A** zu verändern beginnt, und läßt **A** den Konflikt noch einmal durchspielen.

6 Wechsel in die Meta-Position

A legt nun beim Wechsel in die Metaposition I seine Identität wieder ab und beobachtet die Szenerie: Was hat sich jetzt schon verändert? Mit den Ressourcen für den anderen begibt er sich jetzt in die Du-Position und verschmilzt mit ihr. **B** beobachtet, inwieweit es auch hier zu einem Physiologiewechsel bei **A** kommt, und heißt **A** anschließend wieder zurück zu Meta I gehen.

7 Alles okay?

A beobachtet nun, ob die Verständigung zwischen *Ich* und *Du* einen Wechsel in der Perspektive (und Physiologie) ergeben hat und ob er mit sich als Coach (neutralem Beobachter) zufrieden sein kann. Wenn noch etwas fehlt, um die Kommunikation weiter zu verbessern, läßt **B** die Schritte 4 und 5 wiederholen.

7 In der Supervisor-Position (Meta II)

A wechselt jetzt die Position und dissoziiert sich noch einmal. In der Position Meta II (Supervisor) prüft er, ob alle Beteiligten (Ich, Du, Meta I) ihre Potentiale ausgeschöpft haben. **B** bittet nun **A** um eine Prognose: Wie wird es sein, wenn beide das nächste Mal aufeinandertreffen? Welche Chancen gibt es für eine gute Verständigung?

Wenn **A** in der Rolle Meta II Verbesserungspotential erkennen kann, geht er mit diesen Ideen wieder zurück zu Meta I, um von dort das Ressourcencoaching zu verstärken.

ℹ️ Das Modell läßt sich sehr gut mit Time-Line-Arbeiten verbinden, z.B. um alte Konflikte nachhaltig zu entschärfen. Das Modell Meta Mirror ist für leichte bis mittlere Konflikte sehr gut geeignet. Für **B** ist sehr wesentlich, daß er sich auf das Herausarbeiten von Veränderungs- / Versöhnungsressourcen versteht.

Basisbausteine

- ☐ **Repräsentationssysteme**
- ☐ **Physiologie-Check**
- ☐ **Kalibrieren**
- ☐ **Rapport**
- ☐ **Wahrnehmungspositionen**
- ☒ **Ankern**

Ankern ist das Verknüpfen eines Reizes (z.B. Berühren an der Schulter) mit einer bestimmten Physiologie (z.B. Freude), um durch Auslösen („Abfeuern") des Ankers einen erneuten Zugang zu der betreffenden Erfahrung zu bekommen.

Ressourcen ankern

Eignung

☒ Selbstmanagement
☒ Therapie/Coaching
☐ Teamentwicklung

Indikation/Thema

- Klienten in ressourcearmen Zuständen haben oft wenig Selbstvertrauen und Motivation für *eigentlich* gewünschte Veränderungen und Zustandsverbesserungen. Sie fühlen sich oft kraftlos, vermissen die innere Spannung, den kreativen Schwung früherer Zeiten. Für zielgesteuerte Veränderungsprozesse ist es aber wichtig, daß der Betreffende über genügend kritische Reaktionsmasse bzw. voll aufgeladene Ressourcebatterien verfügt, um diesen Veränderungsprozeß positiv zu erleben. Generell sind alle Ankertechniken dazu geeignet, der Person eine sinnesspezifische Kontrolle über frühere Erlebnisse zu ermöglichen.

Zielsetzung

- Ressourcenmobilisierung in Problemsituationen
- Verlernen ressourceraubender Erinnerungen (durch Ent-Ankern)
- Angenehme, ressourcevolle Zustände bei sich und anderen abrufbar machen

Anforderungen

☒ leicht
☐ mittel
☐ anspruchsvoll

Zeitbedarf

☒ < 15 Minuten
☐ < 30 Minuten
☐ < 45 Minuten
☐ > 45 Minuten

Ressourcen ankern

1 Zielbestimmung

Identifiziere die Situation oder den Kontext, für die oder für den du Ressourcen benötigst. Frage dich, wozu du die Ressourcen brauchst, wofür sie gut sind und was du dann könntest, was du jetzt nicht kannst.

2 Identifizieren der Ressource

Jetzt frage dich, welche Fähigkeit oder Eigenschaft du dafür brauchst; gib ihr einen eindeutigen Namen (z.B. Charisma, Schönsein, Freude) und, wenn es für dich Sinn macht, finde dafür ein Symbol (eine Farbe, einen realen oder imaginären Gegenstand, ein Bild etc.).

3 Ressourcensuche

Mit dem Begriff oder Symbol geh nach innen, schließe die Augen und mache dich auf die Suche – durch alle Zeiten und durch alle Repräsentationssysteme (↗transderivationale Suche). Es spielt keine Rolle, womit du anfängst. Der Begriff bzw. das Symbol ist wie eine Sonde, die dich die benötigten Ressourcen finden läßt.

ⓘ Wenn in Zweiergruppen gearbeitet wird, kann **B** beobachten, wie weit die Suche von **A** gediehen ist (↗Physiologie-Check). In aller Regel gibt es einen sinnesspezifischen Einstiegspunkt (Bild, Geräusch, Duft, Klang, Gefühl), von dem aus die Ressourcequelle in der Folge erschlossen werden kann.

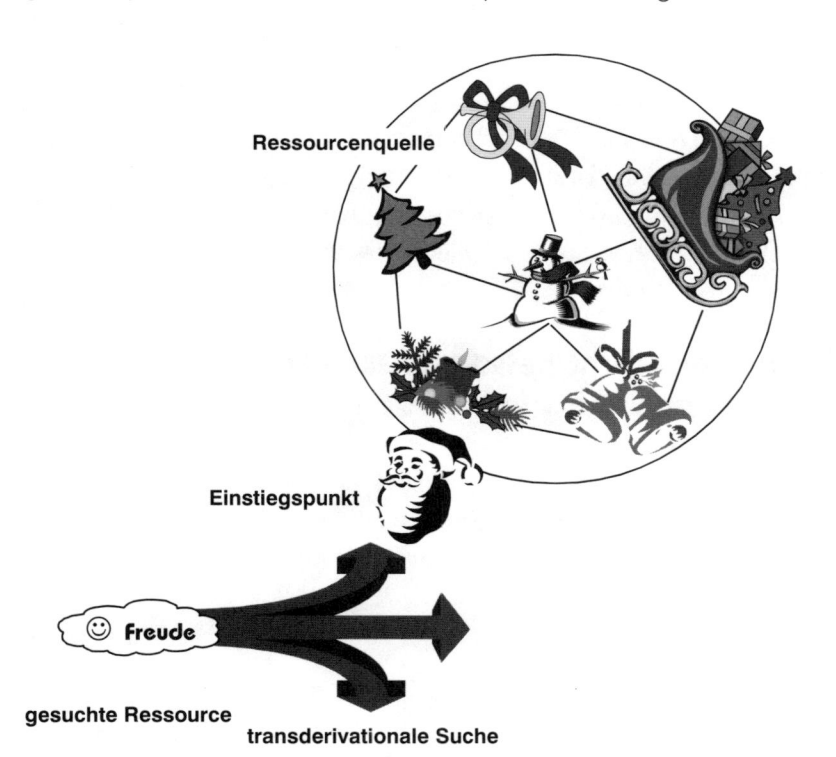

Peter B. Kraft: NLP-Übungsbuch für Anwender. © Junfermann Verlag, Paderborn.

Ressourcen ankern

4 Ressourcen reaktivieren

Wenn du den Einstiegspunkt gefunden hast, assoziiere dich in die Ressourcenquelle hinein: Was gibt es zu sehen, zu fühlen, zu hören, zu riechen, zu schmecken? Und woran erinnert es dich noch? Was gibt es noch zu sehen, etwas, das noch intensiver ist, noch angenehmer?

5 Ressourcen ankern

Wenn das Erlebnis am intensivsten ist (bzw. kurz vor dem Höhepunkt), kann es geankert werden:

- kinästhetisch (als Fremdanker: **B** berührt **A** z.B. am Arm, an der Schulter und drückt den Anker in der Phase des intensivsten Erlebnisses, oder **A** nutzt es als Selbstanker: **A** umgreift in der Phase des intensivsten Erlebnisses sein Handgelenk oder drückt Daumen, Zeige- und Mittelfinger zusammen)
- auditiv (Fingerschnippen, spezielles Betonen eines als Auslöser gedachten Wortes)
- visuell (Gegenstand, bei dessen Anblick die Ressource in Zukunft aktiviert werden soll, läßt sich in Folge auch als kinästhetischer Anker mitbenutzen)
- olfaktorisch/gustatorisch (Geruch oder Geschmack eines Plätzchens, eines Bonbons etc.)

6 Anker testen

Separator: Gehe in eine andere Position, nimm eine andere Körperhaltung ein oder erinnere dich an künftige Aufgaben. **B** achtet darauf, daß es bei **A** zu einer neutralen Physiologie kommt. In einer Zweierübung testet **B** jetzt unauffällig den Anker, d.h., er berührt **A** oder feuert den auditiven Anker ab. Beim aktiven Selbstmanagement stellt sich **A** eine künftige Situation vor, in der er die geankerte Ressource brauchen könnte, und feuert dann seinen Anker ab. Der Test war erfolgreich, wenn es zu einer gravierenden Änderung in der Physiologie kam. Erfolgt keine gravierende Reaktion, reichten entweder die Ressourcen nicht aus, oder das Timing beim Ankern stimmte nicht oder der gewählte Anker war durch einen negativen früheren Anker überlagert: Die Schritte 3 bis 6 sollten dann wiederholt werden.

7 Auslöser verankern/automatische Ressourcenaktivierung

Was wird dir helfen, dich zukünftig an den gewählten Anker zu erinnern?
In welchem Kontext könnte dein Unterbewußtsein ihn für dich automatisch auslösen?

ⓘ **B** kann hier **A** mit einer posthypnotischen Suggestion unterstützen.
Man kann mehrere unterschiedliche Ressourcen auf einen Anker stapeln, um die Wirkung weiter zu verstärken (stacking anchors).

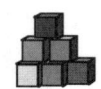

Ressourcen ankern
Anker verketten

1 Vom unerwünschten zum erwünschten Zustand

Welchen Zustand möchtest du verändern, und in welche Richtung möchtest du ihn ändern?

ℹ️ In dieser Phase geht es darum, in mehreren Zwischenschritten von einen unerwünschten Zustand (z.B. Lethargie, Antriebslosigkeit) zu einem positiven Zustand (starker Antrieb: Go for it!) zu kommen. Jeder einzelne Schritt wird dabei separat geankert, z.B. auf den Knöcheln einer Hand. Die Abfolge ist individuell unterschiedlich, und die unten aufgeführte Kette Lethargie-Neugier-Begeisterung-Go for it! stellt nur ein Beispiel dar.

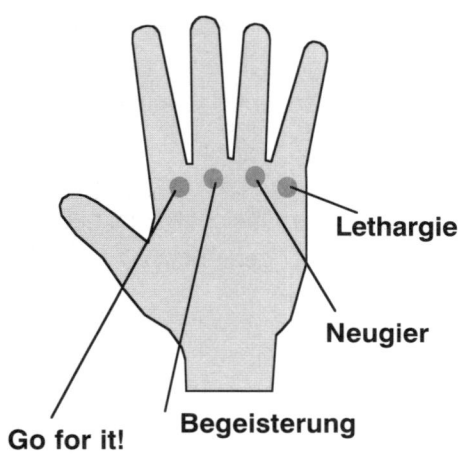

2 Ankerkette aufbauen

Erinnere dich (↗VAKOG), wie es ist, wenn du dich lethargisch fühlst: Welche Bilder, welche Geräusche, welche Gefühle hast du da? Wenn die physiologische Reaktion voll sichtbar ist, wird dieser Zustand auf dem Knöchel des kleinen Fingers geankert.

Separator: Unterbrich oder lösche diesen Zustand, z.B. durch einen Ortswechsel oder sonstwie.

Wiederhole diesen Schritt für jeden nachfolgenden Zustand und ankere ihn wie beschrieben auf den anderen Fingerknöcheln.

3 Ankerkette auslösen

Gehe jetzt mit dem Zeigefinger der anderen Hand zum Punkt „Lethargie" (Anker 1); dann (im Abstand von ca. 1 Sekunde) weiter zu den nächsten Ankerpunkten. Beobachte (spüre) dabei den Wechsel in der Physiologie. Wenn du am Punkt „Go for it!" angekommen bist, wiederhole den gesamten Prozeß – aber diesmal schneller ... und noch schneller ... bis es dich automatisch zum **Go for it!** bringt.

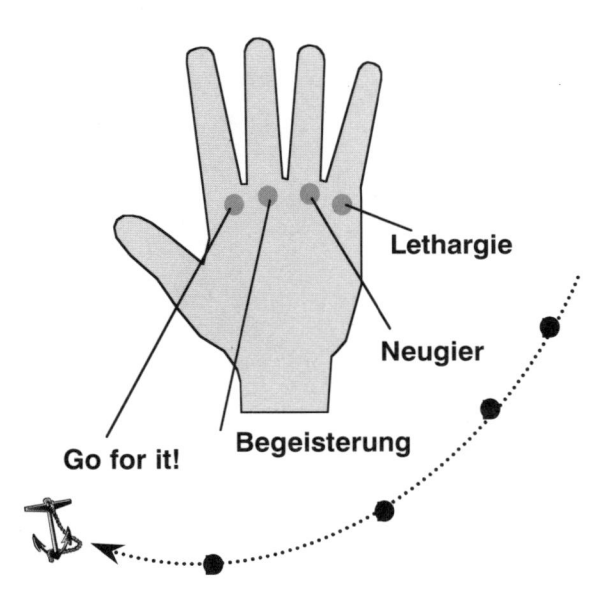

4 Öko-Check

In welcher Situation, welchem Kontext möchtest du nicht über diese Möglichkeit des schnellen Zustandswechsels verfügen?

Ressourcen ankern
Anker verketten

5 Future-Pace

Finde eine zukünftige Situation, in der du gewöhlich eher lethargisch und antriebslos bist und in der dir diese neue Fähigkeit gute Dienste erweisen könnte. Wenn du assoziiert in dieser Situation drin bist, tippe kurz mit dem Finger auf den Knöchel deines kleinen Fingers (Auslösen von Anker 1) – danach sollte sich sofort das Gefühl „Go for it!" einstellen.

> ❶ Mit dem gleichen Effekt können andere Körperstellen verwendet werden. Ziel ist es, den Anker dann, wenn er gebraucht wird, möglichst sozial unauffällig auslösen zu können.

Ressourcen ankern
Anker löschen

1 Negative Anker identifizieren

Es passiert sehr oft, daß wir nicht bewußt wahrnehmen, was uns plötzlich in einen unangenehmen Zustand bringt. Das können sogenannte „Reizworte" sein, ein unaufgeräumtes Zimmer, Gegenstände, die herumliegen; Gerüche oder Geräusche, die uns aufregen, weil sie uns daran erinnern, daß ... usw. Entspanne dich und fange mit deinem normalen Tagesablauf an:

Auslöser (Kontext)	V	A	K	O	G	Gefühl	Imprint
„Ausländer abschieben" (Stammtischdebatte)		X				Zorn	Erinnerung an rechtsextreme Exzesse damals in ... am ...
Blumenkohlgeruch (Kantine)				X		Übelkeit	als Kind gezwungen worden, Blumenkohl zu essen
Ziehen am Arm (Drängeln des Partners)			X			Trauer	Abschied von XY als Sechsjähriger
...							

Was ist der konkrete Auslöser? Aus welchem Kontext stammt der Reiz? In welchem Kanal tritt er auf? Was für ein Gefühl löst er aus? Wo bzw. wann ist er zum ersten Mal aufgetreten?

2 Separator (neutralen Status herstellen)

3 Ressourceposition aufbauen/Ressourceanker etablieren

Gehe in eine starke Ressourceposition (↗Moment of Excellence) und ankere sie entsprechend. (Arbeit als Selbstaktivierung oder in einer Zweiergruppe)

4 Öko-Check

Welcher negative Stimulus/Reiz/Anker sollte nicht gelöscht werden, da er noch eine positive Funktion hat?

5 Löschungsvariante 1

Negativen Anker erinnern oder vom Partner auslösen lassen und im selben Moment einen starken positiven Anker abfeuern.
- Separator
- Schritt 5 mehrfach wiederholen, dabei auf die Physiologie achten

Ressourcen ankern
Anker löschen

6 Test
Negativen Anker abfeuern. Es sollten jetzt keine negativen Zustände mehr wahrnehmbar sein. (Bei anhaltender Problemphysiologie andere Löschungsvariante wählen oder: ↗Reframing, ↗Time-Line, Veränderung von Glaubenssätzen auf den ↗Logischen Ebenen)

5a Löschungsvariante 2 (Stimulus-Reframing)
Negativen Stimulus bzw. Reiz dissoziiert betrachten: Was könnte er noch bedeuten? Was ist das Gute daran? Zum Beispiel könnte der Blumenkohlduft dich daran erinnern, daß es wieder mal Zeit wäre für deine Lieblingsspeise.

6a Test
Negativen Anker und Reframing-Anker gleichzeitig feuern. Es sollten jetzt keine negativen Zustände mehr wahrnehmbar sein. (Bei anhaltender Problemphysiologie andere Löschungsvariante wählen oder: ↗Reframing, ↗Time-Line, Veränderung von Glaubenssätzen auf den ↗Logischen Ebenen).

5b Löschungsvariante 3
DISSOZIATIONSANKER aufbauen. Wie ist es, wenn ich alles von außen sehe – wie ein Marsianer?

6b Test
Negativen Anker und Dissoziations-Anker gleichzeitig abfeuern. Es sollten jetzt keine negativen Zustände mehr wahrnehmbar sein. (Bei anhaltender Problemphysiologie andere Löschungsvariante wählen oder: ↗Reframing, ↗Time-Line, Veränderung von Glaubenssätzen auf den ↗Logischen Ebenen).

Ressourcen ankern
Assoziationsanker

1 Aktueller Ressourcezustand
Dir ist etwas gelungen, was du dir schon lange gewünscht hast, oder du hast etwas bekommen, etwas erfahren, was lange Zeit kaum vorstellbar schien. Jetzt fühlst du dich großartig. Koste diesen Zustand aus.

2 Anker auswählen
Wähle jetzt einen Anker, den du auch in Zukunft unauffällig auslösen kannst, z.B. das Umgreifen eines Handgelenks oder das Zusammendrücken von Daumen, Zeige- und Mittelfinger einer Hand.

3 VAKOG ankern
Konzentriere dich nun auf deine Umgebung. Was siehst du? Laß deinen Blick alles aufnehmen, laß ihn von rechts nach links abtasten, was es alles zu sehen gibt. Dabei drücke die Finger stärker zusammen bzw. umfasse dein Handgelenk fester.

Wiederhole diesen Schritt für alle anderen beteiligten Sinneskanäle, indem du deinen Druck steigerst – in dem Maß, wie du intensiver wahrnimmst und mit der Situation eins wirst.

4 Separator
Wechsle den Platz, atme ein paarmal kräftig ein und aus.

5 Test
Umfasse jetzt dein Handgelenk (oder drücke die Finger fest zusammen). Was spürst du? Wie fühlt sich das an?

6 Future-Pace
Überlege dir, wo du diesen Assoziationsanker besonders gut gebrauchen und wo du eine angenehme Situation weiter steigern kannst.

ℹ Den umgekehrten Effekt erzielst du mit dem DISSOZIATIONSANKER. Er kann dir in unangenehmen Situationen helfen, einen kühlen Kopf zu bewahren und dich nicht allzusehr mit deinem Gefühl zu identifizieren.
Achte darauf, Assoziations- und Dissoziationsanker nicht zu verwechseln.

Anker verschmelzen

Eignung

- ☒ Selbstmanagement
- ☒ Therapie/Coaching
- ☐ Teamentwicklung

Indikation/Thema

- Bei jedem Coaching, in jeder Therapie und natürlich auch im (beruflichen) Alltag gibt es bisweilen Situationen, wo Gegensätze unvermittelt aufeinanderprallen, z.B. in Form des „einerseits – andererseits", oder wo eine starke Kluft zwischen dem derzeitigen Problemzustand und dem gewünschten Zielzustand existiert. Andere Anwendungen ergeben sich dort, wo in einer Person scheinbar unvereinbare Gegensätze koexistieren.

Zielsetzung

- Überbrücken von Gegensätzen
- Integration dissoziierter Zustände
- Zuwachs von Verhaltensmöglichkeiten

Anforderungen

- ☐ leicht
- ☒ mittel
- ☐ anspruchsvoll

Zeitbedarf

- ☐ < 15 Minuten
- ☒ < 30 Minuten
- ☐ < 45 Minuten
- ☐ > 45 Minuten

Anker verschmelzen

ⓘ Das folgende Beispiel nutzt im starken Maße Elemente der ↗Submodalitätenarbeit und wird zweckmäßigerweise in Trance (↗Milton-Modell) durchgeführt. Statt des Problem- und Zielzustandes können auch andere Physiologien bzw. Zustände integriert werden. Ebenso ist es möglich, statt der verwendeten Bodenanker visuelle Anker, z.B. linke Hand (pro) und rechte Hand (contra) einzusetzen.

1 Identifizieren der konfligierenden/dissoziierten Zustände

Lege bitte im Abstand von etwa 50 bis 70 Zentimetern zwei Bodenanker aus. Das können Zettel oder Metaplan-Kärtchen oder auch kleine Gegenstände mit Symbolcharakter sein. Der eine Bodenanker steht für dein Problem, der andere für dein Ziel.

2 Problemraum ankern

Tritt jetzt in dein Problem ein, als wäre es ein Raum, den du betrittst. Laß dir Zeit und sieh dich um. Was siehst du? Wie ist die Beschaffenheit des Raumes? Wie seine Ausstattung? Seine Größe? Wie sind die Farben? Welche Dinge stehen darin? Du kannst deine Schritte hören. Wie hören sie sich an (gedämpft, hell etc.)? Gibt es andere Geräusche? Von wo kommen sie? Sind es Stimmen? Klänge? Beschreibe sie genau. Erkunde den Raum und laß dir Zeit.

ⓘ Bei manchen Problemen kann es sinnvoll sein, diesen Raum dissoziiert erkunden zu lassen, d.h., die Person fokussiert sich beim Erkunden nicht auf ihr Gefühl, bzw. ihre Kinästhetik wird von **B** explizit nicht abgefragt.
Wenn diese Arbeit zu zweit durchgeführt wird, kann **B** den Problem- wie auch den Zielzustand separat ankern.

3 Separator

Verlaß jetzt diesen Raum und kehre in das Hier und Jetzt zurück.

4 Zielraum ankern

Tritt jetzt in dein Ziel ein, als wäre es ein Raum, den du betrittst. Laß dir Zeit und sieh dich um. Was siehst du? Wie ist die Beschaffenheit des Raumes? Wie seine Ausstattung? Seine Größe? Wie sind die Farben? Welche Dinge stehen darin? Du kannst deine Schritte hören. Wie hören sie sich an (gedämpft, hell etc.)? Gibt es andere Geräusche? Von wo kommen sie? Sind es Stimmen? Klänge? Beschreibe sie genau. Erkunde den Raum und laß dir Zeit. Welche Gefühle hast du dabei? Wo genau spürst du, daß du diesen Raum in der Zukunft betreten wirst?

ⓘ Wenn sich keine Ziel-/Wunschphysiologie einstellt, sollten neue Ressourcen gesucht bzw. aktiviert und der Schritt 4 wiederholt werden.

5 Separator

Verlaß jetzt diesen Raum und kehre in das Hier und Jetzt zurück.

Anker verschmelzen

6 Test
Tritt jetzt für einen kurzen Moment in den Problemraum (Physiologie?).
Separator. Betrete jetzt kurz den Zielraum (Physiologie?).

7 Integration/Verschmelzen der Anker (collapsing anchors)
Tritt jetzt langsam mit beiden Füßen gleichzeitig in Problem- und Zielraum. Was siehst du, hörst du, fühlst du?

> ℹ In diesem Zustand sollte eine neue Physiologie sichtbar (fühlbar) werden, die anzeigt, daß eine neue Perspektive da ist, eine neue Verhaltensweise etc.

Zustand 1 (Problem)   Zustand 2 (Ziel)

8 Öko-Check
Gibt es Einwände gegen den Gebrauch dieser neuen Verhaltens-/Sichtweise? (Wenn ja, ↗Reframing)

9 Future-Pace
Finde eine Situation, in der du diese neue Möglichkeit/Perspektive konkret nutzen wirst.

Anker verschmelzen
Little Phobia Cure

ℹ️ Die folgende Übung wirkt sehr effektiv bei nicht stark ausgeprägten Ängsten. Im Gegensatz zur ↗Fast Phobia Cure, die im wesentlichen mit der Technik der doppelten Dissoziation arbeitet, nutzt dieses Format nur die Ankertechnik und die Arbeit mit den ↗Submodalitäten.

1 Identifizieren der angstauslösenden Situation
In welcher Situation tritt das Problem auf? Wovor genau hast du Angst? Mach ein Icon (Sinnbild, Symbol) daraus und stell es weg.

2 Separator
Wechsle die Position oder lösche deinen inneren Bildschirm etc.

3 Moment of Strength ankern
(nach dem Modell ↗Ressourcen ankern:) Mach dir ein Bild, wo du dich sehr wohl in deiner Haut gefühlt hast, kraftvoll und stark, als könntest du Bäume ausreißen. (**B** achtet auf die Physiologie von **A**.)

4 Anker verschmelzen
Jetzt bringe das (kleinere) Icon in deinen Moment of Strength und laß es sich ausbreitenn. Was fühlst du jetzt?

ℹ️ Die Physiologie sollte eine innere Versöhnung anzeigen bzw. den Ausgangszustand des Moment of Strength beibehalten. Falls nicht, weiterarbeiten mit der VK-Dissoziation (Fast Phobia Cure).

5 Future-Pace
Wenn du dir jetzt vorstellst, die (vormals) kritische Situation in den nächsten Tagen zu erleben, wie wirst du reagieren?

Übungsteil

○ **Basisbausteine**

◉ **Veränderungsrahmen**

○ **Modelle der Veränderung**

Für jede Veränderungsarbeit wird sinnvollerweise ein **Veränderungsrahmen** etabliert, in den je nach Kontext und Lebenssituation der Klienten unterschiedliche Formate, Modelle und Entwicklungsstrategien integriert werden.

Veränderungsrahmen

- ☒ **Zielbestimmung**
- ☐ **Ressourcen**
- ☐ **Ökologie-Check**
- ☐ **Future-Pace**

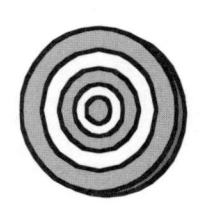

Die **Zielbestimmung** ist im NLP die wichtigste Prozeßgröße. Ein Ziel sollte von der betreffenden Person selbst erreichbar, positiv formuliert, ohne Vergleiche und vor allem sinnesspezifisch konkret sein und die richtige ↗Chunkgröße aufweisen.

Problemnetz

Eignung

☒ Selbstmanagement
☒ Therapie/Coaching
☐ Teamentwicklung

Indikation/Thema

- Der erste Schritt, um Probleme in Herausforderungen zu verwandeln, besteht darin, sich dem Problem bzw. den Problemen zu öffnen. Das hier vorgestellte Format ermöglicht es, Zusammenhänge, Abhängigkeiten, Wechselwirkungen von Problemen zu erkennen. Beispiele dafür sind: Befindlichkeitsstörungen, Motivationsprobleme, fehlende Kreativität, innere Blockaden, mangelnde Produktivität, Langeweile, Entscheidungsprobleme etc.

Zielsetzung

- Erkennen von Zusammenhängen und Interferenzen von Problemstrukturen
- Sammeln von Informationen für den anstehenden Veränderungsprozeß
- Erleichterung beim Fokussieren auf vitale, zentrale Problem-/Themenbereiche
- Erreichen der ersten Phase eines systemischen Veränderungsprozesses (Vermeiden linearer Problemlösungen)

Anforderungen

☐ leicht
☒ mittel
☐ anspruchsvoll

Zeitbedarf

☐ < 15 Minuten
☒ < 30 Minuten
☐ < 45 Minuten
☐ > 45 Minuten

Problemnetz

1 Problem erinnern

Erinnere dich an Situationen in deinem Leben, die nicht so gelaufen sind, wie du es dir vorgestellt hast. Was siehst du? Was hörst du? Was fühlst du dabei? Woran merkst du, daß diese Situationen oder Aspekte davon in die Schublade „Probleme" gehören?

2 Problem(e) notieren

Nimm ein Stück Papier (Kärtchen, Tabelle in Word etc.) und schreibe auf, was dir dazu einfällt. Die Reihenfolge oder Wertigkeit spielt noch keine Rolle; ebensowenig die Formulierung; das Problem sollte nur kurz und griffig formuliert sein.

3 Probleme vernetzen

Nimm jetzt einen Begriff oder eine Formulierung aus dieser Liste heraus, mit dem du anfangen möchtest, und schreibe ihn in die Mitte eines neuen Blattes. Laß das Thema, für das die Formulierung steht, auf dich wirken, gehe die anderen Probleme auf der Liste durch und frage dich, ob das Problem auf dem neuen Blatt mit einem anderen Problem auf der Liste zu tun hat. Die Art des Zusammenhangs (intuitiv, assoziativ, kausal etc.) spielt keine Rolle. Verbinde nun die beiden Begriffe mit einer Linie. Fahre fort, bis alle Begriffe auf der Liste auf das neue Blatt übertragen sind und alle Begriffe, die zusammenhängen, mit einer Linie verbunden sind. Wenn es keinen Zusammenhang gibt, dann steht der Begriff unverbunden neben den anderen.

Beispiel

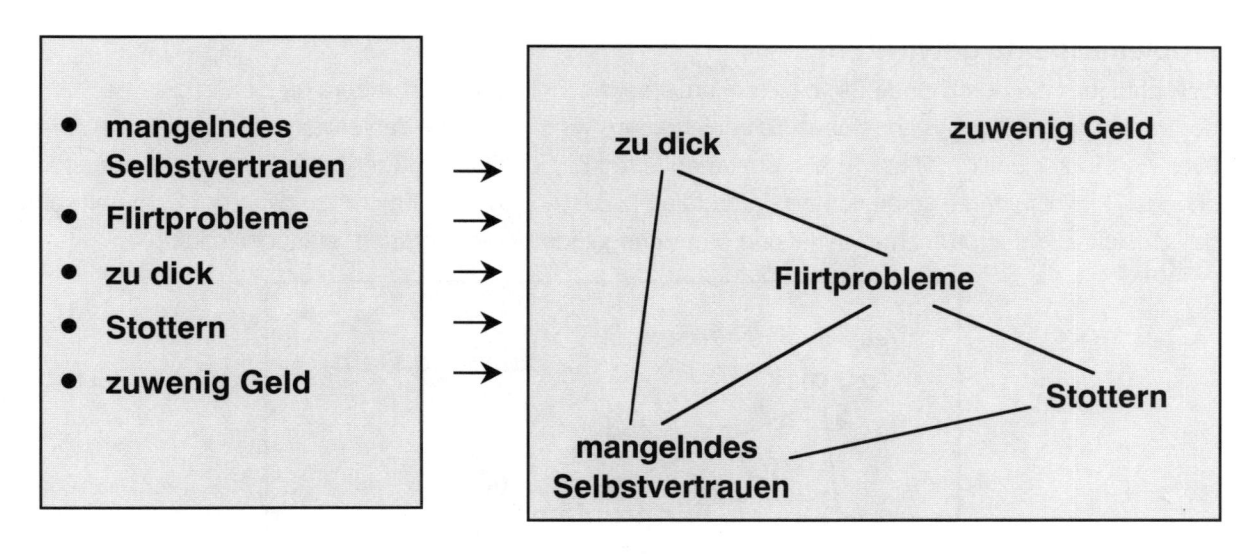

- mangelndes Selbstvertrauen
- Flirtprobleme
- zu dick
- Stottern
- zuwenig Geld

→ zu dick, zuwenig Geld, Flirtprobleme, Stottern, mangelndes Selbstvertrauen (vernetzt dargestellt)

ⓘ Daß ein Begriff in der Mitte steht, heißt noch nicht automatisch, daß es der wichtigste Begriff ist.

Problemnetz

4 Zusammenhänge herstellen

Stelle jetzt die Zusammenhänge her, indem du mit einem Begriff anfängst, z.B. „zu dick", und dich fragst, ob er einen Einfluß hat auf „mangelndes Selbstvertrauen" und „Flirtprobleme". Wenn er (wie im Beispiel unterstellt) einen Einfluß hat, dann mache eine Pfeilspitze an die betreffende Linie („zu dick" → „mangelndes Selbstvertrauen"). Wenn Begriffe in einer Wechselwirkung stehen, bekommt die zugehörige Verbindungslinie zwei Pfeilspitzen („mangelndes Selbstvertrauen" ↔ „Flirtprobleme").

Beispiel (Fts.)

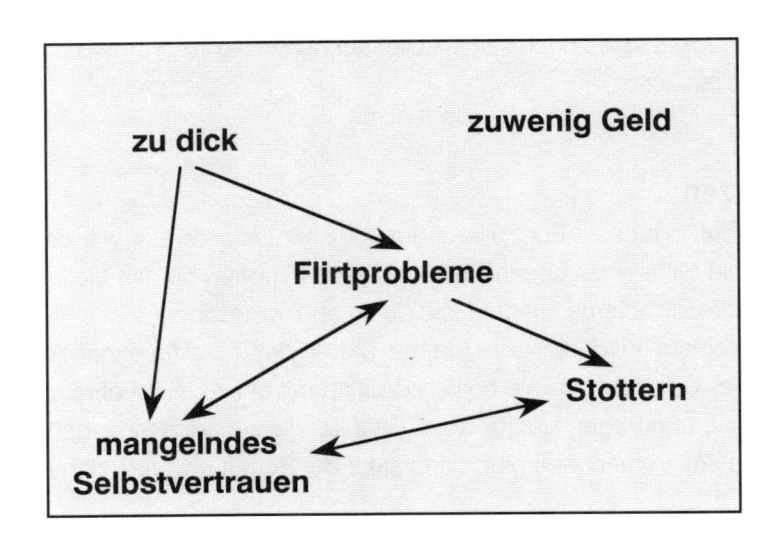

5 Problemaspekte gewichten

Gewichte jetzt die durch eine Pfeilspitze dokumentierten Einflußfaktoren, indem du dich fragst, wie stark z.B. der Punkt „zu dick" auf „mangelndes Selbstvertrauen" wirkt; mögliche Zahlenwerte sind 1=leichter, 2=mittlerer; 3=starker Einfluß. Bewerte alle dokumentierten Einflußfaktoren. Die Werte werden bei den entsprechenden Einflußfaktoren vermerkt und ggf. addiert [z.B. steht bei dem Faktor „zu dick" der Summenwert (5), da „zu dick" die „Flirtprobleme" mittel und das „mangelnde Selbstvertrauen" stark beeinflußt].

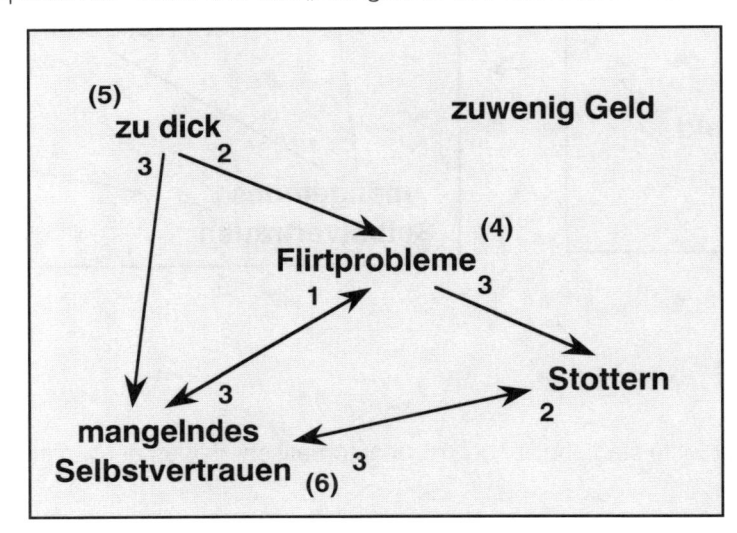

Problemnetz

6 Auswertung

Der Problemfaktor, der den höchsten Punktwert aufweist, markiert in der Regel zugleich den Bereich mit dem größten Veränderungsbedarf. Anders ausgedrückt: Wird – wie in unserem Beispiel – die Herausforderung „mangelndes Selbstvertrauen" angenommen, bestehen im Veränderungsprozeß gute Chancen, daß sich die damit verbundenen Themen „Flirten" und „Stottern" „entproblematisieren" werden.

ℹ Nicht immer wird dieses Modell einen eindeutigen Fokus wie in unserem Beispiel „mangelndes Selbstvertrauen" haben. Wären die Themen „zu dick" und „mangelndes Selbstvertrauen" gleich stark, könntest du dies entweder als Hinweis dafür nehmen, beide Faktoren im anstehenden Prozeß der Selbstaktivierung (self coaching) gleichrangig zu behandeln (und ein übergeordnetes Ziel dafür zu finden), oder du wiederholst in einem angemessenen Zeitabstand diese Übung.

- ↗Zielbestimmung
- ↗Ressourcenarbeit
- ↗Time-Line (mit dem gefundenen Problemkreis durch die Vergangenheit, um den ↗Imprint zu entdecken)
- ↗Logische Ebenen (mit dem gefundenen Problemkreis durch die Logischen Ebenen gehen, um zu ermitteln, auf welcher Ebene das entdeckte Thema/Problem Resonanz zeigt)

Problemrapport

Eignung

☒ Selbstmanagement
☐ Therapie/Coaching
☐ Teamentwicklung

Indikation/Thema

- Der erste Schritt, um Probleme in Herausforderungen zu verwandeln, besteht darin, sich dem Problem bzw. den Problemen zu öffnen. Das hier vorgestellte Format ermöglicht es dem Therapeuten/Coach, Zusammenhänge, Abhängigkeiten, Wechselwirkungen von Problemen bei seinen Klienten zu erkennen. Beispiele dafür sind: Befindlichkeitsstörungen, Motivationsprobleme, fehlende Kreativität, innere Blockaden, mangelnde Produktivität, Langeweile, Entscheidungsprobleme etc. Darüber hinaus dient der PROBLEMRAPPORT dazu, Wahrnehmungsmuster, Problemstrategien, Glaubenssätze und Metaprogramme von Klienten schon im Vorfeld zu erkennen und sich dabei auf die (Problem-)Physiologie des Klienten zu kalibrieren.

Zielsetzung

- Herstellen von Rapport zu Beginn des Veränderungsprozesses
- Erkennen von Zusammenhängen und Interferenzen von Problemstrukturen
- Sammeln von Informationen für den anstehenden Veränderungsprozeß
- Abbauen von Problemfixierungen

Anforderungen

☐ leicht
☒ mittel
☐ anspruchsvoll

Zeitbedarf

☐ < 15 Minuten
☒ < 30 Minuten
☐ < 45 Minuten
☐ > 45 Minuten

Problemrapport

Therapeut/Coach **Klient**

1 Bitte deinen Klienten, zu schildern, was ihn bewegt, was sein Problem/Thema ist bzw. was ihn zu dir führt. Achte dabei darauf, daß du durch geschicktes Nach- und Rückfragen in Kontakt mit ihm kommst (↗Rapport aufnehmen). Führe ihn ↗VAKOG entsprechend durch den Problemkontext.

ℹ️ Die Problemaufnahme kann rein verbal erfolgen; sie kann aber auch – entsprechend intellektuell motivierte Klienten vorausgesetzt – analog zum Format PROBLEMNETZ durchgeführt werden.

2 B.A.G.E.L.
Achte nicht nur darauf, was er sagt, sondern auch auf:
- Körperhaltung
- Zugangshinweise
- Gesten
- Augenbewegungen
- Sprachmuster (↗Meta-Modell)

↗Ankere diesen Zustand für die weitere Arbeit (↗Time-Line, ↗Logische Ebenen).

3 Problemstrategien elizitieren
Um seine Problemstrategien herauszufinden (Wie macht es der Klient, sich schlecht zu fühlen?), frage ihn nach den einzelnen Strategiesequenzen, den beteiligten Repräsentationssystemen, den Schleifen, den Entscheidungskriterien etc. (↗Strategien).

4 Test
Teste dein Verständnis, indem du deinen Klienten zu einem kleinen Spiel aufforderst:

„Wenn ich Sie vertreten müßte, damit Sie auch einmal einen Tag Urlaub von Ihrem Problem machen könnten, müßte ich mich dann so und so verhalten?" (Spiegeln des Problemverhaltens)

Spiele das Problemverhalten anhand einer spezifischen, mit dem Klienten abgestimmten Situation durch. Laß ihn den Regisseur spielen und dich verbessern. Kommentiere dabei laut deinen inneren Bewußtseinsstrom, deine inneren Stimmen („ ... und dann sehe ich also ... und sage zu mir ... ich fühle mich ...").

Problemrapport

5 Übernahme des Problemverhaltens

Wenn dein Klient mit dir zufrieden ist, spiele ihm sein Verhalten noch einmal vor – diesmal in einer leicht übertriebenen Pose. Ziel ist es, bei deinem Klienten einen leichten Stimmungsumschwung (↗Physiologie-Check) herbeizuführen.

Separator Falls der Klient noch in einer Problemphysiologie ist, unterbrich diesen Zustand z.B. durch eine unverfängliche Frage nach der Uhrzeit, einem banalen, scheinbar vergessenen Detail aus seiner Schilderung oder durch ein kurzes ↗Reframing einer aufgetretenen Problemsequenz etc.

- ↗Zielbestimmung („Was möchten Sie statt dessen?" – „Was hindert Sie daran?")
- ↗Ressourcenarbeit
- ↗Time-Line (mit dem gefundenen Problemkreis durch die Vergangenheit, um den ↗Imprint zu entdecken)
- ↗Logische Ebenen (mit dem gefundenen Problemkreis durch die Logischen Ebenen, um zu ermitteln, auf welcher Ebene das entdeckte Thema / Problem Resonanz zeigt)
- Anwenden des ↗Meta-Modells, um Tilgungen, Verzerrungen, Generalisierungen aufzudecken

Problemerfassung in Gruppen

Eignung

- ☐ Selbstmanagement
- ☐ Therapie/Coaching
- ☒ Teamentwicklung

Indikation/Thema

- Hindernisse bei der Gruppenarbeit
- Probleme, sich als Team zu konstituieren/zu finden
- Störungen im Seminarablauf
- Interne oder externe Hindernisse beim Erreichen von Projektzielen

Zielsetzung

- Aus Sicht des Teamleiters: Wiederherstellen von Rapport zur Gruppe
- Erkennen von Zusammenhängen und Interferenzen von Problemstrukturen
- Sammeln von Informationen für den anstehenden Veränderungsprozeß
- Minimieren von Reibungsverlusten in der Gruppenarbeit
- Erreichen einer einheitlichen Verständigungsbasis (z.B. in Kunden-Lieferanten-Gesprächen)

Anforderungen

- ☐ leicht
- ☒ mittel
- ☐ anspruchsvoll

Zeitbedarf

- ☐ < 15 Minuten
- ☐ < 30 Minuten
- ☒ < 45 Minuten
- ☐ > 45 Minuten

Problemerfassung in Gruppen

Trainer/Teamentwickler/Moderator/Gruppe

1 Bitte deinen Kollegen, für einen Moment tief durchzuatmen und sich zu entspannen. Dann sollen alle Beteiligten je einen Problempunkt auf ein Metaplan-Kärtchen (oder ein Blatt Papier) schreiben. Die Anzahl der zugelassenen Problempunkte sollte in Abhängigkeit von der Teilnehmerzahl beschränkt sein (max. 30), ebenso die dafür zur Verfügung stehende Zeit.

ⓘ Die Problemaufnahme wird am besten von einem neutralen Dritten durchgeführt, der nicht selbst gravierender Bestandteil des Problems ist. Am besten bewährt hat sich die Problemclusterung mit der Metaplan-Technik. Falls keine Metaplanwand zur Verfügung steht, kann auch mit Flipcharts gearbeitet werden.

2 Problemaufnahme

Der Moderator sammelt die Karten entweder ein oder bittet die Gruppenmitglieder, die Zettel oder Karten an die Metaplanwand zu heften (oder auf ein Flipchart zu übertragen).

3 Probleme gruppieren/clustern

Der Moderator beginnt die Karten zu clustern, d.h., er gruppiert die Karten um, stellt sie nach Ähnlichkeitsgesichtspunkten neu zusammen, wobei er – in Abstimmung mit der Gruppe – nach geeigneten Überschriften sucht (genügende Anzahl thematisch zusammengehörender Einzelkarten vorausgesetzt).

4 Probleme gewichten

Ist nur wenig Zeit vorhanden, bittet der Moderator nun die Gruppenmitglieder, die geclusterten Problemkomplexe zu gewichten und mit Punkten (1-3) zu bewerten. Steht mehr Zeit zur Verfügung, kann analog zum Format PROBLEMNETZ verfahren werden, wobei die jeweiligen Einflußfaktoren und -werte per Mehrheitsentscheid entwickelt werden.

5 Gruppenfeedback

Das Ergebnis wird noch einmal mit der Gruppe besprochen, ggf. korrigiert und protokolliert.

Separator (z.B. in Form einer Auflockerungsübung, Kaffeepause etc.)

ⓘ Der Erfolg dieser Interaktion hängt entscheidend davon ab, ob die Probleme eine weitgehend sachliche Dimension haben bzw. die Hauptproblemaspekte außerhalb der Gruppe liegen. Wenn die Gruppendynamik überwiegt und es eher um aktuelle Teamkonflikte geht, sind andere Formate besser geeignet, z.B. das systemische ↗Reframing.

- ↗Zielbestimmung
- Visionsarbeit
- ↗Ressourcenarbeit

Zielentwicklung
Wohlgeformte Ziele

Eignung

☒ Selbstmanagement
☒ Therapie/Coaching
☒ Teamentwicklung

Indikation/Thema

- Unklarheit über das gewünschte Ziel
- Erfolgsblockaden
- Differenzierungsprobleme zwischen Wünschen und Zielen
- Unklarheit über das weitere Vorgehen
- Zweifel an der Erreichbarkeit / Umsetzbarkeit des vermutlichen Zieles

Zielsetzung

- Motivation und Begeisterung für das Ziel schaffen
- Sicherheit gewinnen für die nächsten Veränderungsschritte (Realitätstauglichkeit)
- Aktivieren des Kreativitätspotentials bei der Zielfindung
- Überwinden von Stuck States (inneren Blockaden)
- Fördern von Selbstinitiative

Anforderungen

☒ leicht
☐ mittel
☐ anspruchsvoll

Zeitbedarf

☒ < 15 Minuten
☐ < 30 Minuten
☐ < 45 Minuten
☐ > 45 Minuten

Zielentwicklung
Wohlgeformte Ziele

	Kriterium	Beispieldialog Coach/Therapeut	Klient
1	**Sinnesspezifisch**	Was möchtest du erreichen? Woran wirst du den Gewichtsverlust erkennen? Woran merkst du, daß du dich leichter fühlst? Und wie wirst du dich dabei fühlen, wenn du auf die Waage schaust?	Ich möchte abnehmen. Ich fühle mich leichter. Ich werde es an der Waage feststellen. Gut (lächelt), erleichtert (denke an das Treppensteigen) ...
2	**Kontextualisiert**	Wenn du dein Wunschgewicht erreicht hast – in welcher Situation wirst du daraus den größten Nutzen ziehen? Vielleicht kannst du es genauer angeben: Bei deinem Partner? Im Job? Freizeit?	Überall. Grinst: In einem schicken Kleid beim Tanzen ...
3	**Präzis und meßbar** (keine Vergleiche, keine Negationen)	Du möchtest abnehmen – was meinst du damit genau? Weniger als jetzt? Weniger als vor einem Monat? Was meinst du mit maximal 70 kg? Sprichst du jetzt deine Eßgewohnheiten an?	Ich möchte 20 Kilo weniger wiegen. Stimmt, du willst es ja genau wissen – also ich möchte maximal 70 kg wiegen. Das ist mein Idealgewicht, und davon möchte ich in Zukunft nicht mehr abweichen. Ja, genau. Erst die 70 kg erreichen und dann das Gewicht halten.
4	**Kurzer Feedbackbogen** (Wann erreicht? Und in welchem Abstand überprüft)	Wann möchtest du spätestens die 70 kg erreicht haben? Okay, da hast du noch fast drei Monate Zeit. Wie wirst du merken, daß du deinem Ziel nähergekommen bist? Und danach?	Am 28.12. – da wollen wir auf die Bahamas fliegen, um dort Silvester zu feiern. Ich werde mich jeden Morgen auf die Waage stellen und mein Gewicht in eine Tabelle eintragen. Also, da werde ich zweimal die Woche prüfen, ob's noch stimmt.
5	**Attraktiv** (Physiologie-Check)	Stell dir vor, es ist der 28.12., und du stehst mit deinem Partner am Flughafen – wie fühlt sich das jetzt an? Danke, ich sehe dir die Begeisterung an.	Grinst, stellt sich anders hin: Klasse!!! Ja, das ist gut.
6	**Vom Betreffenden selbst erreichbar**	Kannst du das schaffen – aus eigener Kraft? Du hast es bestimmt vorher schon versucht, oder? Und was befähigt dich jetzt, das Ziel zu erreichen? Ich meine, was bräuchtest du, könntest du zusätzlich tun, um dieses Ziel jetzt zu erreichen?	Klar. Ich fühle mich hervorragend. Ja, mit Diäten, Pillen und so. Ich weiß nicht. Mein Partner müßte mich mehr unterstützen ... Nein, stimmt ja nicht; ich bräuchte vor allem Selbstvertrauen und Mut, meinen eigenen Weg zu gehen.

Zielentwicklung
Wohlgeformte Ziele

ⓘ Dieses Modell ist, wie auch die Variante ↗S.M.A.R.T., grundsätzlich in jeder Situation anwendbar, z.B. auch in Zielvereinbarungsgesprächen. Wichtigster Erfolgsfaktor ist das Entwickeln einer Zielphysiologie beim Klienten. Wenn jemand mit tonloser, stockender Stimme und mit hängenden Schultern von seiner Begeisterung für das Ziel redet, liegt keine Kongruenz vor. Mit einem solchen Ziel kann dann nicht weitergearbeitet werden.

In diesem Fall könnte ein Kurzreframing (der inneren Blockaden/Einwände) angesagt sein – in Kombination mit einer reformulierten Zieldefinition (Änderung des zeitlichen oder quantitativen Zielrahmens) oder einer Zerlegung in Teilziele.

- ↗Öko-Check
- ↗Reframing von Widerständen und inneren Blockaden
- Transformieren des Ziels zu einer langfristigen Vision
- ↗Ressourcenarbeit
- ↗Future-Pace

Zielentwicklung
in Gruppen

1 Zielvorstellung entwerfen

Als Moderator bitte deinen Kollegen, für einen Moment tief durchzuatmen und sich zu entspannen. Dann sollen alle Beteiligten je eine Zielvorstellung auf ein Metaplan-Kärtchen (oder ein Blatt Papier) schreiben. Die Anzahl der zugelassenen Problempunkte sollte in Abhängigkeit von der Teilnehmerzahl beschränkt sein (max. 30), ebenso die dafür zur Verfügung stehende Zeit. Alternativ können die Teilnehmer die Ziele auch nennen, und du schreibst sie auf (Flipchart).

ℹ️ Die Zieldefinition in Gruppen ist ein spannendes Thema; insbesondere besteht die Kunst darin, sich auch auf solche Teilnehmer zu kalibrieren, die wenig sagen (schreiben), aber unterschwellig sehr wohl Ziele haben, die sie sich nicht trauen, in die Gruppe einzubringen. Umgekehrt können wenige Personen dominieren wollen. Hier achtet ein erfahrener Moderator sehr auf die Physiologie der Gruppenteilnehmer und nimmt ↗Rapport mit jedem auf.

2 Ziele sammeln

Sammle die Karten entweder selbst ein oder bitte die Gruppenmitglieder, die Zettel oder Karten an die Metaplanwand zu heften (oder auf ein Flipchart zu übertragen).

3 Ziele gruppieren

Beginne nun – in Rücksprache mit den Teilnehmern – die Karten zu clustern, d.h., gruppiere die Karten um, stelle sie nach Ähnlichkeitsgesichtspunkten neu zusammen, wobei du nach geeigneten Überschriften suchst (genügend thematisch zusammengehörende Einzelkarten vorausgesetzt).

4 Qualität der Ziele sichern

Die geclusterten Ziele werden jetzt gemeinsam nach den Kriterien eines wohldefinierten Zieles (↗S.M.A.R.T.) geprüft und so lange ergänzt und korrigiert, bis sie den Kriterien

- **S**innesspezifisch
- **M**eßbar
- **A**ttraktiv
- **R**ealistisch bzw. erreichbar
- **T**erminiert

genügen.

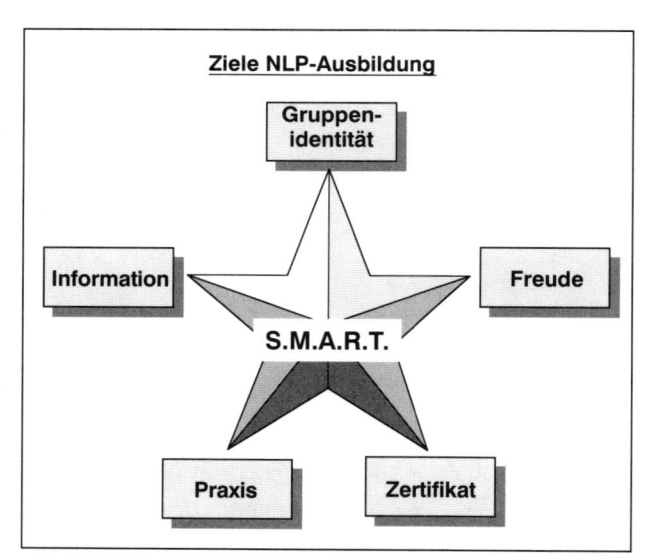

Zielentwicklung
in Gruppen

5 Abhängigkeiten erkennen

Um Abhängigkeiten und Prioritäten aufzeigen zu können, wird ein Abhängigkeitsraster erstellt. Verbinde die jeweiligen Clusterbegriffe mit einer Linie, wenn nach Meinung der Mehrheit irgendein (wird später spezifiziert) Zusammenhang existiert.

6 Einflüsse erkennen

Im nächsten Schritt wird die Art der Abhängigkeit erkundet: Wenn z.B. die Freude einen Einfluß auf die (Übungs-)Praxis hat, kommt an den Endpunkt der Linie Freude – Praxis eine Pfeilspitze; gibt es einen wechselseitigen Bezug, bekommt die Linie zwei Pfeilspitzen.

7 Einflüsse gewichten

Als nächstes vergib bei Abhängigkeiten folgende Punktwerte: 1 = schwache, 2 = mittlere, 3 = hohe Abhängigkeit. Addiere dann alle Punktwerte.
(Die folgende Abbildung zeigt das Ergebnis einer Zielmoderation in meiner Master-Practitioner-Ausbildung.)

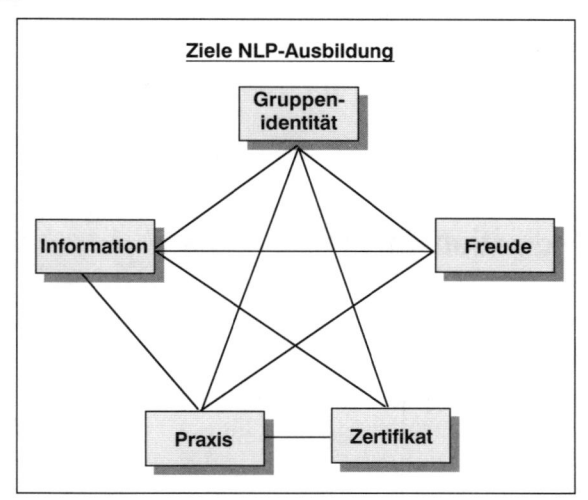

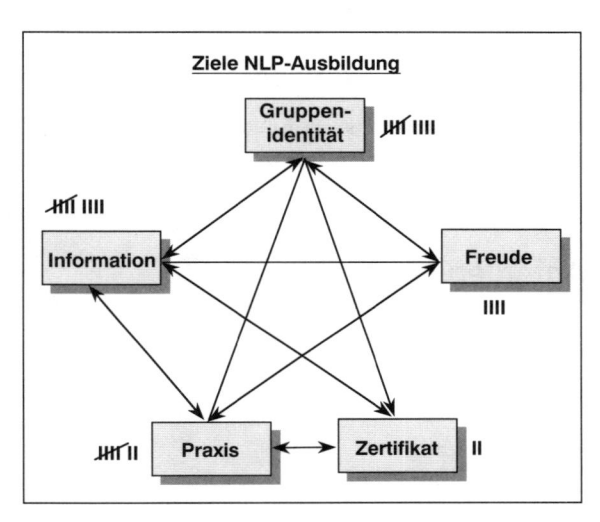

8 Öko-Check

Sind alle Teilnehmer mit dem Ergebnis zufrieden? Wenn nicht, welche Bedenken gibt es (Reframing und/oder Korrektur der Wertigkeiten)?

9 Future-Pace

Wie wird der Fortgang des Seminars und der Abschluß sein, wenn die Zielparameter verwirklicht sind? (Vereinbarung, dieses Zielnetz nach dem Testing noch einmal aufzulegen und eventuelle Differenzen zu besprechen.)

Geheimziele

Eignung

- ☒ Selbstmanagement
- ☒ Therapie/Coaching
- ☐ Teamentwicklung

Indikation/Thema

- Verbindung schaffen zwischen dem gegenwärtigen Zustand und einem wünschenswerten Zustand
- Das Ziel soll ungenannt bleiben (Geheimtherapie)
- Symbolische Bearbeitung von Zielen

Zielsetzung

- Erkennen des gegenwärtigen Zustandes
- Erfühlen von bzw. Einfühlen in wünschenswerte Zustände, Verhaltensweisen, Situationen
- Hinweise auf Ressourcen, innere Blockaden und Widerstände

Anforderungen

- ☐ leicht
- ☒ mittel
- ☐ anspruchsvoll

Zeitbedarf

- ☐ < 15 Minuten
- ☒ < 30 Minuten
- ☐ < 45 Minuten
- ☐ > 45 Minuten

Geheimziele

ⓘ Der Klient hat eine Vorstellung davon, welchen gegenwärtigen Zustand bzw. welches Verhalten oder welche Situation er in seinem Leben verändern möchte. Er hat eine Idee davon, wie das Ergebnis, das wünschenswerte Ziel aussehen könnte. Das Ziel selbst bleibt unbekannt.

1 Symbole finden
Bitte den Klienten, ein Symbol für den gegenwärtigen Zustand und ein Symbol für den wünschenswerten Zustand zu suchen (z.B. beim Gang durch die Natur, die Stadt) bzw. aus einer vorbereiteten Symbol-Schatzkiste auszuwählen.

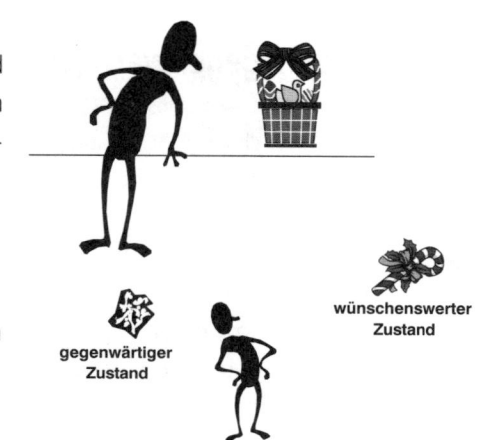

2 Symbole positionieren
Der Klient legt die gefundenen/ausgewählten Symbole so vor sich auf den Boden, daß Position und Abstand für ihn Sinn machen.

3 Gegenwartssymbol dissoziiert beschreiben
Laß jetzt den Klient von außen, d.h. dissoziiert beschreiben (visuell, auditiv, olfaktorisch, gustatorisch), wie der gegenwärtige Zustand „symbolisch" aussieht (z.B. wie ein alter Fetzen, stinkt, schwarz mit Löchern, verhüllt, was darunter liegt ...). Entscheidend ist, daß der Klient nicht in erster Linie naturalistisch das gefundene Symbol beschreibt, sondern daß das Symbol einen „verschlüsselten" Hinweis auf seinen gegenwärtigen Zustand gibt.

4 Gegenwartssymbol assoziiert erkunden
Bitte den Klienten jetzt, zum Gegenwartssymbol zu gehen und dort Position zu beziehen: Wie fühlt sich das jetzt (assoziiert) an? Wie ist seine Stimmung dabei?

5 Unterwegs zum wünschenswerten Zustand
Der Klient bewegt sich jetzt auf den Wunschzustand zu (↗Physiologie-Check). Kurz vor dem Ziel hält er inne, um es von außen (dissoziiert) zu beobachten: Er beschreibt symbolisch, wie der wünschenswerte Zustand aussieht (viel Schwung, rotweiß geschmückt, grün wie die Hoffnung, es gibt Blumen ...).

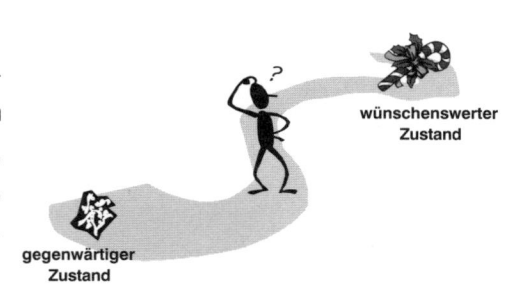

6 Den wünschenswerten Zustand einnehmen
Bitte den Klienten, jetzt zum Symbol für den wünschenswerten Zustand zu gehen und dort Position zu beziehen: Wie fühlt sich das jetzt (assoziiert) an? Wie ist seine Stimmung dabei? Welche Ideen hat er für die Gegenwart (laß ihn dabei in Richtung Gegenwartssymbol blicken)? Was braucht er selbst im gegenwärtigen Zustand?

Geheimziele

ⓘ Physiologie-Check: Der Klient sollte eine ausgeprägte Zielphysiologie aufweisen. Wenn nicht, aus dem Symbol gehen und von außen beschreiben lassen: Was fehlt am Symbol? Ist es überhaupt das richtige? Wenn er im Wunschzustand feststellt, daß ihm im Gegenwartszustand Ressourcen fehlen: ihn fragen, woher er die Ressourcen kennt, ob er sie sich zugänglich machen kann etc.

7 Zurück zum gegenwärtigen Zustand

Der Klient geht anschließend direkt zum Symbol für den gegenwärtigen Zustand. Physiologie-Check: Verändert sich der Klient dabei (im Unterschied zum Wunschzustand, im Unterschied zum ersten Betreten des gegenwärtigen Zustands)?

ⓘ Der Klient sollte eine Versöhnungsphysiologie zeigen: noch nicht am Ziel, aber auch schon nicht mehr nur in einer wenig aussichtsreichen Gegenwart. Frage ihn, was er aus dem wünschenswerten Zustand erhalten hat. Was könnte er noch gebrauchen? Wenn ihm in dieser Position nichts einfällt, entweder aus der Metaposition beobachten lassen, was er seinem gegenwärtigen Ich aus der Wunschzukunft noch schicken könnte, oder direkt in die Position Wunschzukunft schicken, damit er von dort aus den Schritt 6 wiederholt.

- ↗Öko-Check
- ↗Reframing von Widerständen und inneren Blockaden
- ↗Ressourcenarbeit
- ↗Future-Pace

Veränderungsrahmen

- ☐ **Zielbestimmung**
- ☒ **Ressourcen**
- ☐ **Ökologie-Check**
- ☐ **Future-Pace**

Ressourcen sind Kraftquellen und Potentiale, die eine Person mobilisieren und sich (wieder) zugänglich machen kann, um ihre Ziele zu erreichen.

Ressourcen aktivieren auf den Logischen Ebenen

Eignung

☒ Selbstmanagement
☒ Therapie/Coaching
☐ Teamentwicklung

Indikation/Thema

- Ansammeln einer „kritischen Veränderungsmasse"
- Unzufriedenheit
- Demotivation
- Störungen des Selbstwertgefühls/Selbstbewußtseins
- Partiell, d.h. auf bestimmten Ebenen blockierte Ressourcen

Zielsetzung

- Ressourcen sind Fähigkeiten und Potentiale, die uns helfen, unsere Ziele zu erreichen. Viele Ressourcen bleiben unentdeckt, sei es, daß sie zu alltäglich scheinen, um sie besonders zu würdigen; sei es, daß sie uns nur in bestimmten Kontexten zur Verfügung stehen. Durch diese Übung hast du die Chance, systematisch deine Ressourcen auf allen ↗Logischen Ebenen der Persönlichkeit gezielt zu entdecken und auszuprobieren.

Anforderungen

☐ leicht
☒ mittel
☐ anspruchsvoll

Zeitbedarf

☐ < 15 Minuten
☒ < 30 Minuten
☐ < 45 Minuten
☐ > 45 Minuten

Ressourcen aktivieren auf den Logischen Ebenen

1 Umgebung

Lege die Logischen Ebenen als Bodenanker vor dir aus. Nimm ein Blatt Papier, einen Stift und trete in die Ebene „Umgebung"; frage dich, welche Ressourcen du in deiner Umgebung hast; es können materielle Dinge sein, die dir Freude machen (Bankkonto, Sportwagen, Gemälde, Schmuck, schöner Garten etc.), es können auch bereichernde Beziehungen zu Freunden sein oder gesellschaftliche Positionen, die du einnimmst. Schreibe die Antworten auf.

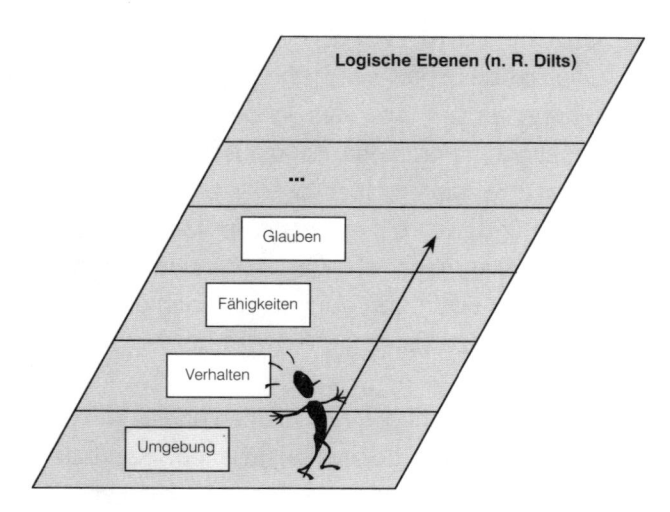

ℹ️ Die Ebenen „Identität" und „Spiritualität (Zugehörigkeit)" sind hier keine Ressourcestationen im engeren Sinn. Gegebenenfalls kann die Frage nach den (fehlenden) Ressourcen situations-/bzw. zielspezifisch eingeschränkt werden.

2 Verhaltensebene

Gehe einen Schritt weiter und frage dich, wo deine von außen wahrnehmbaren Stärken im täglichen Umgang mit anderen Personen und Dingen liegen. Anhaltspunkte können die Fragen sein: Wie verhalte ich mich bei meinen Freunden, im Familienkreis? Was tue ich wie bei der Arbeit? Welche Verhaltensweisen werden von anderen besonders geschätzt? Was kann ich besonders gut (z.B. malen, tanzen, musizieren)? Worin bin ich geschickt? Schreibe die Antworten in Form von kurzen, prägnanten Stichworten auf die Liste.

3 Ebene der Fähigkeiten

Gehe noch einen Schritt weiter und frage dich, was dich befähigt, diese Verhaltensweisen zu zeigen. Im Gegensatz zum Verhalten sind die Fähigkeiten innen. Sie können zum „Naturell" oder „Charakter" einer Person gehören (Offenheit für andere, Freundlichkeit), körperliche (Stärke, Beweglichkeit, Robustheit ...), geistige (z.B. durch Ausbildung) und emotionale Stärken (rasche Auffassungsgabe, innere Stabilität, Streßresistenz, Gleichmut, Begeisterungsfähigkeit etc.) sein. Schreibe die Antworten ebenfalls auf.

ℹ️ Die genaue Differenzierung zwischen Ressourcen auf der Verhaltensebene und denen auf der Fähigkeitenebene ist nicht wichtig. Im Zweifelsfall können die gefundenen Ressourcen unter dem Stichwort „Fähigkeiten" aufgeführt werden, z.B. zuhören können.

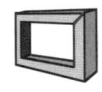

Ressourcen aktivieren auf den Logischen Ebenen

4 Glauben und Werte

Gehe einen Schritt weiter und frage dich, woran du glaubst, was für dich wichtig ist, was dich motiviert (der Glaube an ....) und was in deinem Leben besonders wertvoll (immaterielle Dinge) und in kritischen Situationen eine innere Stütze ist, welche Glaubenssätze dich immer wieder weitergebracht haben (z.B. „Ich bin ein wertvoller Mensch", „Ich schaff alles, was ich will"). Schreibe die Antworten in Form von kurzen, prägnanten Stichworten auf die Liste.

ℹ Wer glaubt, nicht alle Ressourcen finden zu können, verläßt die Logischen Ebenen. Separator (inneren Suchzustand unterbrechen). Geh jetzt in die ↗Metaposition und beobachte dich quasi aus neutraler Position: Fällt dir ein, was du vielleicht vergessen haben könntest? Wenn ja, kehre wieder zu der betreffenden Ebene zurück und schreibe dort die neugefundene Ressource auf.

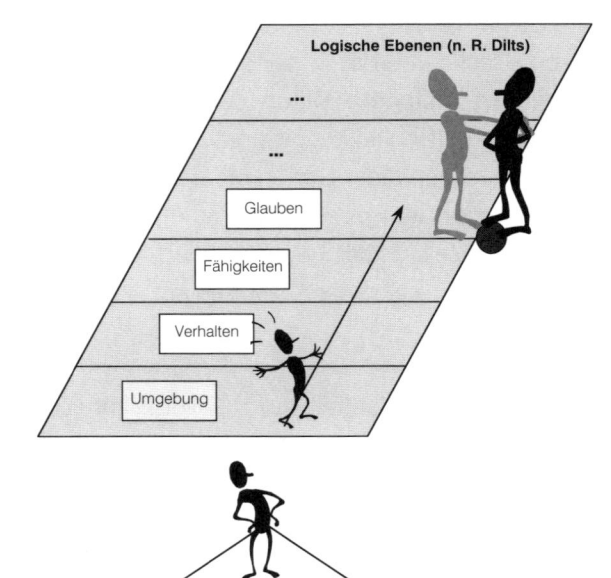

- Ressourcenintegration: Mit allen Ressourcen der ersten vier Logischen Ebenen durch die Ebenen 5 (Identität) und 6 (Spiritualität/Zugehörigkeit):
    - Spürst du, wie alle Ressourcen zusammen deine Identität ergeben?
    - Wer bist du in dem Moment?
    - Und was ist deine Aufgabe? Wozu gehörst du jetzt?
- Gehe jetzt, mit dieser Erfahrung, zurück durch alle Ebenen zum Ausgangspunkt.

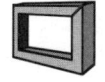

Ressourcen sammeln im Beziehungsnetz

Eignung

☒ Selbstmanagement
☒ Therapie/Coaching
☐ Teamentwicklung

Indikation/Thema

- Ansammeln einer „kritischen Veränderungsmasse"
- Unzufriedenheit
- Demotivation
- Störungen des Selbstwertgefühls/Selbstbewußtseins
- Partiell (in bestimmten Situationen bei bestimmten Personen) blockierte Ressourcen

Zielsetzung

- Ressourcen sind Fähigkeiten und Potentiale, die uns helfen, unsere Ziele zu erreichen. Viele Ressourcen bleiben unentdeckt, sei es, daß sie zu alltäglich scheinen, um sie besonders zu würdigen; sei es, daß sie uns nur in bestimmten Beziehungen zur Verfügung stehen. Durch diese Übung hast du die Chance, systematisch deine Beziehungsressourcen zu entdecken und sie in anderen Kontexten auszuprobieren.
- Zusammenhänge erkennen können zwischen Ressourcenaktivierung und Wahrnehmungspositionen

Anforderungen

☐ leicht
☒ mittel
☐ anspruchsvoll

Zeitbedarf

☐ < 15 Minuten
☒ < 30 Minuten
☐ < 45 Minuten
☐ > 45 Minuten

Ressourcen sammeln im Beziehungsnetz

1 Aufbau des Beziehungsnetzes

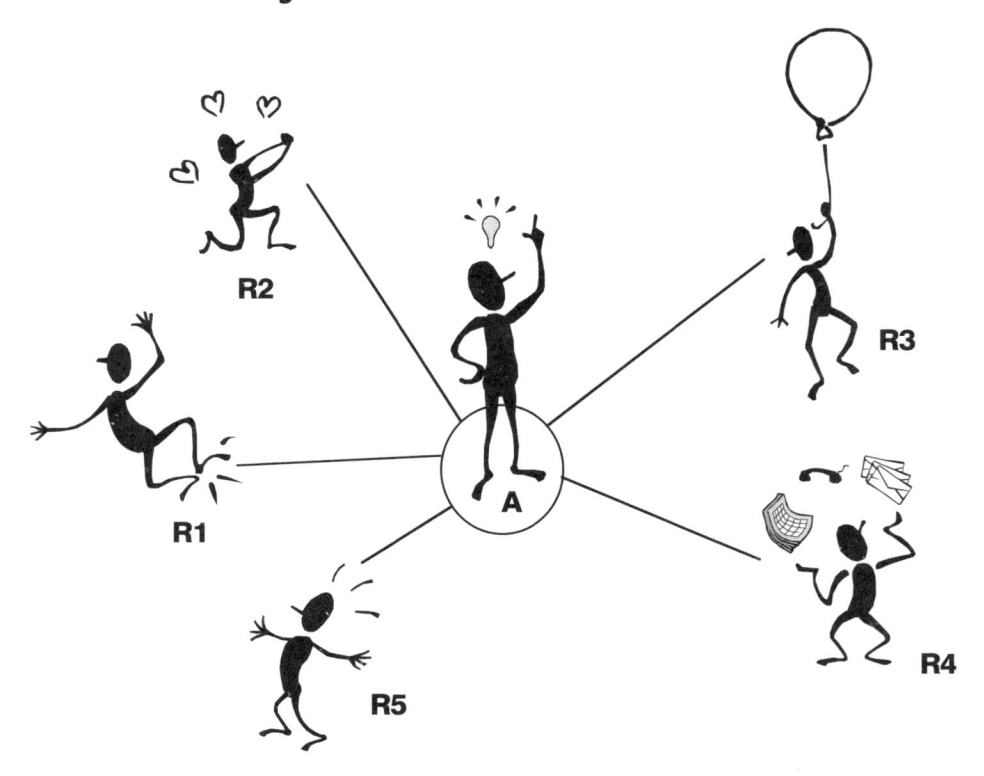

Identifiziere deine wichtigsten Bezugspersonen (privat, Business, Freizeit, Verwandtschaft etc.). Es ist einfacher, wenn du nur Personen auswählst, die dir wohlgesonnen sind. Am besten arbeitest du mit Bodenankern: Nimm kleine Kärtchen (Notizpapier etc.), schreibe die Namen drauf und lege sie in dem Abstand vor dich hin, der in etwa ihre Bedeutung für dich widerspiegelt.

2 Ressourcen einsammeln

- Geh in die Mitte deines Beziehungsnetzes (Position **A**) und fang mit einer beliebigen Person an. Stell dich so hin, daß du sie im Blick hast. Frage dich, welche Ressourcen du in der Kommunikation mit ihr zur Verfügung hast, und notiere die Antworten.
- Wechsle jetzt in die 2. Position und tue so, als würdest du dich selbst aus den Augen der anderen Person (**R1**) sehen können: Welche Ressourcen (Fähigkeiten, Einstellungen, Glaubenssätze) schätzt du besonders an A? Schreibe sie auf.

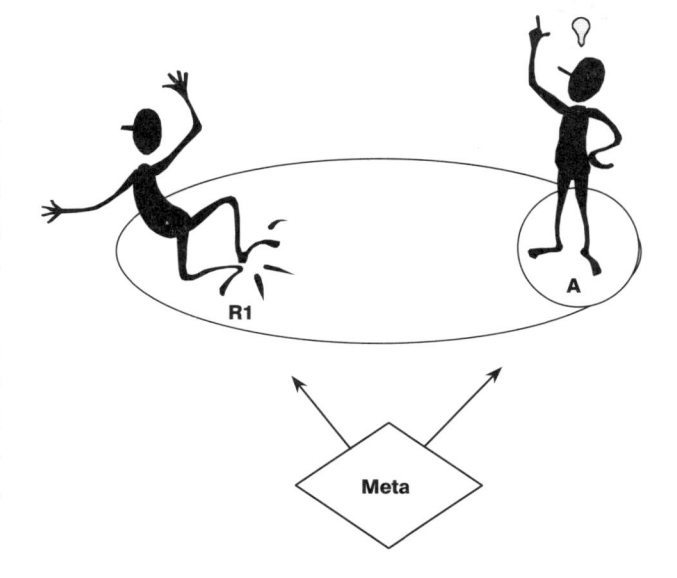

Ressourcen sammeln im Beziehungsnetz

- Gehe jetzt in die neutrale oder Metaposition und vergleiche die jeweils gefundenen Ressourcen: Wenn sich aus der zweiten Position (**R1**) zusätzliche Ressourcen ergeben haben, integriere sie in der Position **A** (z.B. mit der Frage: Was braucht **A**, damit er die ihm aus Sicht von **R1** „zugemuteten" Ressourcen akzeptieren kann?) Ziel ist es, die Unterschiede zwischen Selbsteinschätzung und Fremdeinschätzung so auszugleichen, daß jede Ressource in jeder Wahrnehmungsposition bewußt zur Verfügung steht.

3 Ressourcen vervollständigen
Wiederhole diesen Schritt so lange, bis du alle Ressourcen im Beziehungsnetz eingesammelt hast.

4 Ressourcen generalisieren
Schau in deine Ressourcenliste und frage dich, ob es vielleicht eine spezielle Ressource gibt, die du zwar bei Person X aktivieren kannst, nicht aber bei Person Y. Rekapituliere die Beziehung zu dieser Person X (Vertiefen durch ↗Submodalitäten, ↗Ankern dieser Ressourcen) und tritt jetzt in die Beziehung zu Person Y (Anker auslösen). Was hat sich verändert?

ℹ️ Im Coaching oder in der Therapie kann der Schritt 4 weiter vertieft werden. Beispielsweise können Einwände oder Blockaden mit einem ↗Reframing transformiert werden.

Anleitung zum Glücklichsein

Eignung

☒ Selbstmanagement
☒ Therapie/Coaching
☐ Teamentwicklung

Indikation/Thema

- Gestörte innere Balance
- Unzufriedenheit
- Demotivation
- Frust & Aggression

Zielsetzung

- Für jeden bedeutet Glück etwas anderes; was den einen freut, läßt den anderen kalt. Obwohl Glück nicht „hergestellt" werden kann, lassen sich einige Regeln formulieren, die jeden NLP-Anwender in eine ausgeglichene, heitere Verfassung bringen.
- Entwicklung einer positiven Einstellung im Hinblick auf anstehende Veränderungsprozesse
- Eigene emotionale Muster besser verstehen (und utilisieren) können

Anforderungen

☐ leicht
☒ mittel
☐ anspruchsvoll

Zeitbedarf

☒ < 15 Minuten
☒ < 30 Minuten
☒ < 45 Minuten
☒ > 45 Minuten
abhängig vom Verlauf

Anleitung zum Glücklichsein

1 Genieße, was dir gefällt

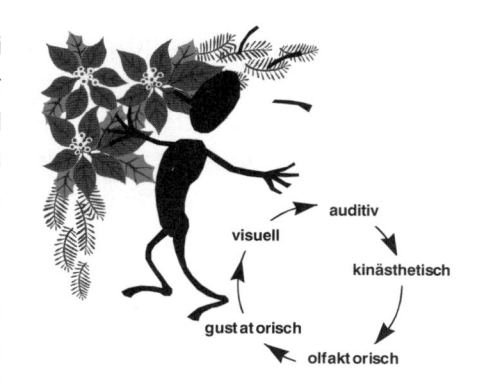

Was im ersten Moment unglaublich simpel klingt, stimmt bei genauerem Hören nachdenklich: Zwar mögen wir viele Dinge, aber eigentlich genießen können wir nicht. Zwischen Mögen und Genießen gibt es häufig eine Differenz: Wir billigen uns den Genuß nicht zu, vielleicht aus Scheu, schlechtem Gewissen oder Schuldgefühl.

- Geh nach innen und suche etwas, das du magst.
- Gib dir die Erlaubnis, die Szene zu genießen. Wo spürst du den Genuß? Arbeite mit allen ↗Submodalitäten! Schaffe durch ↗Overlapping gezielt Synästhesien. Verstärke den Genuß (mit Bandlers Stimme im Ohr: *Double it ... and double it again*). Verwandle dieses Erlebnis in einen ↗Moment of Excellence.
- Übe das Genießen mindestens einmal am Tage.

ℹ Beim Coaching oder in der Therapie können schon bei diesem ersten Schritt Widerstände (↗Physiologie-Check) aufgespürt werden, meist hinderliche Glaubenssätze oder innere Stimmen, die ein „Verbot" aussprechen. In diesem Fall kann mit dem Modell SELBSTZWEIFEL TRANSFORMIEREN oder EINSCHRÄNKENDE GLAUBENSSÄTZE (oder einem schlichten ↗Reframing) weitergearbeitet werden. Eingeschränkte Genußfähigkeit ist ein großes Hindernis für erfolgreiche Ressourcenarbeit.

2 Meide die unangenehmen Dinge

Viele Menschen haben eine eigentümliche Art, immer wieder gegen Dinge anzurennen, die ihnen Mißvergnügen bereiten. An Rechtfertigungen, warum sie machen, was ihnen keinen Spaß macht, fehlt es kaum.

- Überlege dir, welche Dinge dir keinen Spaß machen, die du aber nicht konsequent genug meidest.
- Überlege dir, wie du in Zukunft Regel Nr. 2 besser anwenden kannst.
- Welche Ressourcen brauchst du dafür?
- Welcher Teil oder Glaubenssatz in dir ließ dich in der Vergangenheit so handeln? (↗Six-Step-Reframing, ↗Veränderung von Glaubenssätzen)

3 Oder verändere sie ...

- ↗Ziel, ↗Walt-Disney-Strategie

Peter B. Kraft: NLP-Übungsbuch für Anwender. © Junfermann Verlag, Paderborn.

Anleitung zum Glücklichsein

4 Wenn du eine Sache nicht verändern kannst, die dich ärgert – ändere deine Einstellung ihr gegenüber

Klingt schwierig. Vielen ist der Gedanke unerträglich, etwas vor der Nase zu haben, was sie ärgert und was sie – nichtsdestotrotz – nicht ändern können. Die Frage ist: Wo entsteht der Ärger (➚Fuzzy Functions), und wer ist für den Ärger verantwortlich?

- Nimm eine Situation, bei der Regel 2 und 3 offenkundig versagen.
- Ärgerst du dich? Bist du wütend über dich, über andere, über die Ungerechtigkeit in der Welt? ...
- Welcher Teil in dir ist verletzt, verärgert, gekränkt? Was oder wer hindert dich daran, loszulassen? Wozu könnte es bzw. dein Ärger gut sein? (Six-Step- oder Kernintentions-➚Reframing)

ℹ Wenn alle Regeln nichts fruchten, bleibt dir natürlich immer noch die Möglichkeit, dich weiterhin schlecht und unglücklich zu fühlen (☺).

Ressourcenkompaß

Eignung

☒ Selbstmanagement
☒ Therapie/Coaching
☐ Teamentwicklung

Indikation/Thema

- Bestandsaufnahme
- Potentialanalyse
- Systematisches Erweitern der wichtigsten Potentiale
- Aktivieren von versteckten Ressourcen
- Dynamisierung von Ressourcen

Zielsetzung

- Oft stehen Ressourcen nur in bestimmten Kontexten oder Lebensabschnitten zur Verfügung; manche Ressourcen drohen zu versiegen, andere entwickeln sich zu langsam. Der Ressourcenkompaß ist ein einfaches Modell, um vorhandene Ressourcen systematisch auf Entwicklungspotential auszutesten und sensibel für die Dynamik des inneren Ressourcenmanagements zu werden.

Anforderungen

☐ leicht
☒ mittel
☐ anspruchsvoll

Zeitbedarf

☐ < 15 Minuten
☒ < 30 Minuten
☐ < 45 Minuten
☐ > 45 Minuten

Ressourcenkompaß

1 Ressourcen gruppieren

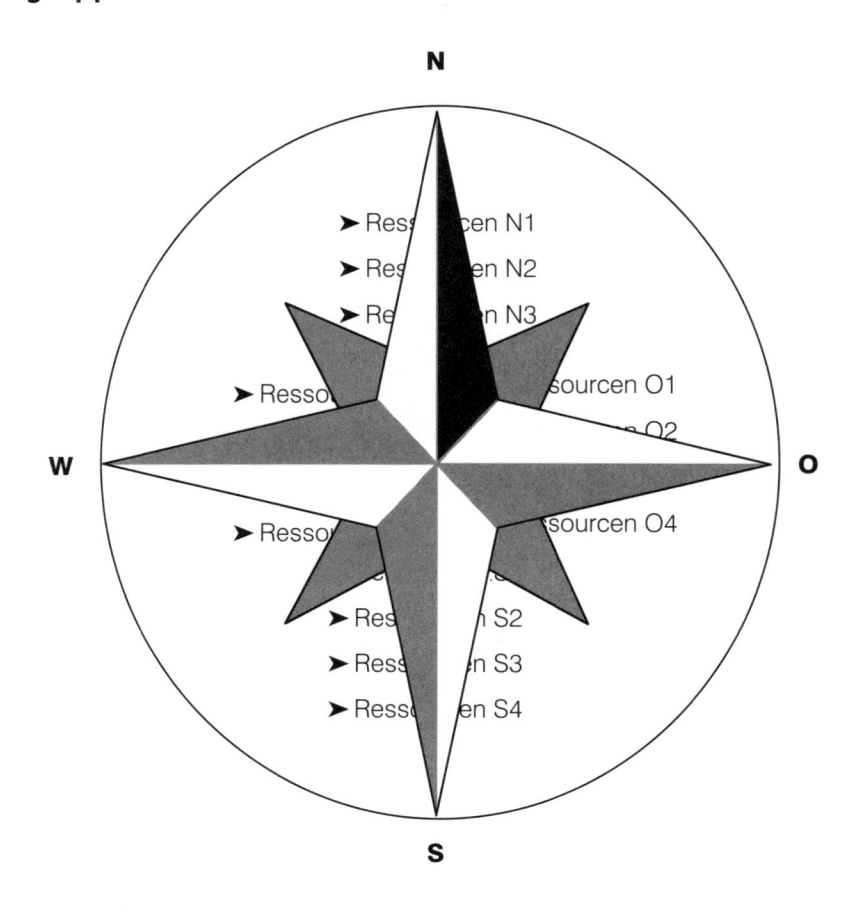

```
                    N
              ➤ Ressourcen N1
              ➤ Ressourcen N2
              ➤ Ressourcen N3
        ➤ Ressourcen W...    Ressourcen O1
  W                                        O
                                  Ressourcen O4
              ➤ Ressourcen S...
              ➤ Ressourcen S2
              ➤ Ressourcen S3
              ➤ Ressourcen S4
                    S
```

- Geh in einen entspannten Zustand und nutze das innere Brainstorming, um einen Überblick über deine derzeitigen Ressourcen zu sammeln.
- Benutze das Modell der Windrose, um deine Ressourcen entsprechend zu gruppieren:
  - In Nordrichtung stehen dabei die „Standardressourcen", die unabhängig vom Kontext generell verfügbar sind;
  - in Ostrichtung stehen die Ressourcen, die du gerade begonnen hast, mehr und mehr zu entwickeln, quasi die Entwicklungsressourcen;
  - in Südrichtung stehen dabei alle Ressourcen, auf die du dich dort, wo es besonders darauf ankommt, verlassen kannst (die „Hoch-Zeits-Ressourcen");
  - im Westen stehen die Ressourcen, auf die du heute kaum noch zugreifen kannst, die in der Vergangenheit aber viel stärker ausgeprägt waren.

ⓘ Wer Schwierigkeiten beim Ressourcensammeln hat, kann die Übung RESSOURCEN SAMMELN IM BEZIEHUNGSKREIS vorher durchführen. Es sollten drei bis fünf Ressourcen in jeder Richtung aufgeführt sein.

Ressourcenkompaß

2 Dreh nun den Kompaß um 90° im Uhrzeigersinn
- Die Nordressourcen stehen jetzt im Osten
- die Ostressourcen im Süden
- die Südressourcen im Westen
- die Westressourcen im Norden

Beantworte dir folgende Fragen, vielleicht anhand von Szenarien:
- Was wäre, wenn deine „Standardressourcen" sich langsam zurückentwickeln würden? Was wäre daran gut, was wäre daran schlecht? Welche Konsequenzen ergäben sich hieraus für deine nächsten Schritte?
- Was wäre, wenn deine „Entwicklungsressourcen" plötzlich Bestandteil deines Standardrepertoires wären? Was wäre daran gut, was wäre daran schlecht? Welche Konsequenzen ergäben sich hieraus für deine nächsten Schritte?
- Was wäre, wenn deine „Hoch-Zeits-Ressourcen" wieder im Potentialzustand wären? Was wäre daran gut, was wäre daran schlecht? Welche Konsequenzen ergäben sich hieraus für deine nächsten Schritte?
- Was wäre, wenn deine „Abendressourcen" plötzlich am Zenit stünden? Was wäre daran gut, was wäre daran schlecht? Welche Konsequenzen ergäben sich hieraus für deine nächsten Schritte?

3 Dreh nun den Kompaß weiter um 90°
- Die Nordressourcen stehen jetzt im Süden
- die Ostressourcen im Westen
- die Südressourcen im Norden
- die Westressourcen im Osten

- Was wäre, wenn deine „Standardressourcen" plötzlich *on top* wären? Was wäre daran gut, was wäre daran schlecht? Welche Konsequenzen ergäben sich hieraus für deine nächsten Schritte?
- Was wäre, wenn deine „Entwicklungsressourcen" sich plötzlich zurückentwickeln würden? Was wäre daran gut, was wäre daran schlecht? Welche Konsequenzen ergäben sich hieraus für deine nächsten Schritte?
- Was wäre, wenn deine „Hoch-Zeits-Ressourcen" auf einmal normaler Standard wären? Was wäre daran gut, was wäre daran schlecht? Welche Konsequenzen ergäben sich hieraus für deine nächsten Schritte?
- Was wäre, wenn deine „Abendressourcen" plötzlich anfingen, sich wieder zu entwickeln? Was wäre daran gut, was wäre daran schlecht? Welche Konsequenzen ergäben sich hieraus für deine nächsten Schritte?

4 Dreh nun den Kompaß weiter um 90°
- Die Nordressourcen stehen jetzt im Westen
- die Ostressourcen im Norden
- die Südressourcen im Osten
- die Westressourcen im Süden

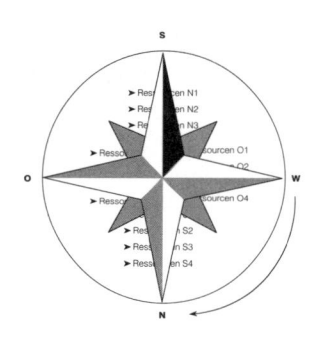

Ressourcenkompaß

- Was wäre, wenn deine „Standardressourcen" plötzlich Entwicklungspotential bekämen, aber kein Standard mehr wären? Was wäre daran gut, was wäre daran schlecht? Welche Konsequenzen ergäben sich hieraus für deine nächsten Schritte?
- Was wäre, wenn deine „Entwicklungsressourcen" sich plötzlich weiterentwickeln bzw. kulminieren würden? Was wäre daran gut, was wäre daran schlecht? Welche Konsequenzen ergäben sich hieraus für deine nächsten Schritte?
- Was wäre, wenn deine „Hoch-Zeits-Ressourcen" auf einmal „untergehen" würden? Was wäre daran gut, was wäre daran schlecht? Welche Konsequenzen ergäben sich hieraus für deine nächsten Schritte?
- Was wäre, wenn deine „Abendressourcen" wieder alltäglich verfügbar wären? Was wäre daran gut, was wäre daran schlecht? Welche Konsequenzen ergäben sich hieraus für deine nächsten Schritte?

ℹ Das Drehen des Ressourcenkompasses kann auch in Form einer Tabelle protokolliert werden. In der ersten Spalte stehen dann die zuvor gefundenen und klassifizierten Ressourcen (N1, N2, N3, ... O1, O2, ... S1 usw.). In der zweiten Spalte wird die Verschieberichtung festgehalten (N1 ⇒ O) und in den anderen Spalten die Auswirkungen (↗Physiologie-Check) und die Maßnahmen zur weiteren Entwicklung dieser Ressource.

Ressource (N-O-S-W)	N	O	S	W	Auswirkungen	Maßnahmen

Veränderungsrahmen

- ☐ Zielbestimmung
- ☐ Ressourcen
- ☒ Ökologie-Check
- ☐ Future-Pace

Der **Ökologie-Check** ist ein Verfahren, das sicherstellt, daß die gewünschten Änderungen unseres Verhaltens oder unserer Glaubenssätze mit unserer gesamten Lebenssituation verträglich sind.

Ökologie-Check

Eignung

☒ Selbstmanagement
☒ Therapie/Coaching
☒ Teamentwicklung

Indikation/Thema

- Vor der Installation neuer Verhaltensweisen und Strategien
- Nach/beim Abschluß einer wohlgeformten Zieldefinition
- Bei der Planung von Optimierungs-/Restrukturierungsmaßnahmen in Organisationen
- Bei radikalen Änderungen
- Bei zu erwartenden Widerständen gegen die Resultate von Veränderungsprozessen
- Prüfung, ob die vorhandenen Ressourcen für die anstehenden Veränderungsprozesse ausreichen

Zielsetzung

- Unerwünschte Nebeneffekte von Veränderungen erkennen
- Verträglichkeit eines Zieles mit der persönlichen Situation sicherstellen
- Frühzeitig Risiken von geplanten/bevorstehenden Veränderungsprozessen erkennen
- Reaktionen der äußeren Umwelt auf persönliche Veränderungen antizipieren lernen

Anforderungen

☐ leicht
☒ mittel
☐ anspruchsvoll

Zeitbedarf

☐ < 15 Minuten
☐ < 30 Minuten
☒ < 45 Minuten
☐ > 45 Minuten

Ökologie-Check

1 Effekte beschreiben

Du hast (auch für Gruppen) neue Verhaltensweisen gelernt und auch gelernt, daß sie funktionieren. Um festzustellen, wie sich diese Veränderungen auf deine Umwelt auswirken, schreibe bitte alle möglichen negativen oder unangenehmen Effekte auf Personen, Ereignisse, Prozesse auf ein Blatt Papier und notiere, ob es sich dabei um kurz-, mittel- oder langfristige Auswirkungen handelt.

Negativer/unangeneh-mer Effekt	Betroffene Personen	Wirkung	Zeit		
			kurz	mittel	lang
Nicht mehr berechenbar (kein Roboter mehr)	Familie	☹	X		
	Chef	☹☹☹		X	
	Kollegen	☹☹			X
Ungeduld	Kollegen	☹	X		
	Mitarbeiter	☹☹		X	
...					

2 Effekte differenzieren

Unterscheide jetzt die Effekte, mit denen du glaubst, umgehen zu können, von jenen, bei denen du das nicht so ohne weiteres für möglich hältst.

ⓘ Entscheidend sind nicht so sehr die rationalen Gründe als die Physiologie, mit denen der Klient die jeweiligen Effekte mustert und sortiert. Bei schwerwiegenden Entscheidungen im Business empfiehlt es sich, zusätzlich mit einem Wirknetz (vgl. ZIELENTWICKLUNG IN GRUPPEN) zu arbeiten:

Das Wirknetz berücksichtigt systemische Wirkungszusammenhänge, die bei einem normalen Öko-Check nicht sofort ins Auge fallen. In unserem Beispiel würden die Effekte A und B besondere Beachtung verdienen.

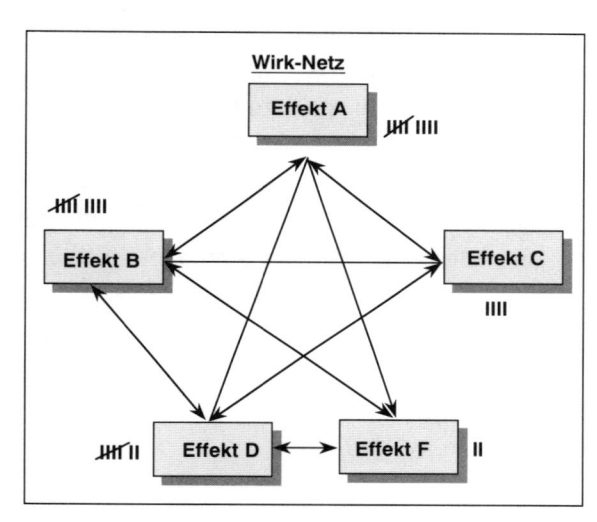

3 Problempotential erkunden

Überlege dir bei den Effekten, die für dich möglicherweise zu einem neuen Problem werden bzw. die Ergebnisse deines jetzigen Veränderungsprozesses kurz-, mittel- oder langfristig negativ beeinflussen könnten:
- welche weiteren Veränderungen du vornehmen müßtest;
- welche weiteren Ressourcen du dafür bräuchtest;
- welche guten Absichten (Kandidaten für Reframing) hinter diesen Hindernissen (Negativeffekten) stecken könnten.

Ökologie-Check

4 Entscheidung treffen

Entscheide jetzt, ob du den Veränderungsprozeß wie geplant weiterführst – unter Berücksichtigung der Einwände (verbesserte Ziel- und Ressourcenarbeit, Reframing der Einwände) – oder ob du dich entschließt, Alternativen zu diesem Veränderungsprozeß ausfindig zu machen.

❶ An dieser Stelle kann es sich unter Umständen für einen Berater, Trainer oder Coach als notwendig erweisen, die weitere Arbeit mit dem Klienten so lange auszusetzen, bis dieser mental und emotional die Bereitschaft zu erkennen gibt, den schwerwiegenden ökologischen Einwänden Rechnung zu tragen.

5 Ressourcen des Unterbewußten für die Entscheidung nutzen

Bei der individuellen Entscheidungsfindung ist es hilfreich, die Ressourcen des Unterbewußten mit einzusetzen. Bewußt kann das menschliche Bewußtsein kaum mehr als zehn bis fünfzehn Informationseinheiten je Sekunde verarbeiten, während das Unterbewußte mehrere Millionen Informationseinheiten selektiert, sortiert und speichert. Die erste Möglichkeit nutzt die Trance-Induktion nach dem ↗Milton-Modell: Du entspannst dich, gehst nach innen und nimmst Kontakt mit dem ↗inneren Berater auf. Bitte ihn, dir ein Zeichen zu geben, ob du wie ursprünglich geplant, den Veränderungsprozeß so weiterführen sollst oder ob es aus seiner Sicht besser wäre, neue Alternativen ausfindig zu machen (Ja/Nein-Signal etablieren). Das Zeichen kann ein Fingerschnippen, ein inneres Bild, eine innere Stimme oder ein bestimmtes Gefühl sein. Wenn der innere Berater signalisiert, daß es besser wäre, etwas anderes zu machen, bitte ihn, den Kontakt zu deinem Kreativteil herzustellen, damit dieser sofort mit der Suche nach Alternativen beginnt. Stimmt er zu, bitte ihn, die Persönlichkeitsteile zu einer Konferenz einzuladen, die dir helfen können, die Einwände abzuarbeiten.

Eine Alternative dazu ist das klassische „Pendeln". Nimm ein (Behelfs-)Pendel und ein Blatt Papier, auf dem die beiden Alternativen stehen: *Abbrechen* oder *Fortführen*. Konzentriere dich nun darauf, daß dein Unterbewußtes das Pendel zu der für dich günstigsten Möglichkeit auslenken wird.

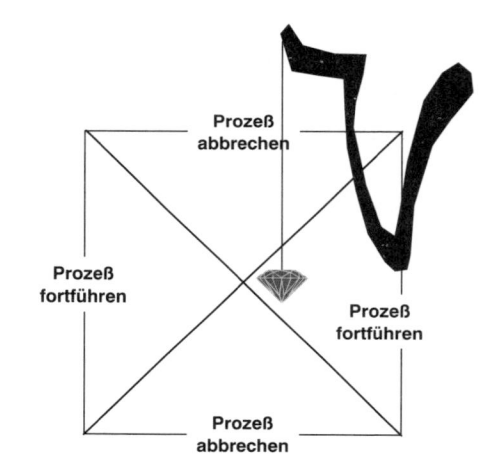

Veränderungsrahmen

- ☐ Zielbestimmung
- ☐ Ressourcen
- ☐ Ökologie-Check
- ☒ Future-Pace

Der **Future-Pace** ist eine NLP-typische Variante des Probehandelns, die dazu dient, sicherzustellen, daß die gefundene Problemlösung auch zukünftig im Alltag funktionieren wird.

Lerntransfer

Eignung

☒ Selbstmanagement
☒ Therapie/Coaching
☒ Teamentwicklung

Indikation/Thema

- Abschluß einer Veränderungssequenz/eines Veränderungsprozesses
- Sicherung der Lerninhalte
- Sicherheit, daß die Veränderungen auch in der Alltagspraxis Bestand haben werden
- Zukünftige Erprobung neuer Verhaltensweisen und Glaubenssätze

Zielsetzung

- Kontextualisierung der Prozeßergebnisse im künftigen Erfahrungshorizont von Klienten
- Verankerung von Lernresultaten auf der bewußten und vor allem unbewußten Ebene
- Dem Klienten Sicherheit geben, daß er die im geschützten Raum (Therapie, Coaching) erzielten Ergebnisse praktisch erfolgreich umsetzen wird

Anforderungen

☒ leicht
☐ mittel
☐ anspruchsvoll

Zeitbedarf

☒ < 15 Minuten
☐ < 30 Minuten
☐ < 45 Minuten
☐ > 45 Minuten

Lerntransfer

ⓘ Die folgende Übung wird in Trance nach dem ↗Milton-Modell durchgeführt; der Klient kann dabei sitzen oder liegen; alternativ können für die *Räume* auch Bodenanker ausgelegt werden. Das Mitwirken eines Coaches ist sinnvoll, wenngleich nicht Voraussetzung. Die vorgeschlagenen Formulierungen sind nur eine Kurzfassung und sollen der Phantasie Raum lassen. Wem die Laboratmosphäre zu „kühl" ist, kann sich den Raum auch als Ziel- oder Prozeßraum erschließen.

1 Ins Lernlabor eintreten

Du hast dir Gedanken gemacht, welche Ziele für dich gut sind, und auch gelernt, auf welche Ressourcen und neue Verhaltensweisen du dich stützen kannst, um dieses Ziel sicher zu erreichen. Stelle dir jetzt vor, wie du dein Lernlabor betrittst, um die Ergebnisse, deine Ergebnisse, noch einmal anzuschauen. Vielleicht fragst du dich beim Betreten des Labors, was dir geholfen hat, diese Ergebnisse zu erzielen. Wenn du willst, kannst du dich umsehen und alle Schritte, die dich dahin geführt haben, wo du jetzt stehst, noch einmal beobachten. Und während du dich staunend umschaust, nimmst du ein angenehmes Gefühl wahr, das dir sagt, daß es gut ist, hier zu sein. Laß dir Zeit, dich in Ruhe umzuschauen, alte Aufzeichnungen, Ergebnisprotokolle ... zu studieren oder einfach nur die Einrichtung und die Lernmaschinen zu bewundern. Alles kommt dir sehr vertraut vor und verstärkt noch das angenehme Gefühl.

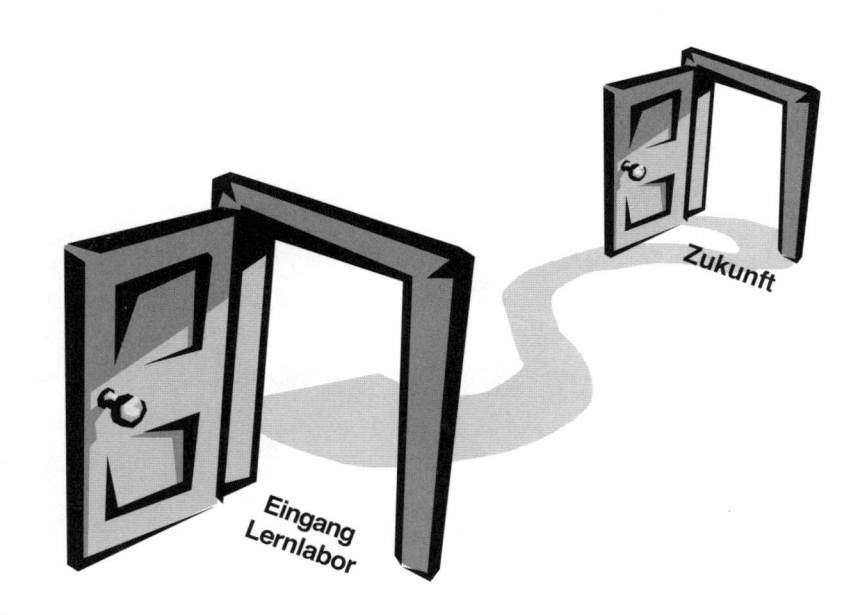

2 Mit dem Unterbewußten weiterarbeiten

Bevor du das Labor durch die gegenüberliegende Tür verläßt, schaust du dich noch einmal in Hinblick darauf um, was hier in diesem Raum dir noch besser helfen könnte, deinen Erfolg (*kann spezifiziert werden*) in der Zukunft dauerhaft zu verankern. Vielleicht möchtest du dich auch einfach nur noch einmal an deinen privaten Lerncomputer setzen und das Traumlernprogramm starten. Während du jetzt anfängst zu träumen, wird der Lerncomputer zu deinem Unterbewußtsein eine Verbindung aufbauen, um die wichtigsten Ressourcen und neuen Verhaltensweisen nachhaltig zu stärken und dafür zu sorgen, daß du sie automatisch zur Verfügung hast, wann immer du sie bewußt oder unbewußt brauchst. Je besser du dich fühlst, desto effektiver ist diese Verbindung. Und dann spürst du tief in dir drin, daß es Zeit ist, die Tür zur Zukunft zu öffnen.

Lerntransfer

3 In der Zukunft ankommen

Ganz leicht und sanft öffnet sich die Tür, die aus deinem Lernlabor in die Zukunft führt. Und während du die Schwelle passierst, merkst du, daß sich etwas verändert hat, du weißt plötzlich mit allergrößter Sicherheit, was dein Auftrag, deine Mission ist. Du spürst den Boden unter deinen Füßen und nimmst wahr, was wahrzunehmen ist und daß es so kommen wird, wie es kommt. Du siehst dich um, hörst, riechst und schmeckst, was die Zukunft für dich bereithält und wie es sich anfühlt, die Dinge auf eine völlig neue Weise zu sehen und zu tun. Du weißt jetzt, daß diese Zukunft auf dich wartet und daß es sich lohnt, hier und jetzt damit anzufangen.

Frisch erholt und mit vielen guten und neuen Erfahrungen kommst du hier und jetzt wieder an – mit dem Wissen, daß die Zukunft begonnen und die Tür sich geöffnet hat.

Wenn mit dieser erweiterten Variante des Future-Pace gearbeitet wird, können zur Steigerung der Wirksamkeit Metaphern in die Trance eingestreut werden, die die Ergebnisse des bisherigen Lernprozesses spezifisch reflektieren. Wenn der Klient ein „Computerfreak" ist: prima; wenn er Computer „haßt", sollte tunlichst ein anderer Rahmen als das oben beschriebene Lernlabor verwendet werden.

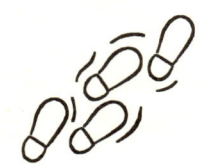

- Supervision – Erfolgskontrolle: Woran hast du gemerkt, daß du auf dem richtigen Weg bist? Hast du die Zukunft gespürt? Wo? Wie?

Übungsteil

- Basisbausteine
- Veränderungsrahmen
- ⊙ **Modelle der Veränderung**

Veränderungsprozesse werden über **Modelle** strukturiert; sie enthalten Anweisungen, wie Dinge in einem bestimmten Kontext effizient neu gelernt und verändert werden können.

Modelle der Veränderung

- ☒ **Submodalitäten**
- ☐ **Meta-Modell (Kommunikationsstrategien)**
- ☐ **Milton-Modell**
- ☐ **Reframing und Teilearbeit**
- ☐ **Strategien**
- ☐ **Time-Line**
- ☐ **Glaubenssysteme und Logische Ebenen**

Submodalitäten beschreiben, auf welche Weise genau sinnesspezifische Eindrücke repräsentiert werden, und stellen so eine verfeinerte Darstellung der Repräsentationssysteme dar.

Submodalitätenraster
Joy Amplifier

Eignung

- ☒ Selbstmanagement
- ☒ Therapie/Coaching
- ☐ Teamentwicklung

Indikation/Thema

- Negatives subjektives Erleben
- Störung der Erlebnis- und Genußfähigkeit
- Schmerzbekämpfung
- Negative Emotionen
- Negatives Selbstbild
- Zwänge

Zielsetzung

- Neues Lernmuster implementieren: Der Klient lernt, seinen Bus selbst zu steuern (O-Ton Bandler: *Who is driving the bus?*).
- Deprogrammierung von unerwünschten Seh-Fühl-, Hör-Fühl-Kopplungen
- Abbau von inneren Blockaden und Zwängen
- Veränderung unerwünschter Glaubenssätze

Anforderungen

- ☒ leicht
- ☐ mittel
- ☐ anspruchsvoll

Zeitbedarf

- ☒ < 15 Minuten
- ☐ < 30 Minuten
- ☐ < 45 Minuten
- ☐ > 45 Minuten

Submodalitätenraster
Joy Amplifier

🛈 Die folgenden Übungen können mit dem folgenden, vereinfachten Submodalitätenraster durchgeführt werden:

a) visuelle Submodalitäten

Nr.	Submodalität	alte Einstellung[1]	neue Einstellung	Gefühlsänderung ☹ 😐 ☺	Auswirkungen[2]
V1	Film / Standbild	☐ / ☐	☐ / ☐	☐ ☐ ☐ ☐ ☐	
V2	2D / 3D	☐ / ☐	☐ / ☐	☐ ☐ ☐ ☐ ☐	
V3	assoziiert / dissoziiert	☐ / ☐	☐ / ☐	☐ ☐ ☐ ☐ ☐	
V4	Rahmen / kein Rahmen	☐ / ☐	☐ / ☐	☐ ☐ ☐ ☐ ☐	
V5	scharf / soft	☐ / ☐	☐ / ☐	☐ ☐ ☐ ☐ ☐	
V6	Graustufen / Farbe	☐ ☐ ☐ ☐ ☐ grau — Farbe	☐ ☐ ☐ ☐ ☐ grau — Farbe	☐ ☐ ☐ ☐ ☐	
V7	Entfernung	☐ ☐ ☐ ☐ ☐ nah — fern	☐ ☐ ☐ ☐ ☐ nah — fern	☐ ☐ ☐ ☐ ☐	
V8	Position	☐ ☐ ☐ ☐ ☐ links — rechts	☐ ☐ ☐ ☐ ☐ links — rechts	☐ ☐ ☐ ☐ ☐	
V9	Proportionen	☐ ☐ ☐ ☐ ☐ kleiner — größer	☐ ☐ ☐ ☐ ☐ kleiner — größer	☐ ☐ ☐ ☐ ☐	
V10	Helligkeit	☐ ☐ ☐ ☐ ☐ dunkel — hell	☐ ☐ ☐ ☐ ☐ dunkel — hell	☐ ☐ ☐ ☐ ☐	
V11	Kontrast	☐ ☐ ☐ ☐ ☐ flau — hart	☐ ☐ ☐ ☐ ☐ flau — hart	☐ ☐ ☐ ☐ ☐	

1 Einstellung: Bei den digitalen Submodalitäten wie z.B. Rahmen/kein Rahmen wird im betreffenden Feld das zugehörige Kästchen angekreuzt; bei analogen kann zwischen fünf Stufen gewählt werden, wobei die dritte Stufe einem mittleren Wert entspricht.

2 Auswirkungen: auf andere Submodalitäten; kritische Submodalitäten können daran erkannt werden, daß Änderungen in ihrem Bereich zu gravierenden Änderungen bei anderen Submodalitäten führen; Werte für dieses Feld sind die Nummern der Submodalitäten, z.B. V5, V6, A3.

Submodalitätenraster
Joy Amplifier

b) auditive Submodalitäten

Nr.	Submodalität	alte Einstellung	neue Einstellung	Gefühlsänderung ☹ ☺ ☻	Auswirkungen
A1	Stille Geräusche	☐ ☐	☐ ☐	☐ ☐ ☐ ☐ ☐	
A2[1]	Stimmen Naturgeräusche Musik Alltagsgeräusche	☐ ☐ ☐ ☐	☐ ☐ ☐ ☐	☐ ☐ ☐ ☐ ☐	
A3	mono stereo	☐ ☐	☐ ☐	☐ ☐ ☐ ☐ ☐	
A4	rhythmisch unrhythmisch	☐ ☐	☐ ☐	☐ ☐ ☐ ☐ ☐	
A5	Balance	☐ ☐ ☐ ☐ ☐ links — rechts	☐ ☐ ☐ ☐ ☐ links — rechts	☐ ☐ ☐ ☐ ☐	
A6	Pegel	☐ ☐ ☐ ☐ ☐ laut — leise	☐ ☐ ☐ ☐ ☐ laut — leise	☐ ☐ ☐ ☐ ☐	
A7	Tonhöhe	☐ ☐ ☐ ☐ ☐ hell — dunkel	☐ ☐ ☐ ☐ ☐ hell — dunkel	☐ ☐ ☐ ☐ ☐	
A8	Geschwindigkeit	☐ ☐ ☐ ☐ ☐ langsam — schnell	☐ ☐ ☐ ☐ ☐ langsam — schnell	☐ ☐ ☐ ☐ ☐	

[1] Mehrfachnennung möglich

c) kinästhetische Submodalitäten

Nr.	Submodalität	alte Einstellung	neue Einstellung	Gefühlsänderung ☹ ☺ ☻	Auswirkungen
K1	deutlich diffus	☐ ☐	☐ ☐	☐ ☐ ☐ ☐ ☐	
K2	innen Oberfläche	☐ ☐	☐ ☐	☐ ☐ ☐ ☐ ☐	
K3	von innen nach außen von außen nach innen	☐ ☐	☐ ☐	☐ ☐ ☐ ☐ ☐	
K4	kontinuierlich diskontinuierlich	☐ ☐	☐ ☐	☐ ☐ ☐ ☐ ☐	

Submodalitätenraster
Joy Amplifier

Nr.	Submodalität	alte Einstellung	neue Einstellung	Gefühlsänderung ☹ ☺ ☻	Auswirkungen
K5	rhythmisch unrhythmisch	☐ ☐	☐ ☐	☐ ☐ ☐ ☐ ☐	
K6	Intensität	☐ ☐ ☐ ☐ ☐ stark —— schwach	☐ ☐ ☐ ☐ ☐ stark —— schwach	☐ ☐ ☐ ☐ ☐	
K7	Ausdehnung	☐ ☐ ☐ ☐ ☐ punktuell —— flächig	☐ ☐ ☐ ☐ ☐ punktuell —— flächig	☐ ☐ ☐ ☐ ☐	
K8	Richtung	☐ ☐ ☐ ☐ ☐ diffus —— gerichtet	☐ ☐ ☐ ☐ ☐ diffus —— gerichtet	☐ ☐ ☐ ☐ ☐	
K9	Temperatur	☐ ☐ ☐ ☐ ☐ heiß —— kalt	☐ ☐ ☐ ☐ ☐ heiß —— kalt	☐ ☐ ☐ ☐ ☐	
K10	Tonus	☐ ☐ ☐ ☐ ☐ gespannt – entspannt	☐ ☐ ☐ ☐ ☐ gespannt – entspannt	☐ ☐ ☐ ☐ ☐	

1 Starte mit einer angenehmen Erinnerung
Nimm eine angenehme Erinnerung und laß ein Bild, eine Szene vor deinem inneren Auge entstehen.

2 Bestandsaufnahme
Mache eine Art Bestandsaufnahme anhand des Submodalitätenrasters (ohne Berücksichtigung der kinästhetischen Submodalitäten!): z.B.: Ist das Bild ein Graustufenbild, oder sind Farben drin? Ist es eine bewegte Szene oder ein Standbild? ... Sind Stimmen oder Geräusche zu hören? usw.

3 Steigere den Genuß
In diesem Schritt geht es darum, die Qualität des Genusses und der Freude merklich zu steigern. Variiere die Einstellung jeweils einer Submodalität, z.B. V1, V2, ..., wobei du vor jedem neuen Einstellungswechsel immer wieder den jeweils letzten Wert (Anfangseinstellung) zurücksetzt. Es geht darum, herauszufinden, wie welche Änderung sich gefühlsmäßig auswirkt; ob beispielsweise ein Hereinbringen von Farbe ins Bild die Befindlichkeit (Kinästhetik) verbessert, verschlechtert oder gleich läßt. In der letzten Spalte wird festgehalten, ob sich durch die aktuelle Änderung Auswirkungen bei anderen Submodalitäten zeigen; z.B. könnte durch eine Pegelveränderung bei A6 in Richtung „leise" sich eine Änderung bei V7 ergeben (z.B. das Bild weiter weggerückt werden).

Submodalitätenraster
Joy Amplifier

4 Masterregler finden
Wenn du alle visuellen und auditiven Submodalitäten einzeln getestet hast, weißt du, welche Submodalitäten am schnellsten und gravierendsten die angenehme Erinnerung verstärken können. Stell dir jetzt vor, daß die am stärksten wirkenden Submodalitäten miteinander gekoppelt sind. Du kannst sie an einer Art Masterregler schnell und elegant in Richtung maximales Wohlbefinden drehen – jetzt.

5 Masterregler ankern
Ankere diese Bewegung mit dem Masterregler am besten kinästhetisch (als würdest du tatsächlich einen Regler betätigen) und zugleich lautmalerisch (z.B. „tschupp"). Diesen Anker kannst du benutzen, um jede angenehme Situation noch angenehmer zu machen. (Bandler: *Double it and double it again* ...)

tschupp

❶ Finde zur Abwechslung die Submodalitäten für negative Zustände (Ärger mit Vorgesetzten, Partnern, Kollegen) und fange an, sie so zu verändern, daß der Ärger (fast) verschwindet, und ankere das neue Muster, so daß du in Zukunft, wenn du diesen Personen begegnest, entspannt und gelassen sein kannst. Du vermeidest dadurch Ressourceneinbrüche und Energieverluste.

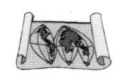

Submodalitätenraster
Einwände

1 Ich kann nicht visualisieren

Aus meiner Praxis weiß ich, daß manche Teilnehmer Probleme beim Visualisieren haben. Sie können sich eine Erinnerung nicht plastisch vorstellen. Gewöhnlich ist das ein Zeichen von Angst, etwas nicht oder nicht richtig zu können. Es gibt aber beim Visualisieren kein „richtig" oder „falsch": jeder hat seine Weise, sich Erlebtes vorzustellen. Bei Problemen mit dem Visualisieren kannst du dir oder einem Klienten mit einer ↗Reframing-Variante weiterhelfen und in Trance einen „Visualisierungsteil" für dich oder den Klienten schaffen.

2 Ich sehe ein Bild, kann es aber nicht verändern

Andere habe Probleme, ihre Submodalitäten bewußt zu verändern; entweder weil ein betreffender Glaubenssatz dahintersteht, daß es „unnatürlich" oder „unmöglich" sei, Erinnerungen einfach wie beim TV zu manipulieren. Oder ihre Vorstellungsfähigkeit ist noch begrenzt. Im letzten Fall hat mir immer der Referenzbezug zum Fernsehen und zur Fernbedienung geholfen – die heutigen Einstellmöglichkeiten sind verblüffend: Helligkeit, Lautstärke, Tonhöhe, Kontrast, Farbe etc. können sehr einfach verändert werden. Noch einfacher ist es, wenn der Betreffende sich mit Graphikprogrammen im Computer auskennt. Eine entsprechende Referenzerfahrung kann schnell geankert werden. Bei Manipulationsverdacht hilft oft der Hinweis, daß unser Gehirn uns in vielen Fällen selbst manipuliert. „Für die Zukunft schwarzsehen" – eine Veränderung der Submodalität „Helligkeit" bewirkt, daß uns alle unsere Aktivitäten sinnlos vorkommen.

3 Das wirkt doch nur in der Phantasie

Ein weiterer Einwand: Zwar können wir unsere Emotionen steuern und unangenehme Bilder aufhellen, doch in Wirklichkeit sei doch alles nach wie vor dasselbe. Frage dich doch einmal, wie wirklich ist denn diese Wirklichkeit? Gibt es eine Wirklichkeit unabhängig von den Bildern, Vorstellungen und Erinnerungen, die wir uns von ihr machen? Wenn ja, wie sieht sie aus? Tatsächlich ist soviel richtig an diesem Einwand: Wenn das Verändern der inneren Bilder nicht ausreicht, die Wirklichkeit des Klienten nachhaltig zu verändern und die Trigger für diese Negativbilder im Außen weiterbestehen, sind weitere Veränderungsprozesse (Zielfindung, Ressourcenarbeit, Reframing, Glaubensveränderung etc.) notwendig.

❶ Wenn eine unangenehme Vorstellung sehr hartnäckig ist, kann das ein Hinweis auf eine Störung in der Ökologie sein. Das vorgestellte Problem hat einen Sekundärnutzen für den Klienten, und sein Unterbewußtes weigert sich, etwas ohne Gegenleistung abzugeben. (↗Ökologie-Check)

Überbrücken von Zuständen
Mapping across

1 Identifizieren der Zustände

Nimm zwei Zustände, zwischen denen du einen Übergang schaffen möchtest: z.B. Verstehen und Verwirrung, Krankheit und Genesung, Traum und Wirklichkeit. Wichtig ist, daß sich die beiden Zustände auf vergleichbare Inhalte beziehen, z.B. *verstehen/verwirrt sein über* ein Verhalten oder *Erkranktsein an Grippe/Genesung von Grippe*.

2 Submodalitätenraster erarbeiten

Erarbeite für beide Zustände – wie zuvor beschrieben – ein spezifisches Submodalitätenraster; anstelle der Spalten „alte und neue Einstellung" stehen jetzt die Spalten „Zustand 1/Zustand 2". Bei „Auswirkungen" wird Schritt für Schritt getestet, welche einzelne Submodalitätsänderung des Zustands 2 die gravierendsten Änderungen im Submodalitätenraster des Zustands 1 hervorruft. (Nach jedem Einzeltest wird die Veränderung wieder rückgängig gemacht.)

Exemplarisch:

Nr.	Submodalität	Zustand 1 [Verwirrung]	Zustand 2 [Verstehen]	Auswirkungen [2 → 1]
V1	Film / Standbild	Standbild	Standbild	–
V2	2D / 3D	2D	2D	–
V3	assoziiert / dissoziiert	assoziiert	dissoziiert	V7, V8
V4	Rahmen / kein Rahmen	kein Rahmen	kein Rahmen	–
V5	scharf / soft	soft	scharf	–
V6	Graustufen / Farbe	grau (1/5)	Farbe (4/5)	V3, V7, V6
V7	Entfernung	nah (2/5)	fern (4/5)	–
V8	Position	links (2/5)	rechts (3/5)	V10
V9	Proportionen	mitte (3/5)	mitte (3/5)	–
V10	Helligkeit	mitte (3/5)	mitte (3/5)	V7
V11	Kontrast	flau (2/5)	hart (3/5)	V10, V7

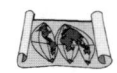

Überbrücken von Zuständen
Mapping across

Nr.	Submodalität	Zustand 1 [Verwirrung]	Zustand 2 [Verstehen]	Auswirkungen [2 → 1]
A1	Stille Geräusche	☐ ☒	☒ ☐	A2
A2	Stimmen Naturgeräusche Musik Alltagsgeräusche	☒ ☐ ☒ ☐	☐ ☐ ☐ ☐	A1
A3	mono stereo	☐ ☒	☒ ☐	–
A4	unrhythmisch rhythmisch	☒ ☐	☐ ☒	–
A5	Balance	☐ ☐ ☒ ☐ ☐ links ——— rechts	☐ ☐ ☒ ☐ ☐ links ——— rechts	–
A6	Pegel	☐ ☒ ☐ ☐ ☐ laut ——— leise	☐ ☐ ☒ ☐ ☐ laut ——— leise	A1, A2
A7	Tonhöhe	☐ ☐ ☐ ☒ ☐ hell ——— dunkel	☐ ☒ ☐ ☐ ☐ hell ——— dunkel	A8
A8	Geschwindigkeit	☐ ☐ ☒ ☐ ☐ langsam — schnell	☐ ☐ ☒ ☐ ☐ langsam — schnell	–

3 Ökologie-Check

Ist es okay für dich, wenn du dir nun die Möglichkeit schaffst, Zustand 1 mit Zustand 2 zu überblenden? Bei Bedenken ist ein (Kurz-)↗Reframing sinnvoll oder die Auswahl von zwei anderen Zuständen, die einen geringeren emotionalen Abstand voneinander haben, wie z.B. Freude – Begeisterung.

4 Masterregler installieren

Stell dir jetzt vor, daß alle relevanten Submodalitäteneinstellungen des gewünschten Zustandes (in unserem Beispiel: die Submodalitäten Helligkeit, Kontrast, Farbintensität, Entfernung, assoziiert/dissoziiert) über einen Masterregler fest miteinander verbunden und gespeichert sind. Durch das Aufdrehen des Masterreglers wird das gewählte Submodalitätenprogramm hochgefahren. Visualisiere jetzt die Stellung des Masterreglers und die Stellung der wichtigsten Submodalitäten.

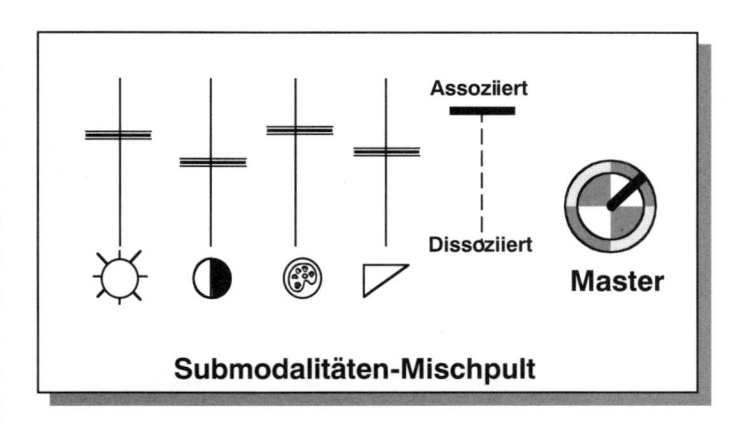

Überbrücken von Zuständen
Mapping across

5 Mapping across
Vergegenwärtige dir jetzt den ursprünglichen Zustand. Mit einem lauten Zisssch oder Wusssch aktiviere den Masterregler und überblende den alten Zustand mit dem neuen Zustand. (Test: ↗Physiologie-Check)

6 Future-Pace
In welchen Situationen wirst du künftig von dieser Möglichkeit des Überbrückens von einem mentalen/emotionalen Zustand zu einem anderen Gebrauch machen können?

Glaubensmuster verändern

Eignung

☐ Selbstmanagement
☒ Therapie/Coaching
☐ Teamentwicklung

Indikation/Thema

- Wenn Klienten Glaubenssysteme haben, die als starke Filter wirken und das Lernen neuer, wünschenswerter Verhaltensweisen blockieren, gibt es die Möglichkeit, die Submodalitäten dieser Überzeugungen und Werturteile zu verändern. Dadurch ändert sich automatisch die „Durchlässigkeit" des Filters *Glauben und Werte*. Die Veränderung funktioniert in beide Richtungen: Hinderliche Glaubenssätze werden abgeschwächt, treten in den Hintergrund; förderliche Glaubenssätze rücken in den Vordergrund. Dieses Format ist besonders für Glaubenssätze geeignet, die mit Können bzw. Nichtkönnen von etwas zu tun haben, die also eine Auswirkung auf die Verhaltensebene haben. Glaubenssätze, die mit der Wertigkeit und Identität von Personen zu tun haben, sind in der Regel „hartnäckiger" und verlangen ein anderes Vorgehen (↗Reframing, Arbeit auf den ↗Logischen Ebenen, ↗Time-Line).

Zielsetzung

- Neues Lernmuster implementieren: Der Klient lernt, seinen Bus selbst zu steuern (O-Ton Bandler: *Who is driving the bus?*).
- Deprogrammierung unerwünschter und Aufbau motivierender Glaubenssätze

Anforderungen

☐ leicht
☒ mittel
☐ anspruchsvoll

Zeitbedarf

☐ < 15 Minuten
☒ < 30 Minuten
☐ < 45 Minuten
☐ > 45 Minuten

Glaubensmuster verändern

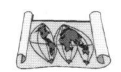

1 Identifizieren des hinderlichen Glaubenssatzes

Übung in Dreiergruppen: **B** hilft **A**, den hinderlichen Glaubenssatz zu identifizieren: Welchen Glaubenssatz, welche Annahme über dich möchtest du ändern, weil er dich behindert oder einschränkt?

2 Zweifel identifizieren

Kennst du die Situation, wo etwas unklar ist; wo du zwischen mehreren Möglichkeiten schwankst und dich einfach nicht für die „richtige" entscheiden kannst?

3 Submodalitätenraster erarbeiten

Erarbeite für den hinderlichen Glaubenssatz wie für den Zweifel das jeweils zugehörige Submodalitätenraster; dann teste – Schritt für Schritt –, welche einzelne Submodalität des Zweifels den Glaubenssatz am wirkungsvollsten in Frage stellt.

Exemplarisch:

Nr.	Submodalität	Zustand 1 [Glaubenssatz]	Zustand 2 [Zweifel]	Auswirkungen [2 → 1]
V1	Film / Standbild	Standbild	Standbild	–
V2	2D / 3D	2D	2D	–
V3	assoziiert / dissoziiert	assoziiert	dissoziiert	–
V4	Rahmen / kein Rahmen	kein Rahmen	Rahmen	V3, V7, V8
V5	scharf / soft	scharf	scharf	–
V6	Graustufen / Farbe	grau ——☒— Farbe	grau ——☒— Farbe	–
V7	Entfernung	nah ☒——— fern	nah ———☒— fern	V8, V11
V8	Position	links ☒——— rechts	links ——☒— rechts	V7
V9	Proportionen	kleiner ——☒— größer	kleiner —☒—— größer	–
V10	Helligkeit	dunkel ——☒— hell	dunkel ———☒— hell	V8
V11	Kontrast	flau ☒——— hart	flau ———☒— hart	V10

Glaubensmuster verändern

Nr.	Submodalität	Zustand 1 [Verwirrung]	Zustand 2 [Verstehen]	Auswirkungen [2 → 1]
A1	Stille Geräusche	☐ ☒	☒ ☐	A2
A2	Stimmen Naturgeräusche Musik Alltagsgeräusche	☒ ☐ ☒ ☐	☐ ☐ ☐ ☐	A1
A3	mono stereo	☐ ☒	☒ ☐	–
A4	unrhythmisch rhythmisch	☒ ☐	☐ ☒	–
A5	Balance	☐ ☐ ☒ ☐ ☐ links —— rechts	☐ ☐ ☒ ☐ ☐ links —— rechts	–
A6	Pegel	☐ ☒ ☐ ☐ ☐ laut —— leise	☐ ☐ ☒ ☐ ☐ laut —— leise	A1, A2
A7	Tonhöhe	☐ ☐ ☐ ☒ ☐ hell —— dunkel	☐ ☒ ☐ ☐ ☐ hell —— dunkel	A8
A8	Geschwindigkeit	☐ ☐ ☒ ☐ ☐ langsam —— schnell	☐ ☐ ☒ ☐ ☐ langsam —— schnell	–

4 Neuen Glauben identifizieren

Welchen neuen Glauben hättest du gerne anstelle des alten, hinderlichen Glaubens? Ist der neue Glauben positiv und ohne Vergleich formuliert? Ist er prozeßdynamisch formuliert, d.h., enthält dieser Glaube eine Aussage über eine Fähigkeit, einen Wunsch, etwas zu erreichen? (Richtig: Ich glaube, daß ich mein Gewicht kontrollieren kann. Falsch: Ich glaube, daß ich der Weihnachsmann bin.)

5 Ökologie-Check

Gibt es innere oder (befürchtete) äußere Einwände, die eine Modifikation des neuen Glaubenssatzes wünschenswert erscheinen lassen? Falls ja: Reframing, Ressourcenarbeit, Modifikation des neuen Glaubenssatzes.

6 Hinderlichen Glaubenssatz in Zweifel ziehen

Nutze jetzt eine oder mehrere wirkungsvolle Submodalitäten (in unserem Beispiel die Submodalität Rahmen/kein Rahmen) des Zweifels gleichzeitig, um den hinderlichen Glaubenssatz zu entwerten.

Glaubensmuster verändern

7 Wirksamwerden des neuen Glaubenssatzes

Verbinde jetzt den Inhalt des neuen Glaubenssatzes (Gewicht kontrollieren können) mit einer analogen Submodalität des ehemaligen alten Glaubenssatzes, z.B. mit V7 Entfernung, d.h., bringe den Inhalt des neuen Glaubenssatzes in dieselbe Entfernung, in der sich der alte, erfolgreich bezweifelte Glaubenssatz befand.

8 Rückverwandeln des Zweifels in Glauben

Fange jetzt an, die Submodalitäten des Zweifels langsam in die des Glaubens, der Überzeugung zurückzuverwandeln, z.B. indem du einfach Schritt 6 rückwärtslaufen läßt.

9 Abschlußtest und Gruppenfeedback

B fragt **A**, wie überzeugt er vom neuen Glaubenssatz ist: In welcher Situation, in welchem Kontext wird er sich als nützlich erweisen? (Physiologie-Check) Funktioniert der alte Glaubenssatz noch, oder sollte er ins Museum überholter Glaubenssätze gestellt werden?

Persönliche Kränkung und Mißachtung

Eignung

☒ Selbstmanagement
☐ Therapie/Coaching
☐ Teamentwicklung

Indikation/Thema

- Vor kurzer Zeit war ein Lied von Tic Tac Toe sehr populär: „Ich find dich scheiße". Da nicht jeder entsprechend masochistisch veranlagt ist und persönliche Kritik durchaus als destruktiv und demotivierend erlebt werden kann, ist ein produktiver Umgang mit einer derartigen Art mangelnder Wertschätzung Voraussetzung für jede Art effizienten Selbstmanagements.

Zielsetzung

- Wiedergewinnen des emotionalen Gleichgewichts
- Deprogrammierung von unerwünschten Hör-Fühl-Kopplungen
- Abbau von inneren Blockaden
- Abwehr destruktiver Kritik

Anforderungen

☒ leicht
☐ mittel
☐ anspruchsvoll

Zeitbedarf

☒ < 15 Minuten
☐ < 30 Minuten
☐ < 45 Minuten
☐ > 45 Minuten

Persönliche Kränkung und Mißachtung

1 Stelle dir deinen Angstgegner vor, wie er dich beleidigt und herabwürdigt.

2 Fixiere dabei einen Punkt über seinen Augen. Projiziere jetzt einen Schwarzweißbildschirm auf die Stirn des Beleidigers. In die linke Hälfte des Bildschirms setze jetzt das Bild (Symbol), mit dem er dich verglichen hat; in die rechte Bildschirmhälfte setze dich so, wie du dich siehst, dein wahres Selbst.

3 Bleibe mit deiner Wahrnehmung nur im visuellen Kanal. Vergleiche jetzt das linke mit dem rechten Bild. Siehst du, daß sie identisch sind?

Wenn sie identisch sind, sage: *„Ja, das stimmt, ich bin wirklich scheiße."*

Wenn sie nicht identisch sind, sage: *„Nein, das kann ich so nicht sehen."*
So oder so: Du kannst dem anderen dankbar sein, daß er dir geholfen hat, dich selbst so zu sehen, wie du bist.

Extended Swish

Eignung

☒ Selbstmanagement
☒ Therapie/Coaching
☐ Teamentwicklung

Indikation/Thema

- Modifikation unerwünschten, zwanghaften Verhaltens (übermäßiger Konsum von Genußmitteln, leichtere Suchtphänomene wie Putzsucht, Nägelkauen etc.). Im Gegensatz zum Standard-Swish, der mit fixen Submodalitäten (Größe, Helligkeit und assoziiert/dissoziiert) arbeitet, ist dieses Modell flexibler und funktioniert auch dort, wo der Standard-Swish kaum zu einer Reaktion führt.

Zielsetzung

- Neues Lernmuster implementieren: Der Klient lernt, seinen Bus selbst zu steuern (O-Ton Bandler: *Who is driving the bus?*).
- Richtungsänderung des alten, zwanghaften Verhaltens und Aufbau spezifisch neuer Handlungsmöglichkeiten

Anforderungen

☐ leicht
☒ mittel
☐ anspruchsvoll

Zeitbedarf

☒ < 15 Minuten
☐ < 30 Minuten
☐ < 45 Minuten
☐ > 45 Minuten

Extended Swish

1 Identifizieren des Zwanges, der unerwünschten Verhaltensweise

Übung in Zweiergruppen: Problem ausführlich schildern lassen: In welchen Szenen funktioniert dieser Zwang? Wie macht es **A**, daß er funktioniert, und in welchen sinnesspezifischen Termini rahmt er sein Verhalten? Wo ist der Punkt, wo eine an sich unproblematische Verhaltensweise sich *zwanghaft* aufschaukelt; welche Submodalität modelliert diesen Zwang am stärksten?

Eine gute Hilfe ist das SUBMODALITÄTENRASTER für visuelle und auditive Submodalitäten. Wenn die kritischen Submodalitäten gefunden sind, ist die Arbeit halb getan.

❶ Diese Swishvariante basiert auf der genauen Kenntnis des Funktionierens dieses Zwanges sowie der hierbei relevanten Submodalitäten. Es ist sehr empfehlenswert für **B**, so viele Informationen wie möglich zu sammeln, damit er das Problemverhalten nicht nur versteht, sondern es bildhaft und emotional miterleben kann. (**B** in Richtung **A**: „Was müßte ich tun, um dich mit diesem Verhalten für einen Tag vertreten zu können?")

2 Bild/Szene für den Zwang entwickeln

Bringe deine Erfahrung jetzt in ein Bild. Achte darauf, daß du dich in dem Bild nicht selbst siehst, sondern die Szenerie so beschreibst, als wäre es hier und jetzt für dich wirklich. Das Bild soll die Empfindung enthalten, die da ist, kurz bevor der Zwang unwiderstehlich wird und in das konkrete zwanghafte Verhalten umschlägt (beim Raucher z.B. der Griff in die Zigarettenschachtel, oder der zwanghafte Griff zum Glas).

Separator: Löschen der inneren Leinwand

3 Entwerfen eines Zielbildes

Welche Perspektive hättest du, wenn du von dieser zwanghaften Verhaltensweise befreit wärst? Welches Bild hast du da vor Augen? Achte als **B** vor allem auf die kritischen Submodalitäten des Zielbildes und darauf, daß **A** sich in diesem Bild sieht.

Extended Swish

4 Swish: Zielbild aus dem Problembild hervorkommen lassen

Die Kunst besteht jetzt darin, das Zielbild – quasi als Trojanisches Pferd – so in dem Problembild zu verstecken, daß es sich im kurzen Moment des Swish (je kürzer um so effektiver) über die kritischen Submodalitäten des Zielbildes aktivieren läßt. In unserem Beispiel sind die kritischen Submodalitäten des Zielbildes Klarheit und Perspektive; zusätzlich wird Musik eingesetzt (die optional als auditive Komponente verwendet werden kann). Für jeden Swish gilt, daß der Wechsel über mindestens zwei Submodalitäten bewerkstelligt werden sollte.

B: Stell dir wieder dein Problembild vor (Submodalität: wolkig, unklar, wabernd, grobkörnig) und verbirg dein Zielbild hinter der Wolke, so daß du nur an den Rändern der Wolke erkennen kannst, daß dein Zielbild präsent ist.

A: Ja, hab ich gemacht.

B: Und jetzt sitzt du am Regiepult, und wenn ich „Swish" sage, wird dein innerer Regisseur sehr schnell die Bewegung der Wolken (Wabern) stoppen und sie aus dem Bild pusten, während gleichzeitig das neue Bild sehr klar und prägnant von links unten in den Vordergrund dringt und ihn ausfüllt, wobei Musik erklingt ...

A: Aaajaa

B: Und jetzt bist du wieder da ... lösche deinen inneren Bildschirm, hole das Problembild, bringe das Zielbild rein und ... Swish (ca. 5x in schnellem Rhythmus wiederholen).

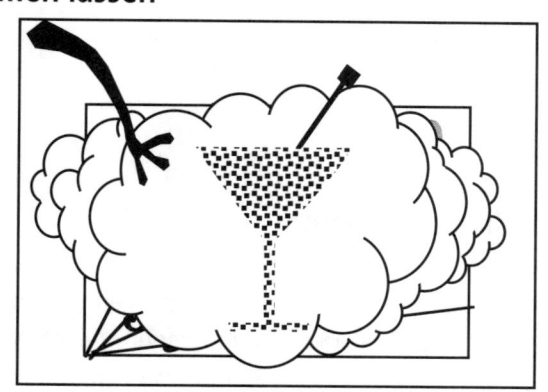

5 Test

A in Kontakt bringen mit dem Auslöser für das alte zwanghafte Verhalten, z.B. Zigarette anbieten etc.

Mental-Reiniger

Eignung

☒ Selbstmanagement
☒ Therapie/Coaching
☐ Teamentwicklung

Indikation/Thema

- Negative Glaubensmuster und Verhaltensweisen erschweren häufig die Zielarbeit. Wenn wir uns einer neuen Sache zuwenden, einen Szenenwechsel vollziehen wollen, behindern sie uns und rauben Ressourcen. Der Mental-Reiniger ist ein Format, mit dessen Hilfe es möglich ist, alte, inadäquate, lästige und störende Erlebnisweisen und Glaubenssätze automatisch auszusortieren. Im Gegensatz zu dem Format TABULA RASA ist diese Version für größere Aufräum- und Entsorgungsarbeiten gedacht.

Zielsetzung

- Löschen dysfunktionaler Glaubenssätze, Einstellungen und Verhaltensweisen
- Verbesserung der Zielarbeit
- Indirekt wirksame Ressourcenverbesserung durch Vermeiden mentaler und emotionaler Reibungsverluste im Veränderungsprozeß

Anforderungen

☐ leicht
☐ mittel
☒ anspruchsvoll

Zeitbedarf

☐ < 15 Minuten
☒ < 30 Minuten
☐ < 45 Minuten
☐ > 45 Minuten

Mental-Reiniger

1 Identifizieren eines starken gültigen Glaubenssatzes

Übung in Dreiergruppen: **B** hilft **A**, einen aktuell sehr starken Glaubenssatz zu identifizieren: Was ist besonders wichtig an diesem Glaubenssatz? Was ermöglicht er dir zu tun, was du sonst nicht tun könntest?

2 Identifizieren eines vormals gültigen Glaubenssatzes

Erinnere dich an eine Situation, wo du z.B. als Kind oder Jugendlicher zum ersten Mal bewußt gespürt hast, daß du an etwas Bestimmtes nicht mehr glaubst (an den Weihnachtsmann, das Christkind, den Osterhasen, daß der Klapperstorch die Kinder bringt etc.).

3 Submodalitätenraster erarbeiten

Erarbeite für beide Glaubenssätze das jeweils zugehörige SUBMODALITÄTEN-RASTER (für den visuellen und auditiven Kanal); achte insbesondere auf die Submodalitäten, die sich am stärksten in ihrer Ausprägung unterscheiden (im Beispiel unten V3, V4, V5, V7, V8, V11, A1, A3 ...).

Exemplarisch

Nr.	Submodalität	Zustand 1 [gültiger Glaubenssatz]	Zustand 2 [abgelegter Glaubenssatz]	Kontrast [1 ↔ 2]
V1	Film Standbild	☐ ☒	☐ ☒	☒ ☐ ☐ niedrig – mittel – hoch
V2	2D 3D	☒ ☐	☒ ☐	☒ ☐ ☐ niedrig – mittel – hoch
V3	assoziiert dissoziiert	☒ ☐	☐ ☒	☐ ☐ ☒ niedrig – mittel – hoch
V4	Rahmen kein Rahmen	☐ ☒	☒ ☐	☐ ☒ ☐ niedrig – mittel – hoch
V5	scharf soft	☒ ☐	☒ ☐	☒ ☐ ☐ niedrig – mittel – hoch
V6	Graustufen Farbe	☐ ☐ ☐ ☒ ☐ grau ——— Farbe	☐ ☐ ☐ ☒ ☐ grau ——— Farbe	☒ ☐ ☐ niedrig – mittel – hoch
V7	Entfernung	☐ ☒ ☐ ☐ ☐ nah ——— fern	☐ ☐ ☐ ☒ ☐ nah ——— fern	☐ ☒ ☐ niedrig – mittel – hoch
V8	Position	☐ ☒ ☐ ☐ ☐ links ——— rechts	☐ ☐ ☒ ☐ ☐ links ——— rechts	☐ ☒ ☐ niedrig – mittel – hoch
V9	Proportionen	☐ ☐ ☒ ☐ ☐ kleiner ——— größer	☐ ☐ ☒ ☐ ☐ kleiner ——— größer	☒ ☐ ☐ niedrig – mittel – hoch
V10	Helligkeit	☐ ☐ ☒ ☐ ☐ dunkel ——— hell	☐ ☐ ☒ ☐ ☐ dunkel ——— hell	☐ ☒ ☐ niedrig – mittel – hoch

Peter B. Kraft: **NLP-Übungsbuch für Anwender.** © **Junfermann Verlag, Paderborn.**

Mental-Reiniger

Nr.	Submodalität	Zustand 1 [gültiger Glaubenssatz]	Zustand 2 [abgelegter Glaubenssatz]	Kontrast [1 ↔ 2]
V11	Kontrast	☐ ☒ ☐ ☐ ☐ flau ——— hart	☐ ☐ ☐ ☒ ☐ flau ——— hart	☐ ☐ ☒ niedrig – mittel – hoch
A1	Stille Geräusche	☐ ☒	☒ ☐	☐ ☒ ☐ niedrig – mittel – hoch
A2	Stimmen Naturgeräusche Musik Alltagsgeräusche	☒ ☐ ☒ ☐	☐ ☐ ☐ ☐	☐ ☒ ☐ niedrig – mittel – hoch
A3	mono stereo	☐ ☒	☒ ☐	☐ ☒ ☐ niedrig – mittel – hoch
A4	rhythmisch unrhythmisch	☒ ☐	☐ ☒	☐ ☒ ☐ niedrig – mittel – hoch
A5	Balance	☐ ☐ ☒ ☐ ☐ links ——— rechts	☐ ☐ ☒ ☐ ☐ links ——— rechts	☒ ☐ ☐ niedrig – mittel – hoch
A6	Pegel	☐ ☒ ☐ ☐ ☐ laut ——— leise	☐ ☐ ☒ ☐ ☐ laut ——— leise	☐ ☒ ☐ niedrig – mittel – hoch
A7	Tonhöhe	☐ ☐ ☐ ☒ ☐ hell ——— dunkel	☐ ☒ ☐ ☐ ☐ hell ——— dunkel	☐ ☒ ☐ niedrig – mittel – hoch
A8	Geschwindigkeit	☐ ☐ ☒ ☐ ☐ langsam — schnell	☐ ☐ ☒ ☐ ☐ langsam — schnell	☒ ☐ ☐ niedrig – mittel – hoch

4 Unliebsame Verhaltensweisen und Einstellungen identifizieren

Finde zehn Einstellungen, die dich am Erreichen deines Zieles hindern oder unnötig viel Ressourcen bei der Zielerreichung verbrauchen.

5 Polares Kraftfeld aufbauen

- **B** hilft **A**, in eine angenehme, tiefe Lerntrance zu gehen, wenn möglich mit Musik. **A** baut jetzt in Trance ein „Energieraster" auf: Rechts steht die Vorstellung/Szene, die einen starken gültigen Glaubenssatz modelliert, und links die Szene, wo die Kraftlosigkeit eines veralteten Glaubenssatzes erfahren wurde. Das „Raster" wird aus denjenigen Submodalitäten aufgebaut, die den stärksten Unterschied zwischen beiden Glaubensweisen ausmachen.
- Im nächsten Schritt werden die konkreten Inhalte aus beiden Energiefeldern entfernt. Dies funktioniert am besten mit den klassischen Submodalitäten „Helligkeit" und „Pegel". Bitte den Klienten, den Helligkeitsregler so weit aufzudrehen, bis kein Inhalt mehr zu sehen ist und nur noch die energetische Struktur der beiden Glaubenssätze übrigbleibt. Wenn der Klient Schwierigkeiten hat, sich abstrakte

Mental-Reiniger

Energiefelder vorzustellen, dann kann er vielleicht diese beiden Felder farbig visualisieren. Wichtig ist der Hinweis, daß diese polare Feldstruktur wie PLUS- und MINUS-Pol eines Magneten oder einer Batterie wirken. In diesem Energiefeld kann nichts verschwinden – was in dieses Energiefeld gerät, wird nicht vernichtet, sondern umgewandelt.

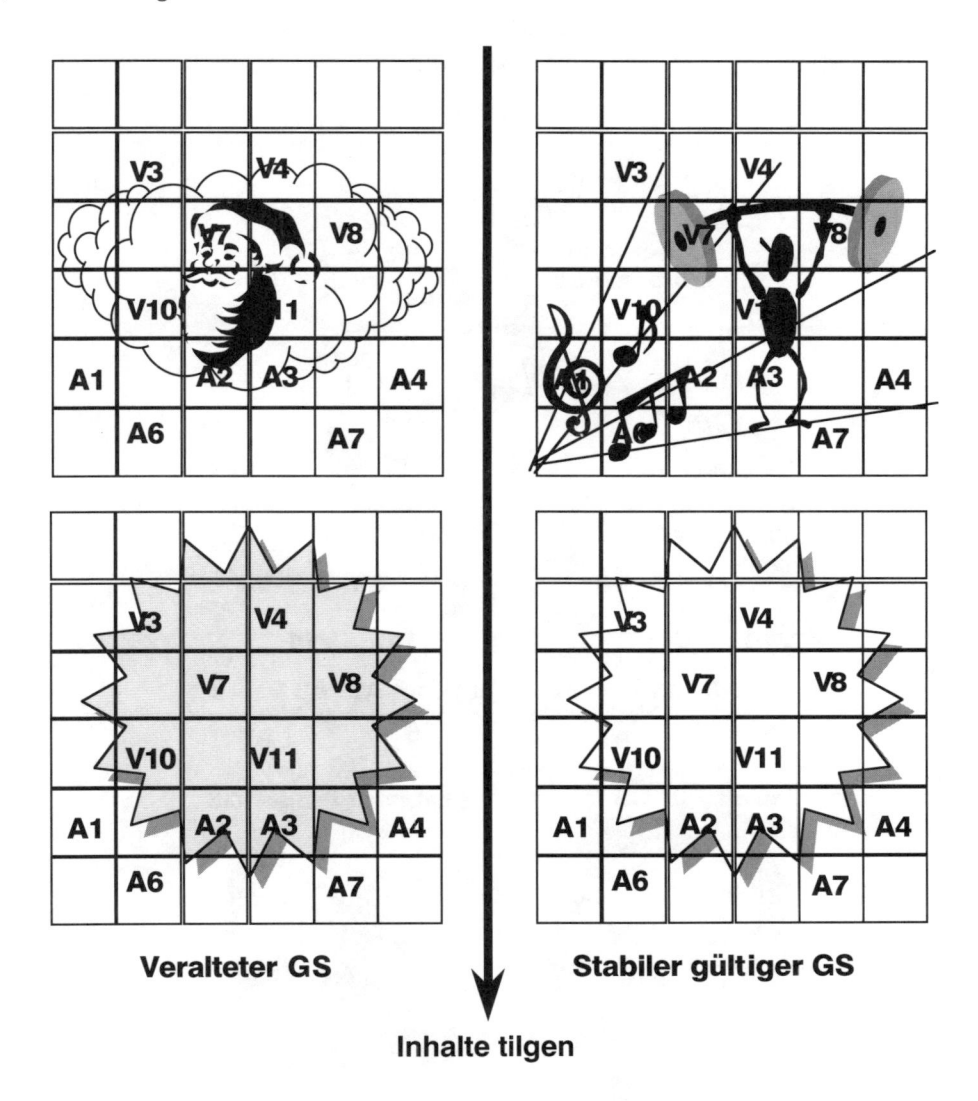

Veralteter GS   **Stabiler gültiger GS**

Inhalte tilgen

6 Betriebsphase

- Bitte den Klienten jetzt, eine der zehn unliebsamen Verhaltensweisen oder hinderlichen Einstellungen durch das Energiefeld des Mental-Reinigers zu schicken: die hinderliche Einstellung gerät in das „Vitalfeld" unglaubwürdig gewordener Glaubenssätze. Solange diese Einstellung in diesem Feld ist, prüft das Unterbewußte des Klienten, ob diese Einstellung reif ist für das Museum ausrangierter Glaubenssätze. Im selben Maß, wie diese hinderliche Einstellung oder Verhaltensweise „entwertet" wird, baut sich im anderen Feld eine neue produktive Einstellung auf. Sollte das Unterbewußte zu keinem eindeutigen Ergebnis kommen, bleibt die hinderliche Einstellung vorläufig in Geltung. Im anderen Fall

Mental-Reiniger

verschwindet die wertlos gewordene Vorstellung nach unten ins Museum (du kannst hören, wie die Tür zuschlägt, sobald die alte Einstellung drin ist), während eine neue Einstellung, ein neuer Glaubenssatz bezüglich deiner Fähigkeiten und Verhaltensweisen den Ressourcentopf füllt.

- Diese Prozedur wird für jeden anstehenden hinderlichen bzw. zu entsorgenden Glaubenssatz (Einstellung, Verhaltensmuster etc.) wiederholt, wobei für jede alte Einstellung automatisch ein neuer Glaubenssatz aufgebaut wird.

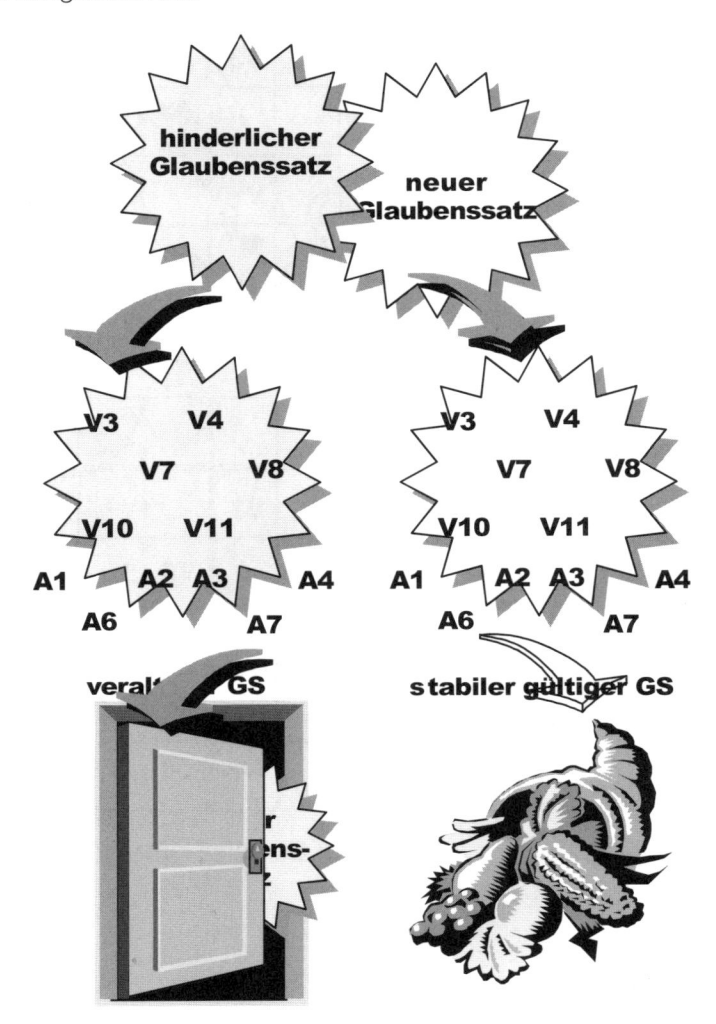

7 Automatisierung

Und wenn dein Unterbewußtes sicher ist, daß dieser Prozeß zu seiner Zufriedenheit funktioniert, dann bitte es um eine kurze Bestätigung (Ja/Nein-Signal etablieren). Und während du dich für die wirkungsvolle Arbeit deines Unterbewußten bedankst, wird es sich vielleicht entschließen, diesen mentalen Reinigungsprozeß für dich zu automatisieren. Nachts, wenn du schläfst, werden unerwünschte, hinderliche und dysfunktionale Glaubenssätze und Einstellungen getestet, bei Bedarf entsorgt und neue, starke Glaubenssätze dafür aufgebaut.

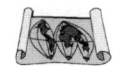

Tabula rasa

Eignung

☒ Selbstmanagement
☒ Therapie/Coaching
☐ Teamentwicklung

Indikation/Thema

- Wenn wir uns einer neuen Sache zuwenden oder einen Szenenwechsel vollziehen wollen, behindern uns häufig noch negative Erinnerungen aus der jüngsten Vergangenheit. Diese Übung ist eine gute Gelegenheit, sich leer und aufnahmebereit für Neues zu machen, z.B. beim Unterrichten oder Lernen.
- Auch wenn nicht bewältigte Tagesreste uns am Einschlafen oder am Meditieren hindern, kann dieses Format uns dabei unterstützen, uns für die Nacht, die Träume oder die innere Erfahrung offen zu machen.

Zielsetzung

- Löschen unangenehmer Erinnerungen
- Fähigkeit entwickeln, sich hier und jetzt zu 100% einzulassen, ohne daß alte Bilder und Vorstellungen stören

Anforderungen

☒ leicht
☐ mittel
☐ anspruchsvoll

Zeitbedarf

☒ < 15 Minuten
☐ < 30 Minuten
☐ < 45 Minuten
☐ > 45 Minuten

Tabula rasa

1 Trance induzieren

Die Übung funktioniert am besten, wenn zuvor ein intensiver Trancezustand eingeleitet wurde. Man kann sie auch gut in eine Phantasiereise einbetten. ↗Milton-Modell

2 Reste unangenehmer Erinnerungen aufschreiben

Wenn du jetzt tief entspannt hier sitzt (oder liegst) und an nichts Bestimmtes mehr denkst, kannst du den Tag noch einmal Revue passieren lassen wie im Kino oder in der *Tagesschau*. Wenn jetzt negative Erlebnisse auf der inneren Leinwand erscheinen, gib ihnen einen Titel und schreibe diesen Titel mit Kreide auf eine große Tafel – wie in der Schule; vielleicht hörst du sogar die Kreide quietschen. Schreibe alle Erinnerungen, von denen du dich befreien möchtest, weil sie nicht hierher gehören, untereinander in der Reihenfolge, wie sie reinkommen. Wenn du fertig bist und alle unangenehmen Erlebnisse, von denen du dich frei machen willst, auf der Tafel stehen, tritt einen Schritt zurück und schau sie dir noch einmal an.

3 Die Tafel auswischen

Du kannst jetzt in unmittelbarer Reichweite der Tafel einen neuen, feuchten Schwamm sehen. Nimm ihn in deine Hand und wische jetzt die Tafel blank, wie Schüler es für ihren Lehrer tun, wenn eine neue Stunde anfängt, oder wie der Lehrer es macht mit dem Stoff, der nicht zu seiner Stunde gehört. Tritt einen Schritt zurück und schaue auf die Tafel, die grün oder schiefergrau ist: jetzt ist wieder Platz für neue Lerninhalte. Genieße dieses angenehme Gefühl.

4 Tonband löschen

Manchmal, wenn die störenden Bilder ausgelöscht sind, bleiben in unserem Gedächtnis noch Reste unangenehmer Stimmen haften. Diese Stimmen sind auf dem Tonband gleich neben der Tafel aufgezeichnet. Das Gerät steht auf *Start*. Wenn du genauer hinsiehst, merkst du eine Besonderheit an diesem Tonbandgerät. Es hat nur einen Bedienungsknopf, auf dem steht *Express-Löschen*. Wenn du ihn betätigst, wird das Band abgespult und mit vierfacher Geschwindigkeit gelöscht. Ab und zu hörst du vor dem Löschen noch einige zirpige, piepsige Stimmfetzen – alles wird gelöscht, wenn du jetzt den Knopf betätigst.

Tabula rasa

5 Test

Vielleicht mußtest du jetzt auch ein bißchen lächeln, als du die Stimmen hörtest, die mit vierfacher Geschwindigkeit gelöscht wurden. Das ist okay. Und jetzt spüre noch einmal in dich hinein, ob es noch etwas gibt, das dich abhalten könnte, dich frisch und entspannt dem Neuem hier und jetzt zu widmen. Wenn es in irgendeiner Weise wichtig ist, wirst du dich zu gegebener Zeit daran erinnern, im anderen Fall lösche es ebenso. Frisch und entspannt kommst du in deinem eigenen Rhythmus hier und jetzt zurück.

ℹ Der letzte Schritt kann natürlich an die jeweilige Situation angepaßt werden. „Frisch und entspannt ..." macht natürlich keinen Sinn, wenn man diese Übung benutzt, um besser einzuschlafen. Hier würde man von einer „angenehmen Müdigkeit oder Schläfrigkeit" sprechen. Wenn man die technischen Möglichkeiten hat, kann man sich auch selbst ein entsprechendes Band besprechen.

Zeitverzerrung

Eignung

☒ Selbstmanagement
☒ Therapie/Coaching
☐ Teamentwicklung

Indikation/Thema

- Das Zeiterleben ist subjektiv: Unangenehme Dinge dauern schier endlos (wie im Stau oder in der Schlange stehen), während schöne Dinge (z.B. Urlaub) viel zu schnell vorbeigehen. Ob die Zeit schnell(er) oder langsam(er) fließt, ist ein Bewußtseinsphänomen, das sich bewußt steuern läßt. Es hängt von der Kreativität jedes einzelnen ab, diese Methode so zu benutzen, daß er die schönen Dinge länger genießen und die unangenehmen schneller (und mit einem besseren Gefühl) vorbeiziehen lassen kann.

Zielsetzung

- Effektives Zeitmanagement
- Steigerung der Genuß- und Erlebnisfähigkeit
- Entstressung

Anforderungen

☐ leicht
☐ mittel
☒ anspruchsvoll

Zeitbedarf

☐ < 15 Minuten
☒ < 30 Minuten
☐ < 45 Minuten
☐ > 45 Minuten

Zeitverzerrung

1 Zeitlinien herausfinden

Übung in Dreiergruppen: **B** hilft **A**, seine ↗Time-Line herauszufinden. Kurzversion: **B** induziert eine Tieftrance und fragt direkt: „Wenn du jetzt in einem Zeitreisemobil sitzen würdest, in welche Richtung würdest du wenden, um in deine Vergangenheit zu fahren, und in welcher Richtung geht es in die Zukunft." Die kinästhetischen Reaktionen reichen in aller Regel aus, um die ungefähre Zeitlinie von **A** zu entdecken.

ℹ Der Trancezustand wird für die Schritte 2 und 3 aufrechterhalten.

2 Slow-Time erleben

- Reise jetzt in deine Vergangenheit und finde ein angenehmes, unglaublich intensives Erlebnis, wo die Zeit wie in Zeitlupe verstreicht und du unglaublich viel machen und erleben kannst, mit dem Gefühl, über unendlich viel Zeit zu verfügen, einen unerschöpflichen Vorrat an Zeit.
- Was siehst du, fühlst du, hörst du, riechst und schmeckst du jetzt? (**B** kann jetzt damit anfangen, die wichtigsten Submodalitäten aufzuschreiben.) Alles, was du hier erlebst, behältst du in deinem Bewußtsein (für den Aufbau des Submodalitätenrasters in Schritt 5).

3 Fast-Time erleben

- Streife jetzt weiter durch deine Vergangenheit und finde ein angenehmes Erlebnis, wo die Zeit wie im Fluge verstreicht: kaum daß du anfängst, ist es auch schon zu Ende.
- Was siehst du, fühlst du, hörst du, riechst und schmeckst du jetzt? (**B** kann jetzt damit anfangen, die wichtigsten Submodalitäten aufzuschreiben.) Alles, was du hier erlebst, behältst du in deinem Bewußtsein (für den Aufbau des Submodalitätenrasters in Schritt 5).

4 Separator

Du kehrst auf deiner Zeitlinie jetzt wieder hierher zurück und wirst dich sehr plastisch an die beiden so unterschiedlichen Erlebnisse erinnern können.

5 Submodalitätenraster erarbeiten

Erarbeite für beide Zeiterfahrungen das jeweils zugehörige Submodalitätenraster (für den visuellen und auditiven Kanal).

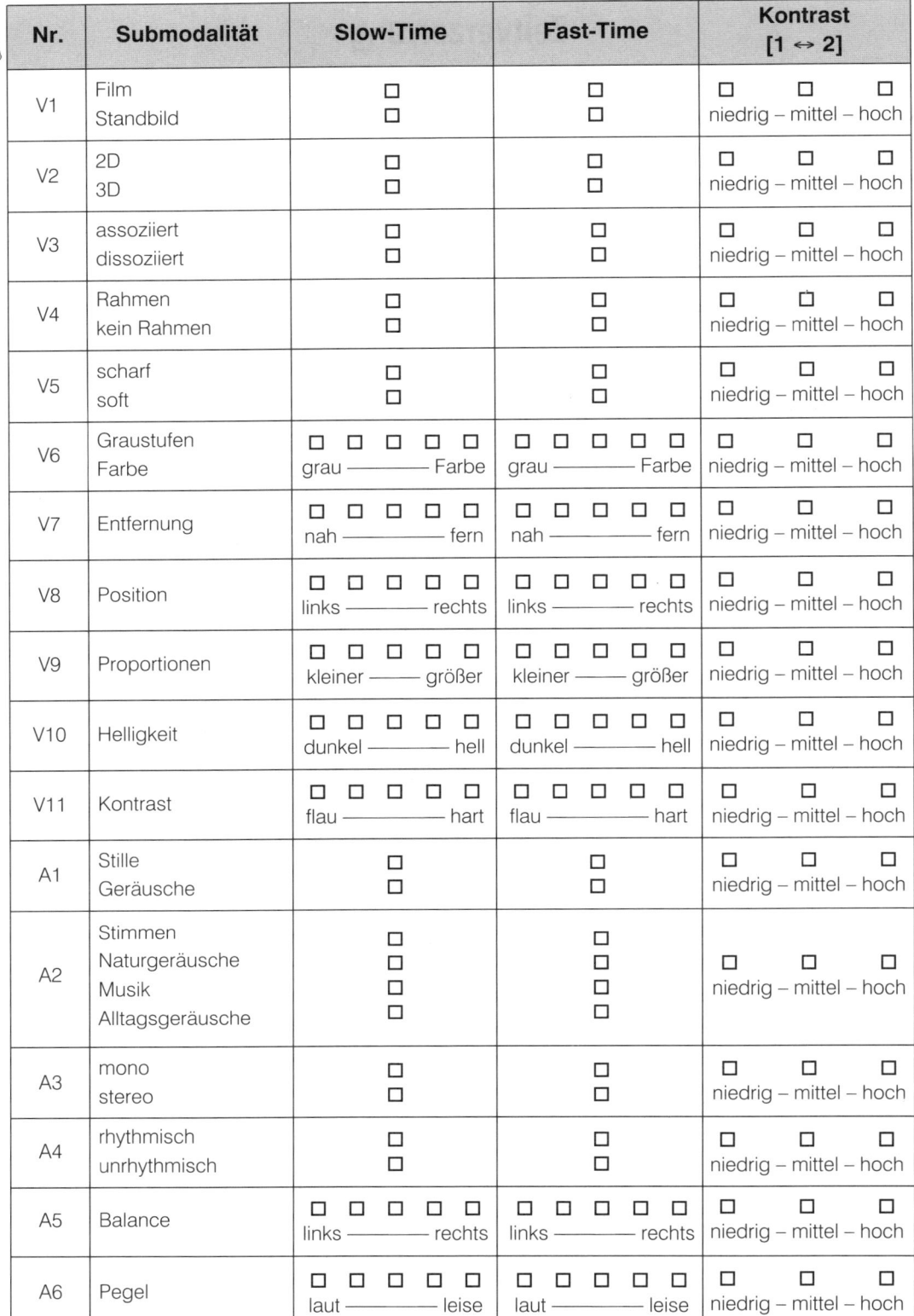

Nr.	Submodalität	Slow-Time	Fast-Time	Kontrast [1 ↔ 2]
V1	Film Standbild	☐ ☐	☐ ☐	☐ ☐ ☐ niedrig – mittel – hoch
V2	2D 3D	☐ ☐	☐ ☐	☐ ☐ ☐ niedrig – mittel – hoch
V3	assoziiert dissoziiert	☐ ☐	☐ ☐	☐ ☐ ☐ niedrig – mittel – hoch
V4	Rahmen kein Rahmen	☐ ☐	☐ ☐	☐ ☐ ☐ niedrig – mittel – hoch
V5	scharf soft	☐ ☐	☐ ☐	☐ ☐ ☐ niedrig – mittel – hoch
V6	Graustufen Farbe	☐ ☐ ☐ ☐ ☐ grau ——— Farbe	☐ ☐ ☐ ☐ ☐ grau ——— Farbe	☐ ☐ ☐ niedrig – mittel – hoch
V7	Entfernung	☐ ☐ ☐ ☐ ☐ nah ——— fern	☐ ☐ ☐ ☐ ☐ nah ——— fern	☐ ☐ ☐ niedrig – mittel – hoch
V8	Position	☐ ☐ ☐ ☐ ☐ links ——— rechts	☐ ☐ ☐ ☐ ☐ links ——— rechts	☐ ☐ ☐ niedrig – mittel – hoch
V9	Proportionen	☐ ☐ ☐ ☐ ☐ kleiner ——— größer	☐ ☐ ☐ ☐ ☐ kleiner ——— größer	☐ ☐ ☐ niedrig – mittel – hoch
V10	Helligkeit	☐ ☐ ☐ ☐ ☐ dunkel ——— hell	☐ ☐ ☐ ☐ ☐ dunkel ——— hell	☐ ☐ ☐ niedrig – mittel – hoch
V11	Kontrast	☐ ☐ ☐ ☐ ☐ flau ——— hart	☐ ☐ ☐ ☐ ☐ flau ——— hart	☐ ☐ ☐ niedrig – mittel – hoch
A1	Stille Geräusche	☐ ☐	☐ ☐	☐ ☐ ☐ niedrig – mittel – hoch
A2	Stimmen Naturgeräusche Musik Alltagsgeräusche	☐ ☐ ☐ ☐	☐ ☐ ☐ ☐	☐ ☐ ☐ niedrig – mittel – hoch
A3	mono stereo	☐ ☐	☐ ☐	☐ ☐ ☐ niedrig – mittel – hoch
A4	rhythmisch unrhythmisch	☐ ☐	☐ ☐	☐ ☐ ☐ niedrig – mittel – hoch
A5	Balance	☐ ☐ ☐ ☐ ☐ links ——— rechts	☐ ☐ ☐ ☐ ☐ links ——— rechts	☐ ☐ ☐ niedrig – mittel – hoch
A6	Pegel	☐ ☐ ☐ ☐ ☐ laut ——— leise	☐ ☐ ☐ ☐ ☐ laut ——— leise	☐ ☐ ☐ niedrig – mittel – hoch
A7	Tonhöhe	☐ ☐ ☐ ☐ ☐ hell ——— dunkel	☐ ☐ ☐ ☐ ☐ hell ——— dunkel	☐ ☐ ☐ niedrig – mittel – hoch
A8	Geschwindigkeit	☐ ☐ ☐ ☐ ☐ langsam ——— schnell	☐ ☐ ☐ ☐ ☐ langsam ——— schnell	☐ ☐ ☐ niedrig – mittel – hoch

Zeitverzerrung

❶ Es ist durchaus möglich, daß bei den Submodalitäten ungewöhnliche Effekte auftreten können, z.B. bei den Bildern Tunneleffekte oder sich gegensinnig bewegende Bildteile, wo nur das Zentrum des Bildes stabil ist. Experimentiere und bilde, wo nötig, Unterkategorien.

6 Unterschiede markieren

Wenn du beide Szenen vergleichst, markiere diejenigen Submodalitäten, bei denen hohe Kontraste bestehen, z.B. in der Helligkeit. Das Slow-Time-Erleben hat eine ausgeprägte Helligkeit in der Mitte des Bildes, während das Fast-Time-Erleben eine perspektivisch nach hinten laufende Helligkeitszunahme aufweist.

7 Slow-Time- und Fast-Time-Anker installieren

Ankere jetzt (stacking anchors) jede stark kontrastierende Submodalität einzeln für Slow-Time und Fast-Time, z.B. auf dem linken Ellenbogen für Slow-Time („und hier ist die Helligkeit stark auf die Mitte konzentriert") und auf dem rechten Ellenbogen für Fast-Time („während dort der hintere untere Bildbereich am hellsten ist").

8 Alternative Ankertechnik

B führt **A** in eine tiefe Trance und bittet ihn, ein Zeitgitter aufzubauen. **A** baut jetzt in Trance ein Zeitgitter auf, wobei die Zeitzeilen durch die Kontrast-Submodalitäten gebildet werden: links ist die Einstellung für Slow-Time, rechts die für Fast-Time. Das Zeitraster enthält nur Strukturen, keine konkreten Inhalte. Bitte jetzt **A**, sich an ein Erlebnis aus seiner Vergangenheit zu erinnern. Wenn er das Bild hat, soll er es in die Mitte des Zeitgitters bringen: dorthin, wo die Zeit normal schnell abläuft. Jetzt kann er den Zeitregler nach links oder nach rechts schieben: Was verändert sich (Physiologie-Check)? Und was ändert sich, wenn **A** den Regler in die andere Richtung schiebt? Etabliere jetzt noch einen Anker, indem du das Unterbewußte von **A** bittest, diesen Regler immer dann zu verschieben, wenn **A** entweder die Situation endlos genießen möchte oder etwas auf schnelle und angenehme Weise hinter sich lassen möchte.

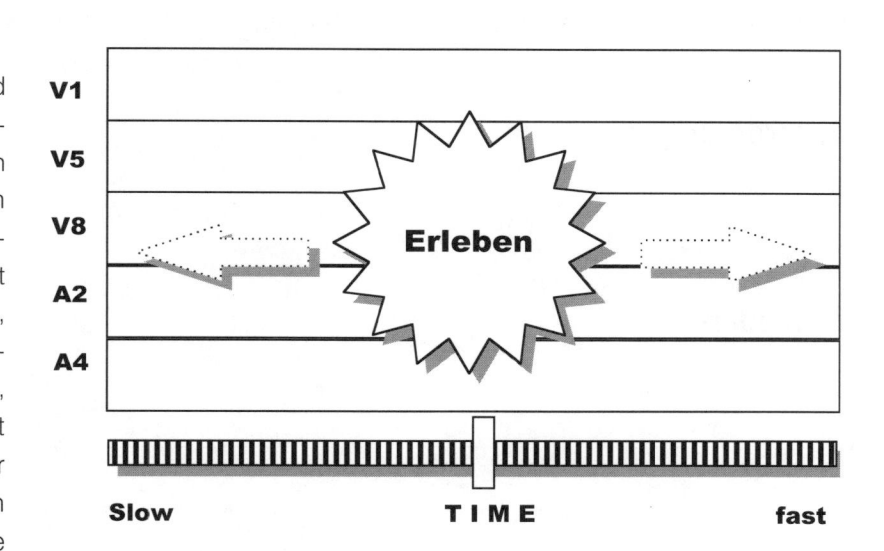

Schmerzen verändern

Eignung

☒ Selbstmanagement
☒ Therapie/Coaching
☐ Teamentwicklung

Indikation/Thema

- In der Regel können leichtere Schmerzzustände (Kopfschmerz, nervöse Magenschmerzen) ein Zeichen für eine gestörte Psychosomatik, z.B. ein Signal für temporären emotionalen oder kognitiven Streß sein. Für diese Fälle, wo der Schmerz kein Dauersignal für ernste Störungen ist, kann die Arbeit mit Submodalitäten zu einer weitgehenden Schmerzbeseitigung bzw. -minderung beitragen – wenigstens in dem Sinne, daß man wieder einen klaren Blick für anstehende (und weiterführende) Veränderungsprozesse gewinnt. Das Format kann auch als Notfallprogramm dienen – wenn kurzfristig keine sonstigen Hilfsmittel zur Verfügung stehen.

Zielsetzung

- Linderung nervös (psychosomatisch) bedingter, leichter Schmerzzustände

Anforderungen

☒ leicht
☐ mittel
☐ anspruchsvoll

Zeitbedarf

☒ < 15 Minuten
☐ < 30 Minuten
☐ < 45 Minuten
☐ > 45 Minuten

Schmerzen verändern

1 Identifizieren des Schmerzzustandes

Wo genau sitzt der Schmerz? Wie ist seine Position? Bewegt er sich (pulst, wabert etc.), oder sitzt er fest an einer Stelle? Fühlt er sich heiß an oder eher kühl? Schleimig oder fest?

ℹ️ Das Sammeln von Informationen dient der effizienten „Überblendung" des Schmerzes und kann auch mit dem bekannten Raster für kinästhetische Submodalitäten durchgeführt werden. Es empfiehlt sich, diese Übung in Trance (↗Milton-Modell) durchzuführen, wobei der Klient fast automatisch beim Einfärben des Schmerzes in Trance geht.

2 Dem Schmerz eine Farbe geben

Wenn dieser so und so beschaffene Schmerz eine Farbe hätte, wie sähe dieser Schmerz dann aus? (Helligkeit, Intensität, Muster, Farbverläufe etc.)

ℹ️ Interessanterweise haben ausnahmslos alle Klienten, mit denen ich auf diese Weise gearbeitet habe, ihrem Schmerz eine Farbe zuordnen können, und die Farben waren sehr unterschiedlich: von rot über dunkelblau bis braun.

3 Entspannende, angenehme Farbe finden

Welche Farbe verkörpert für dich tiefe Entspannung?

4 Umfärben des Schmerzes

Stell dir jetzt vor, du bist in einer Kugel, die aus „farbigem" (Farbe entsprechend Schritt 3) Licht besteht. Mit jedem Atemzug nimmst du dieses Licht auf, es durchdringt dich und strömt in alle Poren: vom Scheitel bis zu den Fußspitzen bist du erfüllt von diesem farbigen Licht. Spüre jetzt, wie die Farbe das Zentrum deines Schmerzes erreicht und es einhüllt. Und mit jedem Ausatmen verliert der Schmerz seine ursprüngliche Farbe und damit seine Macht über dich. Erlaube dir einfach, dieses Gefühl mehr und mehr zu genießen, und atme in dieser Farbkugel so lange, bis du tief in deinem Inneren weißt, daß es so, wie es ist, okay ist.

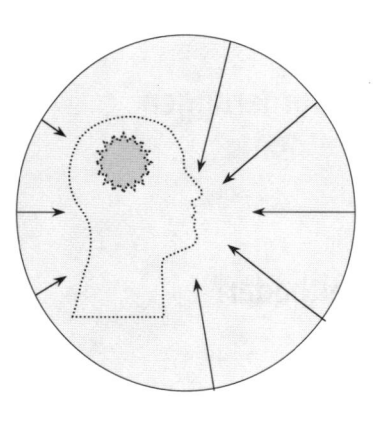

5 Test

Merkst du, wie sich der Schmerz verändert hat? Ist er noch vorhanden? Wieviel schwächer als vorher ist er?

ℹ️ Die „Farbtherapie" funktioniert dann besonders gut, wenn der Klient den Schmerz kennt, weil er in bestimmten Situationen (Ärger, Alkoholabusus, Streß) auftaucht. Wenn sie überhaupt nicht funktioniert, dann hat der Schmerz eine festumrissene Bedeutung und/oder eine starke organische Komponente. In diesem Fall empfiehlt sich unter Umständen ein Six-Step-Reframing, um den möglichen Sekundärgewinn des Schmerzes zu reframen.

Peter B. Kraft: **NLP-Übungsbuch für Anwender.** © **Junfermann Verlag, Paderborn.**

Entmachten kritischer Stimmen

Eignung

☒ Selbstmanagement
☒ Therapie/Coaching
☐ Teamentwicklung

Indikation/Thema

- Von den Augenbewegungen her ist das Phänomen bekannt: Wenn eine Person nach links unten schaut, ist sie im Dialog mit sich, lauscht ihren inneren Stimmen, der Stimme ihres Gewissens bzw. internalisierter, von außen nach innen verlagerter Stimmen (der Schwiegermutter, des Chefs, der Nachbarn etc.). Mitunter ist es der Person auch nicht bewußt, daß sie inneren Stimmen lauscht, sich mit ihnen berät bzw. sich ihrem Urteil unterwirft. Probleme ergeben sich dann, wenn die „gute Absicht" dieser Stimmen nicht ohne weiteres erkannt wird – dann dominieren nörglerische, besserwisserische, herrische, ablehnende, kritisierende Stimmen die Befindlichkeit der Person. Neben dem aufwendigeren ↗Reframing dieser negativen, ressourcezehrenden Stimmen kann eine Veränderung mit Hilfe des Submodalitätenrasters sinnvoll sein, um dem Klienten wieder mehr Freiraum für bevorstehende Veränderungs- und Lernprozesse zu verschaffen.

Zielsetzung

- Dämpfen und Entmachten negativer innerer Stimmen
- Abbau hinderlicher Glaubenssätze, die aufgrund unterschwelliger Suggestionen entstanden sind

Anforderungen

☒ leicht
☐ mittel
☐ anspruchsvoll

Zeitbedarf

☒ < 15 Minuten
☐ < 30 Minuten
☐ < 45 Minuten
☐ > 45 Minuten

Entmachtung kritischer Stimmen

1 Positionstest

Übung in Zweiergruppen: **B** bezieht Aufstellung vor **A** und sagt einen neutral klingenden Satz, z.B.: „Es ist jetzt zehn Uhr dreißig." Oder: „Draußen scheint die Sonne." Er wechselt dann die Position im Uhrzeigersinn und wiederholt diese Aussage. **A** merkt sich, aus welcher Position ihm die Stimme angenehm war und aus welcher nicht. Anschließend testet **B** die angenehmen und die unangenehmen Stimmpositionen auf ihre vertikale Differenz, d.h., er spricht den Satz noch einmal schräg von unten und einmal schräg von oben. Am Ende des Testes weiß **A**, wo seine kritischen Stimmen herkommen könnten, bzw. von welcher Seite er am besten (nicht) anzusprechen ist.

2 Kritische Stimmen elizitieren

B führt **A** in eine leichte Trance nach dem ↗Milton-Modell und bittet ihn, einmal in die Richtung zu lauschen, wo ein negatives kinästhetisches Gefühl überwog. Hört er hier eine oder mehrere kritische Stimmen, die ihn verurteilen, abwerten, ermahnen, an ihm herumnörgeln, ihn demotivieren etc.? **B** erarbeitet die dazugehörigen auditiven Submodalitäten nach dem ↗Submodalitätenraster.

3 Submodalitätenänderung

B findet mit **A** heraus, welche Änderungen, einschließlich Richtungsänderungen, die Stimmen dämpfen bzw. auslöschen. Er testet jeweils nur eine Submodalität und nimmt die Änderungen zurück, wenn er eine neue Submodalität testet.

4 Ankern

B bittet nun **A**, sich vorzustellen, daß alle relevanten Submodalitätenveränderungen in dem Moment wirken, wo er mit den Fingern schnippt (es kann natürlich auch ein anderes Signal vereinbart werden): In diesem Moment soll **A** für sich einen geeigneten ↗Anker etablieren.

5 Öko-Check

A überlegt sich, ob es Einwände gegen die zukünftige Verwendung dieses Ankers gibt bzw. in welchen Situationen (bei welchen Stimmen) er künftig davon Gebrauch machen wird.

Modelle der Veränderung

- ☐ Submodalitäten
- ☒ Meta-Modell (Kommunikationsstrategien)
- ☐ Milton-Modell
- ☐ Reframing und Teilearbeit
- ☐ Strategien
- ☐ Time-Line
- ☐ Glaubenssysteme und Logische Ebenen

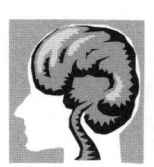

Das **Meta-Modell** ist ein Konzept, das auf einer therapeutisch relevanten Unterscheidung von Oberflächen- und Tiefenstruktur der Sprache basiert; anhand sprachlicher Muster in der Oberflächenstruktur können typische Einschränkungen in der Wahrnehmungswelt des Klienten entdeckt und aufgehoben werden.

Meta-Modell-Fragen

Eignung

☐ Selbstmanagement
☒ Therapie/Coaching
☐ Teamentwicklung

Indikation/Thema

- Sinnlich verarmte Sprache
- Eingeschränkte Erinnerungsfähigkeit
- Unklare Ausdrucksweise

Zielsetzung

- Erweiterung der kommunikativen Kompetenz
- Wiedergewinnen sinnlicher Erfahrung
- Abbau rigider, restriktiver Kommunikationsstrukturen

Anforderungen

☒ leicht
☐ mittel
☐ anspruchsvoll

Zeitbedarf

☒ < 15 Minuten
☐ < 30 Minuten
☐ < 45 Minuten
☐ > 45 Minuten

Meta-Modell-Fragen

1 Probleme berichten

Übung in Dreiergruppen: **A** erzählt ein Alltagsproblem. **B** fragt von Fall zu Fall nach, um **A** zu motivieren, mehr zu erzählen – ohne an der Stelle schon das Meta-Modell der Sprache zu benutzen. **B** und **C** notieren dabei in Form einer kleinen Tabelle (nach dem Präzisionsmodell für Meta-Fragen), in welcher Rubrik sich die meisten Nachfragen ergeben.

❸ Vergleiche:
- *Zu teuer:* im Vergleich wozu?
- *Besser* als wer?

❹ Bewertung:
- Und wenn es doch so wäre?
- Was würde passieren, wenn?
- Was bräuchtest du, um es doch zu können?

❷ Unspezifische Verben:
- In welcher Weise *verstehen* Sie sich jetzt besser?
- Wie genau haben sich die Konjunkturdaten *verschlechtert*?

❺ Verallgemeinerungen:
- Haben Sie wirklich *nie* einen Fehler gemacht?
- Hintergeht Sie tatsächlich *jeder*?
- Gibt es kein Gegenbeispiel für ...?

❶ Unspezifische Substantive:
- Wo hat sich die *Effizienz* verbessert?
- Wo bzw. woran zeigt sich Ihre *Eifersucht*?
- Wovor haben Sie *Angst,* bzw. woran erkennen Sie, daß Sie *Angst* haben?

2 Aufdecken der Tiefenstruktur

Im zweiten Durchgang fragt **B** nach bei den Teilen der Geschichte, die sprachlich unpräzis waren (gemäß obigem Modell). Ziel von **B** ist ein genaues Verständnis von dem, was **A**'s Problem ausmacht.

B: Du sagst, du hast Probleme mit Frauen...	
A: Ja, immer.	Generalisierung durch Universalquantor „immer"
B: Du meinst, in jeder Minute, wo du auf den Beinen bist, hast du Probleme mit Frauen?	Hinterfragen nach ❺
A: (grinst:) Du willst es jetzt genau wissen, was? Nicht immer, aber wenn ich mich für sie interessiere.	Tilgung durch das unspezifische Verb „interessieren"
B: Wie machst du das, wenn du dich für sie interessierst?	Hinterfragen nach ❷
A: Na, du weißt doch, wie so was geht.	Verzerrung durch Gedankenlesen: „Du weißt doch"
B: Keine falschen Komplimente – was weiß ich denn?	Hinterfragen nach ❷
A: Gut, gut – also ich nehme Blickkontakt auf.	Verzerrung durch Nominalisierung eines Prozesses: Blicken & Kontakten.
B: Und wie machst du das genau, Blickkontakt aufzunehmen?	Hinterfragen nach ❶

Peter B. Kraft: **NLP-Übungsbuch für Anwender. © Junfermann Verlag, Paderborn.**

Meta-Modell-Fragen

A: Ja ... ich pfeife kurz, und wenn sie sich umdreht, schau ich ihr tief in die Augen; das macht sie wütend, und dann dreht sie sich entrüstet wieder um.

Verzerrung: durch Ursache-Wirkungs-Verkettung: „das macht sie wütend" und Gedankenlesen: „entrüstet"

B: Woher weißt du denn, daß sie wütend und entrüstet ist?

Hinterfragen nach ❷

A: Sonst würde sie sich doch nicht abwenden. Ich bin halt nicht interessant genug.

Verzerrung: durch Ursache-Wirkungs-Verkettung: „Wütend und entrüstet bewirkt abwenden"; Tilgung durch Weglassen des Bezugsindex: „interessant genug"

B: Wenn du sagst: „nicht interessant genug", hast du da eine Vermutung, wofür sie sich vielleicht interessiert oder mehr interessiert als für das Pfeifen?

Hinterfragen nach ❸

A: Solche Frauen interessieren sich doch nur dafür, wer ihnen den nächsten Drink spendiert.

Generalisierung durch Universalquantor „nur", Verzerrung durch Gedankenlesen.

B: Wie könntest du denn herausfinden, ob deine Vermutung stimmt?

Hinterfragen nach ❹ und ❺

A: (grinst) Ich könnte zu ihr rübergehen und fragen, ob sie was mit mir trinken will.

3 Feedbackrunde

A, **B** und **C** tauschen ihre Erfahrungen aus: Wie genau hat **B** in der zweiten Runde nachgefragt? Wie ging es **A** dabei nach **B**'s und **C**'s Einschätzung? Wie hat sich **A** dabei gefühlt?

ⓘ Das Meta-Modell ist, bei unsachgemäßer Anwendung, „hervorragend" geeignet, Kommunikationsbeziehungen in kürzester Zeit nachhaltig zu zerrütten. Wer penetrant beim anderen nachfragt, obwohl sich die Bedeutung des Gesagten unschwer aus dem Kontext entnehmen läßt *(A: Das ist ja super. B: Was findest du denn super? Und „super" – im Vergleich wozu? A [runzelt die Stirn]: Na, das Geschenk, das du mir eben gegeben hast)*, „nervt" in der Regel sein Gegenüber. Im therapeutischen Gespräch ist es wiederum sinnvoll, gezielt nachzufragen, entweder, um genau zu wissen, wie der Klient es anstellt, sein Problem zu behalten, oder um das mentale Modell des Klienten systematisch zu erweitern.

- ↗Problemnetz
- ↗Problemrapport
- ↗Zielentwicklung

Umgang mit Kritik

Eignung

☐ Selbstmanagement
☐ Therapie/Coaching
☒ Teamentwicklung

Indikation/Thema

- Häufig ist es schwierig, mit Kritik produktiv umzugehen, da im Alltag die Spielregeln konstruktiver Kritik selten eingehalten werden und Kritik durchaus mit persönlichen Angriffen vermischt sein kann. Oft geraten die Disputanten dann in ↗kalibrierte Schleifen mit immensen Reibungsverlusten für den Gruppenprozeß oder den Dialog.

Zielsetzung

- Erweiterung der kommunikativen Kompetenz
- Flexibilität im Umgang mit persönlicher/sachlicher Kritik
- Testen neuer, ressourcevoller Abwehrstrategien
- Dynamische Gruppenmoderation

Anforderungen

☒ leicht
☐ mittel
☐ anspruchsvoll

Zeitbedarf

☒ < 15 Minuten
☐ < 30 Minuten
☐ < 45 Minuten
☐ > 45 Minuten

Umgang mit Kritik

1 Die gesamte Gruppe ist Übungsfeld, wobei wechselweise in der Gruppe einer sich kritisieren läßt und ein anderer in die Rolle des Kritikers schlüpft.

Kritik erfolgt: Erlebt in:	mit guter Absicht	kontraproduktiv	differenziert
1. Position (in der Rolle des emotional und sachlich Betroffenen, assoziiert)	Du hast völlig recht; ich werde meine Position noch einmal überdenken; ich weiß, daß ich meine Einstellung ändern kann. Ich bin dir dankbar.	Ich weiß nicht, was du willst. Dein Angriff ist völlig aus der Luft gegriffen. Faß dich an deine eigene Nase; denk mal dran ... (Ich bin persönlich betroffen ...; ich hätte nicht gedacht, daß hier ...)	Zweifellos hat du mit x recht, aber (dein Ton macht mich betroffen und ich hätte mir gewünscht, daß ...) das mit y ist wohl sehr weit hergeholt.
2. Position (nimmt die Position des Kritikers ein und argumentiert von dort)	Es leuchtet mir ein, aus deiner Sicht kannst du viel genauer beurteilen, was ich besser machen kann; du hilfst mir damit, die Dinge differenzierter zu sehen ... vielleicht kann ich dich modellieren, das bringt mich weiter, fördert mein Wachstum ...	Ich an deiner Stelle hätte mich zurückgehalten; ich kann ja verstehen, daß du dich als eigentlichen Führer der Gruppe siehst, aber genau betrachtet fehlt dir doch noch viel zum ..., und du schwächst damit deine Stellung in der Gruppe.	Ich verstehe, warum es für dich so aussieht, aber vielleicht finden wir gemeinsam eine neue, nützliche Perspektive, und vielleicht hilft es dir, meinen Standpunkt zu verstehen, wenn ich ...
3. Position (schlüpft in die Rolle des neutralen Beobachters bzw. des Gruppen-Ichs, dissoziiert)	(sich zur Gruppe wendend:) Die Kritik ist nur zu verstehlich; insbesondere die Gruppe hätte bei meiner Position gravierende Nachteile erlitten; das hilft mir, an meinen Gefühlen zu arbeiten ..., und die Gruppe wird mich motivieren ...	Weist den anderen darauf hin, daß aus Gruppensicht eine solche überzogene Kritik eine sehr negative Gruppenatmosphäre bewirkt, die für die weitere gemeinsame Arbeit keineswegs förderlich ist ...	Für die Gruppendynamik war das eben eine wichtige Erfahrung; ich habe gelernt, ehrlich zu meinen Gefühlen zu stehen und auch zu sehen, daß es berechtigte Gründe für Kritik gab; das kann uns insgesamt helfen, in Zukunft ...

2 Eine andere Variante: Die Gruppe bestimmt, auf welche der neun Arten der Angegriffene reagieren soll.

3 Gruppenfeedback: Welche Rollen sind schwieriger einzunehmen als andere? Welche Positionen werden vom Kritiker, vom Kritisierten bzw. von der Gruppe als kongruent oder inkongruent erlebt? Wie empfinden Dritte die Auseinandersetzung? Welche Gefühle kommen bei der Kritik ins Spiel?

ⓘ Die Übung hat spielerischen Charakter und ist auch gut dazu geeignet, aktuelle Konfliktpotentiale in der Gruppe auf der Metaebene aufzuarbeiten.

Kongruenz und Inkongruenz

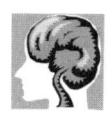

Eignung

☐ Selbstmanagement
☒ Therapie/Coaching
☐ Teamentwicklung

Indikation/Thema

- Inkongruenz wird häufig als störendes Phänomen in der Kommunikation erlebt: Das, was jemand sagt, stimmt offenkundig nicht mit dem überein, wie er es sagt, oder jemand verhält sich konträr zu seinen oft verkündeten Glaubenssätzen. So kann der Eindruck einer unechten Persönlichkeit entstehen, die mit sich selbst im Clinch liegt, ihre wahren Emotionen nicht ausdrücken kann, sich sonstwie artifiziell verhält und dadurch den anderen in schwer auflösbare Widersprüche verwickelt. Inkongruente Kommunikation kann aber auch ein Zeichen asynchronen Wachstums sein: Neue Verhaltensweisen wirken antrainiert und sind noch nicht in die unbewußte Kompetenz des Sprechers übergegangen.

Zielsetzung

- Erweiterung der kommunikativen Kompetenz
- Synchronisieren von Wachstumsprozessen
- Konsolidieren von Wachstumsprozessen
- Auflösung von Doublebinds

Anforderungen

☐ leicht
☒ mittel
☐ anspruchsvoll

Zeitbedarf

☐ < 15 Minuten
☒ < 30 Minuten
☐ < 45 Minuten
☐ > 45 Minuten

Kongruenz und Inkongruenz

1 Geübt wird in Dreiergruppen: **A** erinnert sich an eine Szene, wo er und/oder andere den Eindruck hatten, er sei inkongruent. (**A** kann auch eine andere inkongruente Person modellieren.) **A** erzählt den Rahmen und spielt dann **B** diese Szene vor:

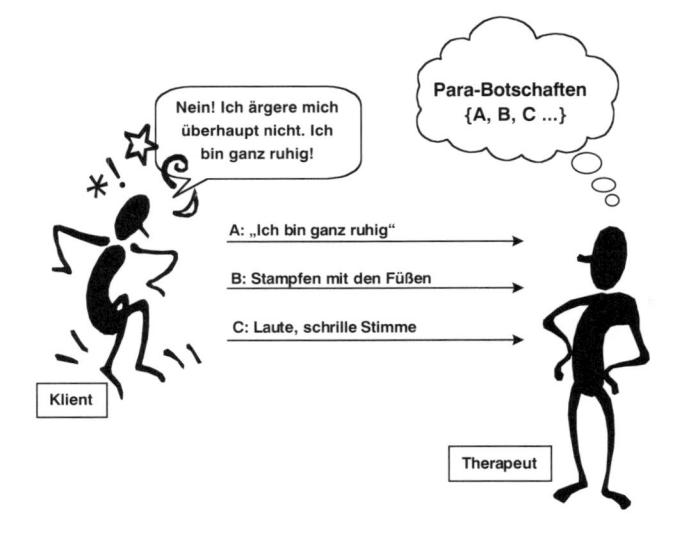

(Abbildung: Klient sagt „Nein! Ich ärgere mich überhaupt nicht. Ich bin ganz ruhig!" – Para-Botschaften {A, B, C …} an Therapeut: A: „Ich bin ganz ruhig", B: Stampfen mit den Füßen, C: Laute, schrille Stimme)

2 **B** sensibilisiert **A** durch einen entsprechenden Meta-Kommentar: „Ich höre dich sagen, du ärgertest dich nicht und seiest ganz ruhig. Dabei fiel mir auf, daß deine Stimme während dieser Aussage schrill und laut wurde und du mit beiden Füßen heftig auf den Boden stampftest."

3 **B** hilft **A**, diese unterschiedlichen Para-Botschaften (A, B, C) zu sortieren: entweder nach dem Modell ↗B.A.G.E.L., den beteiligten Repräsentationssystemen oder Outputkanälen (Stimme, Bedeutung, Gestik, Sprachmuster, Körperhaltung), den SATIR-KATEGORIEN oder dem Teile-Modell (↗Reframing), wobei es darauf ankommt, zusammengehörige Para-Botschaften (B, C) zu ordnen.

4 Die in Gruppen geordneten Para-Botschaften werden z.B. im Raum verortet (z.B. durch auslegen von Bodenankern). Der Klient wird jetzt gebeten, sich für eine der beiden folgenden Möglichkeiten zu entscheiden:
- Eine (Gruppe von) Para-Botschaft(en) ist gültiger Selbstausdruck. Die im Widerspruch dazu stehenden Para-Botschaften resultieren aus einer aktuellen Ressourcenlücke.
- Die inkonsistenten Para-Botschaften entsprechen beide nicht dem gewollten Ergebnis der Kommunikation und sollen durch eine dritte, beide integrierende Alternative aufgelöst werden.

5 In Abhängigkeit von der Antwort entscheidet sich **B** für eine der folgenden Strategien oder eine Kombination davon:
- *Ressourcenarbeit*
  (Welche Ressourcen brauchst du für eine kongruente Reaktion / Kommunikation? Was könnte dir helfen, das kongruent auszudrücken, was du ausdrücken möchtest? Aus welchem Kontext kennst du diese Ressourcen?)
- *Reframing*
  (Welche gute Absicht liegt in der der intendierten Aussage widersprechenden Para-Botschaft? Welche alternativen Verhaltens-/Ausdrucksweisen wären angemessener?)

Kongruenz und Inkongruenz

- *Anker verschmelzen*
  (Die in sich inkongruenten Para-Botschaften verkörpern jeweils getrennte und unterschiedliche Ressourcen oder Ziele. Die zugehörigen Ressourcen bzw. Ziele werden von **B** getrennt elizitiert und geankert. Anschließend bittet **B A**, die inkonsistente Botschaft zu wiederholen, und feuert beide Anker gleichzeitig ab.)
- *Parts Party (nach Virginia Satir) oder Verhandlungsmodell (Reframing)*
  (Die für die inkonsistente Kommunikation verantwortlichen Teile bzw. Sender der Para-Botschaften werden kritisch gewürdigt und ein gemeinsamer, für alle verbindlicher Zielrahmen wird entwickelt.)

6 Ökologie-Check: Gibt es seitens des Klienten Einwände, haben innere, noch nicht ausreichend gewürdigte Persönlichkeitsanteile Bedenken, oder sind solche in der Umgebung des Klienten zu befürchten? (Achte auf die Physiologie.) Wenn ja, Schritt 5 mit einer anderen Variante wiederholen.

7 Future-Pace: In welcher künftigen Situation wirst du dieses neue, konsistente Verhalten unter Beweis stellen können?

Satir-Kategorien

Eignung

☐ Selbstmanagement
☒ Therapie/Coaching
☒ Teamentwicklung

Indikation/Thema

- Verarmtes Wirklichkeitsmodell
- Verzerrte Kommunikationsbeziehungen in Gruppe /Kommunikationsstreß
- Negatives Selbstbild
- Verlust an Selbstwertgefühl

Zielsetzung

- Enthierarchisierung/Entzerrung von Kommunikationsbeziehungen
- Erweiterung der kommunikativen Kompetenz
- Flexibilität
- Rapportaufbau in speziellen Kommunikationsformen
- Wiedergewinnen von Tiefenstrukturen

Anforderungen

☐ leicht
☒ mittel
☐ anspruchsvoll

Zeitbedarf

☐ < 15 Minuten
☐ < 30 Minuten
☒ < 45 Minuten
☐ > 45 Minuten

Satir-Kategorien

1 Übung in Vierergruppen: Simuliert werden soll eine strittige Situation: z.B. für und wider die Beherrscharbeit von Atomkraft, die „Schwulen-Ehe", katholische Priesterinnen, Chancen zur Bewältigung der Arbeitslosigkeit etc. Folgende vier Rollen sind zu besetzen:

Kommunikations-form (Rolle)	Beschreibung	Zugangsfragen
Der Beschwichtiger (Placater)	„Ich bin glücklich, daß man mir überhaupt erlaubt, hier zu sein." ➤ viele Konjunktive ➤ Gebrauch von Einschränkungen: wenn, nur, gerade, überhaupt ...	Körperhaltung: ➤ zusammengesunken, schwankend, Kopf stark nach oben gerichtet, Hand bittend nach vorne gerichtet Stimme: ➤ winselnd, piepsig, gepreßt
Der Ankläger (Blamer)	„Wenn du nicht da wärst, wäre die Welt völlig in Ordnung." ➤ Universalquantoren: alle, jeder, nie, ➤ unterstellte Kausalzusammenhänge (wenn, dann; weil ...)	Körperhaltung: ➤ angespannt, verzerrt, flacher, gepreßter Atem Stimme: ➤ laut, schrill, hart
Der Rationalisierer (Computer)	„Bei ruhiger und sachlicher Überlegung kann man feststellen, daß ..." ➤ Tilgung von Bezugsindices ➤ Gebrauch von Nominalisierungen ➤ Tilgung des Subjekt /Subjektbezuges	Körperhaltung: ➤ unbewegt, gespannt, reaktionsarm Stimme: ➤ monoton, trocken
Der Ablenker (Distracter)	„Da fällt mir nichts ein, oder – halt, warten Sie – gestern begegnete mir ein Schauspieler, der wußte auch nicht ..." ➤ willkürlicher Gebrauch aller drei o.g. Sprachmuster ➤ fehlende Bezüge und Anknüpfungen	Körperhaltung: ➤ unkoordiniert wirkende Bewegungen von Kopf, Rumpf, Extremitäten Stimme: ➤ fahrig, schnell, bewegt

Satir-Kategorien

2 Jeder Teilnehmer schlüpft in eine Rolle und diskutiert als Placater, Blamer, Computer, Distracter ungefähr fünf Minuten; danach wechseln alle die Rolle, bis jeder jede Position einmal eingenommen hat.

3 Nach einem kompletten Durchgang tauschen sich die Teilnehmer aus: Welche Rolle war am unangenehmsten? Welche Rolle war (relativ) leicht einzunehmen? Wie war die Wirkung auf die anderen? Wie wirkten die anderen mit ihren Rollen?

4 In der nächsten Phase sollen Gegenstrategien ausprobiert werden. Einer in der Gruppe schlüpft jeweils für fünf Minuten in die Rolle, die er noch stärker erkunden möchte. Seine Aufgabe besteht darin, der Gruppe in der selbstgewählten Rolle ein Alltagsproblem vorzutragen. Die übrigen Teilnehmer versuchen diese Rollenzuordnung behutsam zu hinterfragen und getilgte, verzerrte oder generalisierte Wahrnehmungspositionen zu erweitern. Jede Rolle sollte einmal eingenommen werden.

5 Abschlußfeedback und Gruppenaustausch

Sleight of Mouth

Eignung

☒ Selbstmanagement
☒ Therapie/Coaching
☒ Teamentwicklung

Indikation/Thema

- Häufig wird in Gesprächen, besonders bei Verhandlungen, Konfliktschlichtungen und Mediationen, ein Punkt erreicht, wo scheinbar unversöhnliche Positionen aufeinanderprallen: z.B. Raucher gegen Nichtraucher; Anhänger der Kernenergie gegen deren entschiedene Gegner. Häufig kollidieren dabei gegensätzliche Glaubenssätze oder Überzeugungen, und die Auseinandersetzung droht sich auf eine persönliche Ebene zu verlagern, wo es schwierig wird, Win-Win-Situationen herzustellen. Das im folgenden beschriebene Format „Sleight of Mouth" enthält einige wirkungsvolle Techniken, um vermeintliche Inkompatibilitäten und Einschränkungen von Glaubenssätzen in Frage stellen zu können. Es ist darüber hinaus sehr wirkungsvoll bei Klienten, die bezüglich ihrer Gesundheit/Genesung negative Glaubenssätze haben.

Zielsetzung

- Entzerrung von Kommunikationsbeziehungen
- Erweiterung der kommunikativen Kompetenz
- Rhetorische Flexibilität und Verhandlungssicherheit
- Sicherheit bei der Konfliktschlichtung
- Inzweifelziehen negativer persönlicher Glaubenssätze

Anforderungen

☐ leicht
☒ mittel
☐ anspruchsvoll

Zeitbedarf

☒ < 15 Minuten
☐ < 30 Minuten
☐ < 45 Minuten
☐ > 45 Minuten

Sleight of Mouth

1 Argumentationsraster aufbauen

exemplarisch der Glaubenssatz: „Krebs ist tödlich."

Nr.	Methoden	Gegenargument/Erwiderung
1	**Chunking Up** Ein Element oder der komplette Glaubenssatz wird auf eine höhere logische Klassifikationsebene gebracht, wodurch seine spezifische Relevanz eingeschränkt, umdefiniert oder ad absurdum geführt wird.	Nun, vielleicht schädigt der Krebs eine bestimmtes Organ, aber dadurch wird nicht zwangsläufig der Gesamtorganismus zerstört. Krebs ist nur ein Zeichen für unkontrolliertes Wachstum.
2	**Chunking Down** Der Glaubenssatz wird auf einer tieferen logischen Ebene spezifiziert (konkretisiert) und dadurch in seiner Globalaussage eingeschränkt.	Ist eine Krebszelle an sich schon tödlich? Du siehst doch, Krebszellen werden ständig durch unser Immunsystem in Schach gehalten.
3	**Konsequenz** Die Überzeugung wird durch den Hinweis auf ihre praktischen oder theoretischen Konsequenzen entkräftet.	Negative Glaubenssätze wirken sehr zuverlässig. Wer glaubt, daß er keine Chance hat, hat auch keine Chance. (self-fulfilling prophecy)
4	**Positive Absicht** Was steht hinter der Überzeugung; was wird damit Positives bezweckt und könnte durch eine Alternative noch besser werden?	Ich verstehe, du willst nicht durch falsche Versprechungen grausam enttäuscht werden. So aber verbaust du dir nur eine mögliche Wende zum Besseren.
5	**Gegenbeispiel** Nach den Spielregeln des Wissenschaftsbetriebs widerlegt schon ein Gegenbeispiel die generelle Gültigkeit einer Hypothese/Überzeugung.	Meine Großmutter hatte auch Krebs. Sie hat ihn zwanzig Jahre überlebt und starb sehr friedlich an Altersschwäche.
6	**Semantische Verschiebung** Der Kernbegriff wird durch einen benachbarten Begriff neu definiert, wodurch der Handlungsspielraum für den Argumentierenden wächst.	Man stirbt nicht an Krebs, sondern an mangelndem Lebenswillen, der zur Schwächung des Immunsystems führt.
7	**Kontext/Zielrahmen wechseln** Die Aussage wird als irrelevant für die gemeinsame Zielerreichung hingestellt, oder es wird implizit ein neues Ziel unterstellt.	Entscheidend ist nicht, ob wir an Krebs sterben, sondern wie wir lernen können, damit gut umzugehen und unserem Leben Sinn zu geben.

Sleight of Mouth

Nr.	Methoden	Gegenargument/Erwiderung
8	**Analogie** Die Bedeutung des Glaubenssatzes wird verändert, indem er zu einer parallelen Aussage in Analogie gebracht wird.	Damals galten Pest und Cholera auch als unheilbare, tödliche Krankheiten. Heute verfügen wir über wirkungsvolle Mittel dagegen. Krebszellen sind wie Unkraut im Garten: Man wird sie selten ganz los; wer aber seinen Garten regelmäßig in Ordnung hält, hat gute Chancen, sich lange daran zu freuen.
9	**Selbstanwendung** Der Glaubenssatz wird auf ein mögliches oder tatsächliches Verhalten des Betreffenden angewendet, wodurch ein Verlust an Glaubwürdigkeit resultiert.	Wenn du das so fest glaubst, machst du es dem Krebs sehr leicht: diese Gedanken verbreiten sich dann selbst wie eine Krebsgeschwulst. Wenn du wirklich glaubst, was du sagst, dürftest du auch zu keinem Alternativmediziner gehen.
10	**Kriterienhierarchie** Implikationen des Glaubenssatzes werden durch Verweis auf ein übergeordnetes Kriterium relativiert.	Was ist schädlicher: Sich selbst dem Krebs völlig auszuliefern und die Waffen vorzeitig zu strecken, oder für ein menschenwürdiges, sinnerfülltes Leben zu kämpfen?
11	**Rahmengröße ändern** Der logischen Rahmen (Zeitdauer, Anzahl der Betroffenen, globale oder nationale Sicht etc.) wird geändert; dadurch ändert sich der Glaubenssatz.	Aus deiner Sicht kann ich deinen Pessimismus verstehen. Aber denke doch auch an deinen Partner, der mit dir kämpft. Wenn du nicht an Heilung glaubst, wie sollte er es dann können? Statistisch betrachtet stirbt nur jeder siebte Patient an diesem speziellen Tumor.
12	**Meta-Rahmen etablieren** Der Glaubenssatz wird durch einen übergeordneten Glaubenssatz auf der Metaebene relativiert.	Wissenschaftlich kann es nicht bewiesen werden, daß jeder Mensch, der an Krebs erkrankt, auch an Krebs stirbt. Es ist eine Frage der persönlichen Perspektive und wofür man sich entscheidet: für das Leben oder für den Tod.
13	**Ideologisierung** Der Glaubenssatz wird einer Ideologie zugerechnet und dadurch entkräftet.	Nun, ängstliche Patienten glauben, daß man an Krebs stirbt. Fortschrittliche Ärzte glauben, daß jeder Mensch inaktive Krebszellen in sich trägt. Ob der Organismus damit fertig wird, hängt allein von der Leistung des Immunsystems ab.
14	**Relativierung durch Erfahrung** Der Glaube repräsentiert immer eine eingeschränkte, generalisierte Weltsicht.	Ich habe einen Onkel, der durch seinen festen Lebenswillen seinen Krebs besiegt hat – der Glaube versetzt Berge.

Sleight of Mouth

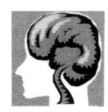

2 Übung in der Gruppe
Einer in der Gruppe nennt einen für ihn unumstößlichen Glaubenssatz; die anderen versuchen, ihn durch Anwendung eines der o.g. Argumentationsmuster zu relativieren.

3 Gruppenfeedback
Was ist der Nutzen? Welche Muster wirken am besten, welche nicht oder nur eingeschränkt? Wie sind die Gefühle auf seiten der Disputanten?

Modelle der Veränderung

- ☐ Submodalitäten
- ☐ Meta-Modell (Kommunikationsstrategien)
- ☒ Milton-Modell
- ☐ Reframing und Teilearbeit
- ☐ Strategien
- ☐ Time-Line
- ☐ Glaubenssysteme und Logische Ebenen

Das **Milton-Modell** ist die modellhafte Darstellung der auf den Hynotherapeuten Milton Erickson zurückgehenden Verfahren der Trancearbeit.

Trance-Sprache

Eignung

☐ Selbstmanagement
☒ Therapie/Coaching
☐ Teamentwicklung

Indikation/Thema

- Effizientes Erlernen von hypnotischen Sprachmustern in einer Gruppe

Zielsetzung

- Wechseln von internen und externen Erfahrungsreferenzen
- Wirkungsvolles ↗Pacen und ↗Leaden über Biofeedbackmechanismen
- Verbesserung der nonverbalen Kommunikation

Anforderungen

☒ leicht
☐ mittel
☐ anspruchsvoll

Zeitbedarf

☒ < 15 Minuten
☒ < 30 Minuten
☐ < 45 Minuten
☐ > 45 Minuten
abhängig vom Verlauf

Trance-Sprache
Vorübung

1 Verbindungen schaffen

- Die erste Person wendet sich an ihr Gegenüber und formuliert einen Satz mit einem visuellen Prädikat: „Ich sehe dich auf dem Stuhl hier sitzen **und** ..." Die zweite Person setzt den Satz ebenfalls mit einem visuellen Prädikat fort, wobei sie ein anderes Verbindungswort (und, weil, während, indem, wobei, danach, indem, ..) benutzt: „... ich schaue dir in die Augen, **während** ..." Nachdem jeder in der Gruppe dran war, geht es weiter mit den auditiven und zuletzt mit den kinästhetischen Prädikaten.

- Die erste Person formuliert jetzt zwei Aussagen mit Prädikaten aus verschiedenen Repräsentationssystemen und mit zwei Verbindungswörtern: „Ich sehe den Baum **und** höre das Rauschen der Blätter, **während** ..." Jeder weitere Teilnehmer setzt dies fort, wobei er den Satz aufnimmt und in einem anderen Repräsentationssystem fortführt: „... ich den Wind in meinen Haaren spüre **und** dem Regen lausche, **weil** ..."

2 Hypnotische Muster einstreuen

Die erste Person wendet sich an ihren Nachbarn und beschreibt in einem Satz, was dieser sieht, hört oder spürt: „Du siehst die gegenüberliegende weiße Wand **und** hörst den Regen auf das Dach klatschen, **während** ..." Dieser setzt den Satz fort, indem er sich an den nächsten Teilnehmer wendet und jetzt von der sinnesspezifischen Aussage zu einer unspezifischen Suggestion über dessen inneren Zustand übergeht: „... du dich vielleicht fragst, wie es ist, ganz entspannt zu sein **und** ..." Im Wechsel werden jetzt sinnesspezifische und suggestive Aussagen miteinander verbunden, bis alle Teilnehmer mehrmals dran waren.

Bei der Trancearbeit können äußere oder innere Störungen auftreten: Das Telefon klingelt, die Tür wird geöffnet und fällt mit einem lauten Knacks ins Schloß, jemand läßt einen Gegenstand fallen, rückt mit seinem Stuhl, oder ein Teilnehmer muß gähnen, kratzt sich am Kopf, verspürt einen Schluckreiz, seine Lider flattern, er muß weinen usw. Ein sehr elegantes Verfahren im Umgang mit solchen Störungen besteht darin, sie zu utilisieren, d.h. in das individuelle Erleben einzubetten:

- „Manchmal muß man sich am Kopf kratzen, um zu merken, daß die Veränderung jetzt anfängt."
- „Und manchmal öffnet sich eine Tür nach innen, und während man eintritt ..."
- „Und mit dem Weinen lösen sich schmerzhafte Erfahrungen – so wie man manchmal traurig wird, wenn man alte, längst vergessene Dinge noch einmal zu Gesicht bekommt, bevor die Zeit sie mit sich nimmt."
- „Auch das Schlucken kann ein Zeichen dafür sein, daß wir anfangen, uns etwas wahrhaft einzuverleiben."

Trance-Sprache
Von der äußeren Erfahrung ins Erleben

1 Emotionale Zustände spiegeln

Übung in Dreiergruppen:

- **A** schreibt vier emotionale Zustandsbegriffe auf vier verschiedene kleine Papierschnipsel, z.B. *Vertrauen, Hoffnung, Liebe, Bewunderung*.
- **A** reicht den ersten Zettel an **B** weiter, ohne daß **C** sieht, was auf dem Zettel steht.
- **B** führt eine kleine Pantomime auf, indem er sich eine Szene vor Augen führt, in der er *Vertrauen, Hoffnung, Liebe, Bewunderung* etc. erfahren hat.
- **C** sieht sich die Pantomime an, versetzt sich in **B** und fragt sich, was **B** wohl erfahren haben mag. Die Antwort flüstert er **A** ins Ohr.
- **A** vergleicht die Interpretation von **C** mit dem, was auf dem Zettel stand, den er **B** gab.
- Wenn alle Begriffe von **A** nonverbal kommuniziert wurden, wird gewechselt.

2 Inneres Erleben vertiefen

A gibt **B** ein kurzes Stichwort für eine ihm angenehme Erinnerung (Urlaub am Meer, in den Bergen; beim Spazierengehen oder Joggen, beim Flirten, Tanzen, Angeln etc.). **B** leitet nun **A** durch den Gebrauch von hypnotischen Sprachmustern stärker und stärker in sein inneres Erleben:

Exemplarisch: Angeln am See

Aussage	Sprachmuster des Milton-Modells
Du bist endlich an der richtigen Stelle angekommen und bist erstaunt, wie geeignet diese Stelle für deinen Zweck ist, und während du dabei bist, deine Utensilien auszupacken und einen Sitzplatz zu suchen, fragst du dich, was dir heute Besseres hätte passieren können, als hier entspannt zu sitzen, mit der Angel in der Hand und den Blick langsam schweifen lassend über den ruhigen und stillen See, der, wenn er sprechen könnte, dir sicherlich viel Entspannung und Freude wünschen würde ...	*Tilgung:* die richtige Stelle *Gedankenlesen:* wie geeignet *Gedankenlesen:* fragst du dich *Unspezifisches Verb:* passieren *Punktuelle Grenzüberschreitung:* ein See, der spricht (metaphorisches Sprachmuster)
Während du die Angel in der Hand hältst, hörst du vielleicht eine innere Stimme sagen: Es ist gut, sich zu entspannen und die Ruhe mehr und mehr zu genießen – dabei ist es nicht wichtig, ob man die Augen schließt oder zuläßt, daß sie von selber zufallen.	*Eingebettetes Zitat/versteckter Befehl:* Es ist gut, sich zu entspannen *Nominalisierung:* Ruhe *Vorannahme:* egal was er macht, er schließt die Augen
Vielleicht würde es andere interessieren, wie es ist, so entspannt, ruhig und mit diesem Glücksgefühl einfach nur so dazusitzen.	*Versteckte Frage:* interessieren, wie es ist *Nominalisierung:* Glücksgefühl
Aber du sitzt einfach nur so da und spürst diese angenehme Wärme innen wie außen.	*Kausale Verknüpfung:* sitzt da und spürst...

C beobachtet, wie **A** auf **B**'s Instruktionen reagiert; am Ende geben sich alle Beteiligten Feedback.

Trance-Sprache
Von der äußeren Erfahrung ins Erleben

1 Konversationspostulate

Übung in Vierergruppen. **B** nimmt sich vor, einen Teilnehmer in der Gruppe dazu zu bringen, etwas für ihn zu tun, z.B. ihm die Uhrzeit zu sagen, die Tür zu schließen, ihm ein Tempotaschentuch zu geben etc. Bevor er seinen Wunsch in Form eines Konversationspostulats verpackt, vergewissert er sich, daß der andere auch die Möglichkeit hat, das Gewünschte auszuführen.

- Ist die Tür nicht offen? (Die Tür soll geschlossen werden; sie steht offen, und der Angesprochene ist in der Lage, sie zu schließen.)
- Ist es nicht schon sehr spät? (um die Uhrzeit in Erfahrung zu bringen)
- Ist die Übungszeit nicht schon vorbei?
- Mit einem Kugelschreiber kann man sich bestimmt besser Notizen machen als mit diesem Bleistift hier? (Der Angesprochene soll ihm einen Kugelschreiber geben.)
- Ohne die Musik im Hintergrund ließe sich besser üben. (Der Angesprochene soll die Musik ausstellen.)
- Hast du mir eigentlich schon eine Zigarette/ein Bonbon gegeben? (Der Angesprochene soll es jetzt tun.)

2 Eingebettete Befehle und Tonalität

B überlegt, wie er **A** eine Anweisung geben kann, ohne daß **A** die Anweisung als Anweisung registriert. Er spricht langsam, sanft und eingängig, wobei er positive oder negative Befehle benutzt:

- Während du hier sitzt und zuhörst, hoffst du vielleicht, *du kannst dich entspannen*.
- Komisch, wenn Bandler sagt: *Geh jetzt nicht in Trance, bevor du nicht richtig entspannt bist*, sagen sich viele: *Geh besser jetzt in Trance und entspann dich gleich*.
- Während du den Sitz unter dir spürst, spürst du genau: *Du fühlst dich mit jedem Atemzug entspannter und noch entspannter*.

3 Indirekte Suggestionen

B möchte mehr Wahlmöglichkeiten bei der Trance-Induktion, u.a. möchte er auch mit Personen Rapport halten können, die noch Bedenken haben, in eine Trance geführt zu werden:

- Auch wenn die Augen noch offen sind, kann man sie schließen.
- Die meisten Menschen können es genießen, sich auch mit geschlossenen Augen zu entspannen.
- Oft will man krampfhaft die Augen offen halten, obwohl die Augenlider so müde geworden sind und sich schließen möchten.
- Ich habe schon oft erlebt, daß jemand gar nicht erwarten konnte, jetzt gleich in Trance zu gehen.

Feedback vom Unbewußten

Eignung

☐ Selbstmanagement
☒ Therapie/Coaching
☐ Teamentwicklung

Indikation/Thema

- Gezielte Kommunikation mit dem Unbewußten
- Psychosomatische Störungen
- Unbewußte Einwände
- Schwierigkeiten bei einer Entscheidungsfindung
- Ökologie-Check

Zielsetzung

- Etablieren eines Kommunikationskanals mit dem Unbewußten
- Herstellen einer konstruktiven Beziehung zwischen Bewußtsein und Unbewußtem
- Transparentmachen innerer Blockaden

Anforderungen

☐ leicht
☒ mittel
☐ anspruchsvoll

Zeitbedarf

☒ < 15 Minuten
☐ < 30 Minuten
☐ < 45 Minuten
☐ > 45 Minuten

Feedback vom Unbewußten

1 Problembestimmung

Übung in Dreiergruppen: **B** bittet **A**, an das Problem oder die vor ihm liegende Aufgabe zu denken. Zu diesem Problem, zu dieser Aufgabe soll das Unterbewußte um Rat befragt werden.

2 Induzieren einer Tieftrance

B nutzt dabei eine der folgenden Methoden[1]: *5-4-3-2-1-Methode, Wiedererinnern einer tiefen Trance, Hebelinduktion, Overload, Personal Power, Verschachtelte Realitäten* oder eine andere.

3 Etablieren eines Ja/Nein-Signals

- »Wenn Menschen ganz tief in sich drin sind, können sie sich mehr und mehr entspannen und dabei entwickelt sich eine innere Wachheit für die Signale, mit denen unser Unterbewußtes mit uns kommuniziert.
- Während du also in dich hineinhörst, spürst du vielleicht, wie sich dein Kopf bewegt oder daß ein Finger zuckt oder daß dein Körper sich sonstwie anfühlt – als ob ihm jemand sagen wollte: Du, ich bin da und bereit, mit dir zu sprechen.
- Und manchmal bedarf es nur einer kleinen Aufmerksamkeit, um dieses Signal zu spüren. Zum Beispiel könnte es sein, daß, wenn ich diesen Finger der linken Hand berühre, dein Unterbewußtes dir gleich signalisiert, daß es ein „Ja" ist – und dieser Finger der rechten Hand hebt sich jetzt vielleicht, um ein „Nein" zu signalisieren.«

ℹ Es ist nicht wichtig, ob es die Finger, die Hände oder Arme oder sonstige Signale sind. Wichtig ist, daß ein Kanal zum Unterbewußten etabliert wird, über den „Botschaften" gesendet werden können. Es kann durchaus auch sein, daß das Unterbewußte durch den Mund des Klienten direkt spricht. Im allgemeinen jedoch sind nonverbale Ja/Nein-Signale einfacher zu installieren und werden auch vom Klienten einfacher akzeptiert.

- »Und wenn dein Unterbewußtes jetzt mit dir in Kontakt treten möchte, hebt sich der Finger deiner linken Hand (*oder ein anderes verabredetes Signal*), und wenn es jetzt nicht kommunizieren möchte, hebt sich der Finger deiner rechten Hand. Bedanke dich jetzt für die Bereitschaft deines Unterbewußten, mit dir in Kontakt zu kommen. Du bekommst in ihm einen starken (kreativen, sensiblen bzw. was immer für den Klienten wichtig ist) Verbündeten.«

ℹ Selbst wenn das Unterbewußte signalisiert, daß es jetzt nicht kommunzieren möchte, hat es kommuniziert. Die möglichen Einwände und die „Wiedervorlage" können dann behutsam angegangen werden (➚Reframing von Einwänden).

---

1 Vgl. Kraft: *NLP-Handbuch*, S. 99-102

Feedback vom Unbewußten

4 Kommunikation mit dem Unbewußten

B: Ich möchte jetzt direkt mit deinem (A's) Unbewußten sprechen. Wenn das für dich, Unbewußtes, okay ist, gib mir ein entsprechendes Signal. (Bei Nein-Signal: Reframing von Einwänden)

B: Vielen Dank für deine Bereitschaft, mit mir zu kommunizieren. Gibt es vielleicht ein Problem, das du (A's Ubw) vielleicht ansprechen und lösen möchtest? (Falls ein Nein-Signal kommt, Einwände behandeln, vielleicht „Geheimtherapie" ohne Kenntnis des Probleminhalts)

B: Okay – dann bitte ich dich, es A wissen und artikulieren zu lassen.

A: Oh ja, ich erinnere mich ... darauf wäre ich nicht gekommen, daß mich das die ganze Zeit bedrückt hat?! (Falls A Probleme mit dem „Problem" hat: Verhandlungsreframing zwischen den beteiligten Persönlichkeitsteilen.) Es (das Unbewußte) sagt mir, daß ...

B: Okay (und zu A's Unbewußtem) – und für welchen Teil ist das Problem relevant? Und welche Absicht verfolgt er damit?

A: ....

ℹ️ Das ist nur ein Beispiel, das zeigt, wie ab einem bestimmten Punkt der Kommunikation in bekannte Fahrwasser abgezweigt werden kann. Wenn die Kommunikation etabliert ist, kann **B** mit einem Six-Step-, Kernintentions- oder Verhandlungsreframing (oder auch mit einer Time-Line-Arbeit) fortfahren, wobei es grundsätzlich empfehlenswert ist, mit der Stimme zu markieren, ob **B** zu **A** oder zu **A**'s Unbewußtem spricht. Natürlich kann man das Unbewußte (Ubw) als Fiktion ansehen. Aber sie gestattet es **A**, einen größeren Handlungsspielraum und innere Distanz zum Problem aufzubauen, der für kreative Alternativen und Lösungen genutzt werden kann.

- ↗Re-Imprinting
- ↗Kernintentionsreframing (Core Transformation)
- ↗Six-Step-Reframing
- ↗Verhandlungsreframing

Trancephänomene

Eignung

☐ Selbstmanagement
☒ Therapie/Coaching
☐ Teamentwicklung

Indikation/Thema

- Der Übergang vom Wachbewußtsein zu den einzelnen Trancezuständen kann fließend verlaufen. Im Normal- oder Beta-Zustand beträgt unsere Gehirnfrequenz ca. 20 Hertz (Schwingungen pro Sekunde). Mit der Entspannung reduziert sich die Schwingungszahl auf etwa 10 Herz und erreicht den Alpha-Zustand, wo wir am leichtesten lernen: Der Körper wird ruhiger, das Erleben dissoziiert, die Atmung verlangsamt sich, und der Muskeltonus im Gesichts- und Schulterbereich nimmt ab. Dies ist zugleich der bevorzugte Zustand für NLP-Interventionen, die in Trance ablaufen. Sinkt die Schwingungszahl weiter ab, wird der Theta-Bereich erreicht, die Tiefenmuskulatur entspannt sich, und der Betreffende kann die Kontrolle über seinen peripheren Kreislauf erhalten. Ab 4 Hertz wird der Delta-Zustand erreicht: der Zustand tiefen Schlafes. Die Schmerzempfindlichkeit nimmt entsprechend ab. Im Alpha-Zustand gewinnt die Person Zugang zu den Schichten des Bewußtseins, die im allgemeinen der bewußten Kontrolle und Steuerung entzogen sind. Ob man dies jetzt „Kontakt zum Unbewußten" oder „höhere Intelligenz" oder „die andere Seite" nennt, ist beliebig und kann dem Glaubenssystem des Klienten angepaßt werden. Die beschriebenen Übungen sind brauchbar, um den Nutzen von Trancezuständen zu demonstrieren und eventuell vorhandene Befürchtungen vor Manipulation etc. abzubauen.

Zielsetzung

- Üben und Nutzen von Trancezuständen

Anforderungen

☒ leicht
☐ mittel
☐ anspruchsvoll

Zeitbedarf

☒ < 15 Minuten
☒ < 30 Minuten
☐ < 45 Minuten
☐ > 45 Minuten
abhängig vom Verlauf

Trancephänomene
Ankern in Trance

1 Setting

Übung in Zweiergruppen: **B** sitzt schräg seitwärts neben **A**. **B** führt **A** in eine Trance und läßt ihn dann den ihm abgewandten Arm in Schulterhöhe geradeaus strecken: „Dein Arm wird sich jetzt mit dem Grad an Intensität deines Erlebens senken, wenn die Erlebnisintensität abnimmt – und heben, wenn sie zunimmt."

Intensität des Erlebens

2 Erwartungsfreude (Zustand 1) ankern

Führe deinen Partner jetzt in ein Erlebnis, in dem er freudig gespannt war und es kaum erwarten konnte, mit Begeisterung loszulegen. Benutze das ↗Submodalitätenraster, um diesen Zustand bei **A** zu verstärken. Verwende dafür die analogen Submodalitäten, nicht die digitalen (wie z.B. assoziiert/dissoziiert). Durch das Heben des Armes erkennst du, in welche Richtung die Submodalitäten wirken, ob verstärkend oder abschwächend. Bei jeder Intensitätszunahme ankerst du an der gleichen Stelle nur leicht versetzt (gleitende Anker).

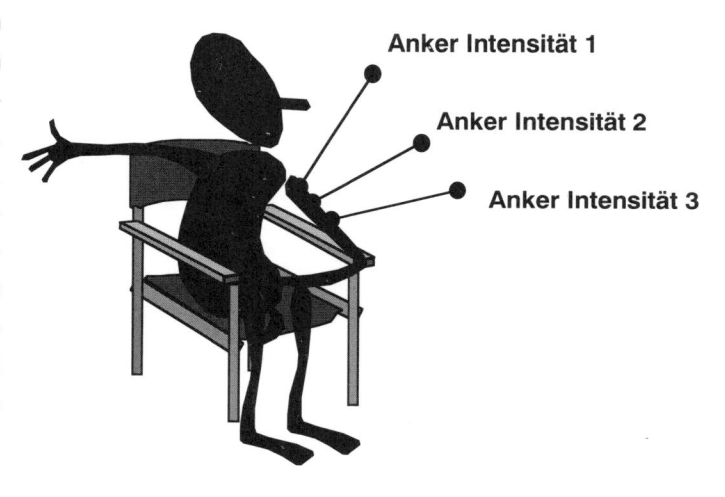

Anker Intensität 1
Anker Intensität 2
Anker Intensität 3

Trancephänomene
Ankern in Trance

3 Entspannung (Zustand 2) ankern

Führe deinen Partner jetzt in ein Erlebnis, in dem er angenehm entspannt war. Benutze das ↗Submodalitätenraster, um diesen Zustand bei **A** zu verstärken. Verwende dafür die analogen Submodalitäten, nicht die digitalen (wie z.B. assoziiert/dissoziiert). Durch das Heben desselben Armes erkennst du, in welche Richtung die Submodalitäten wirken, ob verstärkend oder abschwächend. Bei jeder Intensitätszunahme ankerst du an der gleichen Stelle (aber an einer anderen Stelle als im Schritt 2, z.B. jetzt am Bein oder am Handrücken) und wieder nur leicht versetzt (gleitende Anker).

4 Test

Hole **A** langsam wieder aus der Trance zurück und teste (gleite mit den Fingern über alle gesetzten Anker des Zustands 1 und 2) im Wachzustand, wie die Anker wirken: Sind die Zustände rein und stark sichtbar? Wie fühlt sich **A**? Wie ist es, wenn **A** die Anker selbst auslöst?

5 Future-Pace

Frage **A**, in welchen Kontexten, zukünftigen Situationen er diese Anker zur Verfügung haben möchte. Bitte **A**, sich in dieses Ereignis zu assoziieren, und feuere dann den entsprechenden Anker ab.

Trancephänomene
Wunscherfüllung

1 Erwartungshaltung elizitieren
Übung in Zweiergruppen: **B** führt **A** in einen Trancezustand. **B** elizitiert anhand des Submodalitätenrasters (visuell und auditiv), was **A** mit einer Erwartung verbindet, welche Situationen (mindestens drei) er kennt, wo dieser Erwartungszustand bei ihm ausgelöst wurde.

2 Wunschhaltung elizitieren
B elizitiert anhand des Submodalitätenrasters (visuell und auditiv), wie **A** einen Wunschzustand erlebt, welche Situationen (mindestens drei) er kennt, wo dieser Wunschzustand bei ihm ausgelöst wurde.

3 Wunscherfüllung elizitieren
Wie in Schritt 2, nur mit dem Zustand, wo sich für **A** ein Wunsch – wie im Traum – erfüllte

4 Lernfilm drehen
A findet einen zukünftigen Kontext, in dem alle drei Haltungen in einem Film sequentiell dargestellt werden: von der Erwartung über den Wunsch bis zur Wunscherfüllung. **B** hilft **A** dabei, drei typische Szene drehen und mit den elizitierten Submodalitäten plastisch darzustellen.

5 Am Schneidetisch
B hilft **A**, alle drei Filmsequenzen noch einmal zu überprüfen und gegebenenfalls zu verbessern (auf Unterschiede in der Physiologie achten!). Danach klebt **A** alle drei Szenen zusammen, und zwar so, daß ein Endlosband entsteht: Nach der Wunscherfüllung startet der Film wieder mit der Erwartungshaltung.

6 Vorführung
Der Film wird mindestens 5x wiederholt.

Trancephänomene
Doppelinduktion

1 Setting

Übung in Dreiergruppen (**A** als Klient, **B** und **C** als Coach/Therapeut). **B** und **C** induzieren eine Trance, indem sie **A** von links und rechts gleichzeitig ins Ohr sprechen: **B** erzählt ein Märchen oder pfeift ein kleines Lied in **A**'s linkes Ohr, während **C** etwas „Hochwissenschaftliches" oder „Technisches" in **A**'s rechtes Ohr spricht. (Optional können natürlich auch andere Induktionsmethoden verwendet werden.)

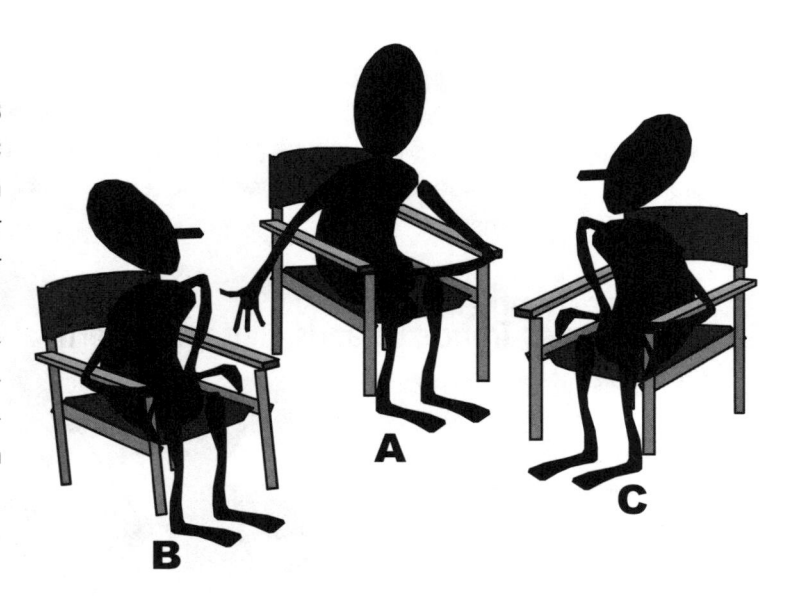

2 Erfahrung für Ekstase, Mission und Überzeugung elizitieren

B und **C** wechseln sich bei der weiteren Trance-Induktion ab:

A: Und während du dich tiefer und tiefer entspannst ...
B: wirst du noch einmal eine Erfahrung machen, die so wichtig gewesen ist in deinem Leben: die Erfahrung der Ekstase ...

B und **C** benutzen das ↗Submodalitätenraster, um diesen Zustand bei **A** weiter zu verstärken (nur die analogen visuellen und auditiven Submodalitäten, nicht die digitalen wie z.B. assoziiert/dissoziiert). Bei jeder Intensitätszunahme ankern **B** und **C** gleichzeitig an unterschiedlichen Stellen, und zwar mit gleitenden Ankern, wie in der Übung ANKERN IN TRANCE beschrieben, so daß **B** beispielsweise einen gleitenden Anker an der rechten Hand, am rechten Arm oder am rechten Bein etabliert und **C** an der linken Hand, am linken Arm oder am linken Bein. Dies wiederholen sie für die anderen Zustände „Mission" und „Überzeugung".

3 Test

B und **C** bitten **A**, jetzt an eine angenehme Beziehung zu einem Freund/einer Freundin zu denken, und lösen dann die Anker für Ekstase, Mission und Überzeugung aus. Dann bitten sie **A**, an eine eher problematische Beziehung zu denken, und lösen dabei ebenfalls die drei Anker aus.

4 Reduktion

B und **C** führen **A** allmählich wieder in das Hier und Jetzt zurück, wobei sie ihm einen angenehmen Zustand von Erfüllung, Entspannung und Ruhe suggerieren.

Trancephänomene
Tranceanker

1 Setting

Übung in Zweiergruppen: **B** sitzt schräg seitwärts neben **A**. **B** führt **A** in eine Trance und läßt ihn dann den ihm abgewandten Arm in Schulterhöhe geradeaus strecken: „Dein Arm wird sich jetzt mit dem Grad, wie du tiefer und tiefer in Trance gehst, heben, und er wird sich senken, wenn du mehr und mehr in den Wachzustand kommst."

2 Intensität des Trancezustands gleitend ankern

B führt jetzt seinen Partner kontinuierlich vom leichten zum tiefen Trancezustand, wobei er am Heben des Armes erkennt, inwieweit er jetzt die einzelnen Stadien der Trance (z.B. an unterschiedlichen Stellen des anderen Armes) ankert (sliding anchors).

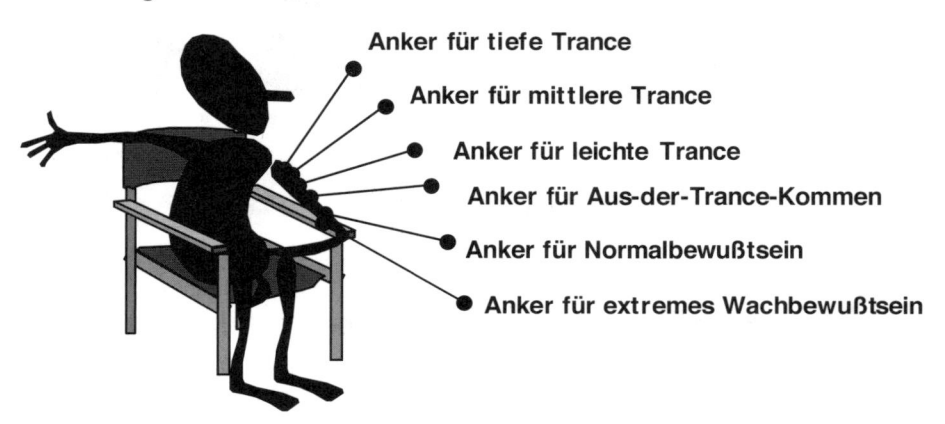

- Anker für tiefe Trance
- Anker für mittlere Trance
- Anker für leichte Trance
- Anker für Aus-der-Trance-Kommen
- Anker für Normalbewußtsein
- Anker für extremes Wachbewußtsein

3 Intensität des Wachzustands gleitend ankern

B führt jetzt seinen Partner kontinuierlich aus dem Tieftrancezustand heraus in den Wachzustand und von dort in den Moment extremer Wachheit und Aufmerksamkeit – unter Nutzung der visuellen und auditiven Submodalitätenraster. (Der Arm als Feedbackmechanismus entfällt hier natürlich.) **B** ankert die einzelnen Stadien des Wachzustandes am gleichen Arm, aber an unterschiedlichen Stellen.

4 Selbsttest

A testet jetzt in seinem eigenen Rhythmus, angefangen vom Wachzustand, wie er beim Auslösen der gleitenden Anker in eine Trance gerät, läßt sich Zeit, diesen Zustand zu genießen, und geht dann wieder in die umgekehrte Richtung.

Trancephänomene
Die Aktivierung des Jungbrunnens

❶ Nutzen

Die Altersregression in Trance kann sehr gut in Kombination mit einer ↗Time-Line-Arbeit benutzt werden, ist aber auch als eigenständige Übung (wie unten beschrieben) geeignet, um aus dem wiedergewonnenen Jungbrunnen aufs neue Frische, Elan, Spannkraft, Begeisterung etc. sprudeln zu lassen.

1 Trance-Induktion

Übung in Zweiergruppen (**B** zu **A**): Du kannst jetzt anfangen, in Trance zu gehen und dich mehr und mehr zu entspannen ... (**B** verwendet eine ihm bekannte Induktionstechnik.)

2 Das Ursprungsgesicht entdecken

Stell dir vor, du schaust in den Spiegel der Zeit, der die magische Fähigkeit besitzt, den, der hineinblickt, jünger und jünger zu machen. Zuerst geht es sehr langsam – wie wenn ein Film zurückläuft – Sekunde um Sekunde. Aber aus den Sekunden werden Minuten, aus den Minuten Stunden und daraus Tage und Monate. Nach einiger Zeit kannst du wahrnehmen, wie aus deinem Gesicht langsam all das verschwindet, was sich dort an negativen Einflüssen, Gedanken, Emotionen wie Ärger und Streß abgelagert hat. Jetzt siehst du mehr und mehr dein Ursprungsgesicht in seiner zeitlosen Schönheit. Und je entspannter du bist, desto stärker kannst du es genießen und spüren, wie angenehm die wiedergefundene Spannkraft und Frische sich auf der Haut anfühlt. Während du die Liebe zu deinem Ursprungsgesicht weiter verstärkst, spürst du im Inneren deine „immerwährende und unverlierbare Grundschönheit", die unabhängig von Moden und gängigen Schönheitsidealen in dir existiert und Schönheit ausstrahlt wie das Lächeln Buddhas.

Trancephänomene
Die Aktivierung des Jungbrunnens

3   Zurück zur Kindheit

- Du siehst dich weiterhin im Spiegel – dein Ursprungsgesicht sieht dich an. Laß jetzt deine Gedanken auf dem Zeitstrom langsam zurück zu deiner Kindheit schwimmen – und beobachte dabei dein Gesicht im Spiegel. Vielleicht fällt dir dabei sogar ein Kinderbild von dir ein, welches dir von jeher ganz besonders gut gefallen hat. Gehe soweit zurück, wie es möglich ist. Und während du innerlich weiter und weiter in deine Kindheit zurückgehst, beobachte dabei, wie auch dein Ursprungsgesicht ursprünglicher, jünger und noch schöner wird. Genieße es. Vielleicht spürst du dabei auch, wie sehr sich dein eigenes Gesicht jünger, frischer und angenehmer anfühlt.
- Wenn du am Ursprungspunkt deiner Kindheit angekommen bist, wirst du vielleicht aus dem Mund deines jüngeren Ursprungsgesichts hören, was du brauchst, um diese ursprüngliche Schönheit auch in Gegenwart und Zukunft intensiv spüren zu können. Nimm diese Ressourcen auf und verstärke sie, so weit es geht.

4   Zurück in die Gegenwart

Jetzt gehe langsam, Minute um Minute, Stunde um Stunde, Tag um Tag, Monat um Monat, Jahr um Jahr in die Gegenwart vor. Und während du der Gegenwart entgegengehst, siehst du sehr genau, welche Erlebnisse und welche negativen Einflüsse in der Vergangenheit deine Ursprungsschönheit wie eine Lehmschicht verdeckt haben. Jetzt aber ist dein Gesicht so glatt, daß nichts mehr haften kann. Alle negativen Erlebnisse kannst du jetzt einfach abwischen. Stelle dir vor, wie deine Hände all deine Kraft, Liebe und Zärtlichkeit in sich vereinen und voll klarer, reinigender Erkenntnisenergie vibrieren. Du legst beide Hände auf dein Gesicht und spürst die Kraft deiner Hände, die dein Gesicht jung und glatt werden läßt. Nun führe die Hände langsam vom Kinn aufwärts bis über den Haaransatz zärtlich über dein Gesicht und nimm die Kraft deiner Hände wahr, wie sie sanfte Energie in die Haut leiten, die sie schützt und ihre Jugendlichkeit erhält.

5   Ankunft in der Gegenwart

Wenn du in der Gegenwart angekommen bist, siehst du dein geklärtes Ursprungsgesicht im Spiegel, wie es dir zulächelt. Während du dieses Lächeln siehst, spürst du gleichzeitig in deinem eigenen Gesicht, welche Veränderungen stattgefunden haben. Mehr und mehr werden in deiner Phantasie diese beiden Gesichter – deines und dein Ursprungsgesicht – eines. Genieße diesen Verschmelzungsprozeß und wie dein Gesicht sich jetzt anfühlt. Wenn du jetzt an die nächsten Tage, Wochen, Monate und Jahre denkst, wird dir klar und klarer, daß du dich mitten in einem magischen Verjüngungs- und Schönheitsprozeß befindest.

Traumarbeit

Eignung

☐ Selbstmanagement
☒ Therapie/Coaching
☐ Teamentwicklung

Indikation/Thema

- Träume sind ein Modell für die Kommunikation unseres Unterbewußten mit unserem Bewußtsein. Welche Bedeutung jemand seinen Träumen gibt, ist letztlich gleichgültig. Wichtig für die Traumarbeit ist, ob es für jemanden grundsätzlich interessant ist, sich mit dem Traumgeschehen auseinanderzusetzen. Da NLP nicht inhaltsorientiert arbeitet, geht es auch nicht um eine Traumdeutung im klassischen Sinn – wie bei der Psychoanalyse. Wenn ein Klient geneigt ist, Träume als Modell einer anderen Art von Informationsverarbeitung und Kommunikation zu sehen, kann mit den klassischen NLP-Tools gearbeitet werden, um aktuelle oder ältere Probleme und Traumata zu bearbeiten. Ein anderer Weg ist die Zielerreichung mit luziden Träumen, d.h. Träumen, die der Träumer im Traum selbst steuert.

Zielsetzung

- Üben und Nutzen erweiterter Bewußtseinszustände
- Transformation von Traumata

Anforderungen

☐ leicht
☒ mittel
☒ anspruchsvoll

Zeitbedarf

☒ < 15 Minuten
☒ < 30 Minuten
☒ < 45 Minuten
☐ > 45 Minuten

abnhängig vom Verlauf

Traumarbeit
Weiterträumen

1 Sicherheits-/Ressourceanker etablieren

Übung in Zweiergruppen: **A** sitzt oder liegt bequem; **B** sitzt seitlich daneben oder schräg gegenüber. Bevor beide in den Traum einsteigen, wird in Trance für **A** ein Ressourceanker etabliert, der Schutz und innere Stärke symbolisiert und der beiden zur Verfügung steht, wenn **A** auf den Traum mit unerwartet starken negativen Emotionen reagieren sollte.

B: Erinnere dich an eine Situation, wo du das Gefühl hattest, dir könnte nichts geschehen, was immer auch geschehen würde – du fühltest dich geborgen und rundum geschützt.

A: Ja, ich erinnere mich, wie das war. Soll ich die Szene beschreiben?

B: Ja, geh in diese Situation hinein. Was siehst du, was hörst du, was fühlst du? (B benutzt hier das ↗Submodalitätenraster, um diese Situation dem Klienten präzise verfügbar zu machen.)

A: Okay ... ich sehe ... ich höre ... ich fühle ...

B: Stell dir jetzt vor, daß diese konkrete Szene sich jetzt so verändert, daß der Inhalt langsam in die Form eines Schutzschildes, eines Schutzumhangs (variabel bleiben, was immer der Klient sich vorstellen mag) oder eines undurchlässigen Strahlenfeldes übergeht, das du, wenn du es brauchst, aktivieren kannst.

A: Das ist ganz witzig: Ich sehe einen Strahlenumhang, der mich umschließt.

B: Gut. Spüre, wie er dich einhüllt, schützt und dir ein prächtiges Gefühl gibt.

A: Ja, als wäre ich unbesiegbar.

B: Womit möchtest du diesen Strahlenumhang in der Zukunft aktivieren? Mit welcher Geste möchtest du ihn ankern?

A: Indem ich den Ring an meinem Ringfinger einmal umdrehe.

- Rückführung in den Wachzustand und Test anhand einer von **A** kritisch beurteilten Situation in der Zukunft. Wenn der Test nicht funktioniert, Schritt 1 evtl. mit anderer Szene wiederholen.

2 Rekapitulieren

Im Wachbewußtsein: Erinnere dich jetzt an einen Traum,
- der häufig wiederkehrt,
- der unklar ist,
- den du besser verstehen möchtest,
- der dich belastet (Alptraum) oder
- der an einer entscheidenden Stelle abbricht.

3 Wiedereinstieg in den Traum

Und wenn du jetzt diesen Traum oder diese Traumsequenz auf deinem inneren Bildschirm hast, möchte ich, daß du dich – deinen inneren Blick auf diese Szene richtend – mehr und mehr entspannst. Ich werde jetzt langsam von 1 bis 100 zählen, und dabei wird dein Alltagsbewußtsein langsam in den Hintergrund treten und gleichzeitig dein Traumbewußtsein in den Vordergrund – wie man ein Bild überblendet – ganz langsam – in dem Rhythmus, der für dich angemessen ist.

Traumarbeit
Weiterträumen

Hier können weitere Suggestionen folgen, die alle das Ziel haben, einen langsamen und angenehmen Übergang in das Traumstadium zu schaffen. Anhand der Physiologie kann der Fortschritt kontrolliert werden. Durch stetiges Kommunizieren zwischen **A** und **B** wird gewährleistet, daß **A** an der Traumgrenze bleibt und nicht einfach einschläft.

Und wenn du in deinen Traum gefunden hast, gib mir ein Zeichen. Dann wirst du eine Stimme hören, die dich als Traumführer sicher durch deinen Traum geleiten wird. (**B** wechselt ab Schritt 4 die Tonalität.)

4 Kontrolliertes Weiterträumen

B führt den Träumer jetzt durch sein Traumland, läßt ihn sich umschauen, die Nebel durchdringen, rätselhafte oder schreckliche Figuren befragen (was sie Gutes für den Träumer wollen, was sie ihm Wichtiges mitteilen möchten etc.); er beruhigt **A**, wenn dieser Angst bekommt (Sicherheitsanker!) und verstärkt positive Erfahrungen im Traum durch posthypnotische Suggestionen („Du wirst dich beim Aufwachen daran erinnern"); **B** vermeidet jegliche äußere Interpretation von Traumsymbolen – das ist allein Sache des Träumers.

5 Den Traum nach Hause bringen

B fragt nach, was an Schlüsselszenen, Schlüsselsymbolen (die nicht aufgedeckt, „erklärt" zu werden brauchen, da das Unterbewußte oder Traumbewußte „weiß", was damit gemeint ist: ↗Geheimtherapie) und wertvollen Erkenntnissen in den Wachzustand als Ressourcen bzw. neue Verhaltensweisen integriert werden sollen und welche Dinge im Betriebssystem des Unterbewußten bleiben sollen, um dort auf eine neue Weise wirksame und positive Veränderungen für den Klienten zu bewerkstelligen. Was im einzelnen geschieht, ist stark vom Einzelfall und dem Können von **B** abhängig. Vordringliches Ziel ist auf jeden Fall, negative Traumerlebnisse positiv aufzuarbeiten.

6 Rückführung in den Wachzustand

In Abhängigkeit vom Traumprozeß: posthypnotische Suggestionen für die Integration des Erfahrenen, wobei dem Unterbewußten die Verantwortung übertragen wird, auch künftig dem Träumer wichtige Botschaften für seine persönliche Weiterentwicklung zu übermitteln. Günstig ist es auch, das Unterbewußte darum zu bitten, daß der Träumer die wichtigen Träume beim Aufwachen bewußt zur Verfügung hat.

Traumarbeit
Luzides Träumen

1 Wach- und Traumzustand elizitieren

Übung in Zweiergruppen: **B** arbeitet mit **A** anhand des visuellen (optional: auditiven) Submodalitätenrasters die Unterschiede zwischen Wach- und Traumzustand heraus. Als Vergleich wählt **A** einen Traum, der für ihn die größtmögliche Ähnlichkeit mit *der* Realität hatte.

Nr.	Submodalität	Wachzustand	Traumzustand	Kontrast [1 ↔ 2]
V1	Film / Standbild	☐ ☐	☐ ☐	☐ ☐ ☐ niedrig – mittel – hoch
V2	2D / 3D	☐ ☐	☐ ☐	☐ ☐ ☐ niedrig – mittel – hoch
V3	assoziiert / dissoziiert	☐ ☐	☐ ☐	☐ ☐ ☐ niedrig – mittel – hoch
V4	Rahmen / kein Rahmen	☐ ☐	☐ ☐	☐ ☐ ☐ niedrig – mittel – hoch
V5	scharf / soft	☐ ☐	☐ ☐	☐ ☐ ☐ niedrig – mittel – hoch
V6	Graustufen / Farbe	☐ ☐ ☐ ☐ ☐ grau ——— Farbe	☐ ☐ ☐ ☐ ☐ grau ——— Farbe	☐ ☐ ☐ niedrig – mittel – hoch
V7	Entfernung	☐ ☐ ☐ ☐ ☐ nah ——— fern	☐ ☐ ☐ ☐ ☐ nah ——— fern	☐ ☐ ☐ niedrig – mittel – hoch
V8	Position	☐ ☐ ☐ ☐ ☐ links ——— rechts	☐ ☐ ☐ ☐ ☐ links ——— rechts	☐ ☐ ☐ niedrig – mittel – hoch
V9	Proportionen	☐ ☐ ☐ ☐ ☐ kleiner ——— größer	☐ ☐ ☐ ☐ ☐ kleiner ——— größer	☐ ☐ ☐ niedrig – mittel – hoch

ⓘ Es ist durchaus möglich, daß bei den Submodalitäten ungewöhnliche Effekte auftreten können, z.B. bei den Bildern Tunneleffekte oder sich gegensinnig bewegende Bildteile, wo nur das Zentrum des Bildes stabil ist. Häufig finden sich auch Schleier, Weichzeichnereffekte, extrem verlangsamtes oder beschleunigtes visuelles Erleben (Zeitlupen- und Zeitraffereffekte), und vor allem bei der Selbst- und Körperwahrnehmung können Depersonalisierungseffekte eintreten, wie auch die dingliche Erfahrung starken Verzerrungen unterliegen kann. Es ist eine Frage des Experimentierens, möglichst viele unterscheidungskräftige Unterkategorien zu finden.

2 Unterschiede markieren

Wenn du beide Szenen vergleichst, markiere diejenigen Submodalitäten, bei denen hohe Kontraste bestehen. Die Leitfrage lautet: Woran wirst du als erstes erkennen, daß es sich bei diesem speziellen Erleben um einen Traum handelt?

Traumarbeit
Luzides Träumen

3 Traumanker installieren

B führt **A** jetzt in einen leichten Trancezustand und läßt ihn dort Kontakt mit seinem Unterbewußten aufnehmen. **A** bittet sein Unterbewußtes, ihm mehrmals (10x-15x) täglich die Frage vorzulegen, ob er, **A**, jetzt wohl träumt oder wacht, wobei er insbesondere an die relevanten Unterschiede zwischen Traum und Wachsein denken soll: Stell dir vor, du träumst: Gibt es ungewöhnliche Ereignisse/Wahrnehmungen, die du aus anderen Träumen kennst? Gibt es unerklärliche Gedächtnislücken? Ereignisse, die bestimmten Alltagserfahrungen bzw. den „Naturgesetzen" widersprechen? (In aller Regel wird diese Frage innerhalb von vier Wochen zu einem luziden Traum führen.)

ℹ️ Luzides Träumen kann definiert werden als Zustand, wo das Traum-Ich weiß, daß es träumt, und prinzipiell die volle, uneingeschränkte Verfügung über seine Wahrnehmungs-, Erinnerungs- und Steuerungsfähigkeiten hat. Während des Träumens kann das Traum-Ich Einsicht in die Bedeutung seines Traumprozesses erlangen und in Kommunikation mit den ihm begegnenden Traumgestalten zur Lösung intra- oder extrapsychischer Konflikte kommen; vor einem spirituellen Hintergrund ist auch eine Integration oder Transformation von „Schattenkräften" vorstellbar.

Der installierte Traumanker wird nach einer gewissen Zeit auch im Traumschlaf funktionieren. Das Traum-Ich wird sich diese Frage stellen und zum Ergebnis kommen, daß es träumt – dann geht die Steuerung des Traumprozesses an das Traum-Ich über.

Da man im Traum in der Lage ist, Dinge zu tun, die man im Normalzustand nicht tun kann (wie z.B. Fliegen ohne Hilfsmittel), empfiehlt sich natürlich eine Teststrategie, die die diesbezüglichen Fähigkeiten des Träumers an einigen harmlosen Sachverhalten (Glühbirnen durch Gedankenkraft heller/dunkler stellen) testet.

4 Innere Vorbereitung auf die Traumreise

B bespricht mit **A** geeignete Vorbereitungsstrategien:
- Bewußtes Einschlafen; d.h., der Träumer suggeriert sich, daß er jetzt einschlafen und gleich luzid träumen wird.
- Desensibilieren der Körperwahrnehmung; häufig wird ein Nicht-Schlafen-Nicht-Träumen-Zustand erreicht, wenn die sensorischen Prozesse ihren Einfluß verlieren und das Körpergefühl verschwindet (oder seltener: einem Starrheitsgefühl Platz macht).

5 Austreten aus dem Körper

Wenn der Nicht-Schlafen-Nicht-Träumen-Zustand erreicht ist, kann das Traum-Ich aus dem unbeweglichen Körper austreten – manche erleben es als Herausdrehen, Herausfallen oder -schweben; bei anderen wiederum wird es als Austritt einer Ich-Wolke erfahren. Wenn das Traum-Ich zu sich gefunden und begriffen hat, daß es träumt, kann es aus dem Schlafzimmer gehen, die Wohnung verlassen und nach draußen gehen, oder es begibt sich kraft seines Willens in die Vergangenheit oder Zukunft.

Traumarbeit
Luzides Träumen

6 In der Innenwelt

Im Traumszenario kann das Traum-Ich grundsätzlich machen, was es will. Trifft es auf feindliche, unfreundliche oder abschreckende Gestalten, dann weiß es, daß es auf Projektionen trifft – die „Hunde des Unbewußten" sind keine dunklen Kräfte, die seiner Seele auflauern, sondern Gestalten, die sich sein Ich bewußt oder unbewußt zu Feinden gemacht hat. Die anstehende Versöhnung oder Integration läuft wie in einem klassischen ↗Six-Step-Reframing: Was ist deine (gute) Absicht, was möchtest du, daß ich lerne oder tue? In der Regel wird diese Frage zu einer wahrnehmbaren Veränderung dieser Figuren führen. Da im Traum auch Dinge reden können, besteht weiterhin die Möglichkeit, auf dem Weg liegende Symbole als künftige Wachressourcen zu erschließen. Der kreativen Verwandlung und Aneignung sind keine Grenzen gesetzt.

7 Der (Not-)Ausstieg

Mitunter können dem Traum-Ich auch die Ressourcen für eine produktive Aneignung selbstdestruktiver Kräfte fehlen. Um aus einem luziden Traum auszusteigen, genügt es, einen ruhenden Gegenstand fest zu fixieren, um sofort aufzuwachen. Nicht gelöste Konflikte sind jetzt transparent und können bewußt mit einem Coach oder Therapeuten bearbeitet werden.

8 Spiegeltechnik

Man setzt oder legt sich bequem vor einen großen Spiegel, prägt sich die eigene Person sowie Dinge in der Umgebung ein, schließt dann die Augen, geht in eine leichte Trance und versucht das Gesehene zu visualisieren. Je plastischer und „realer" die Visualisierung, desto günstiger sind die Voraussetzungen für den nächsten Schritt: Man stellt sich jetzt vor, das eigene Spiegelbild zu sein, tritt aus dem Spiegel, sieht sich sitzen oder liegen und beginnt dann die innere Reise. Die Spiegeltechnik kann als Variante des luziden Träumens geübt werden.

Arbeit mit Metaphern

Eignung

- ☐ Selbstmanagement
- ☒ Therapie/Coaching
- ☐ Teamentwicklung

Indikation/Thema

- Therapeutische Metaphern enthalten Botschaften an das Unterbewußte eines Klienten, wodurch sie ihm einen analogen Lösungsweg aufzeigen, gegen den rational nicht argumentiert werden kann; das Unbewußte des Klienten erkennt entweder die Ähnlichkeit der Metapher hinsichtlich Struktur und Prozeß und akzeptiert sie, integriert sie in den aktuellen Veränderungsprozeß – oder ignoriert sie. Voraussetzungen für ein Funktionieren sind:
    - Strukturelle Äquivalenz (Analogie zwischen dem Problemlösungsprozeß und der Ablauflogik der Geschichte bzw. der Metapher)
    - Positive Lösung (z.B. sind nicht alle Märchen positiv)
    - Ökologie: die bildlich dargestellte Lösungsmöglichkeit sollte in den realen Handlungsrahmen passen und nicht nur in der Phantasie funktionieren.

Zielsetzung

- Lernprozesse in Gang bringen
- Lösungen verbildlichen
- Unbewußte Ressourcen aktivieren

Anforderungen

- ☐ leicht
- ☒ mittel
- ☒ anspruchsvoll

Zeitbedarf

- ☐ < 15 Minuten
- ☒ < 30 Minuten
- ☐ < 45 Minuten
- ☐ > 45 Minuten

Arbeit mit Metaphern

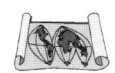

1 Informationen sammeln

Übung in Dreiergruppen: **A** erzählt an einem konkreten Beispiel,
- was sein aktuelles Problem ist,
- ob er es von früher her kennt,
- was er statt dessen gerne möchte,
- was ihn hindert, das Ziel zu erreichen, bzw. welche Ressourcen er dafür bräuchte,
- was wäre, wenn er das Ziel erreicht hätte und
- auf was er im Prozeß der Zielerreichung achten möchte.

B achtet dabei vor allem darauf, welche Personen beteiligt sind, wie sie in Beziehung zueinander stehen, welche Motive und Themen ihre Handlungsmuster bestimmen.

2 Konstruktion der Rahmenmetapher

Die wichtigsten Personen und ihr Beziehungsgeflecht werden in einen imaginären Kontext übersetzt. **B** achtet darauf, daß die strukturelle Ähnlichkeit zwischen den Personen erhalten bleibt: Aus dem Sohn eines Bankmanagers kann z.B. ein Königssohn oder der Sohn eines reichen Kämmerers werden; eine übergewichtige Klientin kann eine Prinzessin werden, die eine Reise macht und zuviel Reisegepäck dabei hat, das sie am Vorankommen hindert.

Ich will dir eine Geschichte erzählen

Im nächsten Schritt wird ein Kontext/Handlungsrahmen aufgebaut, in dem die Handlung (Lösungsfindung) fortschreitet, z.B.: Ein Königssohn soll drei Aufgaben lösen ...

3 Symbolik für Ressourcen und Ressourcentransfer aufbauen

Dieser Schritt ist für die Dynamik des Lösungsprozesses von entscheidender Bedeutung. Wie in den beliebten Rollenspielen stößt der Spieler auf symbolische Schwierigkeiten, aber auch auf versteckte oder auch machtvolle magische Hilfsquellen. Eine gute Hilfe dabei können Traumlexika sein.

Arbeit mit Metaphern

Symbol	Bedeutung
Abgrund	Angst vor dem Absturz
Abtreibung	Angst vor Verlust einer Neugeburt; Fehlurteil
Ameise	emsiger Teil
Ankh	ägyptisches Symbol für Weisheit
Apfel	Weisheit, Ganzheit, Verführung
Asche	spirituelle Reinigung
Atombombe	großer, unkontrollierter Energieausbruch; Erwachen der Kundalinikraft
Axt	Machtausübung
Bad, baden	Reinigung, Erneuerung, Läuterung, Wiedergeburt
Baum, Bäume	Wachstum, verwurzelt sein und Höhe gewinnen
Berg	Hindernis oder Chance (Überblick, innerer Rückzug)
Blumen	Schönheit und Entfaltung
Blut	Lebenskraft, Energie
Boot	Reise durchs Unbewußte, Umgang mit Emotionen
Brunnen	Verjüngung, Intuition, innerer Reichtum
Buch (des Lebens)	Weisheit
Drachen	Vorzeit, Energie und ungestüme Kraft
Ei	neues Potential
Eiche	Stärke und Festigkeit
Engel	Botschafter, Künder
Entführung	fehlende Selbstkontrolle, sich als Opfer fühlen
Erde	Mutter, weibliches Prinzip, Sinnlichkeit, Schoß
Ertrinken	sich in den Emotionen verlieren
Faden	Karma
Fallen	Kontrolle verlieren, Unsicherheitsgefühle bei der Entwicklung
Fallschirm	Sicherheit vor dem Fallen, ankommen
Fee	Wünsche haben, Wünsche erfüllt bekommen
Felsen	„Auf diesen Felsen werde ich meine Kirche bauen", Stärke
Fenster	Öffnung in verschiedene Bereiche des Bewußtseins
Feuer	Potenz, psychische Energie, Einweihung, sexuelle Leidenschaft
Flamme	Licht des Geistes
Flasche	eingesperrt sein, Geist in der Flasche
Flügel	sich emporschwingen, Freiheit
Fliegen	sexuelle Freiheit, Grenzen hinter sich lassen
Fluß	Fluß des Lebens, Emotionen, gegen den Strom schwimmen, im Fluß sein, seinen Rhythmus finden
Flut	überwältigende Emotionen
Garten	schöpferisches Tätigsein
Gefängnis	eingeschränkt, beschränkt werden in seinen Möglichkeiten
Gespenst	Projektion unbewußter, abgespaltener Persönlichkeitsteile oder nicht verarbeiteter Erinnerungen an eine bestimmte Person

Arbeit mit Metaphern

Symbol	Bedeutung
Geld, Hartgeld	Reichtum, Zuwachs an Möglichkeiten, Veränderung
Gepäck	Dinge, die wir mit uns schleppen
Glocke	Warnung, Signal für bevorstehendes Ereignis
Gold	großer Schatz, innerer Friede, goldene Zeiten
Gott/Göttin	Einssein mit dem Kosmos, Liebe, Geborgenheit, Angenommensein
Grab	Begrenzungen, zur Ruhe kommen wollen
Großmutter/Großvater	weise Frau / alter weiser Mann
Haar	in der Suppe: es stört etwas; -ausfall: Sorgen; ... schneiden: Neubeginn; ... flechten: neue Bindung eingehen
Hafen	Ankunft, Heim, Sicherheit
Haus	Geborgenheit, Symbol für die Person selbst und ihre derzeitige Befindlichkeit
Himmel	Glück, innerer Friede
Hitze	Leidenschaft, Wut, kochende Emotion
Hochzeit	hohe Zeit der Erfüllung und glücklichen Verbindung
Hütte	Waldeinsamkeit, stilles Glück
Insekten	Maden: etwas ist faul; Fliegen: etwas ärgert; Schmetterling: Transformation; Bienen: Fleiß
Jongleur	Lust, verschiedene Dinge gleichzeitig gut und elegant zu tun
Juwel, Edelstein	Überfluß, Glanz, Schutz, Energie, kosmisches Bewußtsein
Kaktus	Scheu vor Berührung/Berührtwerden
Kamera	Dissoziiertsein
Kartenspiel	Spiel des Lebens
Karussell	bewegtes Leben
Kerze	inneres Licht
Kette	kraftvolle Verbindung
Kinder	inneres Kind, Spieltrieb, Freude, Offenheit
Kirche/Tempel	spirituelle Entwicklung, Begegnungsstätte mit dem Heiligen
Knoten	Spannung
Kreis	Vollkommenheit, vollendete Harmonie
Kuchen	Nahrung, Geburtstag, Fest, Anteilhabe
Labor	Experimentieren, Forschergeist
Labyrinth	Ausweg aus einer schwierigen Situation finden
Laser	starke, gebündelte Energie
Lehrer	innerer Ratgeber
Lilie	Wiedergeburt, Transformation
Magier, Zauberer	jemand, der die Kraft hat, seine inneren Räume umzugestalten
Magnet	was uns anzieht
Maschine	Stärke im Anorganischen, Abstand zum organischen Leben, technische Meisterung des Lebens
Maske	„Jeder tiefe Geist braucht eine Maske" (*Nietzsche*)
Mauer	Hindernis, innere Schranke, Blockade

Arbeit mit Metaphern

Symbol	Bedeutung
Meer	intuitive, emotionale Kraft, ausgeglichen oder stürmisch
Messer	etwas abschneiden, was nicht mehr gebraucht wird, aber auch Angst vor Eindringen
Monster	verdrängte Persönlichkeitsanteile
Muschel	sich abschließen, kostbaren Kern verhüllen
Nacht	nichts sehen können, Orientierungslosigkeit, aber auch Orientierung nach innen
Nacktheit	ungeschützt, offen sein, Sinnlichkeit
Nebel	etwas, das im Verborgenen ruht, langsames Vorankommen
Netz	Ernte einholen, Sicherheitsnetz, verstrickt sein
Nüsse	Vorräte für den Winter, inneres Potential
Ofen	eine Idee ausbrüten, sich ausruhen
Öl	Feuer anfachen, die Wogen glätten
Paket	etwas loslassen
Parfüm	Sinnlichkeit
Paß	Erlaubnis, äußere Freiheit
Pfütze, Lache	kleines Ärgernis
Pfennig	Glückspfennig
Pflaster	bereiteter Weg
Pille	Lektion, Heilung
Plunder	alte Verhaltensweisen, die ausrangiert werden können
Post	Neues
Pumpe	Energien tanken, Kraft, Stärke, Potenz
Puzzle	noch fehlende Klarheit
Pyramide	neue Stufe des Bewußtseins
Rad	das Leben dreht sich, Bewegung
Radar	Dinge und Sachverhalte wahrnehmen, noch bevor sie „gesehen" werden können
Rakete	Aufbruch zu den Sternen
Räuber	Unsicherheit, Gefährdung
Rauch	Zeichen für Feuer
Regen	emotionale Läuterung
Regenbogen	Goldtopf am Ende des Regenbogens, Vollendung
Reise	Veränderung und Wachstum
Reißverschluß	zu: Dinge sind miteinander verzahnt; offen: es gibt eine Öffnung
Reiten, Reitpferd	sexuelle Energie, Einklang mit der animalischen Natur
Richter	Entscheidung, Führung, Gerechtigkeit
Ring	innere Verbindung, ewige Liebe
Roboter	Gefühlsmechanik, unechtes Leben
Rose	Liebe, Lieblichkeit, Unschuld
Rost	eingerostete, nicht genutzte Talente
Ruder, Ruderboot	Anstrengung, Richtungsänderung
Sack	etwas im Verborgenen
Samen	schöpferische Kraft

Arbeit mit Metaphern

Symbol	Bedeutung
Samt	Sinnlichkeit
Sand	verrinnt wie die Zeit, Instabilität, Reibungsverluste
Schäfer	Hüter innerer Wahrheit, Frieden, Eintracht mit der Natur
Schatten	ungenutztes Potential, versteckte „gute Absicht"
Schiff	Person in ihren Gefühlen
Schirm	Schutz
Schlüssel	Ressource, um einen Schatz zu heben, große Chance
Schuhe	Verbindung von Erde und Bewegung
Schwert	Stärke, Wahrheit, Kraft
Schwimmen	in seinen Emotionen sein
See	innere Weisheit, emotionale Klarheit (ruhiger See)
Seide	Luxus, Sinnlichkeit
Seil	Lebenslinie, Bindung, Verbindung (ein Seil gespannt zwischen ...)
Silber	spiritueller Schatz, 2. Platz
Sonne	Lebenskraft, inneres Licht, innere Schöpferquelle
Spiegel	Selbsterkenntnis
Spirale	Evolution
Stahl	Stärke, aber auch Unbeweglichkeit
Stein	Hindernis
Strand	Grenze zwischen Emotionen (See) und Physis (Erde); Reinigung
Straße	Verbindung, auf dem Weg sein (staubige, gewundene, felsige Straße)
Suche	spirituelle Reise
Sumpf	verstrickt sein in etwas
Tal	unten sein oder anfangen
Tanzen	Sinnlichkeit und Eros
Tapete	Lebensplan
Teufel	gefallener Engel, nicht versöhnter göttlicher Anteil
Tisch	klare Verhältnisse herstellen; Tisch und Bett: die zwei Aspekte einer Partnerschaft; an einem Tisch sitzen
Tod	Transformation: Altes stirbt, Neues erwacht
Töten	sich befreien von alten oder ungeliebten Persönlichkeitsteilen
Tränen	Läuterung
Tunnel	Beschränktheit, veränderte Bewußtseinsebene, innerer Weg zu sich selbst
Turm	Isolation, aber auch Überblick
Uhr	Vergänglichkeit
Wachs	Formbarkeit
Wald	keinen Durchblick haben, Schutz, Überfluß
Wasser	emotionale Energie, weibliches Prinzip
Wetter	emotionaler Zustand
Wiese	Ausgeglichenheit, Verbundenheit mit der Natur
Zimmer	ein Aspekt des Selbst

Arbeit mit Metaphern

4 Geschichte erzählen nach dem S.C.O.R.E.-Modell

Wenn **B** sich über den groben Ablauf der Geschichte wie über die einzusetzenden Metaphern im klaren ist, fängt er mit dem Erzählen an. Je märchenhafter eine Geschichte, desto eher bietet es sich an, sie in eine Trance einzubetten.

- 1. Phase – das Problem (Symptoms)
- 2. Phase – wie es dazu kam (Causes)
- 3. Phase – dahin soll die Reise gehen, darum geht es (Outcome)
- 4. Phase – die Begegnung mit Hindernissen, das Sammeln von Erfahrungen, das Bestehen von Abenteuern, die Begegnung mit wichtigen Dingen und Personen (Resources)
  (An dieser Stelle können auch die klassischen NLP-Modelle und Formate wie Submodalitäten, Reframing etc. eingesetzt werden.)
- 5. Phase – dahin führt es, das sind die Resultate (Effects)

B vergewissert sich anhand der Physiologie von **A**, ob die Metapher angenommen wurde oder nicht.

5 Feedback und Erfahrungsaustausch

Modelle der Veränderung

- ☐ Submodalitäten
- ☐ Meta-Modell (Kommunikationsstrategien)
- ☐ Milton-Modell
- ☒ **Reframing und Teilearbeit**
- ☐ Strategien
- ☐ Time-Line
- ☐ Glaubenssysteme und Logische Ebenen

Reframing, Umdeuten, ist ein Problemlösungsverfahren, bei dem ein Problemverhalten kreativ umgedeutet, d.h. in einem neuen Kontext oder in sich selbst als sinnvoll erfahren wird.

Bedeutungs- & Kontextreframing

Eignung

☒ Selbstmanagement
☒ Therapie/Coaching
☒ Teamentwicklung

Indikation/Thema

- Festgefahrene Denk- und Handlungsstrukturen
- Kreativitätslücken
- Stuck States

Zielsetzung

- Flexibilisierung des Denkens
- Aktivieren von Kreativitätspotentialen
- Relativieren eingeschränkter mentaler Modelle

Anforderungen

☒ leicht
☐ mittel
☐ anspruchsvoll

Zeitbedarf

☒ < 15 Minuten
☐ < 30 Minuten
☐ < 45 Minuten
☐ > 45 Minuten

Bedeutungs- & Kontextreframing
Witze

1 Kontextreframing (K)

Erfahrungen gewinnen ihre Bedeutung, ihren Sinn erst innerhalb eines Rahmens. Der Rahmen entscheidet, ob eine Erfahrung eine Herausforderung oder ein Problem darstellt. Für ein Sägewerk ist das Sägemehl Abfall – für eine Spanplattenfabrik Rohstoff. In diesem Beispiel bleibt das Sägemehl in seiner Bedeutung erhalten: grober Holzstaub, wie er beim Sägen der Bretter und Stämme entsteht.

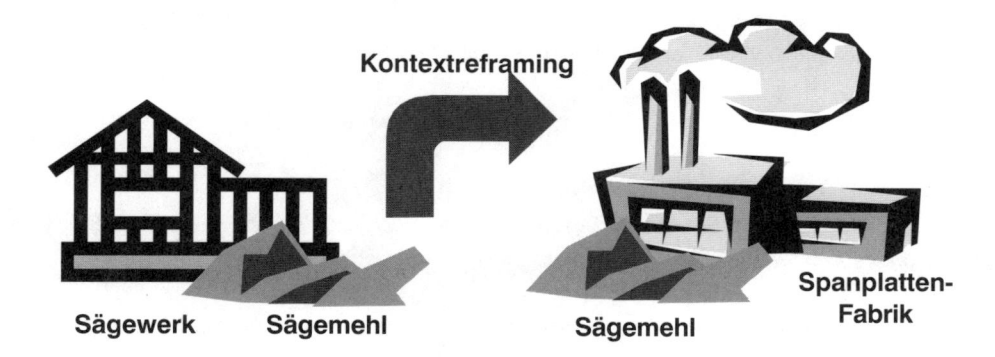

2 Bedeutungsreframing (B)

Bleibt der Kontext unverändert und gibt man der Erfahrung eine andere Bedeutung, spricht man von Bedeutungsreframing. Für den einen Betrachter stellt das Bild eine Vase dar, der andere sieht darin zwei Gesichter.

3 ... das ist hier die Frage

Übung in Dreiergruppen: Diskutiert die folgenden Witze und entscheidet, nach welchem Reframingtyp (K oder B) sie funktionieren.

Beispiel: „Da hängt aber ein **scheußlicher Schädel** überm Kamin." Der Großwildjäger lächelt: „Er war der letzte, der meine Schwiegermutter lebend sah."

Lösung: Der Witz basiert auf einem Bedeutungsreframing: Was für den einen ein **scheußlicher Schädel**, ist für den anderen fast eine „Reliquie".

„Wie war's bei der Schwiegermutter?" „Wenig herzlich."
„Und das Essen?" „Herzlich wenig."

Beim Protokollschreiben: „Also Ihr vermißter Mann – hat er besondere Kennzeichen?" „Nein, aber wenn er wiederkommt."

Bedeutungs- & Kontextreframing
Witze

Der Onkel aus Amerika: „Lieber Neffe, anbei die gewünschten 10 Dollar. Du hast dich übrigens verschrieben: 10 schreibt man nur mit einer Null."

Was ist eine Glatze? – wurde Telly Savalas (Kojak) einst gefragt. Seine Antwort: „Nacktkultur auf höchster Ebene."

In der Neonkneipe bei Cap Canaveral prahlt ein Gast: „Gestern haben wir zehn Mäuse in den Weltraum geschossen." Der Barkeeper cool: „Das machen wir hier mit einer Mausefalle. Das ist billiger."

Der Richter verwarnt die Zeugin: „Sie haben uns ein falsches Alter genannt." „Nein, Herr Richter, kein falsches: es war mein Alter von früher."

Zwei Rentner unter sich – auf dem Friedhof. „Sag mal, bist du nicht auch gerade 86 geworden?" Stolz: „91 sogar." „Meine Güte, da lohnt's sich für dich gar nicht mehr, nach Hause zu gehen."

„Leihen Sie mir fürs Wochenende mal ihre Stereoanlage?" „Ah, sie wollen mal so zünftig feiern, wie?" „Nein, einmal ausschlafen."

„Mein Arzt riet mir, nächste Woche zu fasten." Der andere Schotte: „Ach, eh ich's vergesse, ich geb nächste Woche eine Party; du bist herzlich eingeladen."

Zwei Texaner im Saloon: „Haste schon gehört, in Mexiko bekommst du einen Whiskey, eine Schüssel Tortillas und ein tolles Girl für zehn Dollar!" Der andere skeptisch: „Da wird der Whiskey aber nicht viel taugen."

Der Notar bei der Testamentseröffnung in Texas: „Und meinem Sohn, diesem Taugenichts, hinterlasse ich drei Millionen Dollar. Er kann von Glück reden, daß ich ihn nicht ganz enterbt habe."

Herr Saubermann sieht zum ersten Mal sein neues Haus. „Alles krumm und schief, ist das zu glauben?" schimpft er den Polier. „Tschuldigung, aber der Bauplan war völlig zerknittert."

Die Schaffner haben's gut. Im Gegensatz zu den Reisenden können sie ihr Leben in vollen Zügen genießen.

Die Spielsucht grassiert in den Ministerien. Gespielt wird Beamten-Mikado. Wer sich zuerst bewegt, hat verloren.

Bedeutungs- & Kontextreframing
Koans

🛈 Koans sind für den Zen-Buddhismus, was für NLP Reframings sind: tools of the spirit. Um ihre Schüler bei der Meditation zu unterstützen, gaben ihnen die Zen-Meister der Rinzai-Schule bestimmte Fragen oder Probleme auf, die nur mit einem „Denken-das-kein-Denken-ist" begriffen werden konnten. Eines der berühmtesten Koans wurde im 18. Jahrhundert von Hakuin, dem Begründer der modernen Rinzai-Schule des Zen, erdacht: *Du kannst den Ton zweier Hände hören, wenn sie zusammenklatschen. Nun zeig mir den Ton einer Hand.* Die Zen-Meister schüren damit den Zweifel am logisch-rationalen Denken, das auf der Unterscheidung zwischen Subjekt (Ich) und Objekt (Nicht-Ich), Natur und Geist basiert.

1 Kein Wasser, kein Mond[1]

Als die Nonne Chiyono unter Bukko von Engaku Zen studierte, war sie lange Zeit unfähig, die Früchte der Meditation zu ernten. Schließlich, in einer Mondnacht, holte sie Wasser in einem alten Eimer, der mit Bambus zusammengebunden war. Der Bambus riß, und der Boden fiel aus dem Eimer, und in diesem Augenblick wurde Chiyono befreit! Zur Erinnerung schrieb sie ein Gedicht:

> Auf manche Weise versuchte ich, den alten Eimer zu bewahren,
> weil der Bambusstrick zerschlissen war und nah am Reißen,
> bis zuletzt der Boden herausfiel.
> Kein Wasser mehr im Eimer!
> Kein Mond mehr im Wasser!

2 Blütenregen[2]

Subhuti war Schüler des Buddha. Er war fähig, die Macht der Leere zu verstehen, jene Einstellung, daß nichts existiere außerhalb der Beziehung von Subjektivität und Objektivität.

Eines Tages saß Subhuti in einem Zustand tiefster Leere unter einem Baum. Blüten begannen auf ihn herabzufallen.

„Wir preisen dich für deine Abhandlung über die Leere", flüsterten die Götter ihm zu.

„Aber ich habe nicht über die Leere gesprochen", sagte Subhuti.

„Du hast nicht über die Leere gesprochen, wir haben die Leere nicht gehört", erwiderten die Götter. „Dies ist die wahre Leere." Und Blütendolden rieselten um Subhuti nieder wie Regen.

3 Setting

Übung in Dreiergruppen: **B** liest **A** eines der beiden Koans vor und achtet dabei (wie **C**) auf die Physiologie von **A**. Anschließend bittet er **A**, für einen Moment die Augen zu schließen und darüber zu meditieren. Anschließend berichtet **A** **B** und **C**, was ihm dazu eingefallen ist. **B** und **C** achten dabei auf seine Physiologie. Gibt es einen Unterschied zwischen „vorher" und „nachher"?

🛈 Es gibt in dieser Übung (wie in allen anderen) nichts richtig oder falsch zu machen!

---

1 zitiert nach Paul Reps: *Ohne Worte – ohne Schweigen*. 1987, S. 50
2 ebd., S. 54

Bedeutungs- & Kontextreframing
Tausch- und Kreativitätsbörse

1 Einlage

Übung in der Gesamtgruppe: Einer fängt an und erzählt, von welcher ungeliebten Verhaltensweise er sich trennen möchte, z.B.: „Ich verfahre mich meistens in großen Städten." Ein anderer, der diese Verhaltensweise in einem anderen Kontext oder in einer anderen Bedeutung gebrauchen könnte, nimmt sie auf und berichtet den anderen, wofür sie gut ist: „Ich kann sie gut gebrauchen – da sehe ich wenigstens ein bißchen mehr von der Stadt, als wenn ich so schnell durchbrause." Er darf sich dann (muß aber nicht) von etwas anderem, wofür er keine Verwendung mehr hat, trennen.

Die Übung sollte so lange laufen, bis jeder etwas getauscht hat.

2 Ford Power Products

In Heft 4, November 1997, auf den Seiten 18-20 der Zeitschrift „Der ZulieferMarkt" berichtet der Journalist Gerald Scheffels über ein (im NLP-Jargon:) Power-Reframing des Ford-Konzerns („die tun was"): Ford bietet allen mittelständischen Serien- und Kleinserien-Herstellern die Möglichkeit, nahezu alle Komponenten, die in Ford-PKW und -Nutzfahrzeugen verwendet werden, für ihre Fertigung zu verwenden (und erwirtschaftete dadurch für 1996 ca. 250 Mio. Jahresumsatz). Die „Zweckentfremdung" reicht von der Verwendung von Teilen einer Scheibenwaschanlage in Backöfen über die Montage von Türschlössern in Achterbahnen bis hin zur Verwendung von Ventilkegelstücken als Spannfutter für eine elektrische Bohrmaschine.

- Die Teilnehmer diskutieren, welche Produkte und Dienstleistungen ihres Unternehmens in anderen Kontexten, auf anderen Märkten etc. verwendet werden können.
- Alternativ dazu: Jeder berichtet über etwas, was er in einem Kontext sehr gut kann. Die anderen Teilnehmer überlegen, wo diese Fähigkeit außerdem nutzbringend verwendet werden könnte.

Integration von Teilpersönlichkeiten

Eignung

☒ Selbstmanagement
☒ Therapie/Coaching
☐ Teamentwicklung

Indikation/Thema

- Das Leben ist wie ein Schauspiel. Mitunter vergessen die Schauspieler ihre Texte und agieren anders, als der Regisseur es geplant hat: das Stück verselbständigt sich mit den Schauspielern – oder diese geben eine Privatvorstellung. Ähnlich mag es zugehen, wenn mehr als eine Seele in einer Brust wohnt (Goethe). Solange der Regisseur die Rollen optimal besetzt und weiß, wer wann mit welchem Part auftritt, ist alles okay. Wenn die Teile anfangen, sich zu verselbständigen, das Zusammenspiel vermissen lassen oder in Szenen auftreten, die nicht für sie geschrieben wurden, hat der Regisseur ein schwieriges Spiel. Gehirnforscher[1] haben herausgefunden, daß das menschliche Bewußtsein multipel ist: Die verschiedenen mentalen Fähigkeiten und Talente sind als Multiminds organisiert und dominieren kontextbezogen oder temporär die Bühne des Bewußtseins. Wenn ein Teil von dem anderen dauerhaft nichts wissen möchte und/oder eine Rolle *unkontrolliert* spielt, ist eine Koordination bzw. Integration dieser disparaten Teilpersönlichkeiten geboten. Mehr Wahlmöglichkeiten entstehen aus der Flexibilität und dem Zusammenspiel der Teile.

Zielsetzung

- Integration von Teilpersönlichkeiten

Anforderungen

☐ leicht
☐ mittel
☒ anspruchsvoll

Zeitbedarf

☐ < 15 Minuten
☐ < 30 Minuten
☐ < 45 Minuten
☒ > 45 Minuten

---

1 vgl. Robert Ornstein: *Multimind*. Junfermann 1992

Integration von Teilpersönlichkeiten

1 Psychogeographie der Persönlichkeitsteile

Übung in Dreiergruppen: **B** bittet **A**, seine zu integrierenden Teilpersönlichkeiten im Raum zu verorten, und zwar so, daß sie durch ihre Position zu ihm und auch untereinander charakterisiert werden (räumliche Nähe = Beziehungsnähe). Anschließend findet **A** symbolische Namen für seine Teile.

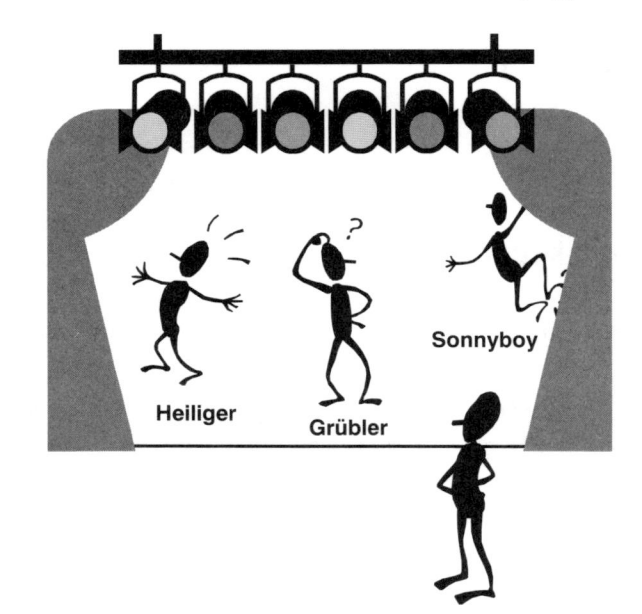

2 Erforschen der Teile

Lerne die Teile und ihre Rollen kennen. Gehe zu den Teilen (mit der Hand auf dem Herzen) und bitte die Teilpersönlichkeit, sich vorzustellen, z.B. anhand charakteristischer Szenen. Nutze dafür das SUBMODALITÄTENRASTER und lege für die Ausprägungen eine Tabelle nach untenstehendem Muster an. Frage die Teile nach

- ihren Problemen (mit dir, mit den anderen Teilen hier);
- ihren Zielen: Was wollen sie erreichen – für sich, für dich, für die anderen Teile? Ermittle ihre Wertvorstellungen, ihre Fähigkeiten, ihre Verhaltensweisen.
- Frage dich, wie du zu diesen Teilen stehst: Was sind deine Probleme mit ihnen, und was ist dein Ziel?

Nr.	Submodalität	Teil 1	Teil 2	Teil 3
V1	...	☐☐	☐☐	☐☐
Vn	...	☐☐	☐☐	☐☐
A1	...	☐☐	☐☐	☐☐
An	...	☐☐	☐☐	☐☐
K1	...	☐☐	☐☐	☐☐
Kn	...	☐☐	☐☐	☐☐

ℹ️ Insbesondere der letzte Schritt setzt voraus, daß es bei dieser Übung einen Regisseur bzw. einen Koordinator (das „Ich") gibt. Sollten nur mehr oder weniger gleichberechtigte Teile da sein, empfiehlt es sich als **B**, einen virtuellen Koordinator (als ob) zu etablieren und dafür das Einverständnis der anderen Teile einzuholen. Bei der Begründung dieser Maßnahme ist Flexibilität Trumpf (z.B. der Koordinator als unabhängiger Vermittler, Mediator, Schiedsrichter etc., der danach wieder abtritt).

Integration von Teilpersönlichkeiten

3 Ressourcentransfer

- Gehe jetzt in die Metaposition und frage dich, welche Beziehung aus dieser neutralen Sicht die kritischste ist. Was fehlt dieser Beziehung? Und welche Ressourcen bräuchten die daran beteiligten Persönlichkeiten, um diese Beziehung in Zukunft positiv gestalten zu können? Und woher kennst du diese Ressource?
- Wenn dir in der Metaposition nichts einfällt, gehe zu den einzelnen Teilen und frage, was sie brauchen könnten. Bringe ihnen jetzt diese Ressourcen, mache sie ihnen zugänglich, symbolisch (z.B. mit einer Eigenschaft aus dem Submodalitätenbaukasten), mit einer Erfahrung oder sonstwie. Gehe jetzt wieder zurück zur Metaposition und frage dich, wie die Beziehungen jetzt aussehen: Immer noch kritisch? Sind Positionen jetzt zusammengerückt? Oder gibt es Einwände, offene Fragen, Verbesserungsvorschläge seitens der Teile?

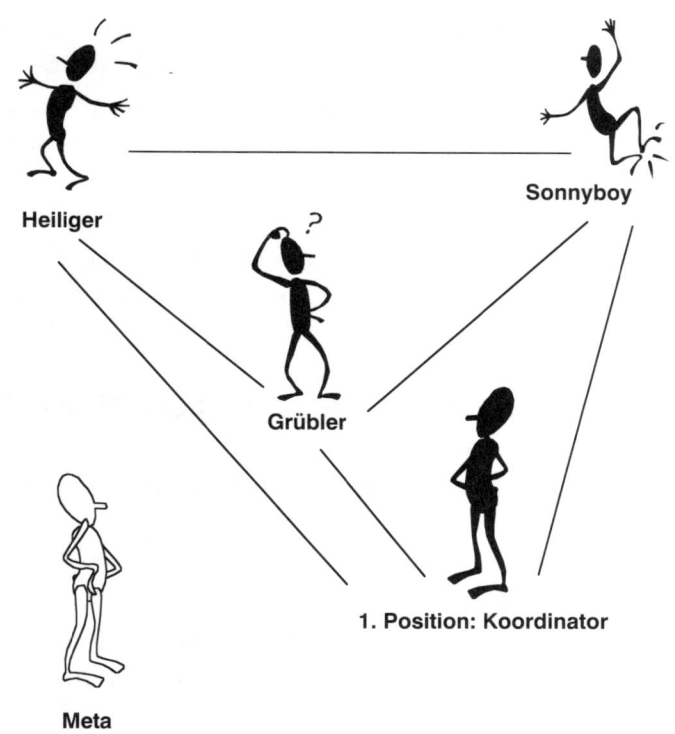

4 Behandlung von Einwänden

Teil 1 (Heiliger) hat beispielsweise die Befürchtung, daß Teil 2 (Sonnyboy) für spirituelle Belange einfach kein Verständnis hat, selbst jetzt nicht, wo er ihn in etwas günstigerem Licht sieht. Behandle solche Einwände nach folgendem Muster:

- Gehe zu dem Teil hin, der diesen Einwand hat, und nimm seine Position ein.
- Frage ihn, was er sich von dem anderen Teil, dem dieser Einwand gilt, statt dessen wünscht.
- Frage ihn außerdem, ob er sich vorstellen kann, was die gute Absicht des von ihm kritisierten Teils ist.
- Wenn beide Fragen ausreichend (und vor allem positiv und eindeutig) beantwortet sind, gehe mit diesen Antworten zu dem anderen Teil und frage ihn, welche Chancen er für eine Verständigung sieht: Kann er den Wunsch des anderen Teils erfüllen? Erkennt er, daß der andere ihn zureichend versteht und seine gute Absicht zu würdigen bereit ist? Oder möchte er vielleicht umgekehrt auch etwas von Teil 1 – sozusagen im Ausgleich?

Integration von Teilpersönlichkeiten

ℹ Das Ziel besteht darin, Einwände dadurch zu entkräften, daß gegenseitige Wachstumschancen erkannt, Wachstumsblockaden beseitigt und Win-Win-Situationen geschaffen werden. Es kann sich als notwendig erweisen, wieder zurück in die Metaposition zu gehen, um einen übergeordneten Zielrahmen zu etablieren, wenn die Teile auf ihrer Ebene der Einwände nicht weiterkommen. Außerdem kann es sinnvoll sein, die Einwände auf den ↗Logischen Ebenen zu behandeln. Bei schwerwiegenden Einwänden kann an ein ↗Re-Imprinting oder eine andere ↗Time-Line-Arbeit gedacht werden.
Der Schritt 4 wird so lange wiederholt, bis alle Einwände entkräftet und kreative Lösungen für eine konstruktive und kreative Koexistenz aller Teile gefunden wurden.

5 Kernintention für die Gesamtpersönlichkeit

- Gehe jetzt aus der Metaposition zu jedem Teil hin und frage ihn nach seiner ↗Kernintention: Wenn du die gute Absicht realisiert hast, was möchtest du dann noch erreichen, was ist noch wichtiger für die Gesamtpersönlichkeit?
- Wiederhole diesen Schritt für alle beteiligten Teile einschließlich der Ich-Position.
- Formuliere jetzt – aus der Metaposition – eine gemeinsame, alles umfassende Kernintention, finde ein Symbol dafür und gehe damit durch alle anderen Positionen. Prüfe die Resonanz. Finden sich alle Teile darin gespiegelt? Wenn nicht, Schritt 4 wiederholen.

6 Kontextualisierung

Gehe jetzt in die Ich-Position und finde Kontexte und Situationen, in denen die Teile im Bewußtsein dieser kreativen Koexistenz und im Hinblick auf die Gesamtökologie eures Systems
- selbständig und eigenverantwortlich handeln,
- sich allein oder gemeinsam mit anderen neue Kontexte erschließen oder
- in Absprache mit anderen Teilen, insbesondere mit dem Koordinator (ICH), handeln können.

7 Ökologie-Check

Gehe jetzt (als **A**) wieder in die erste Position und frage dich, ob es gegen diese Lösung Einwände von bisher nicht gehörten Persönlichkeitsanteilen gibt. Wenn ja, behandle diese Einwände analog zu Schritt 4.

8 Future-Pace

Finde künftige Situationen, wo die neugeschaffene Integration erste Früchte tragen kann.

Design Mental Parts

Eignung

☒ Selbstmanagement
☒ Therapie/Coaching
☐ Teamentwicklung

Indikation/Thema

- Das „Teilebauen" ist eine Grunddisziplin im NLP. Es geht darum, in der Interaktion mit Klienten einen neuen Persönlichkeitsteil zu schaffen, der für bestimmte Aufgaben und Ziele verantwortlich ist. Dieser „neugeschaffene" Teil ist in der Regel stark individualisiert und kann nur in Ausnahmefällen auch von anderen Personen übernommen werden. Um zu verhindern, daß zu viele Teile die mentale Leinwand bevölkern, ist ein ökologischer Umgang mit dieser Technik geboten. Das vorliegende Format stellt zwei Standardvarianten vor, vermittels derer globale Ressourcen, die in jeden von uns ansatzweise (und abhängig vom jeweiligen Kontext) vorhanden sind, in Form klassischer *Mental Parts* modelliert werden können.

  Der „Traumführer" und der „innere Berater" sind nicht das Ergebnis einer klassischen Neukonstruktion, sondern basieren auf der Reaktivierung von Archetypen. Sie sind geeignet, beim Klienten kognitive, emotive sowie spirituelle Ressourcen dort, wo sie gebraucht werden, zielgerichtet zu aktivieren. Da hier nicht nur der Inhalt, sondern auch die Struktur, wie diese Archetypen aktiviert werden, beschrieben ist, können in Analogie dazu weitere Archetypen modelliert werden.

Zielsetzung

- Aktivieren von archetypischen Ratgebern und Führern
- Reaktivieren eigener Ursprungsquellen

Anforderungen

☐ leicht
☐ mittel
☒ anspruchsvoll

Zeitbedarf

☐ < 15 Minuten
☐ < 30 Minuten
☐ < 45 Minuten
☒ > 45 Minuten

Design Mental Parts
Traumführer

1 Setting

Übung in Zweiergruppen: **B** modelliert den Traumführer von **A**. **A** sitzt oder liegt bequem. Der Erfolg der Übung hängt wesentlich davon ab, daß die mentale Voraussetzung dafür geschaffen wird, daß sich eine Figur wie der Traumführer einstellt. Es geht nicht darum, ihn in einem technischen Sinne herzustellen, wie man einen PKW herstellt.

2 Ziel- und Motivationsbestimmung

Für amerikanische Indianer ist ein Traumführer jemand, der Menschen durch die Nacht geleitet und ihnen hilft, die Gaben der Weisheit von der anderen Seite herüberzuholen. Manche kennen diesen Traumführer von alters her, und für manche ist die Begegnung mit ihm ein Stück Wiedererinnerung; für andere ist die Begegnung mit ihm vielleicht einfach nur überraschend. In welcher Weise könnte die Begegnung mit einem Traumführer für dich interessant und befruchtend sein? Welche Aufgaben könnte er übernehmen? Wie siehst du eure mögliche Kommunikation? Was heißt für dich in diesem Zusammenhang „Führung"? Welche Bedeutung haben Träume für dich?

> ⓘ Die Übung *funktioniert* im eigentlichen Sinne nur dann gut, wenn *Traum* und *Traumführer* bei **A** positiv konnotiert sind, d.h. in seine geistige Landkarte passen. Wenn **A** nicht an so etwas glaubt, sollte das „Teilebauen"[1] eher nach der klassischen Technik (z.B. wie bei mir im *NLP-Handbuch für Anwender,* Paderborn 1998, beschrieben) abgewickelt werden.

3 Tranceinduktion

B führt **A** mit einer beliebigen Technik (5-4-3-2-1-Methode, Hebelinduktion etc.) in eine tiefe Trance ... Und während du dich tiefer und tiefer entspannst, kannst du vielleicht vor dir eine Tür wahrnehmen, und eine innere Stimme sagt dir: Das ist die Traumtür, die sich nur für dich öffnet – jetzt, in diesem Moment. Und während du über die Schwelle gehst, findest du dich in einer nachtdunklen, sternenklaren und mondhellen Landschaft wieder. Du meinst sie zu kennen, von früher her – einen der schönsten Orte der Natur.

> ⓘ Die Ausgestaltung der Landschaft obliegt **B**, der quasi in Gedanken mitwandert und alle imaginären Sinneskanäle (VAKOG) durchschreitet: Er erschafft eine Vision – und dabei ist es gut, möglichst nicht einfach einen vorbereiteten Text abzulesen, sondern die Szenerie intuitiv zu erschaffen!

4 Wecken der Intuition

In dieser mondhellen, warmen Sommernacht, in der du eine Allee entlangkommst, wo sich die Bäume links und rechts wie die Kuppel einer Kathedrale aufspannen, gelangst du an einen stillen See.

---

1 vgl. Kraft: *NLP-Handbuch*, S. 111f

Design Mental Parts
Traumführer

Er liegt so friedlich da, und in seiner Tiefe schlummern Geheimnisse, die der Mond hütet, der sich auf seiner klaren Oberfläche spiegelt. Vielleicht fragst du dich, aus welcher Quelle dieser See gespeist wird, und vielleicht vernimmst du tief in deinem Innern eine Antwort. Du trittst näher heran und siehst dein Spiegelbild im See, und während du mit deinem geistigen Auge tiefer und tiefer in den See eintauchst, siehst du sanfte Nebelwolken spielerisch leicht über dem See aufziehen – überglänzt vom Silber des Mondes. Du fühlst jetzt, wie deine schlummernde Intuition aufzieht und zu einem Teil von dir wird, den du gerne willkommen heißt, weil du ihn von alten Zeiten her kennst. Jetzt sind deine inneren Sinne geöffnet und können wahrnehmen, was vom Waldesand her auf dich zukommt ...

5 Die Begegnung

Eigentlich spürst du es mehr, als daß du es siehst: Ein tiefes inneres Gefühl durchdringt dich mit einer ruhigen Heiterkeit. Gelassen und freudig spürst du, daß dein Inneres bereit ist für die Begegnung mit diesem Wesen, das von großer Helligkeit begleitet sich nähert. Und in jeder Faser spürst du, wie ein Gefühl absoluter Freude und durchdringender Liebe sich ausbreitet und dein Herz warm werden läßt für eine tiefe, beglückende Begegnung. Lange, lange hast du auf diesen Augenblick gewartet. Langsam streckst du ihm die Hände entgegen: er ist willkommen und seine Freude groß, dir zu begegnen. Ihr begrüßt euch, wie es gute Freunde tun, die sich lange, lange nicht mehr gesehen haben. Die Nebel lichten sich, und für einen Moment kannst du vielleicht sein Gesicht sehen, wenn es wichtig ist für dich. Freudig bedankst du dich bei ihm für sein Kommen.

6 Die Fragen

Vielleicht möchtest du ihn etwas fragen, etwas, was für dich unglaublich wichtig ist; etwas, wonach du lange gesucht hast oder was zu suchen du vielleicht auch schon vergessen hattest. Aus deinem Inneren wird die Frage kommen. Und in dem Moment hörst du deinen Traumführer antworten und die Antwort in dein Inneres tun. Wie ein kostbarer Schatz liegt die Antwort innen. Vielleicht nennt er dir seinen Namen und gibt dir ein Zeichen, wie du ihn rufen kannst. Oder vielleicht sitzt ihr nur so beisammen und genießt die Gegenwart hier unter dem sanften Mondlicht am See. Und nehmt euch soviel Zeit füreinander, wie nötig ist ...

7 Der Abschied

Wenn alles gesagt ist mit Worten, die nur du vernehmen kannst, wird es Zeit, sich zu verabschieden, mit der Freude auf das nächtliche Wiedersehen. Bedanke dich bei ihm, daß er zu dir kam, so wie er dir auch in Zukunft, wenn du in der rechten Verfassung bist, des Nachts begegnen wird, wenn du ihn brauchst. Und ganz langsam geht ihr beide wieder den vertrauten Weg zurück ... du durchschreitest wie beim ersten Mal die Traumtür jetzt in die andere Richtung. Und während ich nun bis zehn zähle, kommst du wach, erholt und inspiriert hier in das Jetzt zurück ... eins – zwei – drei ...

Design Mental Parts
Innere(r) Ratgeber(in)

1 Setting

Übung in Zweiergruppen: **B** hilft **A**, in Trance seinen inneren Ratgeber zu entdecken (das Geschlecht spielt keine Rolle, es können auch Ratgeber & Ratgeberin zusammen auftauchen). **A** liegt oder sitzt bequem; der Erfolg der Übung hängt wesentlich davon ab, daß die mentale Voraussetzung dafür geschaffen wird, daß der Kontakt zu diesem Archetypus gelingt.

2 Ziel- und Motivationsbestimmung

Ein innerer Ratgeber kann wie ein väterlicher Freund sein; er kann aber auch zum spirituellen Führer werden; für manche ist er die Verkörperung der Stimme des Gewissens. Vielleicht fragst du dich, in welcher Weise die Begegnung mit einem inneren Berater für dich interessant und befruchtend sein könnte. Welche Aufgaben könnte er übernehmen? Wie siehst du eure mögliche Kommunikation? Was heißt für dich „Rat geben" bzw. „um Rat bitten"? Kennst du Ratgeber von früher? Gab es literarische oder sonstige Vorbilder, die für dich eine solche Funktion hatten?

3 Tranceinduktion

B führt **A** mit einer beliebigen Technik (5-4-3-2-1-Methode, Hebelinduktion etc.) in eine tiefe Trance ... Und während ich jetzt von 99 bis 1 rückwärts zähle und du dich dabei tiefer und tiefer entspannst, kannst du dir vielleicht vorstellen, eine Treppe abwärts zu gehen ... Schritt für Schritt (98-97-96-95 ...) immer tiefer und tiefer und mit jeden Schritt entspannter, ruhiger und gelassener. Wenn ich bei eins ankomme, wirst du unten eine Tür wahrnehmen, und eine innere Stimme sagt dir: Das ist die Tür zu deinem Innenort, zum Raum deiner inneren Quelle. Wenn du bereit dafür bist, öffne sie und tritt ein. Sieh dich um und durchmesse mit deinem Schritt diesen Raum ... wie groß ist er? Was spürst du unter deinen Füßen? Welche Temperatur herrscht hier? Wodurch ist der Innenraum begrenzt? Du kannst dir Zeit lassen, diesen inneren Raum staunend und freudig zu erkunden. Es tut gut, inmitten des Alltags einen Raum nur für sich selbst zu haben.

ⓘ Der Innenort ist, wie er ist. Für **B** empfiehlt es sich, möglichst vage zu bleiben, aber **A** gleichwohl die Möglichkeit zu geben, diesen imaginären Ort mit allen seinen Sinneskanälen (VAKOG) zu erforschen.

4 Erkunden des Innenorts

Du nimmst dir alle Zeit der Welt, um diesen Ort näher zu erkunden. Vielleicht tragen dich deine Schritte näher an die Stelle, wo du deinem inneren Berater begegnen kannst. Du erkennst ihn durch eine Art energetische Resonanz. Etwas in dir wird diese Stelle spüren, vielleicht weil du eine seltsame Wärme oder ein Prickeln verspürst, vielleicht ist es auch eine Stelle, die etwas erhöht liegt, oder du findest einen runden Tisch mit zwei oder drei Stühlen davor. Manche erleben einen solchen Ort auch sehr futuristisch – wie den Leitstand eines Raumschiffs mit einem riesigen Bildschirm. Wenn du nun diese Stelle gefunden hast, halte ein, nimm Platz und heiße ihn im Inneren willkommen, in welcher Gestalt auch immer er erscheinen mag. Du kannst warten, ohne zu erwarten.

Design Mental Parts
Innere(r) Ratgeber(in)

5 Die Begegnung
Eigentlich spürst du es mehr, als daß du es siehst: Ein tiefes inneres Gefühl durchdringt dich mit einer ruhigen Heiterkeit. Gelassen und freudig spürst du, daß dein Inneres bereit ist für die Begegnung mit diesem Wesen, von dem eine besondere Ausstrahlung ausgeht. Und wenn seine Gestalt dir eher unangenehm sein sollte, bitte es einfach, zu gehen und seine Gestalt für dich zu wechseln. Und in jeder Faser spürst du, wie ein Gefühl absoluter Freude und durchdringender Liebe sich ausbreitet und dein Herz warm werden läßt für eine tiefe, langerwartete Begegnung. Jetzt kannst du ihn willkommen heißen und dich für sein Kommen bedanken.

6 Die Fragen
Vielleicht möchtest du ihn etwas fragen, etwas, was für dich unglaublich wichtig ist; etwas, wonach du lange gesucht hast oder was zu suchen du vielleicht auch schon vergessen hattest. Aus deinem Innern wird die Frage kommen. Und in dem Moment hörst du deinen inneren Berater antworten und die Antwort in dein Inneres versenken. Wie ein kostbarer Schatz liegt die Antwort innen. Vielleicht nennt er dir auch seinen Namen und gibt dir ein Zeichen, um ihn schneller zu rufen. Ihr braucht auch nicht miteinander zu sprechen; sitzt einfach nur so beisammen und genießt die Gegenwart hier unten. Und nehmt euch soviel Zeit füreinander, wie nötig ist ...

7 Der Abschied
Wenn alles gesagt ist mit Worten, die nur du vernehmen kannst, wird es Zeit, sich zu verabschieden. Danke ihm für seinen Rat und versichere ihn deiner Dankbarkeit. Und ganz langsam gehst du zum Ausgang zurück und schließt die Tür hinter dir. Und während ich bis zehn zähle, kommst du wach, erholt und inspiriert hier in das Jetzt zurück ... eins – zwei – drei ...

Teile loslassen und verabschieden

Eignung

☒ Selbstmanagement
☒ Therapie/Coaching
☐ Teamentwicklung

Indikation/Thema

- Jede Beziehung, in die wir viel investiert haben, schmerzt in dem Moment besonders, wo sie auseinanderbricht und wir spüren, daß es gut für uns wäre, wenn wir uns daraus völlig lösen könnten. Lösen und Loslassenkönnen sind in der Tat unerläßliche Voraussetzungen für einen Neuanfang. Ansonsten haust der andere wie ein Gespenst in uns. Jede emotionale Bindung, auch und gerade im Haß, in der Verachtung, in der Wut stärkt den Teil in uns, der noch festhält und der sich verletzt fühlt.

- ℹ️ Vorsicht! Diese Übung ist nicht dazu geeignet, leichte Formen von Beziehungsstörungen und -konflikten zu therapieren. Die nachherige „Wiederaufbauarbeit" stünde in keinem Verhältnis zur *Lösung*. Obwohl eine Sicherung in Form eines Ökologie-Checks eingebaut ist, sollte der Prozeß nur dann durchgeführt werden, wenn eine endgültige, *unwiderrufliche* Loslösung beabsichtigt ist.

Zielsetzung

- Vollständiges Lösen aus alten traumatischen Beziehungen
- Neuanfang nach Trennungsprozessen
- Auflösen von belastenden Bindungen und persönlichen Fixierungen

Anforderungen

☐ leicht
☐ mittel
☒ anspruchsvoll

Zeitbedarf

☐ < 15 Minuten
☐ < 30 Minuten
☒ < 45 Minuten
☐ > 45 Minuten

Teile loslassen und verabschieden

1 Elizitieren der Problemsituation

Erinnere dich an eine Situation, in der du sehr stark spürtest, wie deine emotionalen und mentalen (und spirituellen) Energien durch die Person fixiert waren, von der du dich innerlich vollständig lösen möchtest.

- Wo warst du?
- Wie hast du dich verhalten?
- Welche Ressourcen und Fähigkeiten hattest du zur Verfügung, und welche waren beeinträchtigt?
- Was wolltest du erreichen?
- Wie hast du dich dabei gefühlt?
- Was hast du in dem Moment von dir geglaubt? Was war wichtig?

🛈 Viele erleben eine solche Situation als innerliche Zerrissenheit: Sie möchten sich lösen, vergessen, loslassen, sind aber emotional dazu nicht in der Lage; die Emotion fesselt sie an den anderen, der in unterschiedlichsten Rollen auftreten kann: als Peiniger, als Ex-Lover, als ehemals bewunderte Leitfigur etc. Dieser andere lebt in diesen Personen quasi ein Zweitleben. Eine äußere Trennung, selbst durch den Tod des Betreffenden, kann oft nicht verhindern, daß er uns weiter belastet, nervt oder schmerzt; er haust in uns und ernährt sich von unseren Emotionen.

2 Lösungsszenario aufbauen

Lege drei Bodenanker aus: einen für die Metaposition, von wo aus du das Fortschreiten des Lösungsprozesses sehen kannst, einen zweiten Anker für denjenigen Menschen, von dem du dich lösen möchtest, und einen dritten Anker für die Selbst-Position. Wenn du magst, kannst du neben dich und neben den anderen noch ein Symbol für einen Ressourcentopf auslegen.

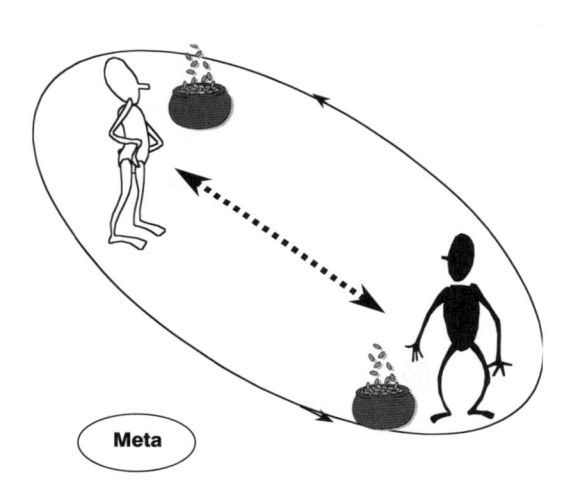

3 Bindung/Fixierung erkunden

Geh jetzt in die Metaposition und beschreibe, wie das Band oder die Beziehung zwischen dir und dem anderen aussähe, wenn sie sich jetzt materialisieren könnte. Benutze zur Beschreibung die visuellen ↗Submodalitäten.

4 Lösungsprozeß

🛈 Der folgende Prozeß funktioniert wie das Aufziehen eines gestrickten Pullovers. Ziehst du lange genug am Faden, löst sich das gesamte Gewebe auf.

Begib dich jetzt in die Ich-Position und frage dich, welche Verhaltensweisen, Gestik, Mimik, Emotionen, Körperhaltungen, Sprachausdrücke vom anderen noch in dir sind bzw. an dir haften: all das, was dich an

Teile loslassen und verabschieden

den anderen erinnert. Schau ihn dabei an. Wenn du etwas gefunden hast, was nicht zu dir gehört, stell dir vor, wie es von einer bestimmten Stelle deines Körpers in deine Hand gleitet, so daß du es jetzt nehmen und zum anderen hinbringen kannst. Geh damit jetzt zur anderen Person hin und gib es ihr zurück mit den Worten: „Das (nenne es beim Namen) gehört zu dir; ich gebe es dir zurück." Wenn du bei ihr bist, verharre eine kurze Zeit in dieser Position, schau in deine Richtung und frage dich, was an Verhaltensweisen, Emotionen etc. von dir noch an ihr haftet. Nimm es dir wieder mit den Worten: „Das (nenn es beim Namen) gehört mir; ich nehme es mir zurück." Geh damit zu deiner Position zurück und fülle damit deinen Ressourcentopf.

Verfahre entsprechend mit den Fähigkeiten und Werten, die du vielleicht von ihr übernommen hast und/oder sie von dir. Es kommt beim Zurückgeben und Zurücknehmen nicht auf Symmetrie an, nur auf Vollständigkeit. Der Prozeß des Loslösens bleibt unvollständig, wenn du glaubst, zwischen positiven und negativen „Gaben" unterscheiden zu können – frei nach dem Motto: „Das ist zwar von mir (ihm), könnte er (ich) aber gut gebrauchen, er soll (ich will) es behalten."

5 Rekapitulation

Immer wenn du glaubst, daß sich die Fixierung etwas gelöst hat, kannst du in die Metaposition gehen, um von außen das Zwischenresultat zu beobachten. Was hat sich in der Bindung geändert (Submodalitäten)? Wenn du feststellst, daß keine gravierenden Änderungen eintreten, kann es notwendig sein, mit den Einwänden und Widerständen zu arbeiten. Wahrscheinlich gibt es einen oder mehrere Teile, die eine Lösung zum jetzigen Zeitpunkt für ungeeignet halten oder das Verfahren für unangemessen, zu radikal etc. Dann unterbrich an dieser Stelle den Prozeß und arbeite an den Einwänden (↗Reframing) weiter, hinter denen sich z.B. auch fundamentale ↗Glaubenssätze verbergen können.

6 Verabschiedung

Wenn alle Bindungen gelöst und alle Ressourcen (Gaben) zurückgetauscht wurden, tritt zum letzten Mal in die Konstellation ein und sprich die Formel (die du natürlich abändern kannst): „Ich lasse dich jetzt los. Das Band, das uns verbunden hat, ist gelöst, du kannst jetzt gehen." Nimm nun wahr und spüre, was sich für dich emotional verändert hat. (**B** achtet dabei auf die Versöhnungsphysiologie von **A**.)

Persönliche Exzellenz modellieren

Eignung

☒ Selbstmanagement
☒ Therapie/Coaching
☐ Teamentwicklung

Indikation/Thema

- Persönliche Exzellenz ist die Fähigkeit eines Menschen, sich aus dem zu begreifen, was er tut und wie er es tut. „Wenn du weißt, was du tust, kannst du tun, was du willst." Die Kunst besteht darin, die Dynamik des eigenen Lebens zu beherrschen, statt sich von ihr beherrschen zu lassen. Kennzeichen persönlicher Exzellenz oder Meisterschaft sind: Kreativität, Gewahrsein, Einfühlungsvermögen und geistige Flexibilität; vor allem aber ist persönliche Exzellenz eine innere geistige Haltung, die die äußere Lebenswirklichkeit nicht als feindlich oder „widerständig" begreift, sondern als Experimentierfeld, um die eigenen Wachstumsprozesse testen und kontinuierlich verbessern zu können.

Zielsetzung

- Modellieren von Exzellenz
- Überwinden der eigenen Mittelmäßigkeit
- Aktivieren innerer (unbewußter) Kraftquellen

Anforderungen

☐ leicht
☐ mittel
☒ anspruchsvoll

Zeitbedarf

☐ < 15 Minuten
☐ < 30 Minuten
☒ < 45 Minuten
☐ > 45 Minuten

Persönliche Exzellenz modellieren

1 Referenzerfahrung personalisieren

Geh zurück in deine Erinnerung oder deine Phantasie und hole eine Person auf deinen inneren Gedankenschirm, die du schon immer bewundert hast für das, was sie aus sich heraus kann und verwirklicht. Es muß keine reale Person sein; aber das, was du an ihr bewunderst, sollte sich für dich auch körperlich gut anfühlen (somatische Resonanz). Wo in oder an deinem Körper ist die Stelle, wo du eine energetische Verbindung zu dieser Person schaffen könntest?

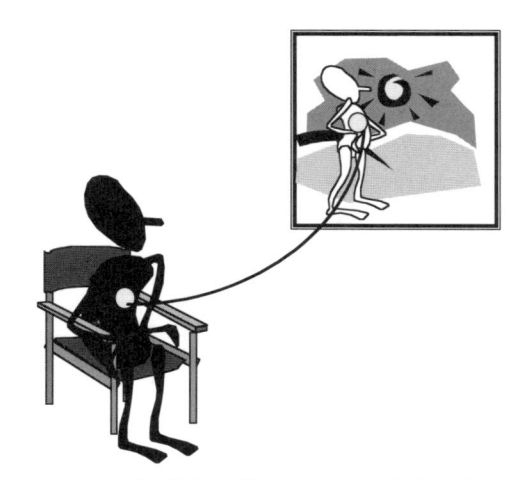

2 Eigene Ressourceposition einnehmen

Tritt jetzt einen Schritt zur Seite und denke an einen Ressourcezustand, wo du dich voll zentriert, geistig offen und mit geschärften Sinnen fandest. Es kann ein beruflicher oder auch ein privater Kontext sein. Rufe dir jetzt in Erinnerung, welche inneren Kräfte und Persönlichkeitsteile dich hier besonders unterstützt haben. Spüre, daß du ihre Unterstützung auch jetzt und hier hast.

3 Schaffen eines Hologramms

Lege deine Hände auf dein Herz oder auf die Stelle im (oder am) Körper, wo eine energetische Öffnung ist, aus der heraus du den inneren exzellenten Berater (Trainer, Therapeuten oder Coach) erschaffen kannst. Spüre, wie die Energie in deine Hände geht und sich dort zu einem Nukleus verdichtet. Du bist fähig, mit deinen Händen ein lebensgroßes Hologramm dieser Exzellenz zu erschaffen. Laß zu, daß deine Hände sie wie von selbst gestalten. Und sieh, wie gut deine Hände ihr Werk verrichten.

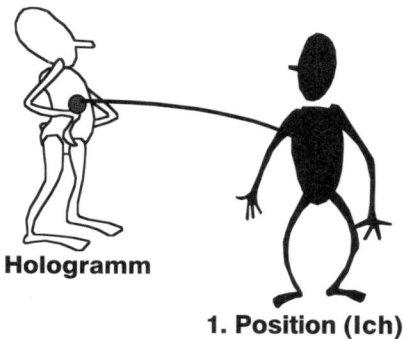

- Und nun laß über diese Öffnung in dir Lebensenergie in dieses Hologramm einströmen. Mit jedem Atemzug spürst du mehr deine schöpferische Energie fließen. Das Hologramm fängt an, in vielen Farben zu leuchten. Gib der Gestalt auch eine Stimme.
- Jetzt frage deinen brillanten inneren Begleiter, ob er dir etwas geben möchte: einen Rat, ein symbolisches Geschenk etc. Sieh ihn an und spüre, daß er die Frage vernommen hat.

4 Eintreten in das Hologramm

Vereinige dich nun physisch mit dem Hologramm des brillanten inneren Begleiters (Trainers, Therapeuten, Coachs). In dem Moment, wo du den Platz wechselst – mit der Hand auf deinem Energiepunkt –, wirst du zu ihm. Wie zum Beweis hörst du noch einmal die Frage nach dem Geschenk. Spüre in dir, wie sich aus deinem Inneren die Antwort auf diese Frage formt. Nicht du schaffst das Geschenk – du schaffst nur die Voraussetzung dafür, daß sich aus dem Unbewußten des brillanten inneren Begleiters etwas formt. Überreiche das Geschenk aber noch nicht, sondern wechsle wieder den Platz und nimm die 1. Position wieder ein.

Persönliche Exzellenz modellieren

5 Wieder in der 1. Position

Während du dich wieder mit dir selbst vereinigst, hörst du auch schon den brillanten inneren Begleiter seinerseits um ein Geschenk bitten. Versenke dich in dein Inneres und laß zu, daß aus den Tiefen des Unbewußten sich ein Gegengeschenk (Symbol, Metapher) formt.

- Tauscht nun die Geschenke aus.
- Spüre, wie ihr euch in dem Moment miteinander verbindet und eins werdet, da ihr die Geschenke tauscht.
- Leben ist Austausch – finde jemanden, mit dem du das, was du bekommen hast, teilen kannst – auf die eine oder andere Weise.

6 Die Verwandlung

Erinnere dich nun, wie es im ersten Schritt gewesen ist, wo du die Sehnsucht nach dieser inneren persönlichen Exzellenz gespürt hast. Was hat sich verändert? Beschreibe die Qualitäten dieser Veränderung.

Spirituelle Heilung

Eignung

☒ Selbstmanagement
☒ Therapie/Coaching
☐ Teamentwicklung

Indikation/Thema

- Wenn wir auf dem Weg sind, unsere persönliche Entwicklung eingebettet zu sehen in einen übergeordneten Prozeß psychospiritueller Ganzheit, mag es sinnvoll sein, negative Beziehungserlebnisse spirituell zu heilen und zu reinigen. In diesem Sinn kann man es auch als Beziehungsarbeit auf den ↗Logischen Ebenen der Identität und Spiritualität bezeichnen.

- ⓘ Diese Arbeit ist allerdings nur dann sinnvoll, wenn zuvor positive Erfahrungen auf den anderen Logischen Ebenen gemacht wurden.

Zielsetzung

- Heilen und Reinigen von belastenden Beziehungen

Anforderungen

☐ leicht
☐ mittel
☒ anspruchsvoll

Zeitbedarf

☐ < 15 Minuten
☐ < 30 Minuten
☒ < 45 Minuten
☐ > 45 Minuten

Spirituelle Heilung

1 Raumanker auslegen

Die Übung erfolgt in Zweiergruppen. **A** und **B** legen die klassischen Wahrnehmungspositionen in Form eines ungefähr gleichseitigen Dreiecks aus:

- 1. Position (Ich-Position)
- 2. Position (für den anderen, mit dem das Ich eine existentielle Konfliktsituation erfahren hat)
- 3. Position (für den Schutzengel oder inneren Beobachter)
- 4. Position (für die kosmische oder „selbstlose" Position)

2 Der Eintritt in die Problemsituation

Tritt in die 1. Position und erfahre noch einmal die Situation mit dem/der anderen, die du heilen möchtest. Was war das Schlimmste daran? Welche Glaubenssätze von dir wurden tangiert? Was glaubtest du in dem Moment von dir selbst?

- Separator

3 Antizipieren spiritueller Ganzheit

Begib dich jetzt in die vierte Position. Spüre, wie du Kontakt mit dem kosmischen (spirituellen) Ganzen aufnimmst bzw. zu einem Teil davon wirst. Vielleicht erinnerst du dich an frühere, ähnliche Erfahrungen. Wenn du in Kontakt bist, lege deine rechte Hand auf deine Herzgegend. Dein Übungspartner geht ebenfalls in einen inneren Ressourcezustand; er legt seine eine Hand ebenfalls auf deine Herzgegend und seine andere auf deinen Rücken. Während der nächsten Schritte spürst du diese Unterstützung, die dein Partner dir für den Rest der Übung zuteil werden läßt.

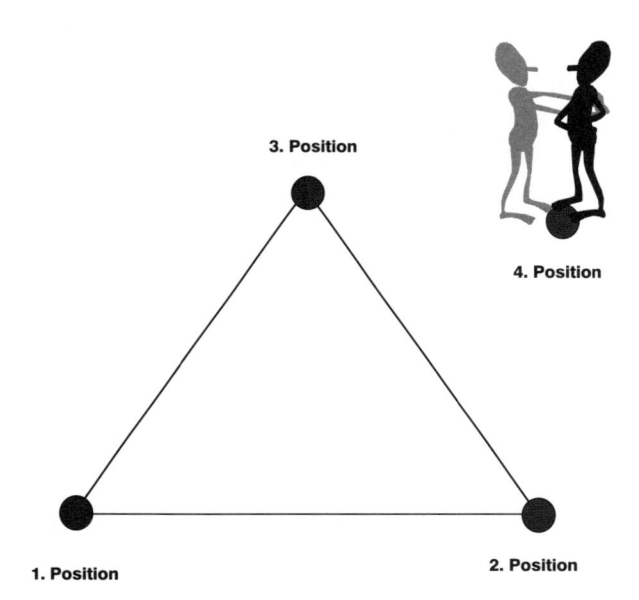

4 Das Wiedererfahren des Problems

Zusammen tretet ihr in den vorherigen Problemzustand ein. Nimm jetzt (als **A**) wahr, welche Veränderungen du jetzt erlebst, wo du in Kontakt zu deiner Ganzheit gekommen bist. Vielleicht kannst du das Gefühl für diese Ganzheit aus dir austreten lassen wie einen breiten Lichtkegel; hülle die Person in der 2. Position in diese Ganzheit ein, wobei du zusätzlich die Energien nutzt, die dein Partner **B** dir zur Verfügung stellt.

Spirituelle Heilung

5 Der Kontakt mit dem Konfliktteil

Begebt euch jetzt zusammen im Schutz des Energieschirms zur 2. Position. Was passiert in dem Moment, wo du (**A**) in Kontakt mit dem Konfliktteil (mit der anderen Person) kommst? Wie verändert sich dein Gefühl dabei? Kannst du dieses Gefühl des inneren Verbundenseins noch mehr vertiefen? Dreh dich jetzt um und schau zurück auf die Person in der 1. Position. Wie nimmst du sie jetzt wahr? Und schau anschließend auch in Richtung Schutzengel. Vielleicht spürst du, daß du auch von dort Energie beziehst.

6 Eintritt in die Position des Schutzengels

Begib dich jetzt mit deinem Begleiter in die Position des Schutzengels. Spüre, wie sich die Transformationsenergien in dir auszubreiten beginnen, wie sich dein Gefühl und dein Bewußtsein verändern. Wenn du mit deinem Schutzengel vereinigt bist, kannst du erfahren, wie du anfängst, Teil von einem Größeren zu werden. Nimm auch diese Energien in dich auf.

7 Wiedereintritt ins Ich

Du bist wieder am Ausgangspunkt deiner Reise angekommen. Rekapituliere, welche Energien, welche Ressourcen Teil von dir geworden sind. Laß die Erfahrungen langsam Revue passieren und spüre nach innen, welches Bild, Symbol oder welche Metapher auftaucht, die dir zukünftig als Anker für dieses Gefühl des kosmischen Verbundenseins dienen können.

- Gebt euch Feedback und tauscht eure Erfahrungen aus. Was hat sich verändert?

Emotionale Verstrickungen auflösen

Eignung

☒ Selbstmanagement
☒ Therapie/Coaching
☐ Teamentwicklung

Indikation/Thema

- Häufig haben wir das Gefühl, in etwas verstrickt zu sein, das nicht mehr unserem gegenwärtigen Bewußtseinszustand oder unserer inneren Entwicklung entspricht. Trotzdem klebt es an uns wie eine zweite Haut, der wir langsam entwachsen sind. Emotionale Verstrickungen können z.B. Gefühle von Durchschnittlichkeit oder Mittelmäßigkeit sein, aber auch Neidgefühle oder Scham.

Zielsetzung

- Auflösen alter emotionaler Blockaden und Imprints

Anforderungen

☐ leicht
☐ mittel
☒ anspruchsvoll

Zeitbedarf

☐ < 15 Minuten
☐ < 30 Minuten
☒ < 45 Minuten
☐ > 45 Minuten

Emotionale Verstrickungen auflösen

1 Den Ort der emotionalen Verstrickung entdecken

Erinnere dich an eine Situation, wo du dieses Gefühl des Verstricktseins besonders unangenehm erlebt hast. Spüre, wo dieses Erleben seinen Ort hat in deinem Körper.

2 Die emotionale Verstrickung modellieren

Geh in eine innere Trance und erkunde den Sitz der emotionalen Verstrickung. Stell dir vor, du kannst sie jetzt, wo du sie im inneren Blick hast, außen modellieren – wie eine Laserholographie. Im selben Maße, wie du sie modellierst, löst sich dieses Gefühl bis auf einen Kern in deinem Inneren auf.

3 Die Bindung spüren

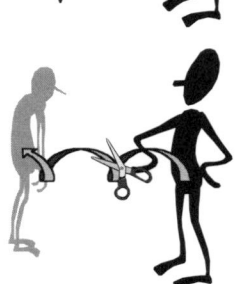

Spüre nun, wie die Art dieser Verbindung zwischen dem Kern der Verstrickung in dir und der Laserholographie beschaffen ist. Was würde passieren, wenn du diese Verbindung durchtrennen würdest (was du jetzt aber noch nicht tust)?

4 Von der emotionalen Verstrickung lernen

Frage nun bei deinem Gegenüber nach, was die Bindung vormals Gutes für dich bezweckt hat. Was war ihre gute Absicht? Wovon ließ sie sich leiten? Womit wollte sie dein Leben bereichern? Laß dir Zeit, die Antwort zu verstehen.

5 Den Gefährten schaffen

Du hast eine Vorstellung, wie dein entwickeltes Selbst aussehen könnte. Nimm die gute(n) Absicht(en) hinzu und fange an, mit deinen magischen Händen der Lichtgestalt in dir auch im Äußeren Raum und Fülle zu geben. Manchmal ist dieser Schaffensprozeß wie ein alchemistisches Werk: Wenn die richtigen Zutaten da sind und die richtige Zeit gekommen ist, geschieht es wie von selbst. Denk daran, du schaffst keinen Supermenschen, sondern gibst deinem höheren Selbst die Möglichkeit, sich durch deine Hände zu verwirklichen. Hauche ihm jetzt Leben ein.

6 Die Loslösung

Wende dich nun wieder der Verkörperung deiner emotionalen Verstrickung zu – auch sie hat begonnen, sich zu verändern, zu entwickeln. Nimm wahr, welche Gestalt die emotionale Verstrickung angenommen hat und welchen Einfluß dies auf das Band hat, das euch noch verbindet.

- Frage dich nun, ob es in dir einen Teil gibt, der entweder noch Einwände gegen eine vollständige Loslösung von diesem Teil oder Einwände

Emotionale Verstrickungen auflösen

gegen eine Verschmelzung mit deinem höheren Selbst hat. Wenn gegen den einen und/oder anderen Prozeß Einwände kommen, gib sie weiter an dein höheres Selbst, das diese Einwände zusammen mit dir behandeln wird.

- Und dann löse mit deinen magischen Händen die Verstrickung auf; beobachte, wie dieser ehemalige Teil von dir jetzt seinen eigenen Weg in die Welt findet.

7 Die Vereinigung mit dem höheren Selbst

Nachdem du dich von der emotionalen Verstrickung befreit hast, verbinde dich nun mit deinem höheren, entwickelten Selbst. Spüre, daß es auch zwischen euch ein Energieband (oder etwas Ähnliches) gibt, über dieses Energieband fließt dein höheres Selbst in dich ein – und vielleicht besetzt es genau den Platz, den vorher die emotionale Verstrickung in deinem Körper innehatte. Nimm jetzt mit allen Sinnen wahr, was sich für dich geändert hat, was sich in der Zukunft noch ändern wird und wie sich diese Transformation auf die Beziehung zu deinen Freunden, deinem Partner etc. auswirken wird.

Gruppenverstrickungen lösen

Eignung

☐ Selbstmanagement
☐ Therapie/Coaching
☒ Teamentwicklung

Indikation/Thema

- In Lerngruppen, aber auch im normalen Arbeitsalltag wird Teamwork immer wichtiger. Aber solange es ungelöste Konflikte und Kommunikationsblockaden in der Gruppe gibt, wird aus einer Gruppe kein Team. Insbesondere kann das Thema „Führung" und Führungsakzeptanz unterschwellige Konflikte auslösen.

Zielsetzung

- Auflösen von unterschwelligen, aber auch offenen Konfliktkonstellationen
- Aufbau tragfähiger Teamstrukturen
- Teamerfahrung
- Gruppenverständnis für „Leadership" entwickeln

Anforderungen

☐ leicht
☐ mittel
☒ anspruchsvoll

Zeitbedarf

☐ < 15 Minuten
☐ < 30 Minuten
☐ < 45 Minuten
☒ > 45 Minuten

Gruppenverstrickungen lösen

1 Die Konstellation der Gruppe

Geübt wird in einer Gruppe mit fünf bis sieben Personen. Die Gruppe wählt nach einem von ihr festgelegten Verfahren aus ihrer Mitte einen geistigen Führer oder Lehrer (**A**). Die anderen Gruppenmitglieder haben unterschiedliche Funktionen oder Rollen, die aber erst im Schritt 3 entdeckt werden:

- die Ressourceperson (**B**), die den geistigen Lehrer vorbehaltlos durch ihre Gesten, ihr ermutigendes Lächeln, ihr Kopfnicken etc. unterstützt (ausschließlich nonverbal);
- eine Hebamme (**C**), die durch leichtes Massieren und sanfte Berührung den Lehrer dabei unterstützt, Neues und Fruchtbares hervorzubringen;
- einen Versorger/Unterstützer (**D**), der für die materielle Unterstützung des Lehrers (Besorgen von Wasser, Arbeitsmaterial, Notizblock etc.) zuständig ist;
- eine Schutzperson (**E**), die den Lehrer schützt, indem sie ihn vor Mißverständnissen in Schutz nimmt, vor Zudringlichkeiten bewahrt oder ihm schlichtweg auch beim „Zeitmanagement" (zeitliche Kontrolle der Übungen) zur Hand geht oder ihm die gewünschte Aufmerksamkeit der Gruppe sichert;
- eine Künderin (**F**), die verbal erläutert, was der Lehrer Bedeutsames, Visionäres und Inspirierendes gesagt hat, und
- einen Ermutiger (**G**), der den geistigen Führer verbal ermutigt durch Nachfragen wie: „Ja, stimmt genau" und: „Faszinierend, erzähl mehr davon."

ℹ Wenn weniger als sieben Personen zur Verfügung stehen, können die letzten beiden Rollen (oder nach Vereinbarung auch eine andere, wie z.B. **B**) weggelassen werden. Die maskuline bzw. feminine Bezeichnung der Rollen erfolgte aus Gründen der besseren Lesbarkeit und sagt nichts darüber aus, ob die Rolle von einer Frau oder einem Mann besetzt sein sollte.

2 Behandlung von Einwänden gegen die Rollenaufteilung

Jedes Teammitglied einschließlich des gewählten geistigen Führers stellt sich die Frage, welcher Teil in ihm die geistige Führerschaft von **A** gutheißt und welcher Teil hier widersprechen möchte oder einen Einwand hat. In seiner Weisheit hilft **A** jedem Gruppenmitglied dabei, eine Lösung für den Umgang mit diesem intrapsychischen Konflikt zu finden (unter Einsatz von NLP-spezifischen Lösungsmodellen); umgekehrt unterstützen die Gruppenmitglieder **A** dabei, sich vorbehaltlos mit seiner Rolle als geistiger Führer zu identifizieren.

Wenn alle Einwände geklärt sind, klärt die Gruppe, welche Rollen (von **B** bis **G**) am besten von welcher Person zu besetzen sind. Hat die Gruppe zu sich und ihren Aufgaben/Rollen gefunden, markiert jeder Teilnehmer der Gruppe das Ergebnis dieses Integrationsprozesses durch einen kinästhetischen Anker am unteren Ende seiner Halspartie.

Gruppenverstrickungen lösen

3 Einstimmung

Die Teammitglieder entwickeln eine Gruppenhypothese, wonach alles, was ihr geistiger Lehrer sagt, entweder offensichtlich wichtig und bedeutsam ist oder einen versteckten, erst noch zu entschlüsselnden positiven Sinn hat. Außerdem überlegen sie, wie sie der positiven Absicht, die hinter allem steht, was der Lehrer tut oder sagt, jederzeit gerecht werden können. Die Gruppe unterstützt jeden einzelnen Teilnehmer bei diesem Einstimmprozeß.

- Wenn jeder ein uneingeschränkt positives Verständnis von seiner Aufgabe hat, hilft die Gruppe ihrem Lehrer dabei, ein ebensolches positives Verständnis von seiner „Leadership" zu entwickeln.
- Am Ende dieses Prozesses nimmt die Gruppe halbkreisförmig Platz um ihren geistigen Lehrer. Jeder löst jetzt den im Schritt 2 gesetzten Integrationsanker aus.
- Alle Teilnehmer gehen in eine sehr ressourcevolle Trance für den nächsten Schritt.

4 Die Befragung

Während jeder in der Gruppe jetzt seine jeweilige Rolle spielt, kann jeder dem Lehrer eine (oder mehrere) Frage(n) stellen: zu persönlichen Problemen, zukünftigen Entwicklungen und Perspektiven etc. Jede Frage ist zugelassen, und der Lehrer wird sie in seiner Güte und unendlichen Weisheit beantworten, d.h., er wird spontan sagen, was ihm dabei in den Sinn kommt: unabhängig davon, wie passend oder unpassend es einem alltäglichen Verstand vorkommen würde. Die Gruppe unterstützt ihn dabei in der vorgesehenen Weise. (Die Befragung kann zwischen 15 und 30 Minuten dauern.)

5 Gruppenfeedback

Nach dieser Übung geben sich die Teilnehmer untereinander Feedback, wie sie – aus unterschiedlichen Perspektiven – die Rollen erlebt haben, welche Glaubenssätze getriggert wurden und welche Submodalitäten dominierten. Danach kann ein zweiter Durchgang in einer anderen Besetzung folgen.

Modelle der Veränderung

- ☐ Submodalitäten
- ☐ Meta-Modell (Kommunikationsstrategien)
- ☐ Milton-Modell
- ☐ Reframing und Teilearbeit
- ☒ Strategien
- ☐ Time-Line
- ☐ Glaubenssysteme und Logische Ebenen

Strategien sind – meist unbewußt bleibende – Vorgehensweisen, um in einem gegebenen Kontext spezifische Ziele zu erreichen.

Kriterienhierarchie

Eignung

☒ Selbstmanagement
☒ Therapie/Coaching
☐ Teamentwicklung

Indikation/Thema

- Motivationsprobleme
- Innere Widerstände gegen Veränderungswünsche

Zielsetzung

- Streamlining von Motivation und Zielerreichung
- Störungen und Blockaden im Lernprozeß überwinden

Anforderungen

☒ leicht
☐ mittel
☐ anspruchsvoll

Zeitbedarf

☐ < 15 Minuten
☒ < 30 Minuten
☐ < 45 Minuten
☐ > 45 Minuten

Kriterienhierarchie

1 Kriterien elizitieren

Übung in Zweiergruppen: **A** möchte z.B. regelmäßig in die Sauna gehen, aber er tut es nicht. **B** erkundet, was **A** sich von xy (was er tun möchte, aber nicht tut) eigentlich verspricht und welches stärkere Kriterium ihn bewegt, das Gegenteil zu tun.

B: Was hindert dich daran, regelmäßig in die Sauna zu gehen? Was ist das Gute daran, wenn du nicht in die Sauna gehst?
A: Ich möchte einfach meine Ruhe haben und auch mal nichts tun müssen.
B: Und wenn du es schaffen würdest, regelmäßig in die Sauna zu gehen, was wäre das Gute daran?
A: Na, ich würde was für meine Gesundheit tun.

In diesem Fall hat **B** zwei Kriterien elizitiert: das Kriterium „Ruhe", das als höherwertiges, übergeordnetes Kriterium das Kriterium „Gesundheit" überschreibt. Statt Kriterium könnte man auch „Motiv" sagen.

2 Submodalitäten und/oder Strategiemuster erforschen

Arbeite nun die ↗Submodalitäten der gegenläufigen Motive „Ruhe" und „Gesundheit" heraus. Danach erforsche die dazu passenden Strategiesequenzen (im folgenden stark vereinfacht dargestellt), z.B. könnte **A** für „Ruhe" die Sequenz

A_d (innere Stimme: „Du sollst dich einfach mal ausruhen, sonst packst du das alles nicht mehr.")
→ V_{er} (erinnert sich bildhaft an Situationen, wo er nicht auf die Stimme gehört hat),
→ K^i- (fühlt sich in der Folge schlecht und bleibt zu Hause ...)
internalisiert haben.

3 Kriterienhierarchie aufbauen

Finde ein Kriterium heraus, das aus Sicht von **A** über dem Kriterium „Ruhe" steht, z.B. mit der Frage: „Wenn du die Ruhe hast, die du gerade brauchst, was ist dann für dich wichtig? Was könntest du dann wollen? Was wäre dann noch wichtiger? Wofür würdest du deine Ruhe ruhigen Gewissens aufgeben?" Das, was **A** jetzt nennt (z.B. „mich meiner Familie widmen"), ist ein Kriterium (Motiv), das sowohl die „Gesundheit" als auch die „Ruhe" überschreibt. Für dieses Kriterium werden ebenfalls Submodalitäten und die zugehörige Entscheidungsstrategie elizitiert.

4 Veränderungsstrategie auswählen

B hat jetzt mehrere Möglichkeiten, **A** zu motivieren, regelmäßig in die Sauna zu gehen:
- Utilisieren der Submodalitäten bzw. der Strategiesequenzen: **B** adaptiert das Submodalitätenraster bzw. die Strategie des Kriteriums „Familie" an die Submodalitäten/Strategie des erwünschten Verhaltens „Sauna gehen".

    B: Wenn Familie für dich so wichtig ist, was könnte dann dagegen sprechen, aus dem Saunabesuch eine Art Familienausflug zu machen?
    A: So habe ich es noch nicht gesehen. Wir müßten dann allerdings nach XY fahren, weil dort ...; vielleicht alle vierzehn Tage mit Familie ... ich muß mal überlegen ...
    B: So tust du etwas für dich, deine Gesundheit und deine Familie, oder?

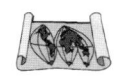

Kriterienhierarchie

- Pacen des einschränkenden Kriteriums „Ruhe":
    B: Siehst du eine Möglichkeit, mit deiner Familie in die Sauna zu gehen und trotzdem deine Ruhe zu genießen?
    A: Jetzt, wo du so fragst – doch, die haben dort einen angenehmen Ruheraum, man kann lesen oder einfach nur im Warmen relaxen ... prima.

- Reframing des einschränkenden Kriteriums „Ruhe":
    B: Könnte es sein, daß deine Familie einen ausgeruhten (und gesunden) Ehemann und Vater nicht ganz besonders schätzen würde? Was meinst du?
    A: (grinst) Gehört ja auch irgendwie zusammen, oder?

Die L2-Lernstrategie

Eignung

☒ Selbstmanagement
☐ Therapie/Coaching
☐ Teamentwicklung

Indikation/Thema

- Die L2-Lernstrategie (Lernen lernen) ist gut geeignet, die Transformation von Lerninhalten zu Lerneinstellungen zu vollziehen; der Lernstoff wird nicht nur technisch gelernt (wie man eine neue Sprache oder einen PKW reparieren lernt), sondern der Klient lernt das Optimieren seines Lernprozesses. Das hier vorgestellte Format ermöglicht darüber hinaus den produktiven Umgang mit Lernstörungen, Lernhemmnissen und Motivationsproblemen beim Lernen.

Zielsetzung

- Verbesserung von Lernstrategien
- Ganzheitliches Lernen
- Schnelleres Lernen
- Gezieltes Überwinden von Lernblockaden

Anforderungen

☒ leicht
☐ mittel
☐ anspruchsvoll

Zeitbedarf

☒ < 15 Minuten
☐ < 30 Minuten
☐ < 45 Minuten
☐ > 45 Minuten

Die L2-Lernstrategie

1 Wenn du etwas neu oder Neues lernen willst, sorge für eine angenehme, entspannte Lernatmosphäre. Freue dich auf das, was jetzt neu auf dich zukommt. Tu so, als wäre Lernen ein neues Spiel; mach dich also spielerisch mit dem Lernstoff vertraut (drüberschauen, herumblättern, Assoziationen bilden etc.).

2 Frage dich jetzt, wozu dieses neue Wissen gut ist. Welches Ziel hilft es dir zu erreichen? Was kannst du dann machen, was du zur Zeit nicht machen kannst? Sorge dafür, daß diese Intention sich in dir von Übung zu Übung stärker verankert. Jede Antwort wird bewußt und unbewußt diese Lernmotivation erhöhen.

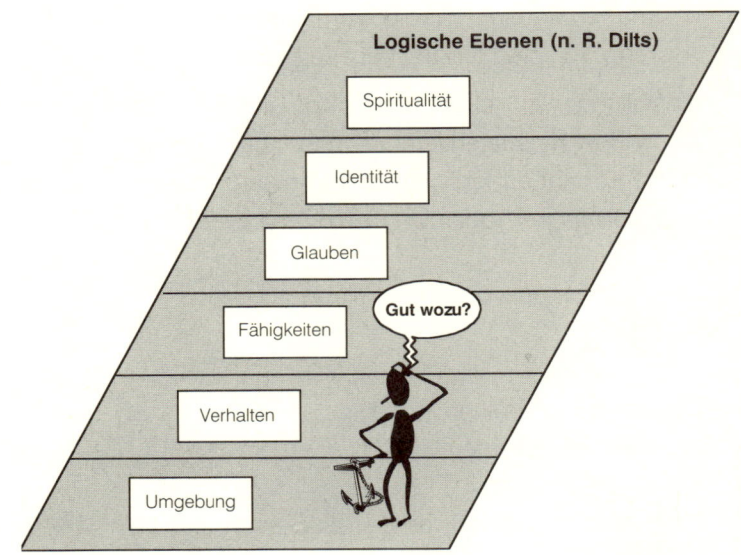

Logische Ebenen (n. R. Dilts)
- Spiritualität
- Identität
- Glauben
- Fähigkeiten
- Verhalten
- Umgebung

Gut wozu?

ⓘ Eine weitere Vertiefung der Lernerfahrung erreichst du mit der Anwendung der ↗Logischen Ebenen: Gehe die einzelnen Lernebenen durch und frage dich, auf welcher Ebene das, was du neu lernen möchtest, angesiedelt ist und wo der Nutzen für dich am größten ist.

- Hilft dir das, was du lernst, besser in deiner Umgebung (Familie, Beruf, Freunde etc.) zurechtzukommen?
- Erweitert es deine Verhaltensflexibilität?
- Hilft es dir beim Erwerb neuer Fähigkeiten?
- Gewinnst du neue Aufschlüsse über das, was für dich wichtig und wertvoll ist?
- Gewinnst du neue Erkenntnisse über einen Teil deiner selbst, der dir bisher verborgen war?
- Verhilft es dir zu tieferer Einsicht in deine Mission, deine Lebensaufgabe, den Sinn deiner Existenz?

3 Gehe in eine leichte Trance oder laß dich durch Musik oder etwas anderes hineinführen. Identifiziere den Teil deiner Persönlichkeit, für den dieses neue Wissen eine besondere Bedeutung hat (↗Reframing). Was ist die gute Absicht, die dieser Teil mit dem neuen Wissen verfolgen kann?

Die L2-Lernstrategie

4 Entwirf eine Mind Map mit dem neuen Lernstoff im Mittelpunkt. Frage dich jetzt, welches Wissen, welche Verhaltensweisen, Fertigkeiten, welche Glaubenssätze, Werte etc. damit in Beziehung stehen. Das Ziel besteht darin, das neue Wissen erfolgreich in die vorhandenen Wissensstrukturen einzubetten; Verbindungen zu schaffen, die es dir erlauben, aus verschiedenen Richtungen und Bereichen auf dieses neue Wissen zuzugreifen.

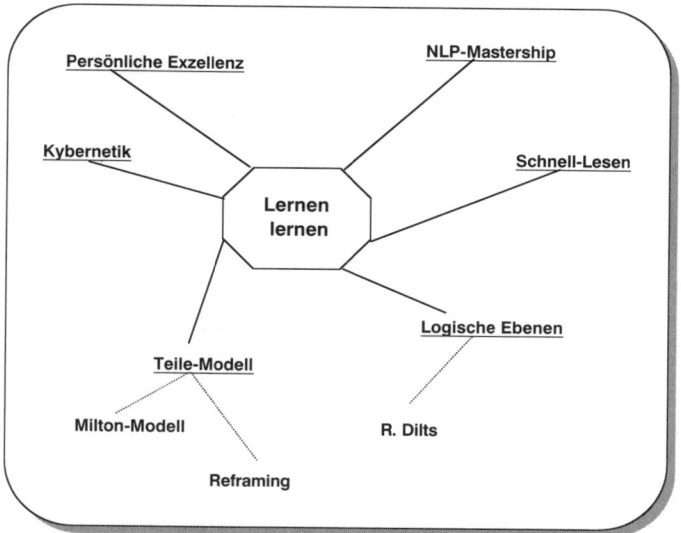

Mind Map mit "Lernen lernen" im Zentrum und den Zweigen: Persönliche Exzellenz, NLP-Mastership, Kybernetik, Schnell-Lesen, Logische Ebenen, R. Dilts, Reframing, Milton-Modell, Teile-Modell.

ℹ Alternativ zu Mind Maps können auch andere, vielleicht vertrautere Darstellungstechniken benutzt werden, z.B. ein „Lernbaum".

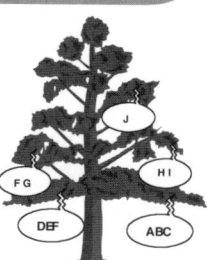

5 Öko-Check

Rekapituliere nun alle Lernschritte. Achte insbesondere auf deine Gefühle:
- Fühlt sich das neue Wissen gut an?
- Veranstalte eine „Parts Party": Sind alle Teile mit dem neuen Wissen einverstanden? Oder fehlt etwas? (↗Reframing). Wenn ja, dann bearbeite das, was fehlt oder stört.
- Wie sind die Auswirkungen auf deine Umwelt? Wie werden deine Bezugspersonen reagieren, wenn du das gelernt hast? (Einwände sollten berücksichtigt werden.)

6 Future-Pace

Nimm eine Situation in der Zukunft, wo du das Gelernte wirst einsetzen können. Spiele die Situation durch; drehe einen Erfolgsfilm, gehe dabei durch alle ↗Repräsentationssysteme.

ℹ Als Therapeut/Coach achte darauf, daß sich bei deinem Klienten eine Erfolgsphysiologie einstellt; wenn nicht, zurück zu Schritt 5, evtl. auch ↗Ressourcenarbeit.

- ↗Zielbestimmung, um die Anwendung des Lernstoffs zu fokussieren
- DIFFERENZLERNEN

Peter B. Kraft: NLP-Übungsbuch für Anwender. © Junfermann Verlag, Paderborn.

Metaprogramm-Fragen

Eignung

☐ Selbstmanagement
☒ Therapie/Coaching
☒ Teamentwicklung

Indikation/Thema

- Metaprogramme bestimmen den Orientierungsrahmen eines Menschen, aber auch einer Gruppe oder einer Organisation. Sie sind kultur-, schicht- und rollenspezifisch. Wer die Metaprogramme von anderen kennt, kann ihre Verhaltensweisen einschätzen sowie die Art, wie sie mit Informationen umgehen.
- Wer erfolgreiche Strategien und Erfolgsmuster bei anderen modellieren will, muß die verwendeten Metaprogramme und *sorting styles* kennen.

Zielsetzung

- Verbesserung des Rapports
- Genaueres Kalibrieren von Veränderungsstrategien
- Präzises Modellieren von Erfolgsstrategien und -mustern

Anforderungen

☐ leicht
☒ mittel
☐ anspruchsvoll

Zeitbedarf

☒ < 15 Minuten
☐ < 30 Minuten
☐ < 45 Minuten
☐ > 45 Minuten

Metaprogramm-Fragen

1 Metaprogramme elizitieren

Übung in Dreiergruppen anhand des folgenden Rasters:

Cluster[1]	Sorting Style	Beispiele	Fragen
A1	Bewegung: • weg von • hin zu	Ich möchte einfach was Neues machen; der alte Job langweilt mich. Alles andere ist besser als das, was ich jetzt mache. Als Marketingleiter zu arbeiten wird eine echte Herausforderung sein.	Was ist für dich wichtiger: etwas Neues zu machen, weil es dich von den alten Sachen wegbringt, oder weil dich die neue Herausforderung als solche reizt?
A2	Vergleich: • ähnlich • unähnlich	Also, wenn ich mir jetzt was Neues suche, dann muß es ganz anders aussehen. Ich möchte als Chemielaborant weiterarbeiten. Wenn wir das so machen wie früher, wird es bestimmt ein Erfolg.	Inwieweit muß der neue Job mit dem alten vergleichbar sein? Passen die Dinge zusammen, oder fallen dir die Unterschiede daran auf?
A3	Denkstil: • visionär • pragmatisch • logisch • emotional	Mit diesem Projekt gelingt uns der ganz große Wurf. Wir sollten keine kostspieligen Experimente machen. Statistisch betrachtet ... Dabei habe ich ein schlechtes Gefühl.	Was macht die Sache, die Aufgabe, das Ziel für dich rund? Was sagt deine innere Stimme? Was gibt dir innere Sicherheit? Auf was verläßt du dich?
A4	Kriterienhierarchie: • Kontrolle • Beziehungen • Ziele	Ich muß in jedem Moment wissen, wie es läuft. Für mich zählt nur das Ziel, Herr Müller ist für die Mittel verantwortlich. Wir dürfen unseren Lieferanten aber nicht verprellen.	Wenn du was Neues machst, was ist wichtiger: daß du die Kontrolle nicht verlierst, daß wichtige Beziehungen nicht gestört werden oder daß die Ziele erreicht werden?
B1	Bezugsrahmen: • Selbst • andere • Kontext	Ich tue es doch nur für meine Kinder. In erster Linie komme ich. Wir müssen an den Bestand unserer Organisation denken.	Für wen möchtest du das? An wen denkst du dabei? Auf wen achtest du am meisten? Auf wen kommt es dabei am meisten an?
B2	Referenz: • external • internal	Wenn es für meinen Vater okay ist, dann ist es auch für mich okay. Wenn man sich an die Vorschriften hält ... Für mich zählt nur die Stimme meines Gewissens.	Woher weißt du, daß du das Richtige gemacht hast? Wann ist für dich etwas okay?

1 – A: Orientierung (auf Probleme, Ziele etc.); B: Beziehungen; C: Zeit; D: Informationsverarbeitung

Metaprogramm-Fragen

Cluster	Sorting Style	Beispiele	Fragen
C1	Zeitrahmen: • Vergangenheit • Gegenwart • Zukunft	In der Vergangenheit waren wir damit sehr erfolgreich. Hier und jetzt müssen wir die Entscheidung treffen. Wir müssen dabei an unsere Enkel denken, wie die in ...	Ist es wichtig zu wissen, wie es in der Vergangenheit gelaufen ist? Spielt die Zukunft dabei eine Rolle, oder müssen wir uns auf die Gegenwart konzentrieren?
C2	Zeitlinie: • Through Time • In Time	Ich sage immer, eine klare und präzise Planung ist das wesentliche. So wie wir das jetzt machen, habe ich ein gutes Gefühl.	Wie wichtig ist es, den Ablauf genau im Blick zu haben? Wie wichtig sind Planungen und Termine? Ist es wichtig, sich spontan entscheiden zu können?
D1	Fokus: • Personen • Sachen/Sachverhalte • Orte • Zeiten • Aktivitäten	Im letzten Urlaub haben wir verrückte Leute kennengelernt. Von jeder Reise bringe ich tolle Souvenirs mit. Mit dem Campingbus haben wir jeden Tag woanders Station gemacht. Wichtig ist auch im Urlaub ein geregelter Ablauf: vormittags ein bißchen Sport; mittags relaxen und am Abend die große Sause. Bevor wir in Urlaub fahren, müssen wir erst einmal aufräumen, planen, die Tiere versorgen ...	Wenn du einen neuen Job suchst, was ist dir dabei das wichtigste: daß du herumkommst, neue Leute kennenlernst, interessante Pläne und Projekte verwirklichen kannst, einen geregelten Tagesablauf hast oder ...?
D2	Chunkgröße: • Detailorientiert • Große Zusammenhänge	Also, wenn wir nicht die richtige Zündkerze finden, haben wir keine Freude am Auto. Das wichtigste am Auto ist, entspannt fahren zu können.	Worauf richtest du dein Augenmerk: auf die Details oder mehr auf die großen Zusammenhänge? Ist dir das zu abstrakt? Soll ich es konkreter ausdrücken?

Diskutiert in eurer Gruppe die Sortiermechanismen in folgenden Aussagen:

- Ja, wir haben unsere Geschäftsprozesse optimiert. Das ja. Aber ich möchte doch gern wissen, was unsere Mitbewerber hier getan haben und noch tun. Vielleicht sind wir jetzt wirklich besser als die anderen. Aber wir dürfen nicht vergessen, daß wir in der Vergangenheit auch oft zu enthusiastisch waren. Das ging nicht gut. Wir müssen einfach sicher sein, daß wir auf der richtigen Seite stehen. Und unsere Mitarbeiter. Glauben Sie, daß die mitgehen? Die müssen die Veränderung doch mittragen, damit es ein voller Erfolg wird. Der Mitarbeiter ist unser Erfolgsfaktor.

- Momentan habe ich keinen Job. Ja, mit der Schule fingen die Probleme an. Ich kam nicht immer so gut mit. Und dann natürlich die schlechten Noten. Damit kann sich niemand bewerben. Da habe ich keine Chance. Bei meinem letzten Job hatte ich Glück. Jetzt aber – hilft nur beten und abwarten. Aber viele haben ja keinen Job. Da steh ich nicht allein. Und von der Stütze kann ich gut leben; der letzte Job hat auch kaum mehr gebracht. Jetzt kann ich mich mehr um meine Frau kümmern. Immer andere Baustellen, andere Orte – das war nichts für mich. Hier im Viertel fühl ich mich wohl: unsere Familie ist hier aufgewachsen.

Metaprogramm-Fragen

- Letzte Zeit war ich sehr erfolgreich in meinem Job. Die Umsatzzahlen schnellten in die Höhe. Mein Chef war mit mir zufrieden. Aber warum sich mit alten Erfolgen zufriedengeben. Das Leben ist schnellebig. Da hilft es nicht, eine ruhige Kugel schieben zu wollen. Ich brauche eine neue Herausforderung. Etwas, wo ich mich mit voller Kraft einsetzen kann. Dann fühle ich mich wohl. Immer nur am Schreibtisch – das ist nichts für mich. Da verliere ich meinen Drive und meine Power. Ständig wechselnde Herausforderungen – das ist es. Nur so fühle ich mich lebendig.

- Wir haben einen Ossi in unserer Abteilung. Furchtbar. Und dafür haben wir 1000 Milliarden in den maroden Osten gepumpt. Keine Eigeninitiative. Gar nichts. Sitzt da und wartet immer nur, daß wir ihm sagen, wo es langgeht. Jeden Monat meinen Soli – und was machen die damit? Neue Autos kaufen. Na ja, darum geht es ja jetzt nicht. Am liebsten wär mir, ich käme in eine neue Abteilung. Nur weg von dem. Ja, ich weiß, ich sollte mich nicht aufregen. Aber ich halt's kaum aus, ihn da sitzen zu sehen. Und dann die moralische Überheblichkeit von dem: herzloser Kapitalismus. Da kann ich nur lachen. Ich mache meinen Job, und ich mach ihn gut, mein Boß ist zufrieden. Dafür gibt's gutes Geld. Wir können davon zweimal im Jahr Urlaub machen, und ein Häuschen haben wir auch. Gehört der Bank, na gut. Aber trotzdem, wir haben uns im Westen den Arsch aufgerissen – und die im Osten: Schlafmützen, immer nur auf den großen Bruder geschielt und sich geduckt.

- Meine Frau sagt, ich sei ein Workaholic und nie zu Hause. Gut, ich fange um 8:00 Uhr im Büro an, damit ich, was liegengeblieben ist, noch wegarbeiten kann – bevor die Meetings und Gespräche losgehen. Ich mag die ganzen Sachen nicht, die sind nicht effizient; da wird immer bloß theoretisiert, statt sich auf das zu konzentrieren, was vor einem liegt. Nachmittags muß ich oft mal zu den Lägern. Wenn es nicht zu spät wird, geh ich noch mal an meinen Schreibtisch, sortiere die Post und arbeite an unserem neuen Vertriebskonzept. Abends schau ich noch mal, ob das Auto von meinem Chef noch da ist. Auf die Dauer macht es keinen guten Eindruck, früher zu gehen. Er braucht das Gefühl, sich auf mich verlassen zu können. Und dann macht mir die Arbeit auch Spaß. Freizeit? An so was denke ich kaum. Bin mit meinen Gedanken oft noch im Büro. Da hilft es mir sehr, daß ich auch am Wochenende über ein Modem noch auf die Daten im Büro zugreifen kann. Was wichtig ist? Na, daß meine Familie finanziell gut versorgt ist. Aber das hängt davon ab, daß unsere Firma weiterhin Marktführer bleibt. Und dafür bin ich gerne bereit, auch mehr zu tun. So ist das.

2 Modellieren über Metaprogramme

A erzählt etwas über seine beruflichen oder privaten Pläne, was er vorhat, was er ändern oder beibehalten will, weil es gut gelaufen ist. **B** versucht die Aussagen von **A** mit Hilfe der entsprechenden Metaprogramm-Fragen einzuordnen. Anschließend erzählt er **A**, was er machen möchte. Dabei versucht er, seine Erfahrungen, Pläne, Ziele durch dieselben Metaprogramme zu strukturieren wie **A**. **C** beobachtet und macht sich Notizen, wie gut es **B** gelingt, in diesen Strukturen zu bleiben, und wie **A** darauf reagiert.

3 Ändern von Metaprogrammen

Metaprogramme sind wie Charakterkonstanten: Ohne Selbsterfahrung wird es wenig Bereitschaft geben, Änderungen vorzunehmen. Wer erkannt und auch schmerzhaft erfahren hat, daß er vor wichtigen Entscheidungen in seinem Leben immer nur davongerannt ist, bringt vielleicht die Bereitschaft mit, seine Verhaltensweisen und Glaubenssätze nach einem anderen Sortierstil (z.B. hin zu etwas) auszurichten. Die andere Motivation entspringt der Lust, beständig Gewohnheiten und Fremdkonditionierung abzubauen und neue Wahlmöglichkeiten zu generieren.

Metaprogramm-Fragen

Die prototypische Vorgehensweise bei Metaprogramm-Veränderungen:

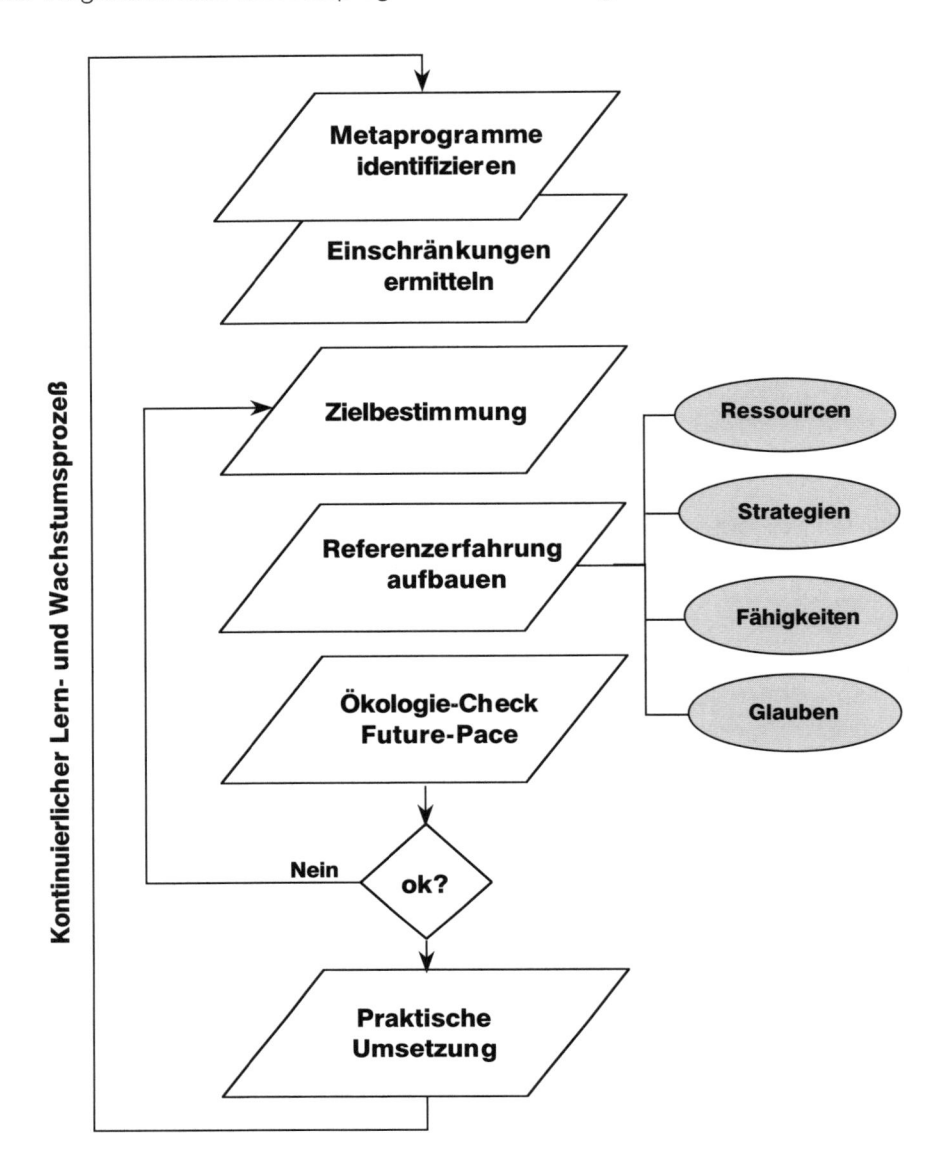

```
Metaprogramme identifizieren
   ↓
Einschränkungen ermitteln
   ↓
Zielbestimmung ─────────── Ressourcen
   ↓                      ─ Strategien
Referenzerfahrung aufbauen ─ Fähigkeiten
   ↓                      ─ Glauben
Ökologie-Check / Future-Pace
   ↓
ok? ── Nein → (zurück zu Zielbestimmung)
   ↓ Ja
Praktische Umsetzung
```

Kontinuierlicher Lern- und Wachstumsprozeß

ℹ️ In Organisationen sind die formulierten Leitbilder, Führungsgrundsätze bzw. die Kunden- oder Unternehmensphilosophie (oft auch der Geschäftsbericht) eine brauchbare Quelle für die dort vorherrschenden Metaprogramme. Eine Änderung ist nur sinnvoll, wenn Transmissionen zwischen den Führungsebenen installiert werden, andernfalls führen die Inkongruenzen zwischen den Führungsebenen zu beträchtlichen Reibungsverlusten innnerhalb der Organisation.

Arbeiten mit dem Enneagramm

Eignung

☒ Selbstmanagement
☒ Therapie/Coaching
☒ Teamentwicklung

Indikation/Thema

- Das Enneagramm (↗Persönlichkeit und Entwicklung) bietet einen typologisch abgesicherten Rahmen zur Einordnung von Verhaltensweisen, Fähigkeiten (Strategien) und Glaubenssätzen von Personen. Die Kenntnis dieser Charakterstrukturen ermöglicht nicht nur eine verläßliche, überprüfbare Selbsterkenntnis, sondern gestattet es auch, Interaktionsmuster und -verläufe zwischen den einzelnen Typen zu antizipieren. Die Frage, ob der Charakter invariant bzw. unbeeinflußbar ist, ist eine eher philosophische Frage und hier relativ nebensächlich. Anders als bei anderen – statischen – Typologien unterliegen im Enneagramm die einem Typus zurechenbaren Charakterstrukturen einer starken Dynamik. Ob ein Mensch der Schwerkraft seines Typus und seinen Fixierungen erliegt und eine neurotische Persönlichkeitsstörung ausbildet oder ob er lernt, mit der *metaphysischen Illusion* von Persönlichkeit und seinen Schattenkräften umzugehen, sind Fragen, die weit über den klassischen therapeutischen Rahmen hinausgehen und einen spirituellen Veränderungsraum eröffnen.

Zielsetzung

- Verbesserung des Rapports und der Selbstwahrnehmung
- Kenntnis der Zusammenhänge zwischen Charakter und Neurose
- Förderung transpersonalen Wachstums

Anforderungen

☐ leicht
☒ mittel
☒ anspruchsvoll

Zeitbedarf

☐ < 15 Minuten
☒ < 30 Minuten
☒ < 45 Minuten
☒ > 45 Minuten
abhängig von Verlauf und Aufgabenstellung

Arbeiten mit dem Enneagramm
Fragen zur Typbestimmung

1 Schlüsselfragen

Die folgenden Fragen können sowohl in einer Klein- als auch in einer Großgruppe gestellt werden, wobei die Teilnehmer für jedes Ja in der entsprechenden Rubrik einen Punkt oder ein Kreuz machen. Da dies kein wissenschaftliches Exerzitium ist, können die anderen Teilnehmer durchaus ihren Kommentar dazu geben oder kurz rückfragen. Nachher werden alle Punkte in den jeweiligen neun Rubriken zusammengezählt, ausgewertet und besprochen.

(exemplarisch)

Name	I	II	III	IV	V	VI	VII	VIII	IX
Hans	•••	••••	••	•••••••	•	•	•••	••••••	••
Peter	••••	•••••••	•••	••••••	•••	•••	•	••	••
Gabi	••	•	•	•••	•••	•••••••	•••	••	••••••
Henry	••••	••••••	•••	••	•••	•	•	•••••••	••
Paula	•	•	••••	••••••	•••	•••	••	••••	•••••••

Typ 1
- Glaubst du, daß ohne dich wenig läuft und alles im Chaos versinkt, wenn du mal nicht zu Hause oder im Büro bist?
- Bist du auch bei Kleinigkeiten sehr genau?
- Gibt es bei dir nur schwarz und weiß, richtig oder falsch?
- Ist es wichtig für dich, auch und gerade bei Geldsachen einen klaren Überblick zu haben?
- Wenn jemand eine Sache macht, ist es dann wichtig, sie zu 100% zu machen?
- Bist du selten mit dir zufrieden?
- Kannst du es nicht leiden, in Zorn zu geraten?
- Gehst du bei allem, was du tust, planmäßig vor?
- Weißt du meistens, was in einer bestimmten Situation richtig oder falsch ist?
- Schätzen dich andere als Organisator, der weiß, wie man auch eine gute Sache weiter verbessern kann?
- Hast du in vielen Situationen einen klaren Kopf und weißt, was ansteht?
- Überlegst du manchmal, was wäre, wenn du richtig arm wärst?
- Neigst du manchmal dazu, etwas zwanghaft tun zu müssen?
- Hörst du intensiv auf die Stimme deines Gewissens und handelst danach?

Typ 2
- Kannst du dich mit Lust deinem Partner hingeben und ganz in ihm aufgehen?
- Findest du es angenehm, dir vorzustellen, daß jeder dich mag und sympathisch findet?
- Bist du einfühlsam und hilfsbereit?
- Könnten dich andere für einen guten Diplomaten halten?
- Freust du dich, wenn du anderen helfen kannst, ihre Ziele zu erreichen?
- Betrachtest du es als wichtige Aufgabe, das Leiden anderer Menschen zu verringern?

Arbeiten mit dem Enneagramm
Fragen zur Typbestimmung

- Brauchst du viel Anerkennung zu Hause, im Job, von Freunden?
- Verhältst du dich die meiste Zeit liebenswürdig und freundlich gegenüber deiner Umwelt?
- Hast du Spaß an schönen Gebrauchsgegenständen?
- Fühlst du dich manchmal unzulänglich und hast kein Vertrauen in deine Fähigkeiten?
- Kannst du auch loslassen und Abstand halten von Personen, die du liebst und in besonderem Maße wertschätzt?
- Versuchst du manchmal durch die Art, wie du Hilfe leistest, Kontrolle über andere zu bekommen?
- Stimmst du zu, wenn Leute sagen, daß nur die Liebe zählt?
- Ist es wichtig für dich, gebraucht zu werden?

Typ 3
- Müssen für dich Beziehungen „pflegeleicht" sein?
- Macht es dir Spaß, mit Dingen, Ereignissen, Situationen zu jonglieren?
- Halten dich viele für einen „Workaholic"?
- Haben andere dich schon für einen ausgesprochenen Glückspilz gehalten?
- Ist Selbstdarstellung für dich eine Kunst, die du gut beherrschst?
- Kannst du schwierige Projekte oder Aufgaben leicht beflügeln und nach vorne bringen?
- Kannst du auch mal fünf gerade sein lassen?
- Kannst du der Aussage zustimmen, daß nichts erfolgreicher ist als der Erfolg?
- Pflegst und hegst du deine Beziehungen?
- Kannst du für dich und deine Ideen sehr gut Reklame machen?
- Bist du enthusiastisch, was deine Lebensziele betrifft?
- Definierst du dich hauptsächlich über deine Arbeit und die Arbeitsergebnisse?
- Mußt du im Mittelpunkt der Aufmerksamkeit stehen?
- Bist du häufig ungeduldig, wenn die Dinge nicht so klappen, wie du möchtest?

Typ 4
- Vertrittst du manchmal den Standpunkt, daß das Leben im Grunde kein Zuckerschlecken ist?
- Fühlst du dich häufig mißverstanden?
- Halten dich die, die dich gut kennen, für launisch?
- Erlebst du in dir oft ein Wechselbad der Gefühle?
- Denkst du oft daran, was du beim nächsten Mal anders machen würdest?
- Sehnst du dich oft nach dem Unerreichbaren, Fernen?
- Erlebst du dich häufiger in gefühlsmäßiger Distanz zu anderen?
- Werfen dir manche einen Hang zur Melodramatik vor?
- Ist es notwendig und angebracht, sich intensiv mit seinen Gefühlen auseinanderzusetzen?
- Analysierst du gerne Gefühle – deine wie die der anderen?
- Bist du auf deine Weise einzigartig und etwas ganz Besonderes?
- Gehst du manchmal in Phantasiewelten ein und aus?
- Neidest du anderen mitunter ihren Erfolg und ihr Glück?
- Überwältigt dich manchmal das Gefühl innerer Scham?

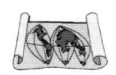

Arbeiten mit dem Enneagramm
Fragen zur Typbestimmung

Typ 5
- Brauchst du viel Zeit für dich?
- Gehst du anderen mitunter aus dem Weg?
- Beobachtest du gern, wie andere Menschen sich verhalten?
- Hast du schon erlebt, daß du am besten selbst entscheidest, was richtig ist, statt andere Menschen um Rat zu fragen?
- Hältst du dich für besonders scharfsinnig?
- Hörst du manchmal eine innere Stimme sagen: Wär ich doch bloß zu Haus geblieben?
- Weißt du mitunter mehr über eine Sache, als erforderlich ist?
- Fühlst du dich im Umkreis anderer Menschen mitunter gehemmt?
- Ist es wichtig, über Zusammenhänge und Ereignisse besser Bescheid zu wissen als die meisten?
- Hast du das Gefühl, erst dann handeln zu können, wenn du alles zuvor gründlich überlegt hast?
- Fällt es dir eher schwer, mit deinen inneren Gefühlen in Kontakt zu kommen?
- Hegst du Mißtrauen gegenüber Autoritäten?
- Sind die meisten Menschen zu dumm, um dich adäquat zu verstehen?
- Liebst und sammelst du Bücher?

Typ 6
- Findest du gut deinen Platz in Gruppen?
- Bist du korrekt?
- Fragst du vor wichtigen Entscheidungen deinen Partner (deine Freunde, Kollegen etc.)?
- Tendierst du dazu, lieber etwas vorsichtiger und umsichtiger zu reagieren, als „blind nach vorne zu stürmen"?
- Sind dir Exzesse ein Greuel?
- Hast du Probleme, mit Kritik oder Ablehnung richtig umzugehen?
- Stehst du Neuerungen erst einmal skeptisch gegenüber?
- Kennst du das, sich einer Sache oder Idee gegenüber rückhaltlos zu verschreiben?
- Glaubst du, daß Autoritäten auch heute noch ihre Berechtigung haben?
- Kannst du besser mit Logik als mit Gefühlen umgehen?
- Hast du manchmal Angst vor dem Leben?
- Kann man sich blind auf dich verlassen?
- Hast du eine Neigung zu schwarzem Humor oder Sarkasmus?
- Hast du manchmal das Gefühl, daß andere dir nicht wohlgesonnen sind?

Typ 7
- Stimmst du der Aussage zu: „Tiefsinnige Menschen sind oft ausgesprochen langweilig."?
- Gehst du Problemen entschlossen aus dem Weg?
- Bist du begeisterungsfähig?
- Kannst du dich schnell für eine Sache entscheiden?
- Siehst du viele Möglichkeiten und viel Potential in deiner Zukunft?

Arbeiten mit dem Enneagramm
Fragen zur Typbestimmung

- Bist du vielseitig und in vielen Dingen gut bewandert?
- Liebst du es, bevorzugt die aufregenden Seiten des Lebens zu entdecken?
- „Das Leben ist im Grunde genommen leicht" – stimmst du dieser Aussage zu?
- Fällt es dir leicht, schnell Kontakt mit anderen Menschen zu bekommen?
- Bist du ein spontaner, herzlicher Mensch?
- Vermeidest du Langeweile – fast um jeden Preis?
- Kennst du das – mitunter zuviel von allem zu wollen?
- Flüchtest du dich vor den dunklen, unangenehmen Seiten des Lebens?
- Bist du ausgesprochen gern in guter Gesellschaft?

Typ 8
- Kannst du beharrlich an einer Sache festhalten und sie gegen Widerstand vertreten?
- Liebst du kämpferische Auseinandersetzungen?
- Ist Gerechtigkeit für dich ein hoher Wert, für den zu kämpfen sich lohnt?
- Handelst du manchmal nach taktischen Gesichtspunkten?
- Kannst du leicht „Nein" sagen?
- Schätzt du den Ausdruck von Stärke – bei dir und bei anderen?
- Bemerkst du schnell die schwachen Stellen der anderen?
- Ist „Struktur" für dich ein wichtiger Wert?
- Fällt es dir oft schwer, Vorgesetzte oder Autoritäten zu akzeptieren?
- Hast du viel Durchhaltevermögen und viel Energie?
- Gerätst du schnell in Wut, respektierst aber diejenigen, die dagegenhalten?
- Kannst du auch harte und unangenehme Entscheidungen treffen?
- Hast du Schwierigkeiten, eigene Schwächen zuzugeben?
- Hast du für Ungerechtigkeit ein „Elefantengedächtnis"?

Typ 9
- Tust du alles, damit eine Beziehung, eine Situation friedlich und harmonisch verläuft?
- Kommst du öfter „schwer in die Gänge"?
- Verspürst du öfter eine Neigung in dir, einfach loszulassen?
- Schiebst du Aufgaben vor dir her?
- Ist Bequemlichkeit für dich ein hoher Wert?
- Kommst du gut mit anderen (Nachbarn, Kollegen, Bekannten) aus?
- Drückst du dich vor Entscheidungen, so gut es eben geht?
- Würdest du dich als antriebsschwach bezeichnen?
- Schätzen dich andere wegen deines Mitgefühls und der bekundeten Solidarität?
- Hast du Probleme, dich in kritischen Situationen selbst zu behaupten?
- Ißt und trinkst du manchmal zuviel – einfach, um Problemen aus dem Weg zu gehen?
- Sagen dir andere Halsstarrigkeit und Eigensinn nach?
- Wirkst du auf andere stabil und ausgeglichen?
- Fühlst du dich Menschen, die dir nahestehen, intuitiv verbunden?

Arbeiten mit dem Enneagramm
Typresonanz

1 Das Enneagramm als Resonanzkreis

Übung in Dreiergruppen: Auf dem Boden sind die neun Enneagrammpunkte als Bodenanker ausgelegt. **A** betritt den Enneagrammpunkt, von dem er annimmt, daß er seinen Hauptcharakterzug repräsentiert. **B** tritt nun in die anderen Enneagrammpunkte und gibt **A** von dort die zugehörigen typspezifischen Affirmationen in der Form: „Du bist ..." **C** beobachtet die Reaktionen von **A**, der jedesmal Feedback gibt, wie die Affirmation bei ihm gewirkt hat.

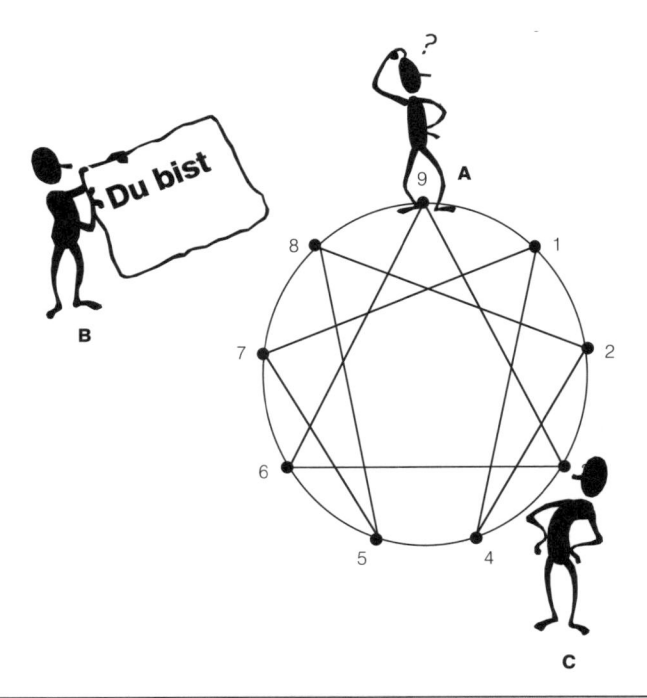

Typ	Bezeichnung	Affirmation (Glaubenssatz)
I	Perfektionist	Ich bin perfekt.
II	Helfer	Ich helfe gern.
III	Macher	Ich bin ehrgeizig.
IV	Künstler	Ich bin etwas Besonderes.
V	Denker	Ich bin scharfsinnig und aufmerksam.
VI	Loyaler	Ich bin zuverlässig.
VII	Optimist	Ich genieße das Leben.
VIII	Führer	Ich bin stark und mächtig.
IX	Friedliebender	Ich bin friedliebend und ausgeglichen.

2 Auswertung

Anhand der Reaktionen bzw. der Resonanzmuster von **A** auf die unterschiedlichen Affirmationen kann oft überprüft werden, inwieweit die erste Typzuordnung berechtigt oder weniger berechtigt war. Wenn **A** sich unsicher oder jetzt zu einem anderen Typus hingezogen fühlt, kann die Übung entsprechend wiederholt werden.

Arbeiten mit dem Enneagramm
Typszenarien

1 Typisierung anhand von Rollenspielen

Übung in Dreiergruppen. **B** führt **A** in folgendes Szenario:

Du machst Urlaub mit deinem Partner/deiner Partnerin – irgendwo in einem südamerikanischen Land. In der letzten Woche erlebst du, daß plötzlich Chaos ausbricht – du findest dich mitten in einem Aufstandsgebiet. Die Sicherheitskräfte sind desorganisiert; einige haben sich den Aufständischen angeschlossen. Die politische Lage ist verworren. Angeblich sind Regierungstruppen im Anmarsch, um die Sicherheit der Touristen zu gewährleisten. Deinem Partner/deiner Partnerin sind lebenswichtige Medikamente (Insulin) abhanden gekommen, vielleicht wurden sie auch gestohlen. Er oder sie ist aber dringend darauf angewiesen. Du machst dich auf den Weg zu einer Apotheke. Nachdem du Stunden unterwegs warst, hast du wider alles Erwarten Glück. Ein Apotheker hat tatsächlich das so dringend benötigte Medikament, aber er will deine Notlage ausnutzen. „Leider (und dabei grinst er unverschämt), Señor, dürfen wir dieses Medikament nicht abgeben – außer ...", und er reibt sich die Finger, als wolle er Geld zählen. Du hältst dich mühsam zurück. Du brauchst das Medikament sehr dringend; dein Partner/deine Partnerin ist schwer zuckerkrank; eine andere Apotheke würdest du vermutlich in der Kürze nicht finden. „Wieviel?" fragst du. Er nennt dir einen irrsinnig hohen Betrag: das 100fache von dem, was es eigentlich kosten dürfte. Danach hättet ihr kaum noch Geld für den Rest der Woche. Was wirst du tun? Was sind deine Entscheidungskriterien?

🛈 Es geht nicht um richtig oder falsch. Es geht nur darum, die Überlegungen von **A**, seine Entscheidungsstrategien, seine Wertvorstellungen und Glaubenssätze kennenzulernen und seinem Typus zuzuordnen. Wenn der Typus bekannt ist, kann es interessant sein zu beobachten, ob bzw. inwieweit **A** auf seinen Streßpunkt zuläuft.

2 Feedback

A, **B** und **C** tauschen jetzt ihre Erfahrungen und Gefühle bei dieser Übung aus und wechseln dann die Positionen.

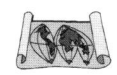

Arbeiten mit dem Enneagramm
Entdecken von Schattenprojektionen

1 Elizitieren von Streßsituationen

Übung in Dreiergruppen: Auf dem Boden sind die neun Enneagrammpunkte als Bodenanker ausgelegt. **A** betritt den Enneagrammpunkt, von dem er annimmt, daß er seinen Hauptcharakterzug repräsentiert. **B** bittet nun **A**, sich an eine typische Streßsituation (am besten an eine „Beziehungskiste") zu erinnern (assoziiert) und diese kurz vorzuspielen.

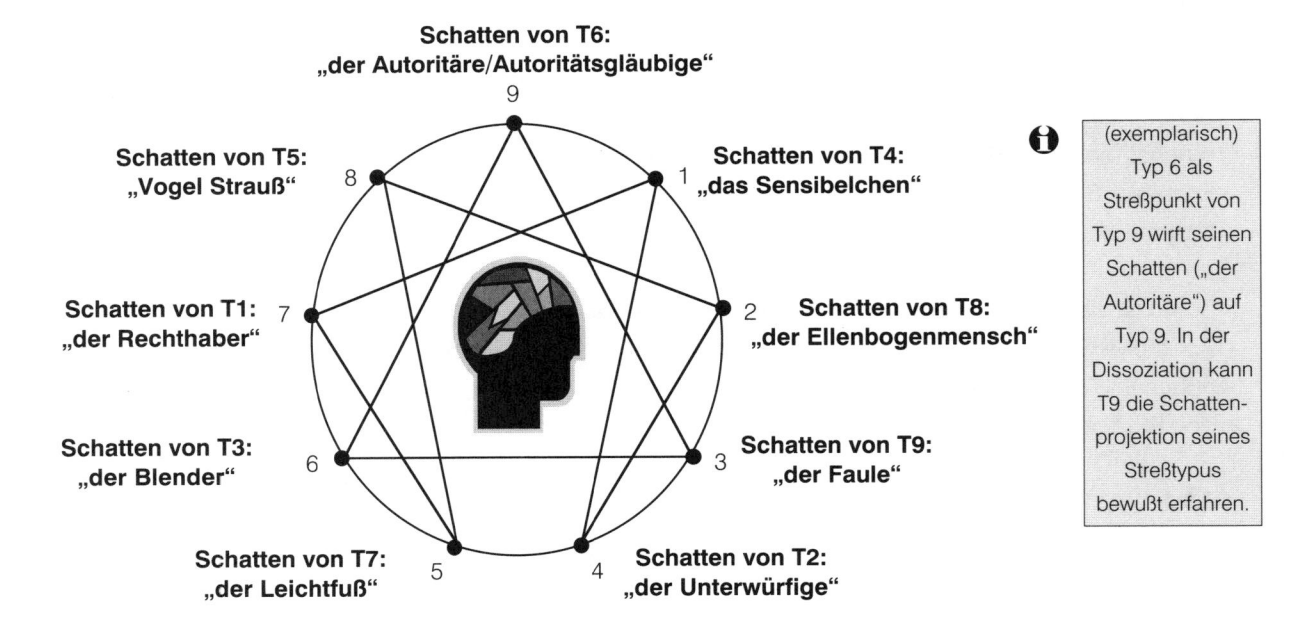

Schatten von T6: „der Autoritäre/Autoritätsgläubige"
Schatten von T5: „Vogel Strauß"
Schatten von T4: „das Sensibelchen"
Schatten von T1: „der Rechthaber"
Schatten von T8: „der Ellenbogenmensch"
Schatten von T3: „der Blender"
Schatten von T9: „der Faule"
Schatten von T7: „der Leichtfuß"
Schatten von T2: „der Unterwürfige"

> (exemplarisch) Typ 6 als Streßpunkt von Typ 9 wirft seinen Schatten („der Autoritäre") auf Typ 9. In der Dissoziation kann T9 die Schattenprojektion seines Streßtypus bewußt erfahren.

2 Dissoziation

B führt jetzt **A** aus diesem Enneagrammpunkt heraus in eine ↗Metaposition und fragt ihn, was er jetzt, von außen, an sich wahrnimmt. Welche Seite seiner im Streß gezeigten Persönlichkeit kann er hier und jetzt nur schwer akzeptieren?

> An dieser Stelle geht es zuerst nur um das Kennenlernen und noch nicht um das Transformieren dieser Schattenkräfte, z.B. über ein ↗Reframing.

3 Feedback

A, **B** und **C** tauschen ihre Erfahrungen aus und setzen sie in Beziehung zu ihrem Enneagrammtypus.

Arbeiten mit dem Enneagramm
Enneagramm-Muster auf der Time-Line

1 Kalibrieren des Musters

Übung in Dreiergruppen: **B** bittet **A**, sich probeweise als Enneagrammtyp X (dem **A** sich zugehörig fühlt) eine Situation vor Augen zu führen, die aus seiner Sicht *typisch* verlaufen ist:

- Wo warst du?
- Wie hast du dich verhalten?
- Welche Ressourcen und Fähigkeiten hattest du zur Verfügung, und welche hättest du dir vielleicht zusätzlich gewünscht?
- Was wolltest du erreichen?
- Wie hast du dich dabei gefühlt?
- Was hast du in dem Moment von dir geglaubt? Was war wichtig?
- Wenn du für all das ein Wort oder ein Symbol finden müßtest, was wäre dieses Wort bzw. dieses Symbol oder wie würde die Bildüberschrift für diese Szene lauten?

2 Time-Line erkunden

ℹ️ Dieser Übungsschritt baut auf einer Metapher auf: der *Strom des Lebens* und die *Quelle des Lebens*. Je nach Bereitschaft des Übungspartners, sich auf diese Metapher einzulassen, kann hier ein Trancezustand (↗Milton-Modell) induziert werden. Alternativ können auch nach Robert Dilts Raumanker für die einzelnen Stationen der Vergangenheit ausgelegt werden. Allerdings ist zu beachten, daß beim Fliegen über die Zeitlinie der Dissoziationsgrad stärker ist.

Stell dir vor, du stehst auf dem Gipfel eines hohen Berges. Es herrscht klare Sicht, und du hast einen weiten Blick über die Täler und Hügel unter dir. Vielleicht siehst du auch einen tiefen Fluß sich durch die Ebenen winden: den Fluß deines Lebens. Wie ein Drachenflieger kannst du nun von oben dem Flußlauf folgen. In deiner linken Hand hältst du das Symbol aus Schritt 1. An bestimmten Stellen des Flußlaufs merkst du, daß das Symbol anfängt, sich zu verändern (blinken, leuchten, wärmer, größer werden ...); es gerät in Resonanz und zeigt dir an, daß dort unten eine weitere Geschichte auf dich wartet. Um diese Geschichte zu entdecken, kannst du näher heranfliegen, so daß du die Szenerie mit dir als handelnder Person wie auf einer Freilichtbühne überblicken kannst. Du aber schwebst oben und schaust nur: Wer sind die Mitspieler? Was ist ihr Thema? Wie verhalten sich die Akteure? Vielleicht kannst du auch in ihre Herzen sehen und entdecken, was sie bewegt, was sie eigentlich wollen, was sie glauben. Erinnere dich nun gut an alles, was du gesehen hast, und fliege weiter den Fluß hinunter zur Quelle ... zu anderen Geschichten. Du wirst merken, wann es wieder Zeit ist, zum Gipfel zurückzufliegen.

Arbeiten mit dem Enneagramm
Enneagramm-Muster auf der Time-Line

3 Rekapitulation

Wenn **A** von der „Reise" zurück ist, berichtet er von seinen Erfahrungen, also davon, in welchen Konstellationen sich die Muster und Programme seines Enneagrammtyps gezeigt haben. **B** und **C** helfen **A** beim Einordnen und Sortieren der Erfahrungen.

- ↗Re-Imprinting
- Arbeit mit Glaubenssätzen und den ↗Logischen Ebenen
- ↗Change History
- ↗Meta-Mirror

ℹ Die weitere Arbeit hängt wesentlich von der Intention des Klienten ab: Was möchte er erreichen? Welche früheren Erlebnisse möchte er „heilen", welche Ressourcen aktivieren?

Arbeiten mit dem Enneagramm
Meditation über zentrale Glaubenssätze

ⓘ Was ist Meditation?

„Meditation ist ein Zustand jenseits des Denkens. Meditation ist ein Zustand des reinen Bewußtseins ohne Inhalt. Normalerweise ist euer Bewußtsein von einem Schutthaufen zugedeckt, wie ein Spiegel, den der Staub blind gemacht hat. Und im Kopf geht es zu wie zur Hauptverkehrszeit: Da verkehren Gedanken, da verkehren Sehnsüchte, da verkehren Erinnerungen, da verkehren ehrgeizige Vorstellungen – es herrscht ständiger Verkehr! Tagein, tagaus. Selbst wenn du schläfst, läuft der Kopf-Mechanismus weiter, du träumst. Du denkst immer noch; der Verstand produziert immer neue Ängste und Sorgen. Er sorgt sich immer schon um den nächsten Tag, im Untergrund laufen ständig Vorbereitungen.

Dies ist der Zustand ohne Meditation. Meditation ist genau das Gegenteil. Wenn Funkstille im Kopf ist, wenn alles Denken aufgehört hat, kein Gedanke sich regt, kein Verlagen auftaucht, wenn du absolut still bist – diese Stille ist Meditation. Und in dieser Stille erkennt man die Wahrheit, und nur in dieser Stille."[1]

1 Das Beruhigen des Denkens

Sitze ruhig, entspannt und aufrecht auf dem Boden oder auf einem Stuhl. Du mußt nichts Besonderes tun. Versuche nicht, nichts zu tun oder dich zu *konzentrieren*. Sich zu *konzentrieren* heißt, seine Aufmerksamkeit zu spalten: sich sammeln auf etwas. Hier bist du einfach nur da. Du kannst deinen Körper spüren – spüre, wo Spannungen sind ... wenn du kannst, laß los, ansonsten gehe einfach weiter ... von den Zehen zu den Füßen, über die Unterschenkel zu den Knien, zu den Oberschenkeln, dem Becken, dem Bauch- und Brustraum, spüre das Heben und Senken deiner Schultern, das Auf- und Absteigen des Atems. Es gibt kein Richtig oder Falsch. Alles ist, wie es ist. Geh mit deinem inneren Sinn durch den Kehlkopf, die Kinn- und Wangenpartie, die Nase und Stirn. Wenn du entspannt hast, was entspannt werden wollte ... achte auf deinen Atem. Laß das Tier in dir atmen: Ein ... und ... aus ... und ... ein ... und ... aus. Wenn Gedanken kommen, registriere sie einfach: ihr Kommen und Gehen wie der Atem. Fang jetzt an, beim Ausatmen zu zählen: Eins ... und einatmen ... und zwei ... und einatmen. Zähle in deinem eigenen Rhythmus, bis du auf 100 gekommen bist. Wenn du dich verzählt hast, vielleicht weil du deinen Gedanken folgtest, fang wieder bei eins an.

---

[1] Osho: *Das Orangene Buch. Die Meditationstechniken*. Zürich [7]1994, S. 2ff

Arbeiten mit dem Enneagramm
Meditation über zentrale Glaubenssätze

2 Über seinen Typ meditieren

Wenn du bei 100 angelangt bist, ohne dich verzählt zu haben, sage dir innerlich bei jedem Ausatmen deinen Glaubenssatz:

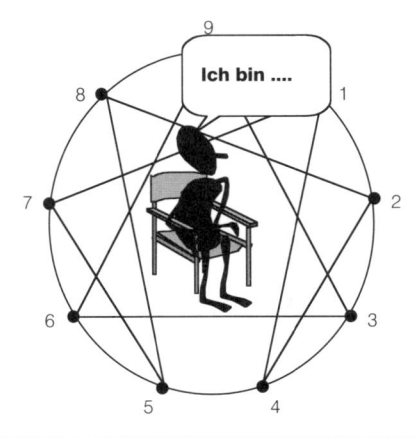

Typ	Bezeichnung	Affirmation (Glaubenssatz)
I	Perfektionist	Ich bin perfekt.
II	Helfer	Ich helfe gern.
III	Macher	Ich bin ehrgeizig.
IV	Künstler	Ich bin etwas Besonderes.
V	Denker	Ich bin scharfsinnig und aufmerksam.
VI	Loyaler	Ich bin zuverlässig.
VII	Optimist	Ich genieße das Leben.
VIII	Führer	Ich bin stark und mächtig.
IX	Friedliebender	Ich bin friedliebend und ausgeglichen.

3 Gewahrsein

Während du diesen Satz bei jedem Ausatmen rezitierst, wirst du feststellen, daß sich die Qualität deines inneren Erlebens verändert. Vielleicht spürst du einen Widerwillen gegen diesen Satz – etwas in dir möchte widersprechen, oder du wirst sehr ruhig, oder dir kommen Bilder, Gedankenfetzen, Erinnerungen, andere Glaubenssätze. Registriere sie einfach, und dann laß sie ziehen. Auf diese Weise entwickelst du dein inneres Gewahrsein, deinen inneren Beobachter.

Arbeiten mit dem Enneagramm
Typ-Umkehr

⊕ Umkehr und Neuorientierung?

Alle neun Typen des Enneagramms sind charakterisiert durch eine spezifische Fixierung durch Leidenschaften (Zorn, Stolz, Eitelkeit, Neid, Habsucht, Angst, Völlerei, Wollust, Trägheit). Aus spiritueller Sicht führen diese Leidenschaften zu einer Seinsentfremdung: Sie hindern uns an der Begegnung mit unserem höheren Selbst, dem Gott in uns, und trennen uns von der existentiellen Begegnung mit anderen Menschen. Aber jede Fixierung bzw. Leidenschaft kann zugleich auch als Einladung zur Umkehr (metanoia) betrachtet werden. Im NLP ist dieser Prozeß als Reframing bekannt: Eine ungeliebte Verhaltensweise wird reframt, indem für die in ihr gebundene gute Absicht ein adäquater neuer Rahmen gefunden wird. Entsprechend kann jede Leidenschaft in eine Tugend transformiert werden. Der hier vorgeschlagene Transformationsprozeß ist ein Weg, der je nach religiöser und spiritueller Zugehörigkeit für den einzelnen anders aussehen kann. Aus christologischer Sicht kann z.B. die Verwandlung der Leidenschaften in „Geistesfrüchte" nicht vom Menschen allein ins Werk gesetzt werden: „Die neun Geistesfrüchte sind Bilder der erlösten Leidenschaft oder Sünde. Sie lassen sich nicht »produzieren«, sondern können nur *wachsen*. Sie sind Geschenke der göttlichen Gnade."[1] Aber wir können so tun, *als ob* wir schon bereit wären, diese Gaben zu empfangen.

1 Ausgangserfahrung markieren

Nimm eine kürzlich erfahrene Situation, wo du das Wirken deines Typs stark gespürt hast. Beschreibe:
- Wo warst du?
- Wie hast du dich verhalten?
- Welche Ressourcen und Fähigkeiten hattest du zur Verfügung, und welche hättest du dir vielleicht zusätzlich gewünscht?
- Was wolltest du erreichen?
- Wie hast du dich dabei gefühlt?
- Was hast du in dem Moment von dir geglaubt? Was war wichtig?

2 Kontaktaufnahme

⊕ Zweckmäßigerweise erfolgen dieser und die nächsten Schritte in einer leichten Trance, die sich allerdings im Prozeß des Kontaktaufnehmens oft von selbst einstellt.

Nimm jetzt Kontakt auf zu dem Teil in dir, der bereit ist, die Verantwortung für deine Leidenschaft zu übernehmen; sprich ihn direkt an als: *Perfektionist, Helfer, Macher, Künstler, Denker, Loyaler, Optimist, Führer* oder *Friedliebender*. Frage ihn, ob er bereit ist, mit dir zu kommunizieren. Bedanke dich für diese Bereitschaft.

---

[1] vgl. Richard Rohr, Andreas Ebert: *Das Enneagramm*. München 26/1995, S. 199

Arbeiten mit dem Enneagramm
Typ-Umkehr

3 Die gute Absicht erkunden

Frage diesen Teil (deine Leidenschaft), was er (sie) Gutes für dich und durch dich beabsichtigt. Was möchte er dich lernen, entdecken lassen? Was ist aus seiner Sicht wichtig für dich?

4 Backtracking

Nimm diese Antwort an und frage deine Leidenschaft erneut: Und wenn du dieses erreicht hättest, was wäre dann wichtig – was würdest du dann noch wollen? Das Backtracking wird so lange wiederholt, bis du im Inneren spürst, daß die letzte Antwort gegeben wurde. Jede Antwort kann auch in Begleitung eines Bildes, eines Klanges oder eines speziellen Gefühls erfolgen.

5 Die Kernintention annehmen

Das Erfahren der letzten Antwort ist das Erfahren eines *heiligen* Zustands – des kosmischen Einsseins, der Harmonie und Geborgenheit. Es gibt keine Fragen mehr zu beantworten, und es gibt nichts mehr zu tun. Finde jetzt ein Symbol für diesen Zustand, nimm es in die Hand und laß es einen Platz in deinem Körper finden.

Modelle der Veränderung

- ☐ Submodalitäten
- ☐ Meta-Modell (Kommunikationsstrategien)
- ☐ Milton-Modell
- ☐ Reframing und Teilearbeit
- ☐ Strategien
- ☒ Time-Line
- ☐ Glaubenssysteme und Logische Ebenen

Time-Line ist die innere Repräsentation des individuellen Zeiterlebens.

Erforschen und Heilen des Zeit-Raums

Eignung

☒ Selbstmanagement
☒ Therapie/Coaching
☐ Teamentwicklung

Indikation/Thema

- Unklarheit über die eigenen Zeitmuster und das Zeitspeicherprinzip
- Unzufriedenheit, Scham oder schlechtes Gewissen, was die Vergangenheit betrifft
- Demotivation, was die Zukunft betrifft (Schwarzsehen)

ⓘ Die Übung ist auch sehr gut im Rahmen einer Gruppentrance geeignet.

Zielsetzung

- Homologisieren der Zeitlinie
- Verbessern der Motivation
- Ansatzpunkte finden für weitergehende Time-Line-Arbeiten

Anforderungen

☒ leicht
☐ mittel
☐ anspruchsvoll

Zeitbedarf

☒ < 15 Minuten
☐ < 30 Minuten
☐ < 45 Minuten
☐ > 45 Minuten

Erforschen und Heilen des Zeit-Raums

1 Die Gegenwart

Wenn du möchtest, kannst du im folgenden die Augen schließen. Nimm ein angenehmes Ereignis des heutigen Tages, vielleicht das Frühstück, die morgendliche Dusche, Schminken etc. Visualisiere dieses Erlebnis – so als wäre es ein Bild, das du in nächster Nähe vor dich hinstellen kannst.

2 Das Entdecken der Vergangenheit

Laß deine linke Hand den Kontakt zu diesem Bild herstellen, bzw. bring das Bild in Reichweite deiner linken Hand, so daß du es berühren kannst. Erinnere dich jetzt an die gleiche Szene, wie sie vor einer Woche stattfand. Atme einige Male tief aus, entspanne dich und beobachte, wie deine linke Hand sich in die Position bewegt, wo sich die Szene aus deiner jüngsten Vergangenheit befindet. Gehe mit deinem inneren Sinn weiter zurück in die Vergangenheit: Erinnerst du dich daran, wie es vor einem Jahr war? Laß deine Hand sich weiter in Richtung Vergangenheit bewegen – so als würde sie sich wie an einem Seil oder Band entlanghangeln. Und geh weiter zurück, immer im Blick auf das gleiche Erlebnis (Frühstück, warme Dusche, Schminken oder was immer es gewesen sein mag). Du kannst mit deiner Hand deiner Vergangenheitslinie so lange folgen, wie du magst. Wenn du an dem Endpunkt angekommen bist, laß deine Hand wieder langsam in das Hier und Jetzt zurückkommen.

- Wie fühlt sich diese Linie, dieses Band oder diese Schnur an (rauh oder glatt, kühl oder warm, weich oder hart, flexibel oder starr, dünn oder dick)?
- Welche Farbe hat die Linie (das Band, die Schnur)?
- Wenn du noch einmal mit all deinen Sinnen (und deiner Hand) diese Linie entlangstreifst, was fällt dir dabei auf? Gibt es Unterschiede, unterschiedliche Beschaffenheiten, Helligkeits- oder Farbunterschiede?
- Laß deine linke Hand wieder in der Gegenwart ankommen.

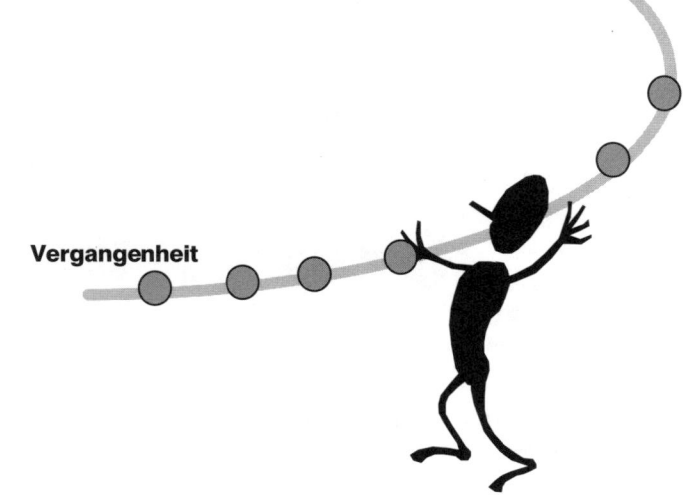

3 Das Finden der Zukunft

Stell dir vor, wie es sein wird, morgen oder übermorgen, im nächsten Monat, in den nächsten Jahren das wieder zu erleben, was du heute als angenehm erlebt hast. Folge jetzt deiner rechten Hand in die Zukunft, laß dich ganz von deiner rechten Hand führen: ins Morgen, durch die nächsten Monate und Jahre.

Beobachte dabei:
- wie sich diese Zukunftslinie (Band, Schnur etc.) jetzt anfühlt;
- welche Farbe sie hat;
- welche Unterschiede du fühlst oder siehst, wenn deine Hand der Zukunft entgegenkommt.

Laß deine rechte Hand wieder in der Gegenwart ankommen.

Erforschen und Heilen des Zeit-Raums

4 Kleine Experimente im Zeit-Raum
Protokoll einer Veränderung

B: Wie fühlt sich das an? Ich hatte den Eindruck, deine Hand streift durch die Zeit wie über ein flaches Band?
A: Hmm, ja, es ist wie ein schmaler Samtstreifen, über den meine Hand gleitet.
B: Auf dem Weg zurück in die Gegenwart stockte deine Hand ein paarmal?
A: Ja, also wirklich wie bei Samt: In die Vergangenheit ging es glatt, aber beim Zurückkommen fühlte es sich an, als ob ich über kleine Widerhaken strich.
B: Also ziemlich unangenehm?
A: Ja, außerdem nimmt die Wärme beim Vortasten in die Gegenwart ab.
B: Du meinst, je weiter zurück, desto wärmer ist der Zeitstreifen?
A: Ja.
B: Und wenn deine Hand sehen könnte, gäbe es dann auch wahrnehmbare Farbunterschiede?
A: Warte mal (wiederholt die Bewegung von der Gegenwart in die Zukunft und zurück) ... vorne ist es gelb, und dann wird es orange.
B: Nur ein kleiner Test: Stell dir vor, vor dir wäre ein Eimer mit Farbe, vielleicht ein kräftiges Rot. Nimm jetzt den Pinsel, tauche ihn in die Farbe und streiche damit über den Zeitstreifen, so daß ein gleichmäßiger Farbauftrag entsteht.
A: Ja, das klappt (wiederholt den Farbauftrag noch einmal).
B: Nimm einen Fön und trockne die Farbe.
A: Hab ich.
B: Und wie fühlt es sich jetzt an?
A: Angenehm warm (Physiologie verändert sich, wird ressoucevoller), überall.
B: Und wie fühlt sich das Zukunftsband an?
A: Glatt – in beiden Richtungen.
B: Und die Farbe?
A: Tiefschwarz.
B: Wenn ein anderer Farbtopf vor dir stände, welche Farbe wäre da wohl drin?
A: Türkisblau (lacht), aber ich mag ja eigentlich gar kein Türkis.
B: Kannst du jetzt diese Farbe auftragen?
A: Hmm, ich glaube, wir brauchen einen Voranstrich.
B: Na, dann mach mal.
A: Gut – und jetzt das Türkisblau (seine Hand, die den Pinsel hält, bewegt sich im Vergleich zu vorher weiter nach oben, die Linie schwingt jetzt aus der Horizontalen in die Vertikale), so, und noch ein zweiter Anstrich.
B: Vergiß nicht den Fön!
A: Mach ich schon. (lacht laut) Ist wirklich gut ... (Zielphysiologie)

🛈 Die Kombination von Time-Line-Erforschung und ↗Submodalitäten hat hier exemplarischen Charakter und kann/sollte entsprechend abgewandelt werden. Selbst wenn kein direkt verwertbares Ergebnis, sondern ein „Problem" auftaucht, ist das ein Feedback, das einen wichtigen Hinweis auf die Weiterarbeit mit anderen Formaten gibt (z.B. ↗Reframing, ↗Re-Imprinting etc.).

Erforschen und Heilen des Zeit-Raums

5 Protokoll einer Zeitreise

Für die weitere Arbeit ist es oft hilfreich, die von Klienten durchschrittenen Zeitstationen hinsichtlich ihrer Erfahrungen zu protokollieren. Man benutzt dafür – am besten als Querformat – das folgende Formular:

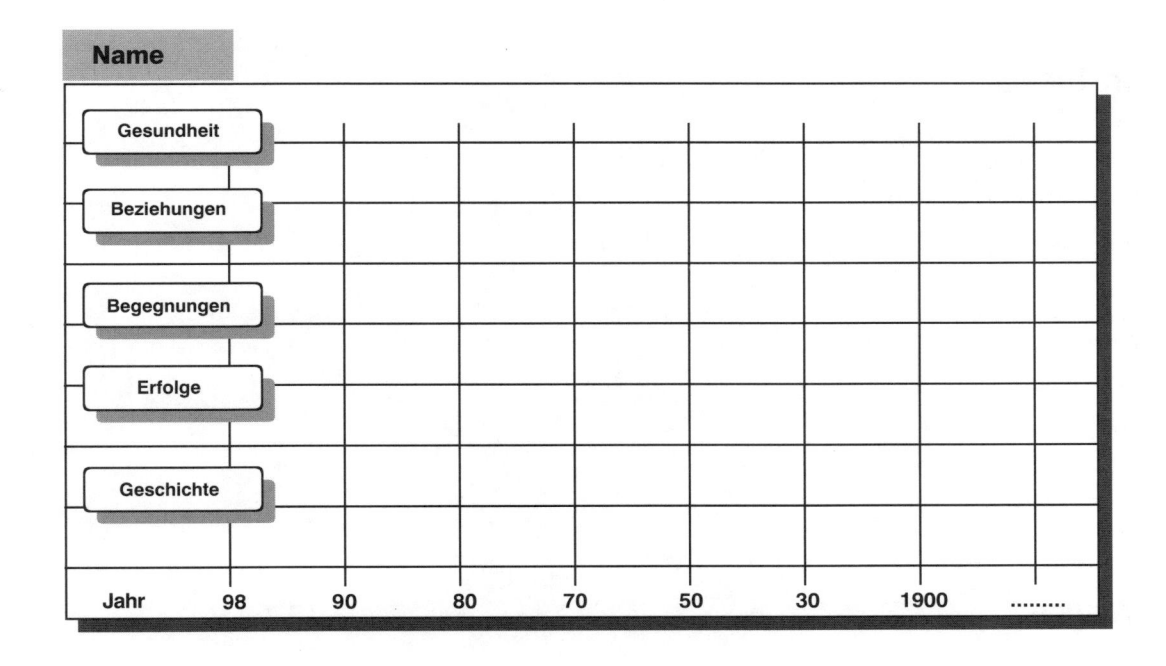

Name								
Gesundheit								
Beziehungen								
Begegnungen								
Erfolge								
Geschichte								
Jahr	98	90	80	70	50	30	1900	....

Der Vorteil dieser Notationsweise liegt darin, daß man wiederkehrende Strukturen und Handlungsmuster, Korrelationen zwischen den Entwicklungskategorien (Gesundheit, Beziehungen, Begegnungen, Erfolge, Geschichte etc.) leichter entdecken und dann auch bearbeiten kann. Die Kategorien können auch enger nach dem eigenen Bedürfnis gefaßt werden, z.B. ließen sich ERFOLGE in innere und äußere oder private und berufliche ERFOLGE gliedern; eine andere weiterführende Möglichkeit wäre die Neuanlage der Rubrik EREIGNISSE: private, öffentliche, familiäre, berufliche Wendepunkte.

Die Wunschtreppe

Eignung

☒ Selbstmanagement
☒ Therapie/Coaching
☐ Teamentwicklung

Indikation/Thema

- Unerfüllte Wünsche
- Frustration und Demotivation
- Träume, die sich „nie" erfüllen

Zielsetzung

- Wünschen lernen
- Ressourcen für die Wunscharbeit aktivieren
- Motivation verbessern

Anforderungen

☐ leicht
☐ mittel
☒ anspruchsvoll

Zeitbedarf

☐ < 15 Minuten
☐ < 30 Minuten
☐ < 45 Minuten
☒ > 45 Minuten

Die Wunschtreppe

1 Gegenwärtigen Wunsch ankern

Übung in Dreiergruppen: **A** legt seine Time-Line aus (Bodenanker, z.B. Metaplan-Karten) und markiert den Punkt, wo er gegenwärtig steht. Außerhalb seiner Time-Line plaziert er seine Metaposition. **A** stellt sich in die Gegenwart und schildert seinen aktuellsten Wunsch (↗Submodalitäten). **B** ankert diesen Wunsch, z.B. an der Schulter, Unterarm etc.) und führt **A** jetzt in die Metaposition.

2 Erfüllungsphantasie ankern

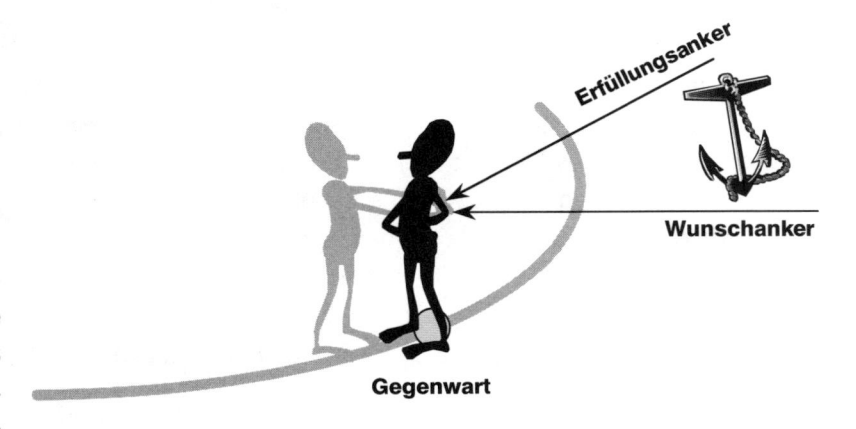

(Aus Sicht von **B**:) Wenn du dir jetzt vorstellst, eine Fee (oder ein Magier) würde dir diesen Wunsch erfüllen, wie wäre das? **B** ankert die Erfüllungsphantasie an einer anderen Stelle von **A**. Und was wäre daran das schönste für dich? **B** fragt jetzt die Wunscherfüllungskette rückwärts ab (... und was wäre daran wieder das schönste für dich usw.) und stapelt dabei jede weitere Wunschintention (Wi_1, Wi_2, Wi_3) auf den Erfüllungsanker.

3 Vergangene Sehnsüchte und Wünsche ankern

Wann hast du dir Wi_1, Wi_2, Wi_3 etc. schon gewünscht in deiner Vergangenheit? **B** begleitet **A** auf dem Weg durch seine Vergangenheitszeitlinie und stapelt jede Sehnsucht, jeden Wunsch auf den Wunschanker aus Schritt 1, außerdem legt er für jeden Wunsch einen Raumanker aus.

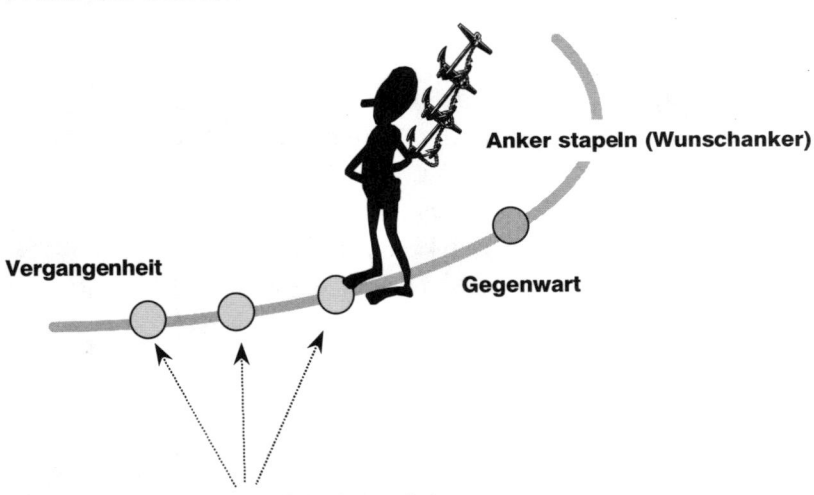

4 In der Vergangenheit erfüllte Sehnsüchte und Wünsche ankern

Kennst du aus der Vergangenheit das Gefühl, wenn ein langgehegter Wunsch in Erfüllung geht? **B** stapelt dieses Gefühl auf den Erfüllungsanker (aus Schritt 2).

Die Wunschtreppe

5 Ressourcen aus der Vergangenheit aktivieren

B führt **A** in die Metaposition: Wenn du jetzt von außen deine Vergangenheit Revue passieren läßt, welche zusätzlichen Ressourcen könntest du dir noch erschließen? Welche inneren Ratgeber (Mentoren) sind dir begegnet? Welche Menschen haben dir weitergeholfen? Welche Symbole waren hilfreich und wichtig? **B** stapelt alle Ressourcen auf den Anker für Erfüllungsphantasie (aus Schritt 2). Während **B** den Anker gedrückt hält, bittet er **A**, die Hand auf seine Herzseite zu legen, nach innen zu gehen und ein Symbol für die Erfüllungsphantasie entgegenzunehmen. **B** stapelt auch dieses Symbol auf den Erfüllungsanker.

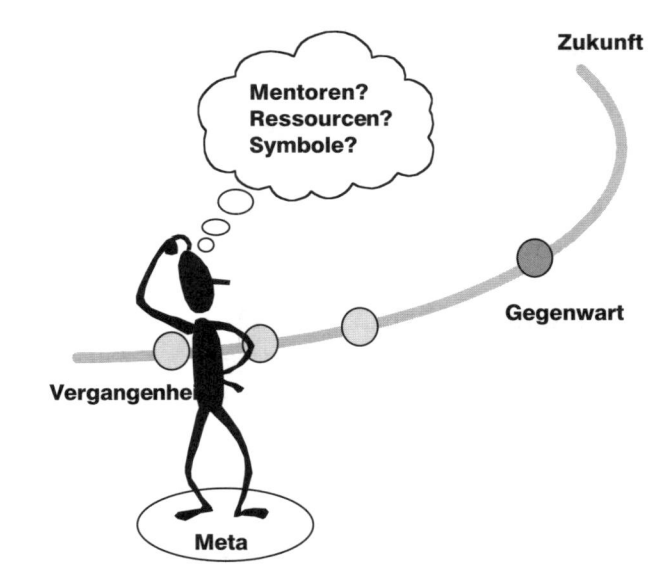

6 Sich mit unerfüllten Wünschen aus der Vergangenheit aussöhnen

A geht nun mit dem Symbol und begleitet von **B** durch die einzelnen Wunschstationen seiner Vergangenheit. Immer dann, wenn er einen der dort ausgelegten Raumanker betritt, verschmilzt **B** Wunsch- und Erfüllungsanker miteinander.

7 Loslassen lernen

Zu **A**: Stell dir jetzt vor, daß deine Zukunft gerade anfängt. Schritt für Schritt steigst du deinem großen Ziel entgegen. **B** hält beide Anker gedrückt. Auf jeder Stufe fragst du dich, welche Bedürfnisse aus der Vergangenheit du hier auf dieser Stufe ablegen und loslassen kannst. Bücke dich, lege sie symbolisch ab und spüre, wie leicht du dich deinem Ziel näherst.

8 Dem Ziel entgegen

Tritt jetzt auf die letzte Stufe und spüre, was aus deinem Wunsch aus der Gegenwart wurde. Erlebe diesen neuen Zustand vollständig; bitte dein Unbewußtes, dir auch dafür ein Symbol zu geben. Nimm es entgegen und bedanke dich für dieses Geschenk. In dem Moment, wo du es entgegennimmst, wirst du spüren, wie es dich verändert.

Steigerung des Selbstwertgefühls

Eignung

- ☐ Selbstmanagement
- ☒ Therapie/Coaching
- ☐ Teamentwicklung

Indikation/Thema

- Störungen des Selbstwertgefühls und der Selbstliebe
- Klagen über Abhängigkeit; Wunsch nach mehr Unabhängigkeit – bei gleichzeitigen Blockaden
- Demotivation, was die persönliche Zukunft betrifft

Zielsetzung

- Innere Balance zwischen Abhängigkeit und Unabhängigkeit
- Aussöhnung mit belastenden Familienkonstellationen
- Persönliche Neufindung und Neuausrichtung

Anforderungen

- ☐ leicht
- ☒ mittel
- ☐ anspruchsvoll

Zeitbedarf

- ☐ < 15 Minuten
- ☒ < 30 Minuten
- ☐ < 45 Minuten
- ☐ > 45 Minuten

Steigerung des Selbstwertgefühls

1 Unabhängigkeit auf der Time-Line erkunden und ankern

A legt seine Time-Line vor sich aus und geht dann von der Gegenwart aus langsam zurück in seine Vergangenheit. Dabei spürt er, wie es war, sich so richtig frei und unabhängig zu fühlen. Jeder positive Resonanzpunkt auf der Zeitlinie wird nun *gleitend* in Form einer (↗Anker)Kette geankert (und nochmals verstärkt: *„Double it and double it again"*), z.B. am Unterarm. Wenn die Anker etabliert sind, geht **A** aus seiner Zeitlinie heraus in die Metaposition (↗Separator).

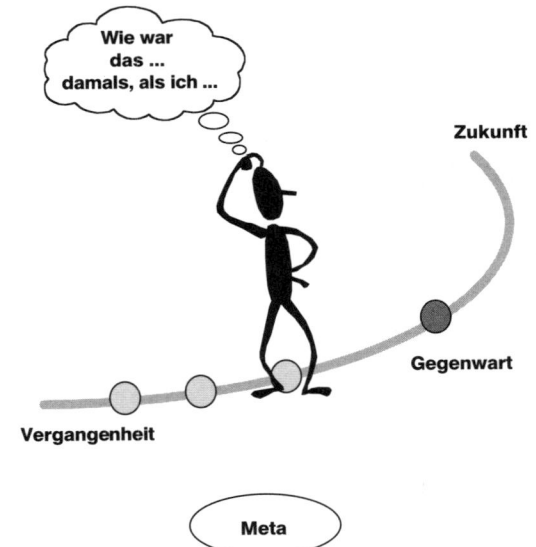

2 Gefühl der Geborgenheit und des Aufgehobenseins erkunden und ankern

A betritt jetzt wieder seine Time-Line und geht dann von der Gegenwart aus langsam zurück in seine Vergangenheit. Dabei erinnert er sich mit jedem Schritt an die intensiven Gefühle des Geborgenseins: wo er nichts tun mußte, sondern rückhaltlos vertrauen und sich anvertrauen durfte. Es spielt keine Rolle, wie alt **A** damals war und bei wem er dieses positive Gefühl verspürte. Jeder positive Resonanzpunkt für Geborgenheit wird nun *gleitend* in Form einer (↗Anker)Kette geankert (und nochmals verstärkt: *„Double it and double it again"*), z.B. am Oberarm. Wenn diese Anker ebenfalls etabliert sind, tritt **A** wieder aus seiner Zeitlinie heraus und begibt sich in die Metaposition (↗Separator).

3 Anker verschmelzen und Integrationsanker setzen

B löst jetzt bei **A** gleichzeitig beide Ankerketten aus (Anker verschmelzen) und ankert das dadurch bei **A** entstehende neue Gefühl an einer anderen Stelle, z.B. am Halsansatz.

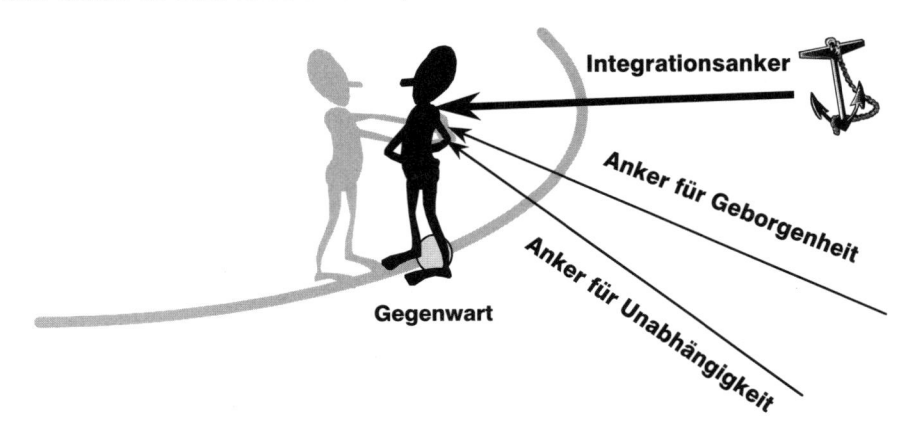

Steigerung des Selbstwertgefühls

4 Zeitreise

B führt **A** jetzt in eine tiefe Trance und begleitet ihn dann durch alle Stationen seines früheren Lebens: „… und mit jedem Schritt rückwärts näherst du dich deiner Jugend, deiner Kindheit, wirst selbst wieder dieses kleine Kind, und während dich meine Stimme begleitet, wirst du weiter und weiter zurückgehen … wieder zurück in den Leib deiner Mutter. Und während sich der Zeiger weiter rückwärts bewegt, kannst du wieder Zelle werden unter anderen Zellen, ein Blatt mit anderen Blättern am Stammbaum deiner Familie und weiter zurück zu anderen Bäumen … (kann variiert werden). Und wenn du jetzt deinen Endpunkt erreicht hast, kannst du mit all dem Wissen, das dich bereichert, wieder langsam vorkommen und werden, was du bist und sein möchtest. Tauche ein in das tiefe Gefühl von seelischer und geistiger Wiedergeburt …" (Tempo, Tiefe und Ablauf dieser Trance sollten dem Erleben von **A** angepaßt sein.)

Karma-Reinigung

Eignung

☐ Selbstmanagement
☒ Therapie/Coaching
☐ Teamentwicklung

Indikation/Thema

- Manche Klienten sehen sich bei Veränderungsprozessen in Glaubenssätze verstrickt, die aus ihrer Familiengeschichte herrühren oder vom Klienten noch weiter zurückdatiert werden. Unabhängig davon, ob es Karma, d.h. Verstrickungen, die aus früheren Leben herrühren und abgearbeitet werden wollen, gibt oder nicht – entscheidend ist, daß im Glaubenssystem des Klienten eine entsprechende Fixierung existiert, die produktiv aufgearbeitet werden kann.

Zielsetzung

- Heilung der Familiengeschichte
- Aussöhnung mit dem eigenen Schicksal
- Aussöhnung mit belastenden Familienkonstellationen
- Erleichterung der persönliche Neufindung und Neuausrichtung

Anforderungen

☐ leicht
☐ mittel
☒ anspruchsvoll

Zeitbedarf

☐ < 15 Minuten
☐ < 30 Minuten
☐ < 45 Minuten
☒ > 45 Minuten

Karma-Reinigung

1 Problem elizitieren und ankern

ⓘ Unabhängig davon, welche Methode der Time-Line-Arbeit gewählt wird, sollte ein Ressourcepunkt im Raum etabliert werden, um bei traumatischen Erfahrungen den Klienten gegebenenfalls rasch und wirkungsvoll wieder in einen guten Zustand bringen zu können. Die Metaposition, von der aus der Klient seinen „Schicksals"-Weg von außen beobachten und seine Möglichkeiten einschätzen kann, ist zweckmäßigerweise leicht erhöht (Stuhl, Hocker, Stein etc.). Um die Kräfte des Unbewußten zu stärken, empfiehlt sich der Einsatz von Trance (die meisten gehen übrigens auf dem Weg durch frühere Leben[sstationen] *automatisch* in Trance). Für die Time-Line-Erforschung können die Schwebe-Methode (über die Time-Line zu schweben nach James/Woodsmall) oder Bodenanker (nach Dilts) eingesetzt werden. Bei der Schwebe-Methode kommt es mitunter zu Visualisierungsproblemen; insbesondere wenn die Zeitlinie durch den Klienten läuft, fühlt sich dieser nicht in der Lage, über ihr zu schweben. In diesem Fall hilft ein kleiner Trick: Stell dir vor, ein Teil von dir (vielleicht dein höheres Selbst oder der Beobachter) tritt aus dir heraus und berichtet dir, was er wahrnimmt ...

B hilft **A**, sich seine Zeitlinie vorzustellen, oder hilft ihm beim Auslegen der Time-Line mit Hilfe von Bodenankern (z.B. kleinen Steinchen, Metaplankarten etc.). In der Position Gegenwart schildert **A**, welcher Glaubenssatz bzw. welche Einstellung ihn daran hindert, bestimmte Dinge zu tun, und von dem bzw. der er annimmt, daß sein/ihr Ursprung in seiner Familiengeschichte (Vater, Mutter, Großvater, Großmutter ...) oder einem vergangenen Leben zu suchen ist. **B** bittet **A**, sich eine Stelle an seinem Körper vorzustellen, in der dieses Mangel- oder Blockadegefühl besonders stark spürbar ist, und ankert es an dieser Stelle.

- **B** führt **A** jetzt zur Metaposition, um mit **A** eine Zielvereinbarung zu treffen. Er macht **A** klar, daß Verstrickungen in frühere Geschichten um so stärker wirken, je unbewußter sie ablaufen, daß es aber eine Chance gibt, sie zu erkunden und zu heilen: hinderliche, selbstschädigende Identifizierungen mit früheren Personen können überwunden, Fremdgefühle (nicht im richtigen Körper zu wohnen) abgelegt und energetische Blockaden und Fixierungen transformiert werden.
- **B** klärt, ob Einwände existieren, um zu entscheiden, ob vielleicht ein anderes Format geeigneter ist, die Vorarbeit mit dem Einspruch erhebenden Teil (↗Six-Step-Reframing) ansteht oder ob der Klient zusätzliche Ressourcen benötigt.

2 Ressourceposition aufbauen

B an **A**: Wenn du hier stehst, welche Ressourcen kannst du für die vor dir liegenden Aufgaben aktivieren? Was könntest du zusätzlich gebrauchen, wer könnte dich noch unterstützen? (↗Modeling, Arbeit mit inneren Ratgebern, Symbolen etc.) **B** ankert alle Ressourcen an einer Stelle (stacking anchors, ↗Ankern).

3 Die Situation bzw. den Imprint entdecken

B hält den Anker aus Schritt 1 gedrückt und begleitet **A** auf seiner Reise zurück an den Ursprung; er bittet dabei das Unbewußte (oder das höhere Selbst) von **A**, ihn dabei zu unterstützen. Der Klient hat jederzeit die Möglichkeit, seine Zeitreise für einen Moment zu unterbrechen, um sich die Situation von damals dissoziiert vor Augen zu führen. Am Punkt der Zeugung geht es darum, welche Verzweigung **A** jetzt wählt: Sucht er (sein Unbewußtes) jetzt nach Resonanzpunkten in seiner Familiengeschichte oder in der Verkörperung eines

Karma-Reinigung

früheren Lebens? **B** unterstützt ihn individuell bei jedem Szenario, z.B. mit dem Hinweis, daß bei den tibetischen Buddhisten die Seele vor der Wiedergeburt in einem Zwischenreich (Bardo) verweilt. Der Klient könnte in diesem Fall dort einsteigen und die damalige Situation noch einmal intensiv durchleben, um neue Möglichkeiten der Transformation und des Lernens zu entdecken. Wenn die entscheidende Lebensstation vom Klienten entdeckt wird, können alte Wunden wieder aufbrechen. In diesem Fall kann der Begleiter den Ressourceanker aus Schritt 2 abfeuern und ihn in eine dissoziierte Position (Meta) führen.

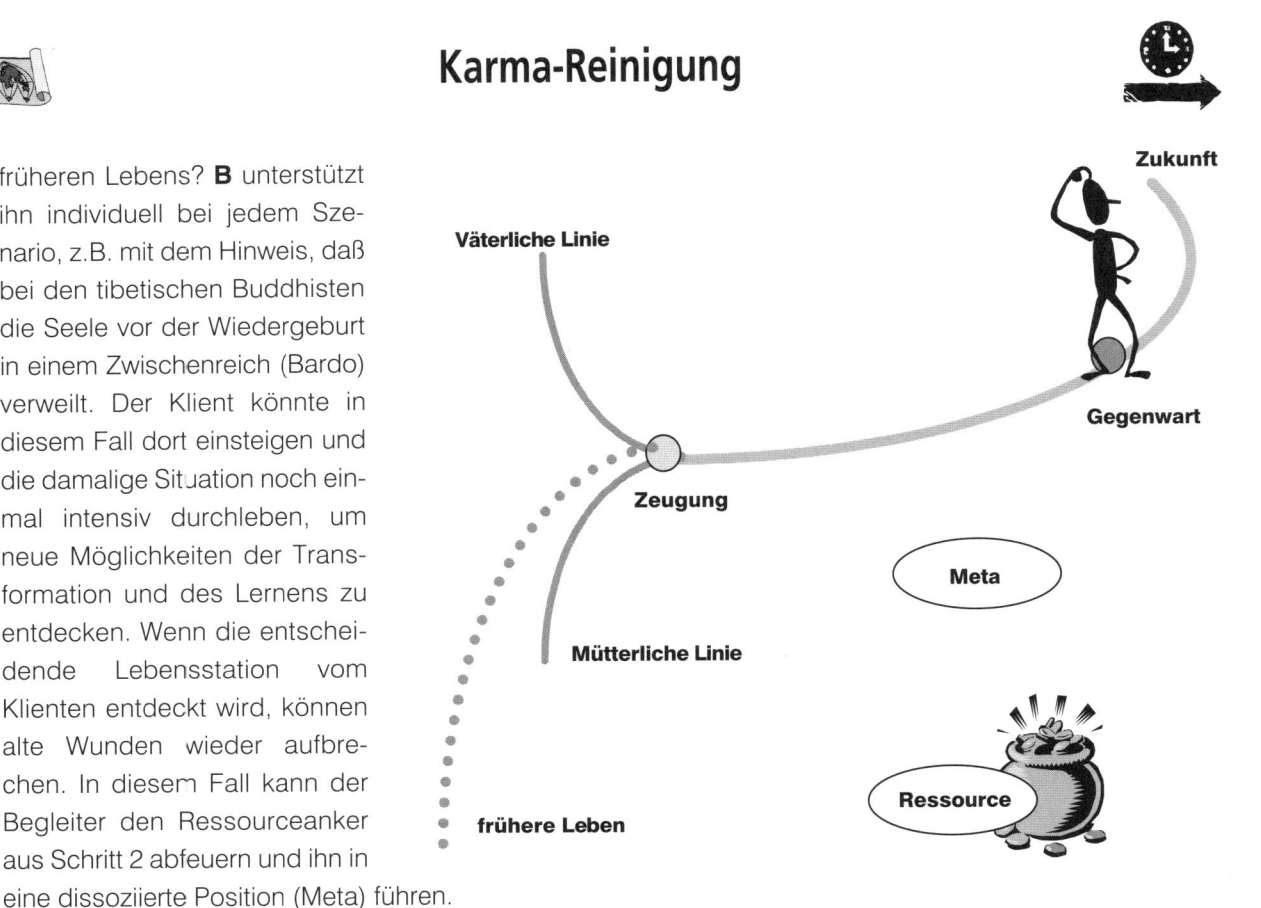

4 Zeitprotokoll erstellen (vgl. Format ERFORSCHEN DES ZEIT-RAUMS)

Da der Klient quasi sein Unbewußtes als Zeitspürsonde einsetzt, kann es für die weitere Arbeit hilfreich sein, ein Protokoll seiner Zeitreise(n) zu erstellen, um dann gegebenenfalls systematisch nach Problemmustern zu suchen.

5 Selbstheilungskräfte aktivieren

Dieses Verfahren ist weitgehend identisch mit dem Vorgehen beim ↗Re-Imprinting und soll deshalb hier nur kurz skizziert werden. Wenn der Klient sich in einer früheren Situation als anderes Selbst (Selbst eines Eltern-, Großelternteils oder in gänzlich anderer Gestalt) wiederfindet, wird dieses Wiedererleben oft als besonders schmerzlich, energieraubend oder moralisch belastend erfahren. Hier ist es hilfreich, den Klienten dabei zu unterstützen, diesen Prozeß dissoziiert zu erforschen – als sein eigener Therapeut. Weiterführende Ansätze sind hier: Arbeit auf den ↗Logischen Ebenen, Glaubensveränderungsarbeit, ↗Reframing, Varianten des ↗Meta-Mirror und vor allem Ressourcenverstärkung.

- Besonders interessante Möglichkeiten ergeben sich durch das ↗Kernintentionsreframing (Core Transformation). Es wird durch folgende Frage eingeleitet: Wenn du nun auf die Reihe deiner Vorgänger/Vorgängerinnen (Mutter, Großmutter, ... Vater, Großvater, ... Urahnin, Urahn) schaust – was würden sie wollen, daß du von ihren Erfahrungen lernst? Welches Geschenk möchten sie dir durch die Zeiten reichen?

Modelle der Veränderung

- ☐ Submodalitäten
- ☐ Meta-Modell (Kommunikationsstrategien)
- ☐ Milton-Modell
- ☐ Reframing und Teilearbeit
- ☐ Strategien
- ☐ Time-Line
- ☒ Glaubenssysteme und Logische Ebenen

Die **Logischen Ebenen** beschreiben, wie Lernerfahrungen und Verhaltensweisen organisiert werden, wobei die logisch übergeordneten Ebenen immer die darunterliegenden beeinflussen; z.B. beeinflussen die Glaubenssätze und Wertvorstellungen einer Person deren Fähigkeiten und Handlungsspielraum.

Energiereise durch die Logischen Ebenen

Eignung

☒ Selbstmanagement
☒ Therapie/Coaching
☐ Teamentwicklung

Indikation/Thema

- Energetische Störungen
- Kognitive Dissonanzen
- Gefühl, aus der Balance zu sein
- Emotionale Unwucht
- Gestörte Selbstempfindung

🛈 Die Übung ist auch sehr gut im Rahmen einer Gruppentrance geeignet.

Zielsetzung

- Schaffen eines energetischen Gleichgewichts
- Spirituelle Heilung des Gesamtorganismus

Anforderungen

☐ leicht
☐ mittel
☒ anspruchsvoll

Zeitbedarf

☐ < 15 Minuten
☒ < 30 Minuten
☐ < 45 Minuten
☐ > 45 Minuten

Energiereise durch die Logischen Ebenen

ℹ️ Setz dich gerade hin: auf ein Kissen am Boden oder auch auf einen Stuhl; wichtig ist nur, daß der Rücken gerade ist und du frei atmen kannst. Deine Hände ruhen auf den Oberschenkeln oder in deinem Schoß.

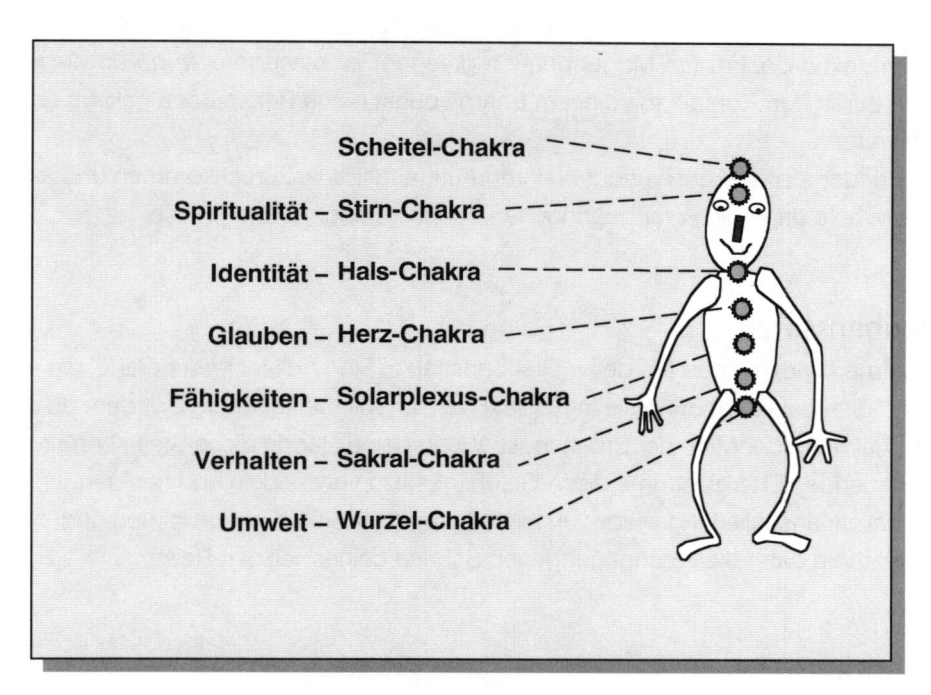

```
                    Scheitel-Chakra
    Spiritualität – Stirn-Chakra
        Identität – Hals-Chakra
          Glauben – Herz-Chakra
      Fähigkeiten – Solarplexus-Chakra
         Verhalten – Sakral-Chakra
           Umwelt – Wurzel-Chakra
```

1 Station: Umwelt

Hier beginnt deine Reise. Schließe die Augen und vergegenwärtige dir deine äußere Umgebung, deinen Alltag, deine Familie zu Hause, die Situation am Arbeitsplatz; was immer es ist, das du im Außen heilen, mit dem du wieder in inneren Kontakt kommen möchtest. Wenn du innerlich Kontakt mit deiner Umwelt aufgenommen hast, berühre dein Wurzel-Chakra, das am Damm gelegen und nach unten zur Erde geöffnet ist. Spüre die Energie dieses Punktes und verbinde sie mit deiner Umwelt.
- Laß deine Hände anschließend wieder an ihren Ausgangspunkt zurückkommen.

2 Station: Verhalten

Spüre in dir deinen Verhaltensweisen nach, die problematisch oder sonstwie auffällig sind, um sie in Kontakt mit der spirituellen Energie zu bringen. Erlaube deinen Händen, sich zu deinem Sakral-Chakra, eine Handbreit unterhalb des Bauchnabels (gegenüber dem Kreuzbein), zu erheben. Wenn du diese Stelle berührst, halte inne und beobachte, wie durch den Kontakt mit diesem Energiepunkt die von dir ausgewählten Verhaltensweisen geklärt, gereinigt und energetisch geheilt werden.
- Laß deine Hände anschließend wieder an ihren Ausgangspunkt zurückkommen und, nach einer kleinen Pause, wiederhole dann die vorangegangenen Schritte deiner heiligen Reise.

Energiereise durch die Logischen Ebenen

3 Station: Fähigkeiten
Geh mit deinem inneren Sinn jetzt eine Ebene weiter und betrachte deine Ideen, deine Erinnerungen, deine Emotionen – all das, was im weitesten Sinn deine Ressourcen ausmacht. Erlaube deinen Händen nun, sich zu deinem Solarplexus-Chakra (im Magenbereich gelegen) zu bewegen. Wenn du diese Stelle berührst, nimm wahr, wie durch den Kontakt mit diesem Energiepunkt deine Ressourcen geklärt, gereinigt und energetisch geheilt werden.
- Laß deine Hände anschließend wieder an ihren Ausgangspunkt zurückkommen und, nach einer kleinen Pause, wiederhole dann die vorangegangenen Schritte deiner heiligen Reise.

4 Station: Glaubenssätze
Richte deine Aufmerksamkeit nun auf deine Glaubenssätze. Finde diejenigen heraus, die schmerzhaft oder negativ sind und dich belasten. Bring sie in Kontakt mit der spirituellen Energie, indem du deine Hände jetzt auf dein Herz-Chakra (in der Mitte der Brust) legst. Wenn deine Hände diese Stelle berühren, spürst du, wie die davon ausgehenden Energieströme diese Glaubenssätze verwandeln und reinigen.
- Laß deine Hände anschließend wieder an ihren Ausgangspunkt zurückkommen und, nach einer kleinen Pause, wiederhole dann die vorangegangenen Schritte deiner heiligen Reise.

5 Station: Identität
Richte deinen inneren Sinn jetzt auf die Teile deines Selbst, die sich vernachlässigt, mißbraucht oder mißverstanden fühlen oder die sonst unausgeglichen oder irgendwie getrennt von dir sind. Erlaube deinen Händen nun, sich zu deinem Hals-(oder Kehlkopf-)Chakra zu bewegen. Wenn du diese Stelle berührst, nimm wahr, wie durch den Kontakt mit diesem Energiepunkt deine Teile neuen Zusammenhalt erfahren, gereinigt und energetisch geheilt werden.
- Laß deine Hände anschließend wieder an ihren Ausgangspunkt zurückkommen und, nach einer kleinen Pause, wiederhole dann die vorangegangenen Schritte deiner heiligen Reise.

6 Station: Mission
Richte deinen inneren Sinn jetzt auf deine Mission: das, was du für dich als deine Lebensaufgabe erkannt hast. Spüre, welche Hindernisse und Blockaden auf diesem Weg liegen, was dich in der Vergangenheit oft davon abgehalten hat, dich stärker auf diese Mission auszurichten. Erlaube deinen Händen nun, sich zu deinem Stirn-Chakra (in der Mitte der Stirn, auch drittes Auge genannt) zu bewegen. Wenn du diese Stelle berührst, nimm wahr, wie durch den Kontakt mit diesem Energiepunkt deine Mission gereinigt und energetisch gestärkt wird.
- Laß deine Hände anschließend wieder an ihren Ausgangspunkt zurückkommen und, nach einer kleinen Pause, wiederhole dann die vorangegangenen Schritte deiner heiligen Reise.

Energiereise durch die Logischen Ebenen

7 Station: Ganzheit

Lege nun deine Hände auf die Mitte deines Schädels, wo sich das Scheitel-Chakra befindet (auf der Silvanfurche zwischen unseren Schädeldecken). In dem Moment, wo deine Hände diesen Punkt erreichen, werde dir deiner bisherigen Reise bewußt. Laß deine Alltagsgedanken gehen und ziehen, während du so etwas wie eine Geburtsenergie spürst: eine heilige Quelle, für die du jetzt offen bist. Laß diese Energien einströmen und sich entlang der Energiebahnen in deinem Körper verteilen. Vielleicht spürst du sie dort besonders, wo sie besonders gebraucht werden. Verfolge nun langsam in deinem eigenen Energierhythmus mit deinen Händen, wie diese Energien fließen: vom Scheitel-Chakra zum Stirn-Chakra, weiter über den Kehlkopf durch das Herz- und Solarplexus-Chakra in die tieferen Chakren. Am Ende deiner Reise angekommen, ruhst du dich noch eine kleine Weile aus, sammelst dich und kommst ganz im Einklang mit dir hier und jetzt zurück.

ℹ️ Wenn diese Übung in einer Zweiergruppe durchgeführt wird, führt **B** seinen Klienten **A** durch den Prozeß in einem tiefen Trancezustand, um die Wirkung entsprechend zu verstärken und nachhaltig werden zu lassen.

Erforschung des Glaubensraumes

Eignung

☒ Selbstmanagement
☒ Therapie/Coaching
☒ Teamentwicklung

Indikation/Thema

- Glaube, Einstellung, Überzeugung: allen gemeinsam ist, daß sie – im Gegensatz zum wissenschaftlichen Urteil – nicht so schnell durch Erfahrungen widerlegt werden. Während in der Wissenschaft ein einziges Experiment oft eine gesamte Theorie ins Wanken bringen kann, wird ein Glaubenssatz durch gegenteilige Erfahrung so schnell nicht außer Kraft gesetzt. Im Gegensatz zum Wissen ist ein Glaube offensichtlich eines wissenschaftlichen Beweises weder fähig noch bedürftig. Auch ist der Gegenstand einer wissenschaftlichen Betrachtung von dem personalen Bezeugen relativ unabhängig. Für die Tatsache bzw. die wissenschaftliche Überzeugung, daß die Erde eine Kugel ist, wird sich niemand auf den Scheiterhaufen begeben. Glaubenssätze, Glaubensannahmen haben darüber hinaus eine normative Bedeutung: Erfahrungen, die nicht mit ihnen übereinstimmen, gelten als falsch, unwert, böse. Häufig sind sich die Menschen nicht bewußt, auf Grund welcher Überzeugungen sie so oder anders gehandelt haben. Deshalb macht es Sinn, seinen eigenen, häufig gut verborgenen Glaubenssätzen auf die Spur zu kommen.

Zielsetzung

- Kennen- und Einschätzenlernen eigener Glaubenspositionen (von einzelnen, Paaren und Gruppen)

Anforderungen

☐ leicht
☐ mittel
☒ anspruchsvoll

Zeitbedarf

☐ < 15 Minuten
☐ < 30 Minuten
☒ < 45 Minuten
☐ > 45 Minuten

Erforschung des Glaubensraumes

1 Den Glaubensraum abstecken/kalibrieren

Die Übung kann allein, in Zweier-/Dreiergruppen und in Teams durchgeführt werden. Wichtig ist vor allem, die Ziel- bzw. Forschungsrichtung zu kennen. Worauf kommt es an: das eigene Glaubenssystem bezüglich Gesundheit, Entwicklung, Spiritualität etc. kennenzulernen, oder sollen unternehmens- bzw. berufsspezifische Glaubenspositionen erkundet werden? Jede inhaltliche Ausrichtung oder Fokussierung ist legitim, solange die Forschungsstruktur beachtet wird.

2 Die Struktur des Glaubensraumes definieren

Unabhängig davon, ob eine Einzelperson, ein Paar oder eine Gruppe seine bzw. ihre Glaubenssätze erforscht, können die Glaubenssätze formal unterteilt werden in solche, deren Referenz die eigene Identität, die Identität benachbarter, vergleichbarer Identitäten sowie das beide integrierende System betreffen. Beispielsweise kann der Leser dieser Zeilen seine Glaubenssätze und Überzeugungen, die

a) ihn selbst (als Leser, Mann, Frau, NLP-Anwender etc.),
b) ihn selbst in Kommunikation/Interaktion mit den anderen Selbsten (als Leser, Männer, Frauen, NLP-Anwender etc.) und
c) das System, das die Kommunikation/Interaktion aller (Leser, Männer, Frauen, NLP-Anwender etc.) organisiert,

betreffen. Da diese Struktur formal ist, kann sie ebensogut benutzt werden, um Glaubenssätze einer Organisationseinheit oder eines Managementteams [bezüglich a) ihrer Existenz, b) ihrer Interaktion mit anderen Teams/Gruppierungen und c) ihres Unternehmens] zu clustern.

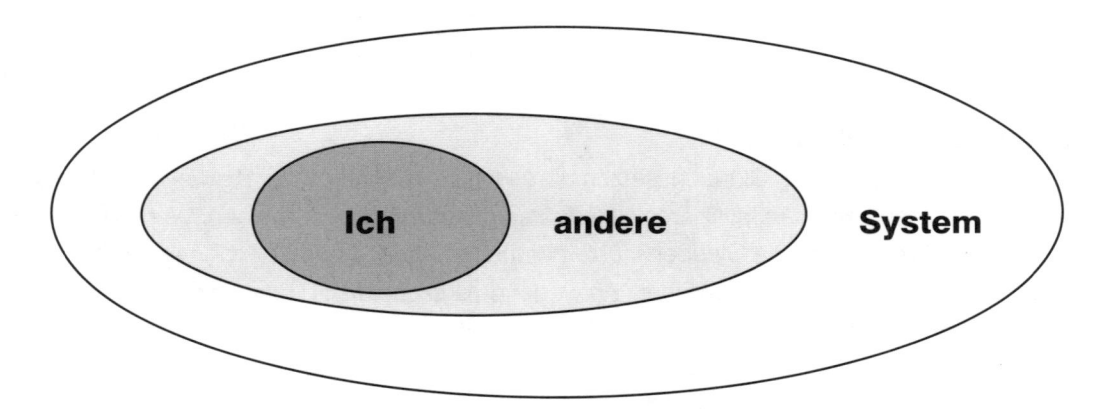

3 Sammeln der Glaubenssätze und persönlicher Überzeugungen

Die Glaubenssätze können entsprechend der Struktur des Glaubensraumes so formuliert werden:

Was ich von mir selbst glaube:
- Ich glaube, daß ich ... bin.
- Ich glaube, daß für mich ... zählt.
- Ich glaube, daß es für mich darauf ankommt, ...
- Ich glaube, ich bin ...

Erforschung des Glaubensraumes

Was ich von den anderen glaube, die so ähnlich sind (oder scheinen):
- Ich glaube, die anderen sind ...
- Ich glaube, daß es den anderen nur darauf ankommt, ...
- Ich glaube, daß die anderen immer mehr xy sein wollen.

Was ich von dem System (Kosmos, Dasein, Welt ...) glaube:
- Ich glaube, xy ist ...
- Ich glaube, daß alles ... ist.
- Ich glaube, daß (der Sinn, die Bedeutung von) xy ... ist.

Schreibe für jedes Cluster 7 ± 2 Annahmen, Glaubenssätze, persönliche Überzeugungen auf. Wenn du dir nicht sicher bist, ob es sich um einen Glaubenssatz oder eine Formulierung für eine Erfahrung handelt, mache folgendes Experiment:

Das folgende Beispiel (Glaubenssatz über das *System*) dient der Erläuterung der Vorgehensweise und spiegelt nicht die Lebensanschauung des Autors wider: **homo homini lupus** (der Mensch ist dem Menschen ein Wolf). Testfrage: Wenn du die Erfahrung machen würdest, daß es einen Menschen gibt, der sich wahrhaft aufopfernd und altruistisch verhielte, würde das den (vermeintlichen) Glaubenssatz unterminieren? Würde dein Glaube an die „Wolfsnatur" des Menschen durch ein Gegenbeispiel schon in Frage gestellt? Wer darauf „nein" antworten würde, könnte sicher sein, einen veritablen Glaubenssatz bei sich gefunden zu haben. Glaubenssätze sind im allgemeinen gegen singuläre Erfahrungen immun.

Es kommt hier noch nicht darauf an, zwischen tauglichen (*guten*) und hinderlichen oder einschränkenden (*schlechten*) Glaubenssätzen zu unterscheiden.

4 Kernglaubenssätze erkennen

Innerhalb dieser drei Gruppen von Glaubenssätzen gilt es jetzt – im Hinblick auf die weitere Arbeit an diesen Glaubenssätzen – diejenigen zu identifizieren, die das stärkste Potential aufweisen. Wenn du viele ähnlich formulierte oder inhaltlich verwandte Glaubenssätze gefunden hast, mag es sinnvoll sein, diese unter einem gemeinsamen Überbegriff zusammenzufassen. Entweder du entscheidest das nach deinem Gefühl, oder du benutzt folgende von der ↗ZIELENTWICKLUNG her bekannte Methode:

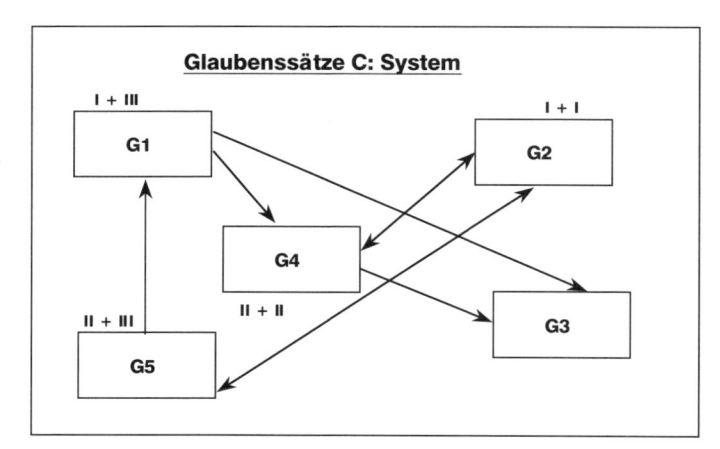

Erforschung des Glaubensraumes

Erläuterung: G1 bis G5 sind Glaubenssätze vom Typ „System". Die Verbindungslinien zwischen diesen Sätzen sagen etwas aus über den Zusammenhang; in unserem Fall beispielsweise hängt der Glaubenssatz G5 mit G1 und G2 zusammen. Die Art der Zusammenhangs erkennt man an der Pfeilspitze: G5 beeinflußt G1, wird aber selbst von G1 nicht beeinflußt; G5 beeinflußt auch G2 und wird seinerseits auch von G2 beeinflußt. Wenn eine Linie nicht wenigstens eine Pfeilspitze aufweist, ist sie überflüssig, da dann zwischen den beiden Glaubenssätzen keine Beeinflussung bzw. kein Zusammenhang besteht. Quantitativ wird die Abhängigkeit zwischen zwei Glaubenssätzen gewichtet mit 1 (wenig), 2 (mittel) oder 3 (hoch). In unserem Fall stehen bei G5 II+III = 5 Punkte, da G5 G1 stark (III) und G2 mittelmäßig stark (II) beeinflußt. Ob die Beeinflussung positiv oder negativ ist, spielt hier keine große Rolle und bleibt unberücksichtigt. Der Glaubenssatz, der die meisten Punkte aufweist (hier G5 mit fünf Punkten vor G4 mit vier Punkten) ist ein „Attraktor", d.h., er ist unter systemischen Gesichtspunkten der beherrschende Glaubenssatz.

Wenn die jeweils in ihrer Gruppe (Ich – andere – System) stärksten Glaubenssätze feststehen, können auch sie in ihrem Wechselspiel untersucht, d.h. wie im oberen Wirkungsnetz dargestellt werden.

5 Vorbereitung der weiteren Arbeit mit Glaubenssätzen

Obwohl das verwendete Modell nicht sehr komplex ist, stellen sich doch oft gewisse Aha-Effekte ein. Durch den vereinfachten Einsatz von Wirknetzen wird unserem linear arbeitenden Verstand ein Schnippchen geschlagen, da die Resultate meistens nicht leicht vorhersagbar sind. In jedem Fall ist es gut, das Ergebnis zu diskutieren, z.B. mit **B** und **C** oder in Form einer Gruppenmoderation (wenn mit Glaubenssätzen von Teams gearbeitet wurde). Für das weitere Vorgehen gibt es keine feste Regel. Möglich sind folgende Schritte:

- Überprüfen und Entdecken neuer, bislang unbewußt gebliebener Glaubenssätze und ihrer Wirkung im bestehenden Glaubensraum.
- Unterscheiden zwischen hinderlichen und förderlichen Glaubenssätzen und getrenntes Darstellen und Behandeln im Wirkungsnetz (mit Vorsicht zu empfehlen, da bei der nachfolgenden Bearbeitung dann der Blick auf das Wechselspiel zwischen sogenannten guten und schlechten Glaubenssätzen verlorengehen kann).
- Anwenden klassischer Veränderungstechniken auf ausgewählte Glaubenssätze, z.B. durch ↗Reframing, ↗Re-Imprinting, ↗Core-Transformation oder einfach nur das Arbeiten mit ↗Submodalitäten.
- Der Hauptanwendungsbereich liegt aber eher in der Ökologie von Veränderungsprozessen. Meist arbeitet man mit einem Glaubenssatz, den man abschwächt und dann ersetzt oder den man verstärkt. Was die wenigsten NLP-Anwender beachten, ist die Wechselwirkung von Glaubenssätzen, d.h., sie vernachlässigen oft den systemischen Aspekt von Glaubensveränderungsprozessen. Mit dem hier vorgestellten Modell ist das Beurteilen der Reichweite solcher Veränderungsprozesse sehr viel einfacher.

Ressourcen sammeln und fokussieren

Eignung

☒ Selbstmanagement
☒ Therapie/Coaching
☒ Teamentwicklung

Indikation/Thema

- Energetische Störungen
- Demotivation
- Energielücken und -defizite
- Emotionale Unwucht
- Gestörtes Selbstwertgefühl

Zielsetzung

- Schaffen energievoller Zustände
- Sammlung wichtiger Ressourcen für anstehende Veränderungsprozesse
- Systematisches Ernten von Ressourcen durch alle Zeiten und Positionen

Anforderungen

☐ leicht
☐ mittel
☒ anspruchsvoll

Zeitbedarf

☐ < 15 Minuten
☐ < 30 Minuten
☒ < 45 Minuten
☐ > 45 Minuten

Ressourcen sammeln und fokussieren

1 Fokussieren auf Ressourcelücken

Geübt wird in Dreiergruppen. **B** und **C** legen mit Raumankern die Logischen Ebenen aus. **A** legt seine rechte Hand auf seine Herzgegend, **B** steht seitlich von ihm, die eine Hand auf dem Rücken von **B**, die andere Hand verstärkt die Hand des Klienten, die auf seiner Herzgegend liegt. Gemeinsam durchschreiten sie die Logischen Ebenen. Während **B** zur Erinnerung noch einmal kurz die Bedeutung der jeweiligen Ebene streift, geht **A** nach innen und achtet darauf, auf welcher Ebene ihm sein Körper welche Ressourcelücken bzw. noch nicht aktivierte Ressourcemöglichkeiten signalisiert. **B** begleitet ihn dabei als Ressourceperson sehr respektvoll und anteilnehmend.

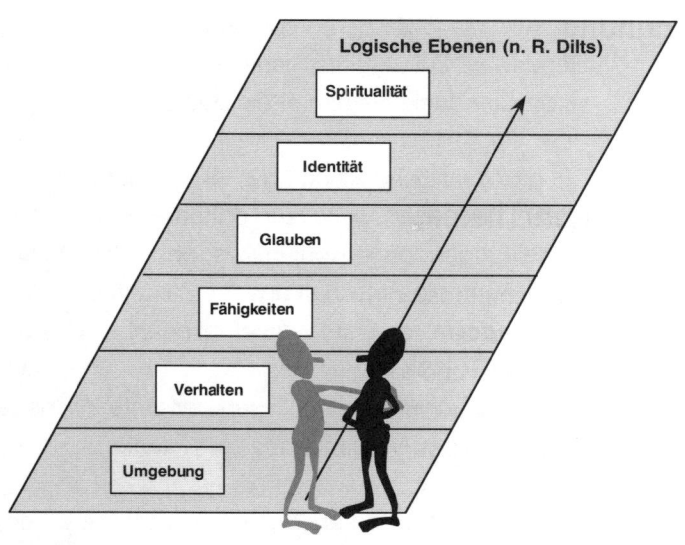

Logische Ebenen (n. R. Dilts):
- Spiritualität
- Identität
- Glauben
- Fähigkeiten
- Verhalten
- Umgebung

2 Ressource-Raum aufbauen

Die Gruppe legt jetzt mit Bodenankern einen Ressource-Raum aus, bestehend aus zwei Achsen: der Zeitachse mit Vergangenheit, Gegenwart und Zukunft und der Wahrnehmungsachse mit erster (Ich-), zweiter (Du-) und dritter (Beobachter-) Position. Es ist dabei zu beachten, daß die mittlere Position (Ich – Gegenwart) – zugleich die Ausgangsposition für alle nachfolgenden Schritte – in der Mitte liegt.

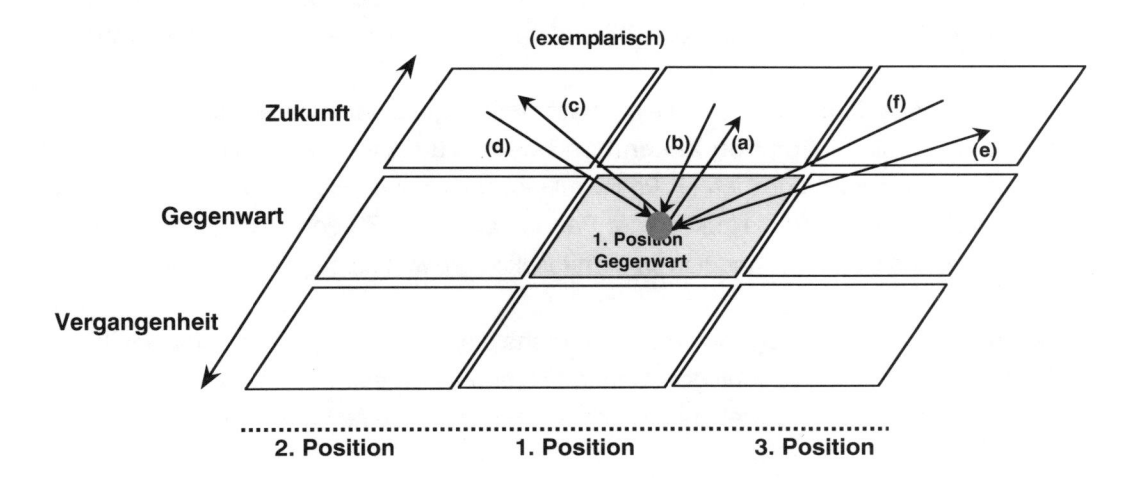

(exemplarisch)

Zeitachse: Zukunft, Gegenwart, Vergangenheit
Wahrnehmungsachse: 2. Position, 1. Position, 3. Position
Mittelpunkt: 1. Position Gegenwart
Pfeile: (a), (b), (c), (d), (e), (f)

3 Ressourcebotschaften senden und empfangen

ⓘ Jeder der folgenden Schritte ist zirkulär und wird so oft wiederholt, bis alle Positionen im Ressource-Raum betreten wurden. **A** begibt sich zu Beginn eines jeden neuen Schrittes in die Mitte des Ressource-Raumes (1. Position Gegenwart), hört, welche Ressourcebotschaften ihn aus den anderen Positionen erreichen, nimmt sie in sich auf, läßt sie wirken und geht dann in eine neue Raumposition, fühlt sich dort

Peter B. Kraft: **NLP-Übungsbuch für Anwender.** © Junfermann Verlag, Paderborn.

Ressourcen sammeln und fokussieren

ein, wird die jeweilige Person (Ich, Du oder neutraler Beobachter) in der jeweiligen Zeit (Vergangenheit, Gegenwart, Zukunft) und richtet eine ressourcevolle Botschaft an sein Ich in der Gegenwart, geht zurück zu diesem Punkt, vernimmt die Botschaft usw.

Die grundsätzliche Richtung geht von der Zukunft über die Gegenwart zur Vergangenheit und von der ersten über die zweite zur dritten Position. Jede Ressourcebotschaft ist positiv formuliert, ohne Verneinungen, ohne Konjunktive, ohne Vergleiche und sprachlich immer in der Gegenwart: also nicht (auch wenn die Botschaft aus der Zukunft oder der Vergangenheit kommt): „du wirst ..." oder „du warst ...", **sondern:** „du bist ...; du empfindest ...; du hast ..."

Im folgenden wird exemplarisch der erste Zyklus (**a – f**) nach diesem Muster vorgestellt; die Zyklen für Gegenwart und Vergangenheit sind analog.

a) Erinnere dich daran, auf welcher Ebene du empfindlich gespürt hast, daß hier noch nicht genutzte/aktivierte Ressourcen für dich zu ernten sind. Wobei könnten diese Ressourcen dich unterstützen? Was könnten sie dir ermöglichen zu tun, was du jetzt noch nicht tun kannst? Geh jetzt in die **1. Position Zukunft** und spüre, wie es ist, mit seiner Zukunft in Kontakt zu sein. Dreh dich nun um in Richtung auf dein gegenwärtiges Ich (1. Position Gegenwart) und teile ihm mit, was auf es wartet, welche neuen Ressourcen hier aktiv sind, die sein zukünftiges Verständnis von dem reflektieren, was es gegenwärtig braucht.

b) Kehre jetzt in die **1. Position Gegenwart** zurück, drehe dich in Richtung 1. Position Zukunft und vernimm die Botschaft, die dein zukünftiges Ich dir schickt. Nimm dir Zeit, der Wirkung dieser Botschaft nachzugehen: wo bemerkst du bereits eine Veränderung? Wie fühlt diese Veränderung sich an?

c) Denke jetzt an jemanden, mit dem du (in einer bestimmten Situation) in der Zukunft zusammen sein wirst. Begib dich in die **2. Position Zukunft** und werde zu dieser Person. Dreh dich nun um in Richtung auf dein gegenwärtiges Ich (1. Position Gegenwart) und teile ihm mit, was auf es wartet, welche neuen Ressourcen du als zukünftiger Partner, Gefährte, Freund, Lehrer etc. für es wirken siehst, die sein zukünftiges Verständnis von dem reflektieren, was es gegenwärtig braucht.

d) Kehre jetzt in die **1. Position Gegenwart** zurück, drehe dich in Richtung 2. Position Zukunft und vernimm die Botschaft, die dein zukünftiger Partner, Lehrer, Freund etc. dir schickt. Nimm dir Zeit, der Wirkung dieser Botschaft nachzugehen: Wo bemerkst du bereits eine Veränderung? Wie fühlt diese Veränderung sich an?

e) Denke jetzt daran, wie es wäre, wenn dir ein freundlicher Beobachter aus der Zukunft raten könnte, etwas Bestimmtes zu tun, oder dir eine Ressource schickte, die in der Jetztzeit für dich eine unglaubliche Wirkung entfalten könnte. Mit dieser Vorstellung begib dich in die **3. Position Zukunft** und verschmelze mit diesem Beobachter. Dreh dich nun um in Richtung auf dein gegenwärtiges Ich (1. Position Gegenwart) und teile ihm mit, was du als neutraler, aber durchaus wohlwollender Beobachter ihm empfiehlst und mitgibst auf seinen Weg.

Ressourcen sammeln und fokussieren

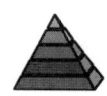

f) Kehre jetzt in die **1. Position Gegenwart** zurück, drehe dich in Richtung 3. Position Zukunft und vernimm die Botschaft, die ein neutraler, aber wohlwollender Beobachter dir zukommen läßt. Nimm dir Zeit, der Wirkung dieser Botschaft nachzugehen: Wo bemerkst du bereits eine Veränderung? Wie fühlt diese Veränderung sich an?

🛈 Die nächsten Schritte sind prinzipiell identisch: von der 1. Position Gegenwart zur 2. Position Gegenwart ... zur 3. Position Gegenwart ... zur 1. Position Vergangenheit usw.

4 Abschluß

Wenn du alle Positionen im Ressource-Raum innehattest und wieder in der 1. Position Gegenwart bist, spüre mit deinem inneren Sinn tief in dich hinein, ob du vielleicht ein Symbol oder eine Metapher findest, die alle Ressourcen, die du empfangen hast, bündelt, um als Kraftquelle für deinen weiteren Weg zu dienen.

🛈 Alternativ zu dieser Vorgehensweise, wo **B** eine eher passive Rolle spielt, kann **A B** auch bitten, in die jeweiligen acht anderen Ressourcepositionen zu gehen und aus ihnen **A** das mitzugeben, was **A** meint, hier und jetzt brauchen zu können. Wenn noch mehr Personen mitmachen, kann nach Anweisung von **A** jede Person ein Feld besetzen und **A** dann entsprechende Ressourcebotschaften schicken.

Selbstzweifel transformieren

Eignung

☒ Selbstmanagement
☒ Therapie/Coaching
☐ Teamentwicklung

Indikation/Thema

- Zweifel bezüglich neuer, noch nicht ausreichend fundierter Glaubenssätze
- Demotivation
- Emotionale Unwucht
- Gestörtes Selbstwertgefühl
- Zweifel an der eigenen Position/am eigenen Lebensweg, insbesondere wenn etwas Neues gelernt wurde, das noch nicht vollständig in das Selbstkonzept integriert wurde

Zielsetzung

- Schaffen energie- und ressoucevoller Zustände
- Verstärken von Glaubenssätzen
- Aufbau emotionaler Verstärker für das eigene Selbstbild

Anforderungen

☐ leicht
☐ mittel
☒ anspruchsvoll

Zeitbedarf

☐ < 15 Minuten
☐ < 30 Minuten
☒ < 45 Minuten
☐ > 45 Minuten

Selbstzweifel transformieren

1 Problemfokussierung

Geübt wird in Dreiergruppen. Auf dem Boden werden Bodenanker ausgelegt für die 1. Position (Ich-Position), die Metaposition und drei Anker für die 2. Position (Mentorenpositionen). **A** erinnert sich assoziiert (d.h., er geht in die 1. Position) an eine Situation, wo er massive Zweifel an neuen (oder bestehenden) Glaubenssätzen hatte, wo ihm Zweifel hinsichtlich seines weiteren Lebensweges kamen oder er sonstige existentielle Unsicherheiten verspürte.

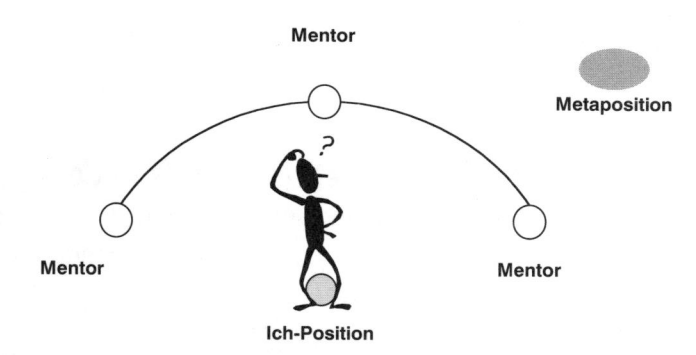

2 Aufbau der Mentorenposition

Geh jetzt in die Metaposition (**B** kann **A** helfen, in eine tiefe Trance zu gehen) und erinnere dich, ob es nicht in deinem Leben oder in deinen Träumen Mentoren als geistige oder spirituelle Ratgeber, Lehrer oder Führer gab (oder gibt), die dir jetzt beistehen könnten. (Als Mentoren können durchaus auch imaginäre Gestalten aus Dichtung und Mythologie dienen.) Arrangiere die Mentoren so um dich herum, daß sie dich maximal unterstützen können. Wähle von den Mentoren einen aus, der deine Identität stärkt, einen, der dich besonders liebt, und einen, der dir speziell helfen kann, dich auf die gegenwärtige Fragestellung einzulassen.

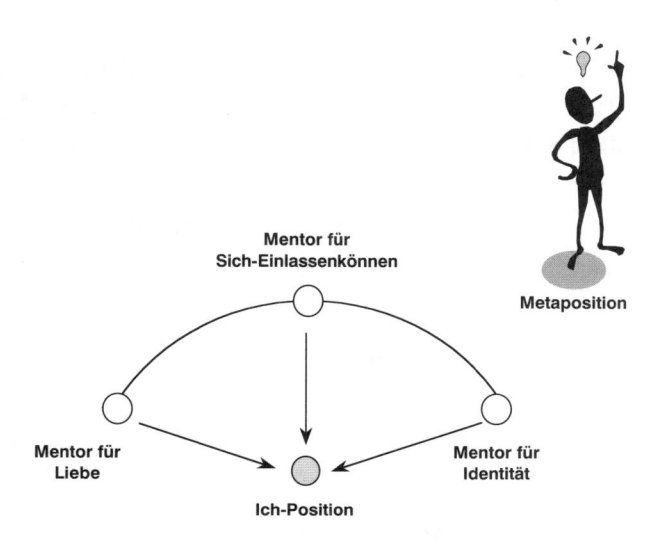

3 Botschaften senden aus den Mentorenpositionen

Lege jetzt die rechte Hand auf deine Herzgegend, spüre, wie du Kontakt bekommst zu deinen Mentoren, und gehe in jede einzelne Mentorposition hinein. Wenn du beispielsweise in der Mentorposition für Liebe bist, wende dich in Richtung deiner Ich-Position und laß den Mentor durch dich sprechen – es kann eine Empfehlung, eine Metapher oder auch „nur" ein Gefühl sein, das gefehlt hat. Danach begib dich in die anderen Mentorenpositionen und verfahre analog. Nachdem du alle drei Positionen besetzt hast, begib dich zurück in die Ich-Position.

4 Empfangen der einzelnen Botschaften

Wenn du assoziiert in deinem gegenwärtigen Ich wieder angekommen bist, drehe dich in Richtung der einzelnen Mentoren und spüre ihre Energien und die darin für dich enthaltene Botschaft. Lege dabei die Hand an den Teil des Körpers, der die Botschaft in sich aufnehmen wird. Öffne dich dieser Energie und nimm

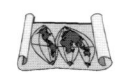

Selbstzweifel transformieren

wahr, wie dein Glaube an dich und deinen Weg stärker und stärker wird. Bedanke dich für die erhaltene Botschaft.

5 Das Symbol für die Meta-Botschaft finden

Begib dich jetzt noch einmal in die Metaposition und identifiziere von dort den gemeinsamen Kern (die Essenz bzw. die Meta-Botschaft), den jede Botschaft der Mentoren enthält. Versenke dich nach innen, um dafür ein Symbol zu erhalten. Mit diesem Symbol gehe noch einmal zu jedem Mentor; es wird seine spezifische Botschaft noch einmal verstärken.

6 Die Botschaften noch einmal empfangen

Gehe jetzt wieder in Richtung Ich-Position; tritt einen Schritt dahinter zurück und spüre, wie jetzt die Einzelbotschaften in derselben Frequenz schwingen und dein vor dir stehendes Ich wie heiliges Licht durchfluten und jede einzelne Zelle durchdringen. Wenn du es kaum noch erwarten kannst, tritt einen Schritt vor und werde, der du bist. Mit dieser Energie aufgeladen, stell dir vor, wie es in der Zukunft weitergehen wird, die jetzt schon begonnen hat.

Einschränkende Glaubenssätze

Eignung

- ☒ Selbstmanagement
- ☒ Therapie/Coaching
- ☐ Teamentwicklung

Indikation/Thema

- Es gibt Stationen im Veränderungsprozeß, wo uns zunächst unerklärliche innere Hindernisse begegnen, die das Tempo stark drosseln und die Lust auf Veränderung dämpfen. Es geht irgendwie nicht so schnell voran, wie wir uns das vorgestellt haben. Direkte Fragen wie: „Was hindert dich daran, xy zu erreichen?" führen zu keinen direkten Antworten: nach Robert Dilts ein sicheres Anzeichen dafür, daß im Hintergrund sehr mächtige Glaubenssätze bzw. Glaubenssysteme als Gegenspieler arbeiten. Wenn man sie nicht kennt und erforscht, werden sie uns bei unserem neuen Ziel vermutlich sabotieren. Die hier vorgestellten Formate basieren auf dem Thema „Gesundheit"; sie lassen sich aber ohne größere Modifikationen in anderen Konstellationen und Kontexten benutzen, wo verdeckte bzw. vermutete Wert- und Zielkonflikte bei Klienten vorliegen.

Zielsetzung

- Erforschen und Transformieren hinderlicher, einschränkender und dysfunktionaler Glaubenssätze im Rahmen größerer Veränderungs- und Lernprozesse

Anforderungen

- ☐ leicht
- ☐ mittel
- ☒ anspruchsvoll

Zeitbedarf

- ☐ < 15 Minuten
- ☐ < 30 Minuten
- ☐ < 45 Minuten
- ☒ > 45 Minuten

Einschränkende Glaubenssätze

1 Affirmationen zur Gesundheit

Geübt wird in Dreiergruppen: **A** ist der Klient, der seine hinderlichen Glaubenssätze erforschen möchte, **B** und **C** arbeiten als Entdecker und Affirmatoren. **B** und **C** geben jetzt **A** die Affirmationen in der zweiten Person Singular (du bist, dein ...), die **A** laut in der Ichform wiederholt. **B** und **C** notieren in einer Checkliste die physiologische Reaktion von **A**. Um sicherzugehen, daß sie richtig kalibriert sind, bitten sie **A**, zwei oder drei für ihn eindeutig und bewußt positive Glaubenssätze sowie zwei oder drei eindeutig falsche bzw. negative Glaubenssätze zu zitieren.

Nr.	Affirmationen	Reaktion ☺	Reaktion 😐	Reaktion ☹
1	Ich kann gesund werden; ich habe dafür viel innere Kraft.			
2	Meine Umgebung unterstützt mich beim Gesundwerden in jeder Hinsicht.			
3	Ich bin stolz auf das, was ich tue.			
4	Krankheit ist etwas, womit ich konstruktiv umgehen kann.			
5	Ich kann mich so akzeptieren, wie ich bin – mit all meinen Stärken und Schwächen.			
6	Ich möchte gesund werden, und mein Wunsch bewirkt, daß ich gesund werde.			
7	Ich schöpfe aus meiner inneren Quelle.			
8	Ich bin sehr stark und bin es immer gewesen.			
9	Ich fühle mich großartig, wenn ich spüre, daß ich mich auf mich verlassen kann.			
10	Ich bin nicht allein; Liebe und Unterstützung umgeben mich.			
11	Jeder wünscht, daß ich gesund werde.			
12	Ich habe es verdient, wieder gesund zu werden.			
13	Es ist völlig natürlich, gesund zu sein.			
14	Ich habe alle Fähigkeiten, um gesund zu werden.			
15	Am Ende wird alles gut.			
16	Ich kann meine Krankheit, mein Symptom visualisieren und durch meine kreative Vorstellungskraft mein Immunsystem weiter stärken.			
17	Mein Körper ist vital und gesund.			
18	Ich vertraue den natürlichen Heilungsprozessen, die mich gesund werden lassen.			
19	Meine Gesundheit ist ein lohnendes und wünschenswertes Ziel.			

Einschränkende Glaubenssätze

Nr.	Affirmationen	Reaktion ☺	☹	☹
20	Ich erreiche mein Ziel, gesund zu werden, auf eine ökologische Weise.			
21	Die göttliche (kosmische) Kraft und Energie unterstützt mich dabei, gesund zu werden.			
22	Mein Körper ist ein Energiesystem: Ich kann Energie als Licht visualisieren und spüren, wie es alle Poren und Zellen durchdringt und heilt.			
23	Mein Partner/meine Partnerin wünscht sich nichts sehnlicher, als daß ich gesund werde.			
24	Meine Emotionen und mein Geist sind im Einklang; also wird auch mein Körper gesunden.			
25	Es liegt nur an mir, mich bereit zu machen für die heilenden Kräfte.			
26	Schmerz und Krankheit sind Botschaften, die ich auf dem Weg des Gesundwerdens begreifen werde.			
27	Heilung geschieht als Prozeß inneren Wachstums.			
28	Ich höre auf meinen Körper – das hilft mir, gesund zu werden.			
29	Ich unterstütze meinen Körper mental dabei, seinen natürlichen, gesunden Zustand zu erreichen und zu erhalten.			
30	Mein Immunsystem ist darauf eingerichtet, mit allen Krankheitserregern und -verursachern auf ökologische Weise fertig zu werden.			

2 Auswerten der Reaktionen

Die weitere Vorgehensweise wird entscheidend durch die Auswertung geprägt. Wenn alle dreißig Affirmationen eine erkennbar positive Physiologie bei **A** auslösten, kann **B** ihn bitten, sich mehrere, für ihn zentrale Affirmationen auszusuchen, in eine Trance zu gehen und für diese Affirmationen ein Bild oder ein Symbol zu finden. Anschließend kann mit Hilfe der ↗Submodalitäten dieses Bild (Heilsymbol) weiter verstärkt und in Form eines Selbstankers etabliert werden.

Wenn negative Reaktionen oder solche tiefer Gleichgültigkeit von **B** und **C** beobachtet wurden, fragen sie bei **A** nach, ob ihre Beobachtung auch mit seiner Selbstbeobachtung übereinstimmt. Um eine größere Klarheit zu erhalten, können undeutliche Reaktionen (☹) auf die gesagten Affirmationen etwas stärker polarisiert werden. Die Weiterarbeit erfolgt vorerst nur mit den eindeutig negativen Reaktionen.

ⓘ Die folgenden Schritte sollten mit dem Klienten sehr behutsam und einfühlsam erfolgen. Es kann sonst passieren, daß es zu einem heftigen Zusammenprall mit den als Affirmationen verkleideten Glaubenssätzen und den offenen Glaubenssätzen des Klienten kommt: **A** könnte unter Bezug auf aktuelle

Einschränkende Glaubenssätze

Statistiken sagen, daß jeder Dritte Krebs bekommt, jeder Vierte an Herz-Kreislauf-Versagen stirbt etc., und unbewußt danach trachten, die Statistik zu erfüllen. Sich als **B** auf seine eigenen Glaubenssätze zu berufen führt oft zu Glaubens- und Grabenkriegen und ist wenig produktiv. Hier helfen Hinweise auf andere Statistiken oder praktische Gegenbeispiele (↗Sleight of Mouth).

3 Sortieren der negativ bewerteten Affirmationen

Die Affirmationen, denen gegenüber der Klient bewußt oder unbewußt eine Abwehrhaltung zeigte, können in aller Regel nach drei Kategorien sortiert werden:

a) **Mangelndes Selbstwertgefühl** (Ich verdiene es nicht; mir gelingt es nicht, weil ich ...; an mir ist nichts ...; ich kann nicht ...; ich bin nicht ...)

b) **Mangelndes Beziehungsgefühl** (Niemand hilft mir; meine Umgebung unterstützt mich nicht; mein Partner ist nicht ...; jeder ist sich selbst der Nächste; das Leben ist ein Kampf; beim Sterben ist jeder der erste ...)

c) **Mangelndes Welt- oder Seinsgefühl** (Das Leben hat keinen Sinn; dem Kosmos [Gott] ist es egal, ob ich gesund werde oder nicht; das Leben ist grausam ...)

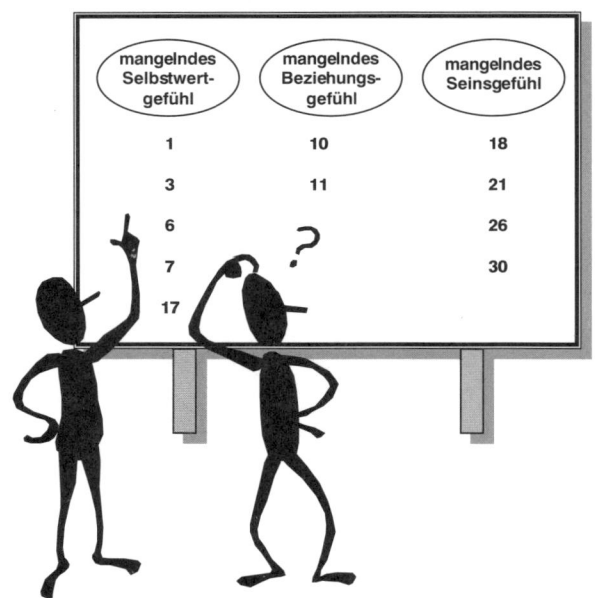

mangelndes Selbstwertgefühl	mangelndes Beziehungsgefühl	mangelndes Seinsgefühl
1	10	18
3	11	21
6		26
7		30
17		

4 Relativieren der einschränkenden Glaubenssätze

Am einfachsten fängt man mit derjenigen Rubrik an zu arbeiten, in die die meisten Affirmationen gefallen sind, auf die der Klient ablehnend oder skeptisch reagiert hat. Man kann jetzt die Methoden zur ERFORSCHUNG DES GLAUBENSRAUMES nehmen, um die Zusammenhänge der Glaubenssätze zu erforschen; der Klient kann aber auch mit den entsprechenden verdichteten (Kern-)Glaubenssätzen:
a) Ich bin nichts wert/nicht würdig (Selbst);
b) ich bin hilflos/niemand hilft mir (Selbst und andere);
c) alles ist aussichtslos/das Leben macht keinen Sinn (System)
weiterarbeiten. **B** kann in dem Zusammenhang eine interessante Entdeckung machen: Wenn **A** z.B. die Affirmation ausspricht: „Ich bin wertvoll" und innerlich oder äußerlich dazu den Kopf schüttelt und dann den entsprechenden negativen Glaubenssatz: „Ich bin nichts wert" artikuliert, wird ein Teil von ihm wahrscheinlich dagegen rebellieren und eine kleine Einschränkung machen: „Im Prinzip halte ich mich zwar für unwürdig, aber ..." Wenn **B** auf diese Differenz stößt, kann er sie sofort utilisieren und damit den – im weitesten Sinn – gesundheitsgefährdenden Glaubenssatz relativieren. Die klassische Vorgehensweise dafür ist das Ressource-Coaching: **B** nimmt den Kern des wie zögerlich auch immer vorgetragenen Einwands und

Einschränkende Glaubenssätze

reichert ihn mit Erfahrungen aus der Vergangenheit des Klienten an („Kannst du dich erinnern, wie du ..., als du ...") oder schließt eine ↗Modeling-Arbeit an.

Eine andere Methode, den Kernglaubenssatz vor seiner spezifischen Transformation erst einmal zu entkräften, ist die Frage nach dem Evidenzkriterium, z.B.: „Woran erkennst du, daß du ein wertloser Mensch bist? – In welchen Situationen erkennst du es?" Da Glaubenssätze meist aus (unbewußt gebliebenen) Erfahrungen generalisiert sind, kann die Antwort auf eine solche Frage die negative Glaubensgewißheit aufweichen, denn mit jeder Antwort wird der Raum für gegenteilige Erfahrungen breiter. Wer ein Kriterium nennt, macht klar, daß er zwischen Erfahrungen, die sein negatives Selbstwertgefühl bestätigen, und solchen, die es nicht tun, unterscheiden kann.

Schließlich kann der Kernglaubenssatz auch mit Hilfe der ↗Submodalitäten relativiert werden. Jeder Glaubenssatz meldet sich in bestimmten Situationen bewußt oder unterschwellig zu Wort. Mit der Methode des ENTMACHTENS KRITISCHER STIMMEN kann diese Stimme geschwächt werden. Vielleicht kommen aus dem Unbewußten auch innere Bilder auf, die den negativen Glaubenssatz verbildlichen. Auch hier kann dann mit Hilfe der visuellen Submodalitäten das Bild geschwächt werden.

5 Spezifische Transformationen

Obwohl im NLP sehr flexible Formate existieren, um einschränkende Glaubenssätze unabhängig von ihrem Typus (Selbst – andere – System) zu bearbeiten, werden im folgenden Formate vorgestellt, die spezifisch, d.h. in Abhängigkeit von dem jeweiligen Typus hinderlicher Glaubenssätze, wirken.

- Negative Glaubenssätze, die mit Einschränkungen im Selbstwertgefühl einhergehen, sind im allgemeinen gute Kandidaten für ein ↗Six-Step-Reframing. Dieses Reframing basiert auf der Annahme, daß es einen Teil in uns gibt, der uns suggeriert, daß wir „nichts taugen", „nichts wert sind" etc. Obwohl das Vorgehen dem klassischen Six-Step-Reframing stark ähnelt, sollen die nötigen Schritte hier in einer Kurzfassung vorgestellt werden:

  I. Kontaktaufnahme (in Trance) mit dem Teil, der uns ein entsprechendes Selbstbild aufnötigt (hier Wertteil genannt).
  II. Elizitieren der guten Absicht: Wovor möchte dich z.B. dieser Teil schützen? Was möchte er verhindern, daß dir Schlimmes geschieht?
  III. Alternativen suchen (lassen), z.B. mit Hilfe des Kreativteils: Welche Glaubenssätze sind produktiver für diesen Zweck?
  IV. Test: Ist der Wertteil mit einer Alternative einverstanden? Wenn ja, den neuen (alternativen) Glaubenssatz stärken, z.B. mit Hilfe des Formats RESSOURCEN SAMMELN UND FOKUSSIEREN oder der Methode SELBSTZWEIFEL TRANSFORMIEREN.
  V. Future-Pace: Woran wirst du merken, daß dein Selbstwertgefühl durch den neuen Glaubenssatz gestärkt wird? In welchen Situationen besonders?

Einschränkende Glaubenssätze

ⓘ Eine Besonderheit gilt es noch zu berücksichtigen: In den Fällen, wo andere, schwächere Teile den negativen Glaubenssatz zwar nicht außer Gefecht setzen, ihn aber in geringem Umfang relativieren konnten, ist vielleicht ein ↗Verhandlungsreframing die bessere Wahl.

- Negative Glaubenssätze, die auf eine eingeschränkte Beziehungsfähigkeit hinweisen (niemand hilft mir/ich bin hilflos/ich bin isoliert), können mit einer Variante des META-MIRROR bearbeitet werden, mit dem Unterschied, daß in der Du-Position jemand steht, von dem sich **A** Hilfe verspricht, die der andere bislang jedoch verweigerte. Noch stärker wirksam ist die Kombination von Meta-Mirror mit einem ↗Re-Imprinting, wo die Ursituation für die blockierte Beziehungsfähigkeit aufgedeckt und geheilt werden kann.

- Die Methode der Wahl bei negativen Glaubenssätzen, die die Stellung des Klienten in der Welt betreffen (Sinnkrisen), ist die ↗Core-Transformation mit der etwas veränderten Schrittfolge:

  I. Rekapitulation: Wo, in welchen Situationen und Kontexten erfährst du, daß das Leben aussichtslos ist, keinen Sinn hat etc. (hier kann auch der konkrete Inhalt des betreffenden negativen Glaubenssatzes stehen)?
  II. Nimm Kontakt auf mit dem Teil, der das Leben verurteilt, Gott negiert, keinen Sinn im Kosmos sieht etc. Vielleicht siehst du jetzt ein inneres Bild, oder der Teil meldet sich mit seiner eigenen Stimme, oder du spürst in deinem Körper die Stelle, wo dieser Teil haust. Signalisiere diesem Teil, daß du ihn so, wie er ist, anerkennst (auch wenn es dir schwerfällt). Frage diesen Teil, was er damit (für dich) bezweckt oder erreichen will.
  III. Zurück an den Ursprung: Frage deinen Wertteil jetzt, was er, wenn dieses erreicht wäre, dann noch Wichtigeres wollen könne. Typischerweise wird recht bald ein Umschlag in eine positive Richtung erfolgen, denn jede Antwort impliziert, daß es etwas gibt, um dessentwillen es sich lohnt, überhaupt etwas zu wollen.
  IV. Die „letzte" Antwort ist in der Regel begleitet vom Erleben einer Synästhesie: Seinsruhe, das Gefühl, seinen inneren Frieden gefunden zu haben, geliebt und gewollt zu werden, okay und geborgen im Ganzen zu sein.
  V. Lade den Wertteil jetzt ein, an diesem Zustand teilzuhaben. Spüre, wie sich der Wertteil anfühlt (wo im Körper), und bitte ihn, dich künftig daran zu erinnern, daß du ... vom Kosmos akzeptiert bist, das Ganze gut ist usw. Laß diesen Teil spüren, daß er für dich eine Art Garantenstellung einnehmen kann.

Teams auf Lernebenen

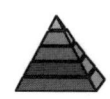

Eignung

☐ Selbstmanagement
☐ Therapie/Coaching
☒ Teamentwicklung

Indikation/Thema

- Eine zusammengewürfelte Gruppe von Menschen macht noch lange kein Team, z.B. eine erfolgreiche Fußballmannschaft. Der Erfolg eines Teams hängt nicht nur von den speziellen Fähigkeiten der Teamplayer ab, sondern vor allem auch von der magischen Fähigkeit des Teams, als Einheit zu fühlen, zu denken und zu handeln. (Im Jazz gibt es dafür einen Ausdruck: in the groove.) Der einzelne geht dabei nicht im Team verloren; vielmehr ist die persönliche Exzellenz die Voraussetzung einer exzellenten Teamleistung. Motivierte Teams verfügen über eine Gruppenintelligenz, die höher ist als die der einzelnen Teammitglieder zusammengenommen.

Zielsetzung

- Entwicklung und Verbesserung der Teamfähigkeiten
- Abbau/Transformation von Gruppenkonflikten
- Gruppenalignment

Anforderungen

☐ leicht
☐ mittel
☒ anspruchsvoll

Zeitbedarf

☐ < 15 Minuten
☐ < 30 Minuten
☒ < 45 Minuten
☐ > 45 Minuten

Teams auf Lernebenen

1 Auslegen der Lernebenen

Die Teammitglieder (zwischen 2 und 7 Personen) legen ihre Lernebenen vor sich auf den Boden, wobei dort, wo die Identitätsebenen aufeinanderstoßen, nur ein gemeinsames Kärtchen ausgelegt wird: ihre Mission.

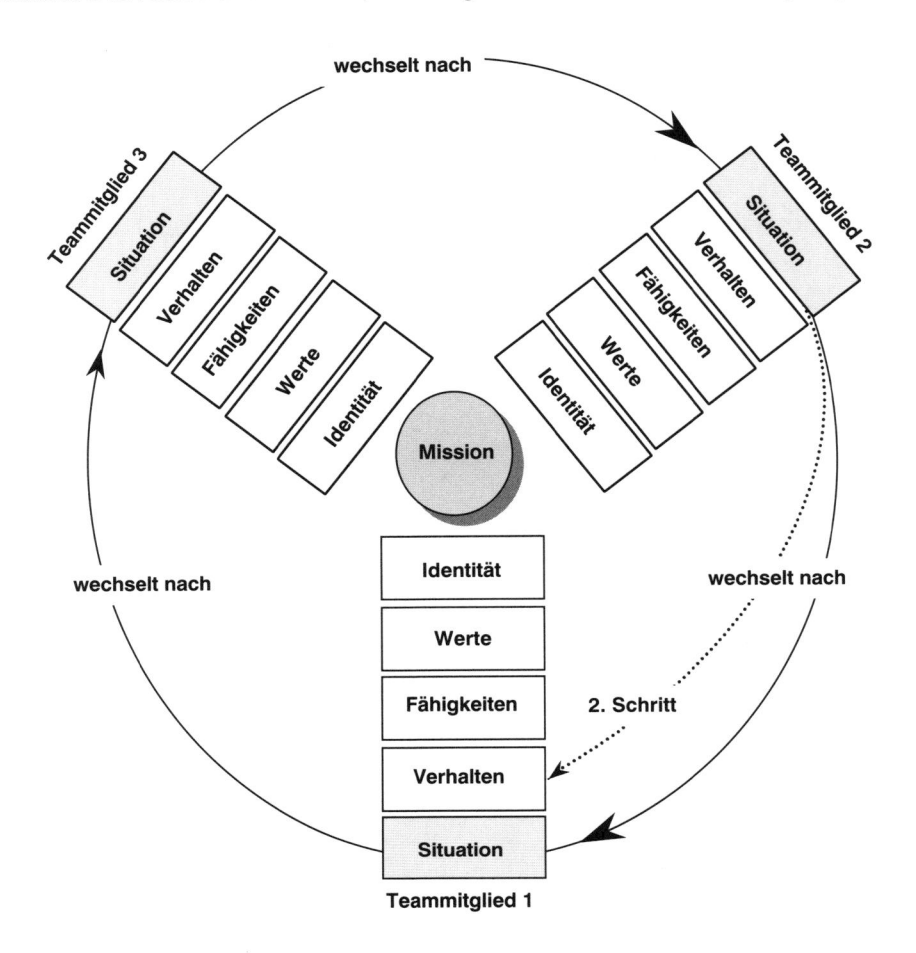

2 Situation

Alle Teammitglieder treten in ihre konkrete Situation ein und beschreiben, wo sie aus ihrer Sicht derzeit stehen; z.B.: „Im Projekt bin ich erst seit drei Wochen dabei, ich finde keine Unterlagen, die anderen erlebe ich als sehr hektisch ..."

- Nachdem alle Teilnehmer ihre Situation reflektiert haben, gehen sie im Uhrzeigersinn weiter, betreten die „Situation" ihres Nachbarn und spüren seiner Situation nach.

3 Verhalten

Nachdem jeder seine wie auch die Situation eines jeden anderen erfahren hat, treten alle einen Schritt vor auf den Bodenanker „Verhalten". Jeder beschreibt nun, wie er sich in dieser Situation, diesem Kontext verhält.

- Nachdem alle Teilnehmer ihr eigenes Verhalten beschrieben haben, gehen sie im Uhrzeigersinn weiter, betreten die Verhaltensebene ihres Nachbarn und spüren seinem Verhalten nach.

Teams auf Lernebenen

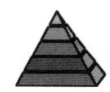

4 Fähigkeiten

Nachdem jeder sein eigenes wie auch das Verhalten eines jeden anderen erfahren hat, treten alle einen Schritt vor in die Fähigkeitsebene. Jeder beschreibt nun, welche Fähigkeiten er in der schon beschriebenen Situation aktiviert und in seinem Verhalten freisetzt.

- Nachdem alle Teilnehmer ihre Fähigkeiten beschrieben haben, gehen sie im Uhrzeigersinn weiter, betreten die Fähigkeitsebene ihres Nachbarn und spüren seinen Fähigkeiten nach.

5 Werte und Glaubenssätze

Nachdem alle eingebrachten Fähigkeiten erkundet wurden, treten alle einen Schritt vor in die Ebene der Werte und Glaubenssätze. Jeder beschreibt nun, welche Werte sein Verhalten bestimmen und welche Glaubenssätze hinter seinem Einsatz stehen: Was motiviert ihn, so und nicht anders zu handeln? Was glaubt er, empfindet er dabei?

- Nachdem alle Teilnehmer ihre Werthaltungen beschrieben haben, gehen sie im Uhrzeigersinn weiter und lernen die Werte und Glaubenssätze ihres Nachbarn kennen.

6 Identität

Nachdem alle von den Teilnehmern eingebrachten Wertvorstellungen erkundet wurden, treten alle einen Schritt vor in die Identitätsebene. Jeder beschreibt nun, in welcher Rolle er sich in der Situation sieht und fühlt (z.B. als Planer, als Erkunder, als Vermittler, als Assistent, als Führer, als Qualitätssicherer usw.). Was glaubt jeder von sich? Welchen Teil seiner Persönlichkeit lebt er in dem schon beschriebenen Kontext aus?

- Nachdem alle Teilnehmer ihre Rollenidentität beschrieben haben, gehen sie im Uhrzeigersinn weiter und spüren der Identität ihres jeweiligen Nachbarn nach.

7 Entdecken der gemeinsamen Mission

Mit jedem Schritt nähern sich die Teilnehmer einander an, sowohl räumlich wie auch mental. Den letzten Schritt tun alle gemeinsam. Sie betreten die Ebene ihrer gemeinsamen Mission und spüren, was sich schon verändert hat. Wer will, kann den anderen beschreiben, was er auf dieser letzten Stufe jetzt empfindet. Die Teammitglieder lassen diesen Zustand noch eine Weile auf sich wirken und nehmen diesen Zustand mit, indem jeder langsam und in seinem eigenen Tempo die Ebenen wieder zurückschreitet.

8 Teamfeedback

Die Teammitglieder tauschen sich jetzt aus und verabreden im neuen Geist, was sie in der Zukunft gemeinsam machen und vor allem – wie sie es machen werden.

Glossar

ALIGNMENT – innere Kongruenz (auf den ↗Logischen Ebenen)

ALS OB – so zu tun, als ob etwas wirklich wäre, ist eine nützliche Methode zur Mobilisierung unbewußter Kräfte und Ressourcen; wird im NLP besonders bei der Zieldefinition (↗S.M.A.R.T.) verwandt

AMBIGUITÄT – Mehrdeutigkeit; wichtiges Instrument bei einer Trance-Induktion (durch Desorientierung)

ANCHOR – stacking anchors (Anker stapeln), collapsing anchors (Anker verschmelzen), sliding anchors (gleitende Anker)

ANKERN – die Verknüpfung eines Reizes (z.B. Berühren an der Schulter) mit einer Stimmung (z.B. Freude), um durch Auslösen des Ankers einen erneuten Zugang zum Erleben zu bekommen

AUDITIV – das Hören betreffend, ↗Submodalitäten

ASSOZIATION – interne Wahrnehmungsposition des „Mit-den-eigenen-Augen-Sehens"

AUGENBEWEGUNGEN – spiegeln die Art und Weise wider, wie wir aus Beobachtersicht Informationen abrufen und verarbeiten

AUSPACKEN – ↗Strategie

AXIOME DES NLP – Grundannahmen bzw. Glaubenssätze, die im NLP nicht bewiesen, aber als Leitlinie und Orientierungsrahmen für die Arbeit mit Klienten vorausgesetzt werden. Bekannte Glaubenssätze: „Die Landkarte ist nicht das Territorium"; „Hinter jedem Verhalten gibt es eine gute Absicht"; „Jeder hat prinzipiell alle Ressourcen für die Veränderungen, die er wünscht."

B.A.G.E.L. – abgekürzt für **B**ody posture (Körperhaltung), **A**ccessing cues (Zugangshinweise wie Atmung, Gesichtsausdruck, Stimmlage und Sprechtempo), **G**estures (Gesten), **E**ye movements (Augenbewegungen) und **L**anguage Patterns (Sprachmuster); ein Modell zur Beschreibung physiologischer Prozesse

BEDEUTUNGSREFRAMING – Umdeuten eines negativen in einen positiven Sachverhalt (oder auch umgekehrt), ↗Reframing

BEEINFLUSSUNG – ↗Manipulation

BELIEF – ↗Glaubenssätze

CHANGE HISTORY – Verändern der persönlichen Lebensgeschichte „rückwärts" mit Hilfe von in die Vergangenheitssituation eingebrachten ↗Ressourcen

CHUNK, CHUNKING – das Organisieren oder Aufteilen einer Erfahrung (eines Glaubenssatzes ...) in größere oder kleinere Stücke (Chunks). Beim Chunking Up geht man auf eine höhere, abstraktere Informationsebene. Beim Chunking Down geht man auf eine spezifischere und konkretere Informationsebene. Beim lateralen Chunking sucht man nach weiteren Beispielen auf der gleichen Ebene.

COMPLEX EQUIVALENCE – Erkennungsmerkmal, komplexer Schlüsselreiz für meist verdeckt ablaufende Reiz-Reaktions-Muster, ↗Kalibrierte Schleife

Core-Transformation – von Connirae und Tamara Andreas entwickelte ↗Reframingvariante, die davon ausgeht, daß das systematische Hinterfragen eines unangemessenen Verhaltens (und der im Hintergrund vorhandenen „guten Absicht" des verursachenden Teils) beim Klienten den Zugang zu den fünf Core-Zuständen ermöglicht:
- Ruhe im Sein
- Innerer Friede
- Liebe
- Okay-Sein
- Einssein.

Desired State – Wunschzustand, ↗State

Dissoziation – externe Wahrnehmungsposition des „Sich-von-außen-Sehens", z.B. sich im Spiegel beim Rasieren zusehen

Downtime – alle Inputkanäle (Repräsentationssysteme) sind nach innen fokussiert, so daß für das Außen keine Aufmerksamkeit bleibt; Ggs.: ↗Uptime

Einwände – ↗Ökologie-Check

Elizitieren – Vorgehensweise, um z.B. die ↗Submodalitäten abzufragen

External – äußerlich

Eye Accessing Cues – ↗Augen(zugangs)bewegungen

Failure into Feedback – von R. Dilts entwickeltes Verfahren, um aus Fehlschlägen eine Lernerfahrung (Rückmeldung, um es besser zu machen) zu gewinnen .

Fast Phobia Cure – ↗VK-Dissoziation

Feedback – Rückmeldung z.B. über das eigene Verhalten, die gesendete Botschaft; essentiell für den Erfolg von Lernprozessen

Flexibilität – eine der Grundfähigkeiten, die NLP vermitteln will: Flexibilität schafft Wahlmöglichkeiten, und je mehr Wahlmöglichkeiten jemand hat, desto größer ist die Chance, daß er seine Ziele erreicht

Fluff – warme Luft, inhaltsleere Äußerungen, die ein gutes Klima (↗Rapport) begünstigen und für Trance-Induktionen genutzt werden können

Frame – Rahmen, in dem ein Signal, eine Kommunikation, eine spezifische Bedeutung erhält, ↗Reframing

Future-Pace – eine gefundene Problemlösung an einem imaginären Fall in die Zukunft projizieren, um sicherzustellen, daß sie funktioniert

Fuzzy Functions – Unscharfe Funktionen, z.B. Gedankenlosen („Ich sehe, du magst mich nicht") oder verzerrte Ursache-Wirkungs-Verkettung („Sie macht mich wahnsinnig")

Gedankenlesen – Wahrnehmungsfilter, auf dem die Verwechslung von Interpretation und Wahrnehmung beruht, ↗Meta-Modell

Geheimtherapie – NLP arbeitet nicht inhalts-, sondern prozeßorientiert. Es ist deshalb bei vielen Problemen von Klienten möglich, sich als Therapeut nur auf die Strategien und mentalen Verarbeitungsprozesse einzulassen, während die

Probleminhalte nicht zur Sprache kommen. Dadurch gerät der Therapeut auch nicht in Gefahr, mit dem Wertesystem seines Klienten in Konflikt zu kommen oder unfreiwillig „gute Ratschläge" geben zu wollen.

GENERALISIEREN – individuelle Erfahrungen auf eine höhere, abstrakte Ebene projizieren; wird beispielsweise die Aussage „X mag mich nicht" zu der Aussage „Alle Menschen mögen mich nicht" generalisiert, führt diese Operation zu einer Verarmung und Reduktion des Erfahrungshorizontes des Betreffenden, ↗Meta-Modell

GLAUBENSSÄTZE – bestimmen auf übergeordneter (↗Logischer) Ebene die Verhaltensweisen und Strategien einer Person, z.B. auch ihr Verhältnis zu Krankheit und Gesundheit. Einschränkende Glaubenssätze nach Robert Dilts sind:
- Hilflosigkeit: „Ich kann es nicht"
- Hoffnungslosigkeit: „Es ist aussichtslos"
- Wertlosigkeit: „Ich bin es nicht wert/verdiene es nicht"

GUSTATORISCH – das Schmecken betreffend, ↗Submodalitäten

GUTE ABSICHT – ein wichtiges Axiom der NLP-Grundannahmen: Jedes Verhalten, so bizarr, unverständlich und (selbst)schädigend es auch immer ist, verweist – mindestens für die betreffende Person (und in 2. Instanz für den Kommunikationskontext) – auf eine im Hintergrund liegende „gute Absicht". Durch diese Vorannahme ist es möglich, auf ökologische Weise Handlungsalternativen zu suchen, die diese gute Absicht besser als das alte Verhalten verwirklichen.

HALLUZINIEREN – etwas als wirklich annehmen ohne entsprechende Referenzobjekte; generell nützlich für das Visualisieren von Zielen

HYPNOSE – ↗Milton-Modell

IDENTITÄT – als Selbst erlebte innere Einheit der Person, eine der ↗Logischen Ebenen

IDEOMOTORISCHE BEWEGUNGEN – unbewußte Körperbewegungen, z.B. Lidflattern

IMPRINT – Urprogramm, Schlüsselerfahrung, Prägung in der Vergangenheit, die unbewußt gegenwärtige Handlungen steuert, ↗Re-Imprinting

INKORPORIEREN – äußere Reize bzw. Phänomene in das innere Erleben einbauen, z.B. im Zustand der Trance

INNERE LANDKARTE – Metapher für die Art und Weise, wie Menschen Informationen zu ihrem Modell der Welt zusammenbauen, ↗Meta-Modell

INNERER BERATER – spiritueller Führer oder Persönlichkeitsteil mit stark unterstützender Funktion; innere Ressourceperson

INNERER DIALOG – Vergegenwärtigung der inneren Welt; jeder Mensch redet, auch ohne daß er es merkt, fast pausenlos mit sich selbst. Ausnahmen sind meditative Zustände; Hinweise darauf, ob innerer Dialog stattfindet, geben die ↗Augenbewegungen

INSTALLATION – das Einrichten einer neuen, effizienteren Strategie, z.B. durch ↗Ankern, ↗Future Pacing etc.

INTEGRATION VON GLAUBENSSÄTZEN – eine von R. Dilts entwickelte Methode, um einander widersprechende Glaubenssätze, die für widersprüchliches, wachstumsfeindliches Verhalten verantwortlich sind, im Bewußtsein zusammenzuführen (Auflösen von „double binds")

INTENTION – ↗Gute Absicht

INTERNAL – innerlich

INTERVENTION – therapeutisches Eingreifen

IN TIME – ein Teil der Vergangenheit, Gegenwart oder Zukunft befindet sich entweder innerhalb oder hinter der Person; Gegensatz ↗Through Time; vgl. ↗Time-Line

KALIBRIEREN – sich durch genaues Beobachten auf die ↗Physiologie und Reaktion seines Gegenübers einstellen, um festzustellen, welche äußeren Reaktionen welches innere Erleben widerspiegeln

KALIBRIERTE SCHLEIFE – konditioniertes Verhaltensmuster zwischen Personen, das meist unbewußt abläuft (z.B. durch Reizworte getriggert)

KERNINTENTION – Begriff aus dem ↗Core-Transformation-Process nach Connirae & Tamara Andreas (dt. *Der Weg zur inneren Quelle.* Junfermann 1995). Zur Kernintention stößt man vor mit der Frage: Wenn du (gemeint ist ein Persönlichkeitsteil) das erreicht hast, was du willst, was willst du damit eigentlich – was ist noch wichtiger? Am Ende dieser Kette steht dann ein Zustand, wo nichts anderes mehr zu erreichen ist – ein spiritueller oder Seinszustand (wie Harmonie, innerer Friede, Geborgenheit etc.). Von der Methodik her gehört dieses Format zu den ↗Reframings.

KINÄSTHETISCH – das Fühlen betreffend, im NLP das gesamte Spektrum der äußeren und inneren Körperempfindungen sowie die Befindlichkeit oder Stimmung, ↗Submodalitäten

KONGRUENZ, KONGRUENT – Zustand des mit sich selbst Übereinstimmens (Verhalten, Strategien, Glaubenssätze); eine wichtige Voraussetzung für Glaubwürdigkeit und Effizienz

KONTEXTREFRAMING – Vorgehensweise, bei der ein unerwünschter oder negativ empfundener Sachverhalt in einen neuen, positiven Zusammenhang gestellt wird, ↗Reframing

KONTEXTUALISIERUNG – Überprüfen, ob die Reaktion/Physiologie situationsgerecht ist

LEADING – Führen: den anderen im Zustand des ↗Rapports zu einer anderen inneren Haltung oder Verhaltensweise bewegen

LEITSYSTEM – Sinneskanal, über den jemand interne Informationen abruft; vgl. ↗Repräsentationssystem

LOGISCHE EBENEN – ein auf Russell und Whitehead zurückgehendes, von Bateson aufgegriffenes und von R. Dilts weiterentwickeltes Konzept des Lernens, Verhaltens und Verstehens; jede übergeordnete Ebene organisiert die Informationen der jeweils darunterliegenden Ebene – logisch wie neurologisch

MANIPULATION – bisweilen geäußerter Vorbehalt gegenüber ↗NLP, andere gegen ihren Willen zu ihren Ungunsten zu beeinflussen. Nach dem Selbstverständnis seiner Entwickler geht es im NLP aber um positive *Manipulation*, d.h. so flexibel zu kommunizieren, daß man von seinem Gegenüber die gewünschte Reaktion erhält. Deshalb heißt es bei Bandler sinngemäß auch: *Man kann nicht nicht manipulieren;* jede Kommunikation ist eine – mehr oder weniger gut gelingende – Beeinflussung des anderen im Sinne gegenseitigen Verstehens.

MATCHEN – den Ausdruck einer anderen Person, ihren Stil, ihre Ausdrucksweise bewußt treffen, um ↗Rapport herzustellen

METAEBENE – logisch übergeordnete Ebene, wo nicht mehr der Inhalt, sondern die Struktur und der Prozeß betrachtet wird

META-MIRROR – eine von R. Dilts entwickelte Problemlösungstechnik, die auf dem Wechsel von ↗Wahrnehmungspositionen und Perspektiven beruht. Diese Technik läßt sich immer dann mit Gewinn anwenden, wenn das Problem durch eine persönliche Konfliktsituation (Streit/Kommunikationsprobleme mit einer anderen Person) entstanden ist. Dadurch, daß der Betreffende abwechselnd in die eigenen und in die Schuhe des anderen schlüpft, sich selbst und den anderen von außen beobachtet, gewinnt er die mentale Flexibilität für andere Verhaltens- und Kommunikationsweisen.

META-MODELL – ein auf der Transformationslinguistik basierendes, von Bandler und Grinder entwickeltes Konzept, das auf einer therapeutisch relevanten Unterscheidung von Oberflächen- und Tiefenstruktur der Sprache basiert. Anhand sprachlicher Muster und Ausdrucksformen in der Oberflächenstruktur der Sprache können typische Einschränkungen in der Wahrnehmungs- und Erlebniswelt des Klienten entdeckt und aufgehoben werden.

METAPOSITION – ↗Wahrnehmungspositionen

METAPHER – bildhafter Ausdruck, in dem das Bezeichnende (z.B. das Haupt der Familie) in keinem inhaltlichen Bezug zum Bezeichneten (dem Vater) steht; mit metaphorischen Sprachmustern (Geschichten-Erzählen) wird bevorzugt im ↗Milton-Modell gearbeitet

METAPROGRAMM – Steuerprogramm; logisch übergeordnetes Programm, das unser konkretes Verhalten steuert; enthält die Konstruktionsprinzipien, nach denen wir unsere Strategien aufbauen

MILTON-MODELL – nach einem der bekanntesten Hypno-Therapeuten (Milton Erickson) von Bandler u.a. entwickeltes Verfahren zur Trancearbeit. ↗Meta-Modell und Milton-Modell verhalten sich dabei wie zwei Seiten ein und derselben Medaille. Das Milton-Modell ermöglicht es, in der Veränderungsarbeit mit anderen bewußt vage und unbestimmt zu bleiben. Dadurch bringt man den Zuhörer dazu, die Leerstellen bewußt oder unbewußt mit inneren Erlebnisinhalten aufzufüllen.

MIXED-STATE-KOMMUNIKATION – eine Möglichkeit der Trance-Induktion, bei der keine aufwendige einleitende Trancearbeit erforderlich ist: Der Therapeut richtet seinen Blick etwa fünf Zentimeter hinter die Augen seines Klienten und spricht direkt sein Unbewußtes an: „Du, Peters Unbewußtes, kannst ja nur darüber lachen, wie Peter die ganze Zeit ... tut. Und ich glaube, wir müssen einige Dinge ändern, oder?" Der Klient respektive das Unbewußte des Klienten wird nicken, und man hat die Kommunikation mit dem Unbewußten des Klienten sehr schnell etabliert.

MODELLIEREN – Verfahren im NLP, um erfolgreiche Strategien und Verhaltensmuster anderer für die eigene Arbeit nutzen zu können. Das Ergebnis besteht darin, es fortan so machen zu können wie der Modellierte; wichtig zum Aufbau von Ressourcen.

MOMENT OF EXCELLENCE – einer derjenigen Momente im Leben eines Menschen, die er als besonders großartig und kraftvoll erlebt(e); auf ein solches Erleben wird im NLP immer dann zurückgegriffen, wenn für den Klienten Ressourcen mobilisiert werden müssen

MULTIMIND – neues, modulares Gehirnmodell, das auf den Arbeiten von M.S. Gazzaniga (*Das erkennende Gehirn. Entdeckungen in den Netzwerken des Geistes.* Paderborn 1989) und R. Ornstein (*Multimind. Ein neues Modell des menschlichen Geistes.* Paderborn 1989) basiert. Der Hauptaspekt beruht auf einem structural-hierarchischen Verständnis des Gehirns: Es gibt keinen „Geist", keinen übergeordneten Koordinator, sondern eine situations- und kontextspezifische Aktivierung von Gehirnteilen, den „Talenten" oder „kleinen Geistern".

NLP – abgekürzt für **N**euro (alle Verhaltensweisen und Wahrnehmungen werden im Gehirn durch neuronale Verschaltungen repräsentiert), **L**inguistisches (wir können mittels Sprache darüber kommunizieren) **P**rogrammieren (wir können diese Verschaltungen – wiederum mittels Sprache – umprogrammieren und so Veränderungen im Verhalten und in unseren Wertmaßstäben erreichen)

NOMINALISIERUNG – ↗Verzerrung

NONVERBAL – der nichtsprachliche oder körperliche Ausdruck einer Kommunikation oder eines Verhaltens

OBERFLÄCHENSTRUKTUR – ↗Meta-Modell

ÖKOLOGISCH, ÖKOLOGIE-CHECK – Verfahren, das sicherstellt, daß die gewünschten Änderungen im Verhalten oder in den Glaubenssätzen mit unserer gesamten Lebenssituation verträglich sind. Im Öko-Check werden Einwände gegen geplante Veränderungen behandelt. In einem ↗Reframing können Einwände als verdeckt formulierte positive Absichten verstanden werden.

OLFAKTORISCH – das Riechen betreffend, ↗Submodalitäten

OVERLAPPING – Überlappen: eine wichtige Variante des Pacens und Leadens, bei der man zunächst im bevorzugten Repräsentationssystem des Klienten „einsteigt" und dann in die anderen Systeme überwechselt. Der Wechsel geschieht an Schnittpunkten, wo ein Repräsentationssystem fließend in ein anderes überwechseln kann („das Rauschen der Blätter hören – sehen – spüren").

PACEN – Spiegeln, ein Verfahren, um bewußt ↗Rapport herzustellen, indem man sich sprachlich oder nichtsprachlich dem Ausdruck, der Verhaltensweise einer anderen Person angleicht, ohne sie direkt zu imitieren

PARTS PARTY – Technik (Ritual) zur Integration unterschiedlicher, evtl. konfligierender Persönlichkeitsteile; ursprünglich von Virginia Satir entwickelt, wird es im NLP bevorzugt beim ↗Reframing eingesetzt

PENETRANCE – ein von Thies Stahl entwickeltes Interventionsmuster (Modell), um Veränderungsziele bei Klienten klar definieren und umsetzen zu können

PERIPHERER BLICK – defokussierte Augenbewegung, um in einem breiten (weichen) Sehfeld gut die Physiologien anderer beobachten zu können; gut für unauffälliges Beobachten

PHOBIETECHNIK – ↗VK-Dissoziation

PHYSIOLOGIE – sinnlich wahrnehmbare Zustände (↗B.A.G.E.L.) im Verhalten eines Menschen. Grundlegende Zustände sind: Problemphysiologie (z.B. blasse Hautfarbe, asymmetrische Haltung, Blick nach links unten), Versöhnungsphysiologie (der Betreffende kann sein Problem würdigen) und Zielphysiologie (der Betreffende stellt sich vor, wie es ist, das Problem gelöst zu haben).

PHYSIOLOGIE-CHECK – genaues Beobachten der Physiologie eines Klienten vor, während und nach einer Intervention zur Feststellung seines jeweiligen inneren Zustands

PLATFORM-SKILLS – Präsentationsfähigkeiten

POSITION – ↗Wahrnehmungspositionen

POSITIVE ABSICHT – einer der zentralen Glaubenssätze des NLP: Hinter jedem Verhalten kann eine nicht notwendigerweise auch realisierte Absicht stecken, die im Lebenshorizont des Betreffenden als eigentlich sinnvoll und vital begriffen werden kann.

PROGRAMM – (Verhaltens-)Muster, die aus einer Interaktion von Gehirn, Sprache und Körper resultieren

RAPPORT – miteinander in Kontakt kommen: eine der zentralen Voraussetzungen für die erfolgreiche NLP-Arbeit mit Klienten. Rapport kann z.B. durch ↗Pacen hergestellt werden.

Reframing – Umdeuten: eine der bekanntesten Problemlösungstechniken im NLP. Reframings sind der Versuch, auf einer logisch übergeordneten Ebene (Metaebene) den Klienten zu einer kreativen Veränderung seiner Situation anzustiften. Grob lassen sich alle Reframings in inhaltliche ↗Bedeutungsreframings, ↗Kontextreframings und inhaltsfreie (strukturelle) Reframings wie z.B. das ↗Six-Step-Reframing oder das ↗Verhandlungsmodell unterteilen.

Re-Imprinting – Vorgehensweise im NLP, um – aus Sicht des Klienten – unangenehme, schmerzhafte Vergangenheitserlebnisse (Prägungen) rückgängig zu machen. Prägungen finden auf unterschiedlichen (biologisch, soziale Umwelt, Glauben und Werte) Ebenen statt. Eine Prägung kann sich zum Beispiel ausdrücken in dem Satz: „Ich bin ein dummer Mensch." Im NLP kann man jetzt auf der ↗Metaebene mit dem Klienten arbeiten, um ihn die Fragen klären zu lassen: „Wodurch bin ich so geworden, wie ich bin?" und: „Kann ich mich auch anders/besser sehen?"

Repräsentationssystem – interne Erfahrung, die auf einem bestimmten Sinneskanal bewußt wahrgenommen wird, ↗Submodalitäten

Requisite Variety (Law of) – Gesetz aus der Kybernetik: in einem komplexen, interaktiven System hat das Element mit der größten Verhaltensvariabilität letzten Endes die Kontrolle über das Gesamtsystem – ein Hinweis darauf, daß es besser ist, mehr Wahlmöglichkeiten zu haben als weniger (Gesetz der erforderlichen Vielfalt)

Ressourcen – Möglichkeiten oder Kraftquellen, die eine Person mobilisieren und sich zugänglich machen kann, um Ziele zu erreichen; nach ↗NLP trägt jeder prinzipiell alle Ressourcen, die er zu seinem persönlichen Wachstum braucht, schon in sich – es kommt nur darauf an, sie zu aktivieren („mit seinen Pfunden zu wuchern")

R.O.L.E. – die Abkürzung für **R**epräsentationssystem, **O**rientierung, **L**inks (Verbindungen) und **E**ffect. Mit Hilfe dieses Modells ist es möglich, die wichtigsten Elemente des strategischen Denkens/Verhaltens zu erfassen. Die Elemente, mit denen eine Strategie notiert wird, sind:
ex = external; i = internal; Ve = visuell erinnert; Vk = visuell konstruiert; Ad = auditiv digital; Ae = auditiv erinnert; Ak = auditiv konstruiert; K = kinästhetisch; EXIT = Abschluß einer Strategie; → kongruente Reaktion.
Beispiel für die Notation einer Strategie:
$Vex → Ve → Ki$
(z.B. für: „Wenn ich das so sehe und mich erinnere, wie es einmal ausgesehen hat, dann fühle ich mich wohl.")

Satir-Kategorien – auf die Familientherapeutin Virginia Satir zurückgehende Reaktionsmuster (z.B. Beschwichtigungsformeln: „Ich bin nur hier, um dich glücklich zu sehen"), die eine Person mit gering ausgeprägtem Selbstwertgefühl in der Kommunikation mit anderen benutzt, um einer drohenden Ablehnung zu entgehen

S.C.O.R.E. – steht für **S**ymptoms, **C**auses, **O**utcomes, **R**esources und **E**ffects und ist wie ↗S.O.A.R ein Problemlösungsmodell, das die Schritte umfaßt: Problemaspekte (**S**) beschreiben, Gründe dafür (**C**) finden; gewünschten Zustand (**O**), der statt dessen erreicht werden soll, definieren; Ressourcen (**R**), die für die Zielerreichung genutzt werden können, aktivieren und längerfristige Auswirkungen (**E**) berücksichtigen

Sekundärer Gewinn – unbewußte Vorteile eines Problemverhaltens, kann im Teile-Modell des NLP gut bearbeitet werden (↗Reframing)

Separator – unerwartetes Signal, plötzlicher Reiz, der ein Kommunikationsmuster oder einen physiologischen Zustand gezielt unterbricht

Six-Step-Reframing – strukturelle, inhaltsfreie Form des ↗Reframings in sechs Schritten:
1. Problemverhalten bestimmen; 2. Kommunikation mit dem ↗Teil erstellen, der für das Problem verantwortlich ist; 3. positive Funktion des Problemverhaltens erkennen, würdigen; 4. im Kontakt mit dem eigenen kreativen Teil eine andere Lösung suchen und abstimmen; 5. mögliche Einwände berücksichtigen (↗Öko-Check); 6. Verantwortung übernehmen für die Zukunft (↗Future-Pace)

Sleight of Mouth – sprachlicher Kunstgriff, bei der eine Aussage, z.B. ein Glaubenssatz eines Klienten, durch eine andere Kontextualisierung, eine Begriffsverschiebung, ein Chunking (up or down) oder durch das Einordnen in eine andere Kriterienhierarchie relativiert bzw. subtil verändert wird

S.M.A.R.T. – steht für **S**innesspezifisch, **M**eßbar, **A**ls ob/attraktiv, **R**ealistisch, **T**erminiert und ist ein Modell für die angemessene Formulierung von ↗Zielen

S.O.A.R. – steht für **S**tate, **O**perator **A**nd **R**esult; Beschreibungsmodell, das ↗Logische Ebenen, ↗Wahrnehmungspositionen und Zeitline (↗Time-Line) umfaßt

Sorting, Sorting Styles – Verfahren, um Informationen einzuordnen bzw. zu reorganisieren; Sorting Styles sind die Mechanismen oder Kriterien (Filter), nach denen diese Daten in einer bestimmten Reihenfolge oder Rangfolge sortiert und abgelegt werden, ↗Metaprogramme

Squash, Visueller S. – vereinfachtes, dem ↗Verhandlungsreframing ähnelndes Verfahren, um auf symbolische Weise konfligierende Werte oder Glaubenssätze zu integrieren: z.B. durch Visualisieren der konfligierenden Teile in den beiden Handflächen und ihrem abschließenden – synergetischen – Zusammenführen

Strategie – spezifisches, regelbasiertes Vorgehen/Verhalten, ↗R.O.L.E.

State – Zustand, ↗Physiologie

Strukturelle Äquivalenz – Analogie zwischen dem Problemlösungsprozeß eines Klienten und der Ablauflogik einer Metapher bzw. Lehrgeschichte

Stuck State – Zustand des Blockiertseins, dem anderen fällt „absolut" nichts mehr ein, der Zugang zu den eigenen Ressourcen ist blockiert, ↗Physiologie

Submodalitäten – Art und Weise, wie sinnesspezifische Eindrücke repräsentiert/klassifiziert werden können. Die Submodalitäten werden durch Fragen elizitiert: „Was siehst du? Ist es nah oder fern? Welche Farbe? ..."

Swish – Vorgehensweise, mit der sehr schnell Verhaltensänderungen herbeigeführt werden können: ein unangenehmes oder problematisches Verhalten wird durch Submodalitäten konkretisiert, d.h. meistens an ein Bild gebunden und dann durch ein anderes, positiveres Bild ersetzt; der Wechsel zwischen Auslösebild und Zielbild erfolgt durch ein schnelles Übereinanderblenden, wobei das Auslösebild kleiner und dunkler wird und im Zielbild verschwindet.

Synästhesie – das Zusammenstimmen von unterschiedlichen Sinneseindrücken, z.B. Klänge sehen, Töne empfinden ...

Teile – im NLP gebrauchte Metapher, um diejenigen Verhaltensweisen oder Programme ansprechen zu können, die für das Problem eines Menschen verantwortlich sind; z.B. gibt es einen kreativen Teil, der uns Lösungen finden läßt

Through Time – die individuelle Zeitlinie mit Vergangenheit, Gegenwart und Zukunft befindet sich im Gesichtsfeld der Person; Gegensatz: ↗In Time; vgl. ↗Time-Line

Tiefenstruktur – ↗Meta-Modell

Tilgen – ein Prozeß, in dem die Welt gefiltert oder selektiv wahrgenommen wird; typisch für eine Tilgung ist der Satz: „Ich fürchte mich"; in diesem Satz ist das Objekt (das Wovor) getilgt. Mit der Tilgung gehen Einschränkungen im Verhaltensrepertoire des Klienten einher, die durch sprachliche Rekonstruktion (Therapeut: „Sie fürchten sich wovor?") aufgehoben werden können, ↗Meta-Modell

Time-Line – Zeitlinie, gemeint ist die innere Repräsentation der Lebenszeit eines Menschen: so wie der Betreffende seine Zeit sieht, z.B. die Zukunft nach rechts vorn verlaufend, die Vergangenheit nach links hinten. Die Zeitlinie wird in der therapeutischen Situation benutzt, um mit dem Klienten diejenigen Punkte in der Vergangenheit abzuschreiten, die für das Problemverhalten ursächlich waren.

T.O.T.E. – steht für die Versuch- und Irrtum-Schleife „**T**est-**O**perate-**T**est-**E**xit"; sie ermöglicht forcierte Lernerfahrung

Trance – Zustand der nach innen gerichteten Aufmerksamkeit (Alpha-Zustand), ↗Milton-Modell

Transderivationale Suche – der Prozeß des Durchsuchens der gespeicherten Erinnerungen und geistigen Repräsentationen, um die Referenzerfahrung zu finden, aus der ein derzeitiges Verhalten oder eine Reaktion entstanden ist. Die transderivationale Suche wird durch eine Kommunikationsweise angeregt, die den Zuhörer dazu bringt, einen zusätzlichen Bedeutungszusammenhang mit dem Gehörten zu generieren, um ihm (mehr) Sinn zu geben; z.B. veranlaßt der Satz: „*Menschen* [welche? ich?] *können lernen, viel mehr Freude* [als gegenwärtig? als ich zur Zeit?] *zu empfinden*" den Empfänger dazu, die unvollständige Oberflächenstruktur bewußt oder unbewußt in bezug auf seine eigene Erfahrung zu ergänzen

Trigger – Auslöser für ein bestimmtes Verhalten oder Programm

Unbewusstes – eine Vorannahme (Modell) im NLP für diejenigen physischen und geistigen Prozesse im Leben eines Menschen, auf die er keinen oder nur sehr eingeschränkten Zugriff hat. Der Nutzen dieses Modells besteht darin, den Glauben des Klienten an die Macht, Kreativität und Hilfe des Unbewußten so weit zu stärken, daß er damit die für ihn notwendigen Veränderungsschritte einleiten kann, z.B. in ↗Reframings

Unscharfe Funktionen – ↗Fuzzy Functions

Uptime – Befindlichkeit im Jetzt-Zustand mit allen Repräsentationssystemen. Ggs.: ↗Downtime

Utilisieren – sich etwas zunutze machen (z.B. den „Widerstand" eines Klienten), um die gewünschte Veränderung herbeizuführen

VAKOG – Kurzbezeichnung für das verfügbare Ensemble an ↗Repräsentationssystemen (**V**isuell-**A**uditiv-**K**inästhetisch-**O**lfaktorisch-**G**ustatorisch)

Verzerren – Verarmungsstrategie, bei der fortlaufende Prozesse als Ereignisse repräsentiert werden, z.B. durch Nominalisierung eines Prozeßwortes wie *Entscheidung*: „Ich fürchte mich vor meiner Entscheidung." Ein verzerrtes Modell kann durch Nachfragen, z.B.: „Wie haben Sie es gemacht, sich so und nicht anders zu entscheiden?", korrigiert werden. Eine Nominalisierung wird durch die Frage: „Kann man es in eine Schubkarre tun?" (Bandler) entdeckt.

Verhandlungsmodell – zählt zu den inhaltsfreien ↗Reframings und wird dann angewendet, wenn beim Klienten zwei oder mehr ↗Teile konfligieren und dadurch beim Klienten ein Problemverhalten induzieren. Unter Mithilfe des Beraters oder Therapeuten geht der Klient in Trance (↗Milton-Modell) und „verhandelt" dort mit seinen, am Problemverhalten beteiligten Persönlichkeitsteilen.

VK-Dissoziation – auch Phobietechnik genannt; durch eine Entkopplung von Gefühlen und den anderen, z.B. visuellen Sinneswahrnehmungen durch ↗Dissoziation können unangenehme oder unangemessene Gefühlsreaktionen „entstreßt" werden

Visuell – das Sehen betreffend, ↗Submodalitäten

Wahrnehmungspositionen – Standpunkt oder Sichtweise auf ein Problem. Die erste Position nimmt jemand ein, der die Welt assoziiert, d.h. aus seiner eigenen Brille sieht und erlebt. In die zweite Position versetzt er sich in dem Moment, wo er sich selbst mit den Augen eines beteiligten anderen sieht. In der dritten Position erlebt sich der Betreffende, wenn er von außen (dissoziiert), d.h. mit den Augen eines unbeteiligten Dritten, sich und den beteiligten anderen wahrnimmt. Die Metaposition geht noch einen Schritt weiter zurück in die Dissoziation: Ich beobachte, was jemand in der 1., 2. oder 3. Position wahrnimmt.

WALT-DISNEY-STRATEGIE – eine im NLP entwickelte Kreativitätsstrategie, die darauf abzielt, die maßgeblichen Rollen im kreativen Prozeß: den Träumer – den Macher – den Kritiker – auf einer höheren Ebene zu synthetisieren (koordinieren)

WERTSYSTEME – Wertsysteme sind meistens um eine Kernintention geordnete Vorstellungen von dem, was im Leben des einzelnen wichtig und existentiell bedeutend ist oder nicht. Ein Wertsystem, das im NLP eine gewisse Bedeutung (über T. James/W. Woodsmall: *Time Line*) erlangte, ist das von Claire Graves. Sie postuliert ein siebenstufiges Entwicklungsmodell:

1	*Überleben*	(Erhalten der physiologischen Stabilität auf der Umweltebene)
2	*Stammesleben*	(das Selbst opfert sich für Stamm und Häuptling)
3	*Red Neck*	(jetzt leben – zum Teufel mit den anderen)
4	*Gesetze*	(das Selbst ist Regeln und der Systemstabilität verpflichtet)
5	*Materialismus*	(der Wert des Selbst bemißt sich nach seinem wirtschaftlichen Erfolg)
6	*Idealismus und Engagement*	(das Selbst opfert sich für die „gute Sache" bzw. für andere)
7	*Existenz*	(das Selbst reflektiert und handelt systemisch bzw. ganzheitlich)

WIN-WIN-STRATEGIE – Modell aus dem Konfliktmanagement, wo es darum geht, eine Situation zu schaffen, bei der „faule Kompromisse" vermieden und alle Beteiligten zu „Gewinnern" werden; nützlich auch im Verhandlungsmodell des NLP, ↗Reframing

ZIEL – im NLP die wichtigste Zielgröße überhaupt. Ein Ziel sollte von dem Betreffenden selbst erreichbar, positiv formuliert, ohne Vergleiche und vor allem sinnesspezifisch konkret sein und die richtige Chunkgröße aufweisen. Charakteristisch für NLP ist immer die Frage: „Was willst du statt dessen?", um den Klienten von seiner Problemverhaftung zu befreien.

ZITATE – Zitate dienen dazu, einem Gesprächspartner indirekt etwas zu sagen, ohne dafür die konkrete Verantwortung (Beweislast) übernehmen zu müssen.

Information zur Aus- und Fortbildung in NLP

Milton H. Erickson Institut Berlin

Dr. Wolfgang Lenk, Dipl. Psych.

Wartburgstr. 17 • D-10825 Berlin
Tel. & Fax: 0 30 / 7 81 77 95
homepage: www.erickson-institut-berlin.de

Ausbildungen in NLP (Practitioner, Master Practitioner, Health Certification Training, Trainer Training), in Systembezogener Therapie und in Klinischer Hypnose nach M.H. Erickson •
Beratung • Supervision • Coaching

NLP professional Seminarzentrum NRW

Dipl. Psych. Marina Schmidt-Tanger

Ehrenfeldstr. 14 • 44789 Bochum
Tel.: 02 34 / 93 70 80 • Fax: 02 34 / 9 37 08 15

Anerkannte Zertifikatsausbildungen aller Stufen •
Qualifiziertes Business-NLP

Thies Stahl Seminare

Dipl.-Psych. Thies Stahl

Drosselweg 1
D-25451 Quickborn
Tel.: 0 41 06 / 8 23 81 • Fax: 0 41 06 / 8 23 83

Training • Beratung • Supervision für professionelle Kommunikatoren

---

INNTAL INSTITUT

Dipl.-Psych. Claus und Daniela Blickhan

Gründer des 1. deutschen Instituts für NLP im Management 1984

Business-NLP • Train the Trainer • NLP-Ausbildungen
Firmeninterne Seminare • Teamtraining • Coaching

INNTAL INSTITUT Asternweg 10a 83109 Großkarolinenfeld
☎ 08031/50601 Fax 50409 e-mail: inntal.nlp@t-online.de

DANLP – Deutsches Ausbildungsinstitut für NLP

Altenhof 20 • D-36157 Fulda-Ebersburg
Tel.: 01 80/5 32 65 75
Fax: 0 66 56/91 99 04

NLP-Ausbildungen:
Basis • Praktiker • Master • Trainer
Wir bieten Ausbildung nach
DVNLP-Standard

NLP in Österreich
Österreichisches Trainingszentrum für NLP

2 Tage Einführungs-, 5 Tage Intensivseminare
30 Tage Practitioner-, 27 Tage Master Practitioner-Kurs
Advanced Master-Practitioner für Coaching und Supervision
Staatlich anerkannte Ausbildung zum Lebens- und Sozialberater

Forschungs- und Entwicklungszentrum
für Neuro-Linguistische Psychotherapie (NLPt)

Anerkannt vom
Neuro-Linguistischen Dachverband Österreich (NLDÖ)

Dr. Brigitte Gross, Dr. Siegrid Schneider-Sommer,
Dr. Helmut Jelem, Mag. Peter Schütz

A-1094 Wien, Widerhofergasse 4
Tel: +43-1-317 67 80, Fax: +43-1-317 67 81 22
e-mail: info@nlpzentrum.at, Internet: http://www.nlpzentrum.at

AUSTRIAN INSTITUTE FOR NLP
NEUROLINGUISTIC PROGRAMMING

AUSTRIAN INSTITUTE FOR NLP
Linzer Strasse 77/17
A-1140 Wien
T: +43 1 985 61 50
F: +43 1 982 44 37-90

AUSBILDUNGSTRÄGER DER „SOCIETY OF NLP"
(RICHARD BANDLER & ASSOCIATES, USA)

- NLP-DIPLOMAUSBILDUNGEN
- EINZELSITZUNGEN
- COACHING
- FIRMENSEMINARE

MIT UNSEREM TEAM VON
- NLP-TRAINERN
- UNTERNEHMENSBERATERN
- PSYCHOTHERAPEUTEN
- PSYCHOLOGEN

AUSBILDUNG ENTSPRECHEND DEN STANDARDS VON
• ÖDV-NLP • DVNLP • EU-INSTITUTE FOR NLP • SOCIETY OF NLP

the true NLP

Brain & Mind

240 Seiten, kart.
DM 39,80
ISBN 3-87387-358-3

Die Reise ins Innere des Gehirns

Den Geheimnissen des menschlichen Gehirns auf der Spur

In seinem wegweisenden Buch gibt uns der Wissenschaftsautor und Pulitzer-Preisträger Ronald Kotulak einen ebenso gründlichen wie umfassenden Einblick in die neuesten wissenschaftlichen Entdeckungen, die zur Entschleierung der Geheimnisse des faszinierendsten der menschlichen Organe führen.

Was möglicherweise noch wichtiger ist: das Buch beschreibt in einleuchtenden Worten, wie Hirnschäden zustande kommen – sei es durch Gefahren, die von der Umwelt ausgehen, durch Verletzungen oder durch Alkohol. Der Autor informiert die Leser über Studien, die Aufschluß darüber geben, wie Aggressionen im Gehirn ausgelöst und wie sie verhindert werden können, welche Bemühungen die Forscher unternehmen, dem Gehirn Jugend und Gesundheit zu erhalten, und wie sich das Gehirn selbst heilt. Für Millionen von Menschen, die an der Alzheimer-Krankheit, an Folgen von Gehirn-Verletzungen oder an Alkoholismus leiden, ergeben sich daraus erstaunliche Konsequenzen.

Kotulak hat mehr als 300 Forscher aus zahlreichen Ländern befragt und öffnet uns in diesem faszinierenden Werk Türen, die viel zu lange verschlossen geblieben sind. Eine Pflichtlektüre für jeden, der wissen will, was in seinem eigenen Kopf vor sich geht.

Seit 1963 als Wissenschaftsjournalist bei der *Chicago Tribune* tätig, hat **Ronald Kotulak** über viele der bedeutendsten Wissenschaftsthemen der vergangenen 30 Jahre berichtet – von der Raumfahrt bis zur AIDS-Epidemie, von der Molekularbiologie bis zur genetischen Revolution.

**JUNFERMANN VERLAG • Postfach 1840
33048 Paderborn • Telefon 0 52 51/3 40 34**